컴퓨터 계측 및 실습

아두이노

사종엽, 김병일, 박장민, 변정훈, 신재균, 신현성, 심현보
이동연, 이병준, 이재원, 주상우, 최성렬, 황 평

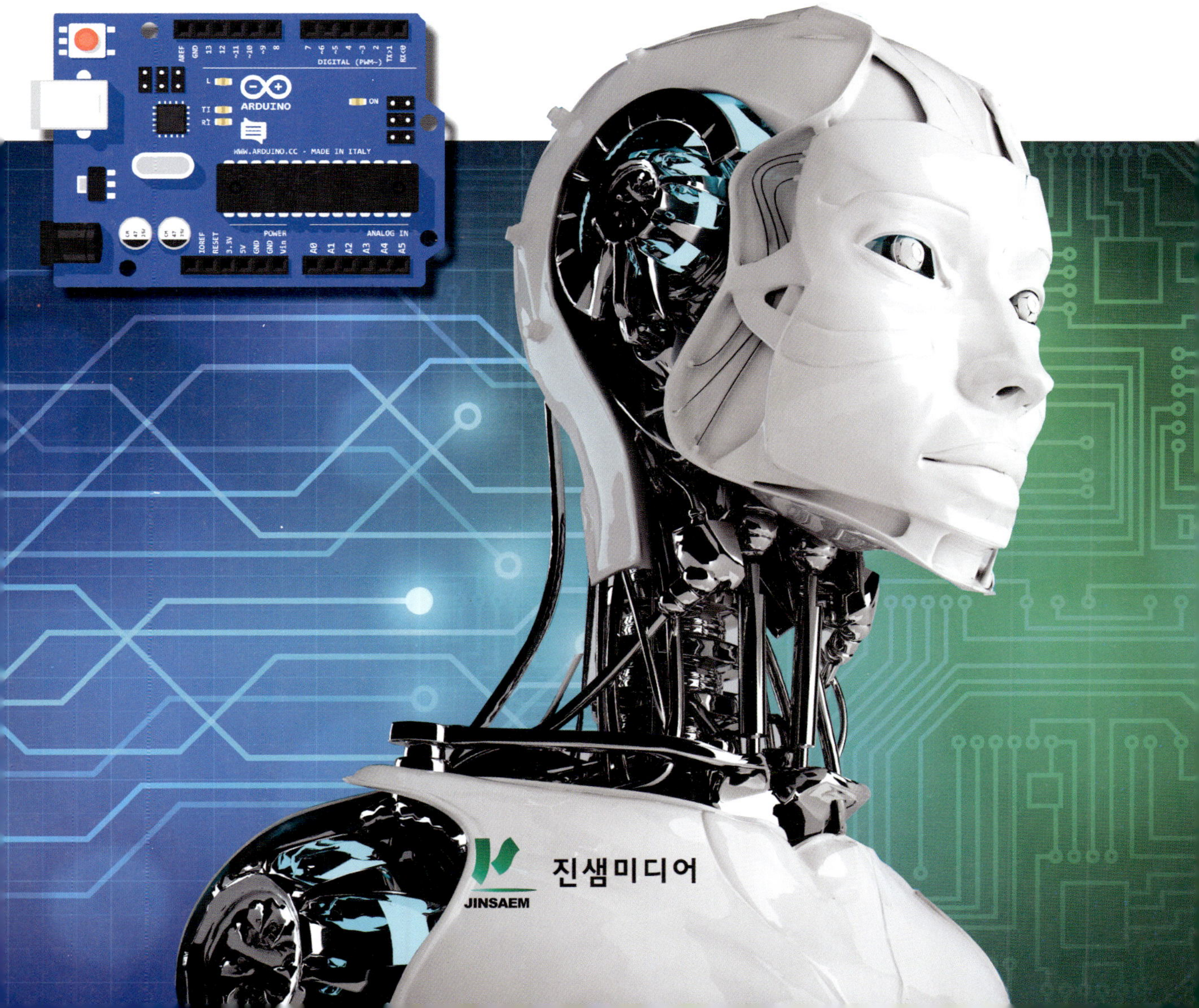

JINSAEM
진샘미디어

인사말

이 책은 공과대학 학생들을 위한 컴퓨터 계측 및 실습 분야의 입문서이다. 컴퓨터 계측 및 실습은 공과대학생들이 갖추어야 할 가장 기본적인 소양들 중의 하나 임에도 불구하고, 여러가지 이유로 인하여 제대로 교육되지 못하고 있는 것이 현실이다. 컴퓨터 계측 및 실습에 필요한 고가의 AD/DA 보드 뿐만 아니라 이를 구동하기 위한 소프트웨어로 인하여 항상 몇 명의 인원이 팀을 이루어 실습을 하는 것이 당연시 되어 효율적인 교육이 이루어지지 않을 뿐만 아니라, 실습실의 자유 이용이 어려워 학생들이 충분한 실습을 할 기회가 보장되지 않았다.

영남대학교 기계공학부와 자동차기계공학과, 그리고 로봇기계공학과에서는 학생들의 컴퓨터 계측 및 실습의 획기적인 개선을 위하여 아두이노를 도입하기로 결정하였다. 아두이노의 장점은 가격이 저렴해서 학생 개개인의 개별 실습이 가능할 뿐만 아니라, 교과 시간 이외에도 집이나 도서관에서 자유롭게 예습/복습 및 실습을 수행할 수 있어 교육 효과를 극대화할 수 있다. 또한, 수많은 종류의 센서 외에도 서보와 같은 엑튜에이터 등이 아두이노와 손쉽게 연계될 수 있을 뿐만 아니라, 오픈 소스의 영향으로 인터넷 상에 수많은 정보가 축적되어 있어, 쉽게 접근하고 배울 수 있는 토대가 마련되어 있기 때문이다.

수많은 아두이노 관련 서적이 있지만, 흥미 위주의 접근이 대부분이고, 공과대학에서 체계적인 컴퓨터 계측 및 실습에 사용할 수 있는 교재는 찾아보기 어려웠다. 아두이노 기초부터, 디지털 입출력과 아날로그 입출력의 기초를 다지고, 릴레이, 스텝 모터, 서보 모터, DC 모터 등의 고급 응용을 알기 쉽고 체계적으로 다루었다. 특히, 각종 센서로 부터 측정한 값을 시리얼 통신을 이용하여 컴퓨터에 전송하고, 블루투스 통신을 이용하여 무선으로 데이터를 주고 받고 엑튜에이터들을 제어할 수 있도록 하였다. 또한, 로봇의 제어나 복잡한 제어에도 쉽게 적용할 수 있도록 Matlab Simulink를 이용하여 아두이노를 제어하는 방법까지 다루었다. 무엇보다 가장 쉬운 기초적인 접근에서부터 시작하여 예제를 통한 다양한 응용까지 가능하도록 하였다. 컴퓨터 계측 및 실습 교육을 위한 체계적인 접근 이외에도, 인터넷 상에 널리 퍼져 있는 흥미 위주의 다양한 센서와 엑튜에이터들의 사용법들을 부록에 자세하게 소개함으로써, 흥미 위주의 다양한 응용들도 재미있게 접할 수 있도록 배려하였다.

2015년 어느 봄날에 연구실 문을 열고 들어와 "컴퓨터 계측 및 실습" 과목을 아두이노로 하자고 제안해 주셨던, 그리하여 다른 대학들보다 앞서서 아두이노를 이용한 "컴퓨터 계측 및 실습"의 도입이 가능할 수 있도록 이끌어준 이병준 교수께 깊이 감사드린다. 아두이노를 이용한 "컴퓨터 계측 및 실습" 과목을 운영하기로 결정하고, 학생들에게 제공할 키트의 재료비를 구하지 못해 애태울 때 기꺼이 자신들의 연구비와 재료비를 털어 적지 않은 금액의 재료비를 마련해주신 당시 기계공학부 기계시스템전공 교수들께도 감사드린다. 또한, 더운 여름 방학 중에 새로운 실습을 정립하기 위하여 고생한 기계공학부 대학원 조교들에게도 감사드린다.

2015년 여름방학동안 급하게 작성한 원고에 많은 부족함들을 보완하고자 2018년 여름방학에 새로운 내용을 추가하여 새롭게 아두이노를 이용한 "기계공학도를 위한 아두이노 컴퓨터 계측 및 실습" 교재를 완성함으로써, 이제야 마음 속의 짐을 홀가분하게 내려 놓는다. 다시 한번 이병준 교수를 비롯한 시스템전공 교수들께 감사의 마음을 전한다.

2019년 8월

저자 대표 사종엽

Contents

CHAPTER 0 아두이노 시작하기

Contents

CHAPTER 4

PWM 아날로그 출력

CHAPTER 5

라이브러리

CHAPTER 6

시리얼 통신

Contents

CHAPTER 10

스테핑 모터

CHAPTER 11

서보 모터

CHAPTER 12

BLDC 모터

Contents

부록

0

CHAPTER

아두이노 시작하기

- 아두이노 IDE
- 아두이노 Sketch
- 아두이노 Uno 보드

CHAPTER 0 아두이노 시작하기

0.0 Package 구성

Arduino Uno R3	Breadboard 830	USB B-Type cable
	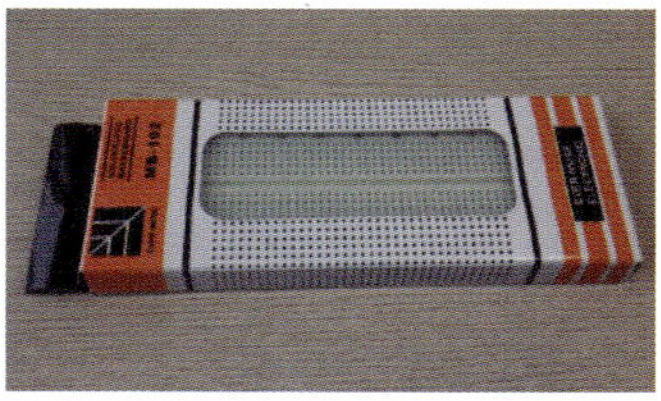	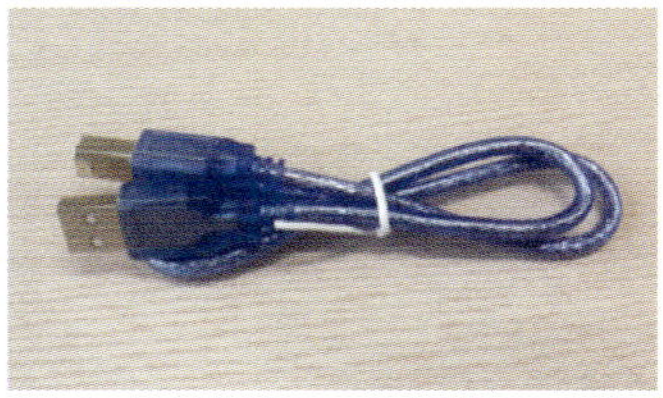
Jumper cable × 64	Dupont cable	9V battery snap connector

Register 220Ω × 10	Register 1kΩ × 10	Register 10kΩ × 10
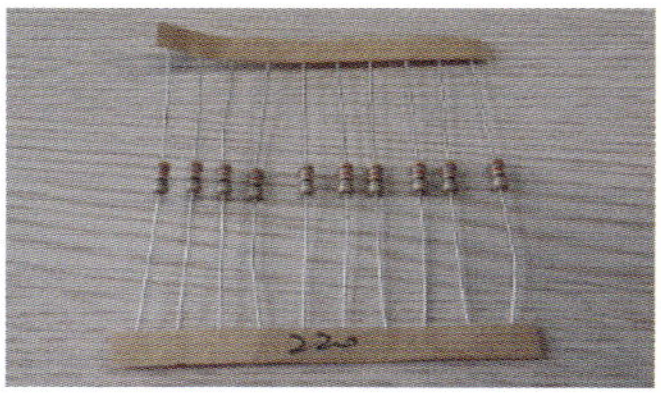	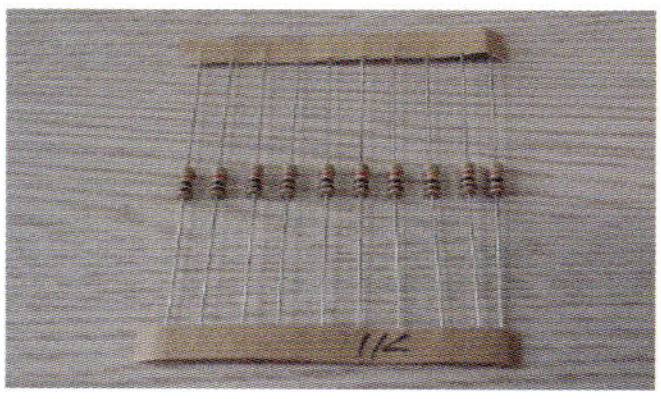	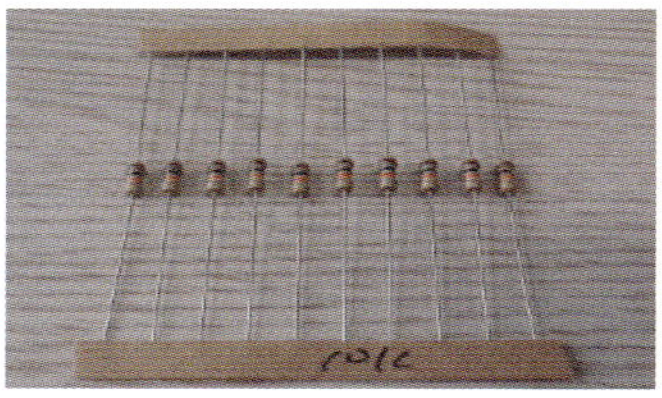
Red LED × 5	Green LED × 5	Yellow LED × 5
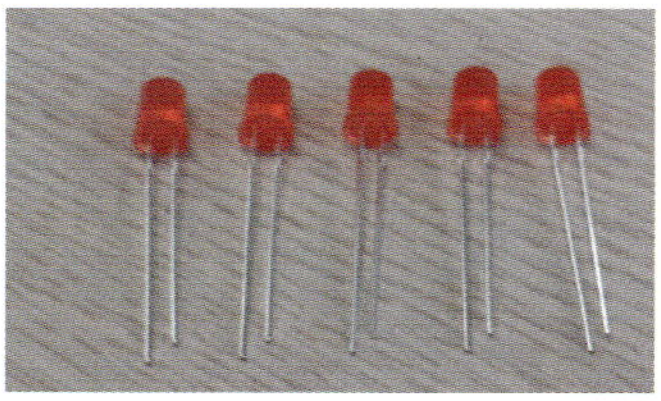	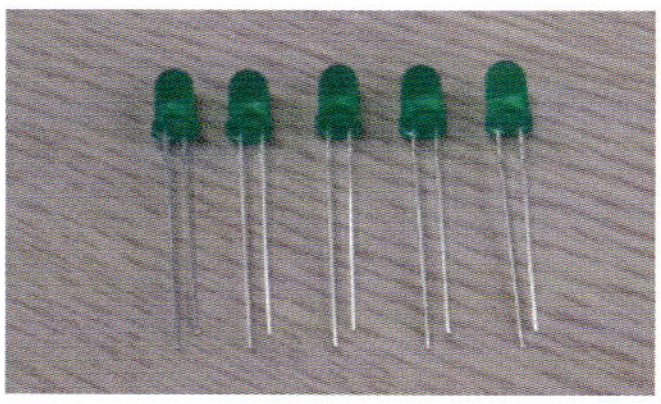	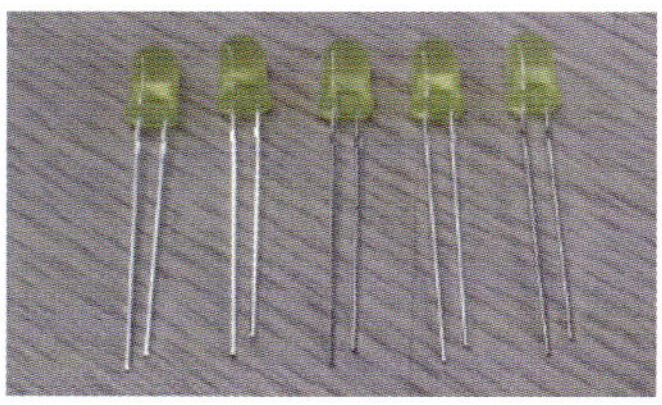
Active buzzer	Passive buzzer	Tact switch × 5

CdS photo register × 3	Ultrasonic range finder	Potentiometer
	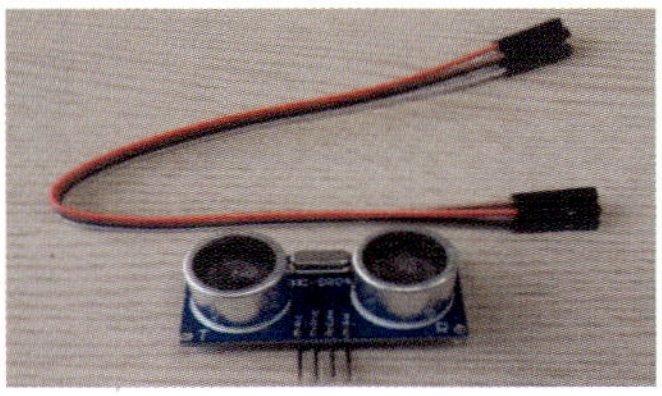	
LM35 temperature sensor	Bluetooth module	Three color LED module
		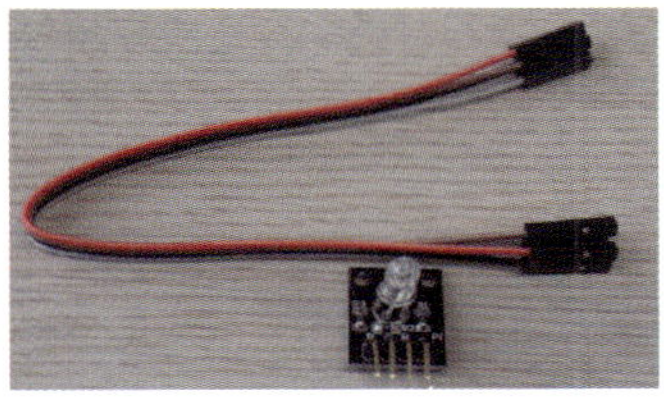
1 ch Relay	Step motor driver module	Rotary Encoder KY-040
	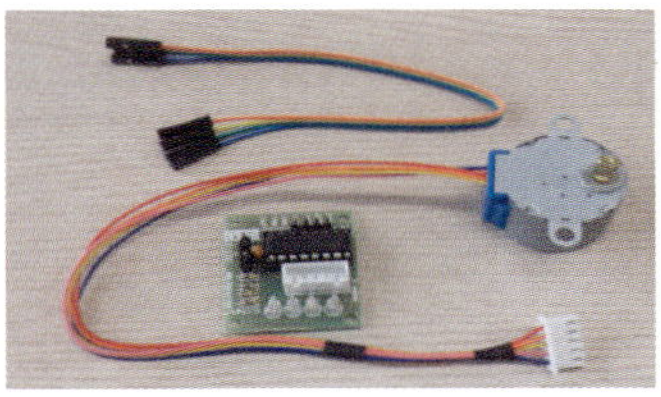	
DC motor/w propeller	Servo motor	9V battery
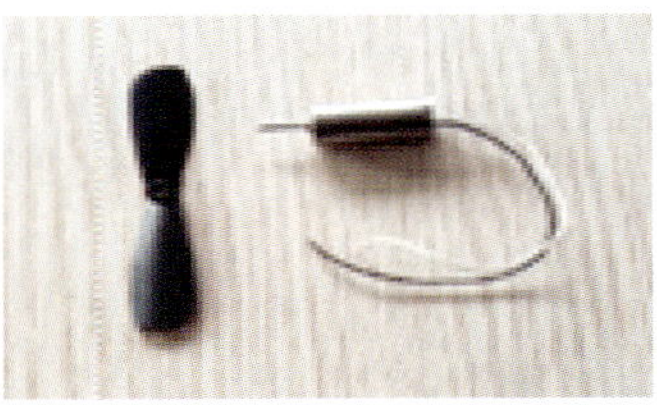		
IR LED 5mm 940nm	Infrared receiver 940nm	Crocodile clip(red/black)
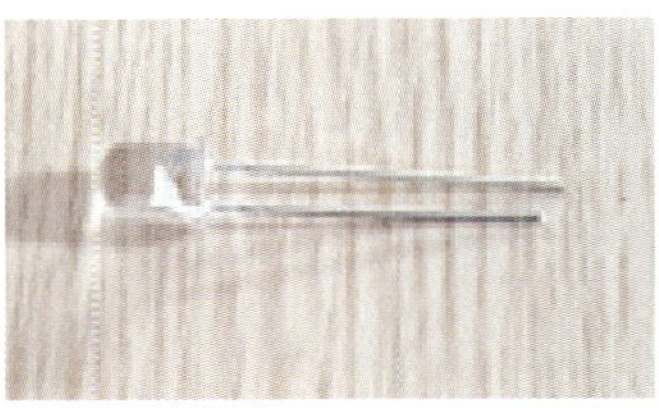	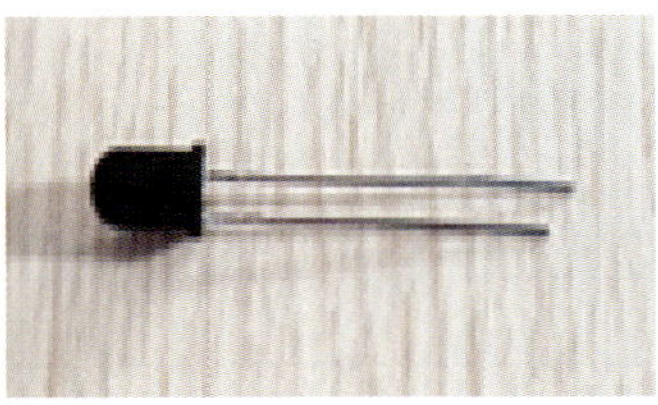	

0.1 브레드 보드

브레드 보드는 센서 및 여러 부품들의 핀을 납땜없이 홈에 연결하여 회로를 구성하는 것을 가능하게 한다. 각각의 홈들은 특정한 그룹들끼리 서로 연결되어 있다. 홈의 개수에 따라 170핀, 400핀, 830핀을 사용한다.

170핀 브레드보드는 한두가지의 부품을 간단하게 연결하고자 할 때 사용한다. 홈의 개수가 많지 않고 크기가 작아서, 아두이노 드론이나 아두이노 차량 또는 작은 로봇 등과 같이 브레드보드 자체를 포함시켜 간단한 모델을 만들고자 할 때, 주로 사용한다. 5개씩 서로 연결된 그룹이 2×17만큼 배열되어 있어서, 총 170개의 홈을 가지고 있다.

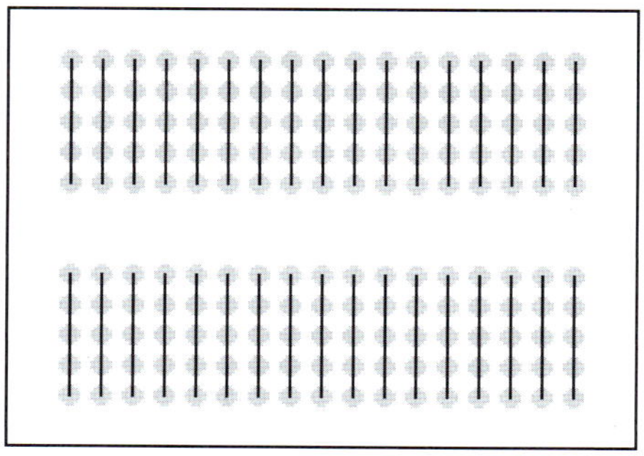

400핀 브레드보드는 5개씩 연결된 그룹이 2×30만큼 배열되어 있고, GND와 VCC용으로 상하에 각각 두줄로 25개씩 연결되어 있어서, 총 400개의 홈을 가지고 있다.

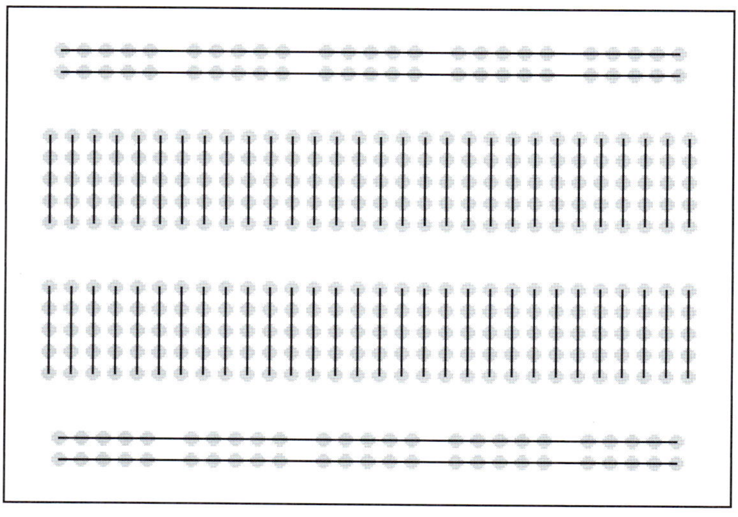

830핀 브레드보드는 여러 부품들을 다양하고 폭넓게 사용할 수 있다. 5개씩 서로 연결된 그룹들이 2×63칸큼 배열되어 있고, GND와 VCC용으로 상하에 각각 두줄로 50개씩 서로 연결된 그룹을 가지고 있다.

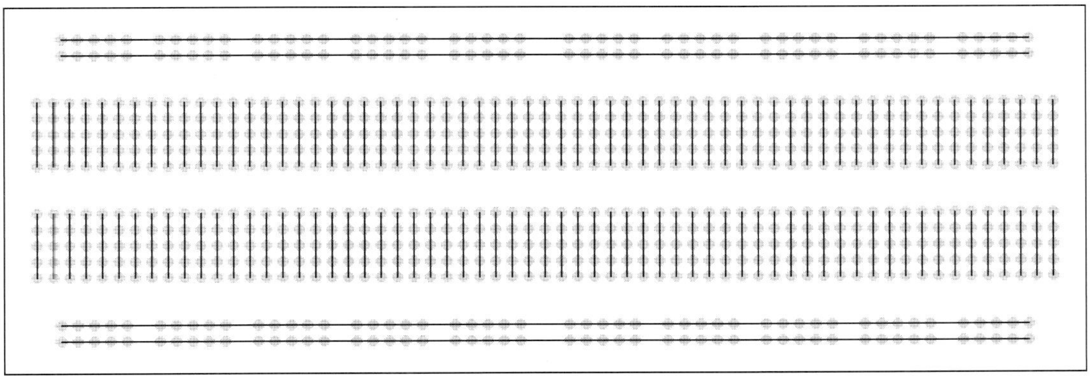

83C핀은 제조사에 따라, 다음과 같은 두가지 형태가 존재한다. 테스터기를 이용하여 상하에 각각 두줄의 수평방향 전원선의 중앙 부분이 단락되어 있는지 확인한 후, 사용하여야 한다.

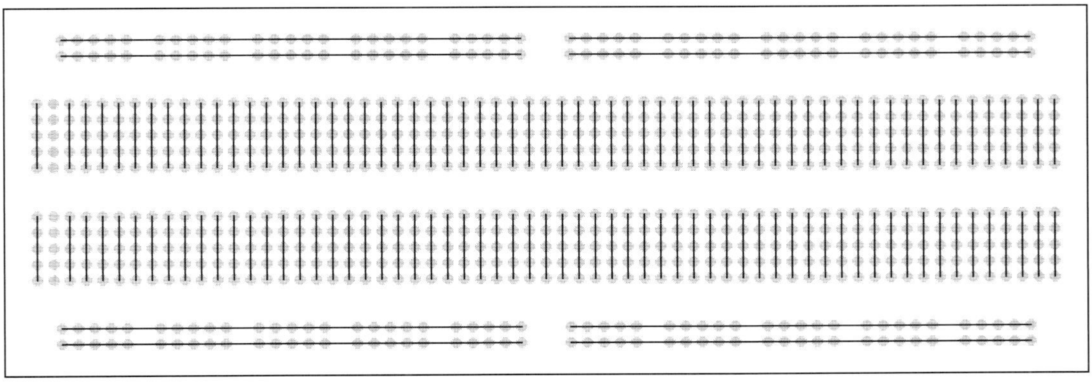

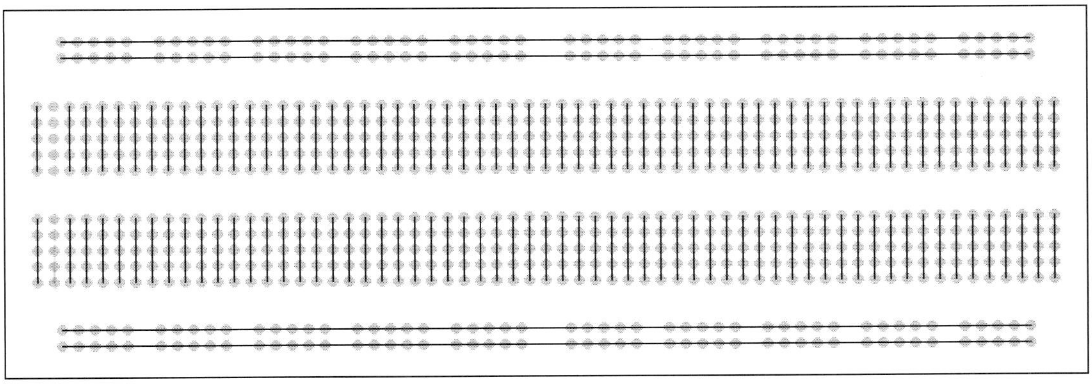

상하 각 두줄의 중앙 부분이 단락 혹은 연결된 830핀 브레드보드에 대하여, 각각 다음과 같이 미리 점퍼 케이블을 연결하여 두면 편리하게 사용할 수 있다.

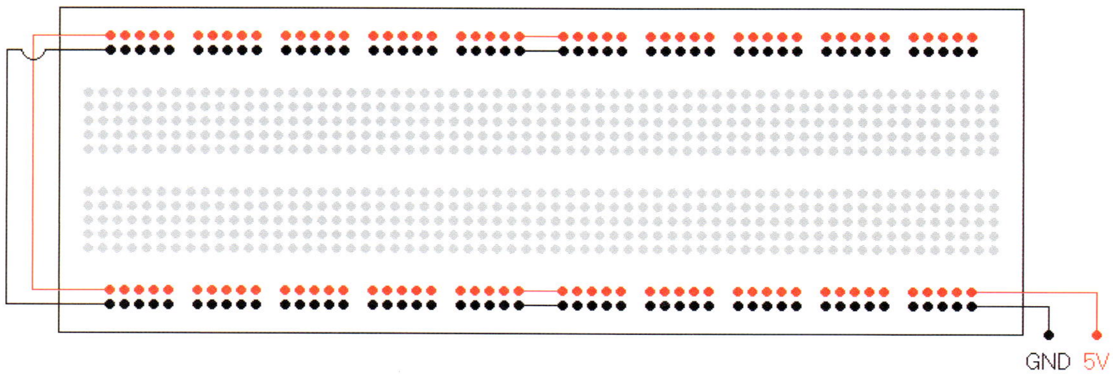

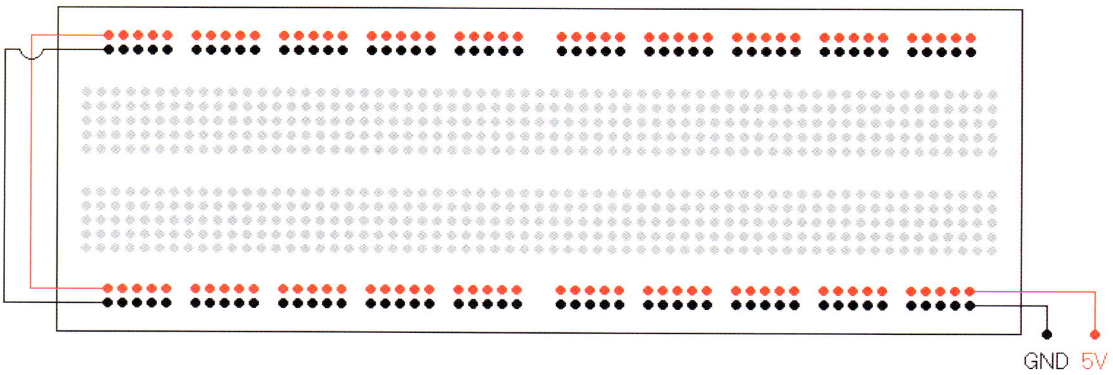

0.2 아두이노 IDE 설치

아두이노 IDE는 소스 코드를 작성하여 컴파일하고 아두이노 보드에 업로드시키는 아두이노 통합개발환경 프로그램이다. 다음 홈페이지로부터 다운로드할 수 있다.

- 아두이노 홈페이지 연결(http://www.arduino.cc)
- [Software] > [Download] > [Windows Installer] 선택

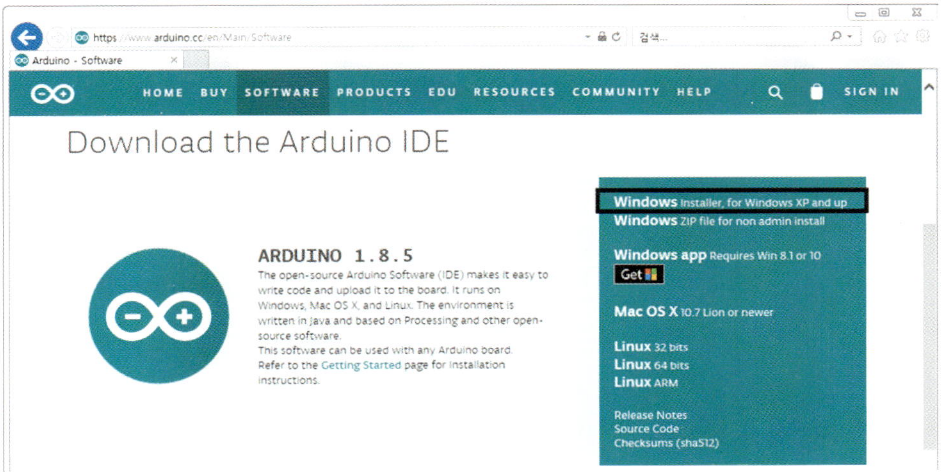

[JUST DOWNLOAD] 또는 [CONTRIBUTE & DOWNLOAD] 중 선택하여, 다운로드한다.

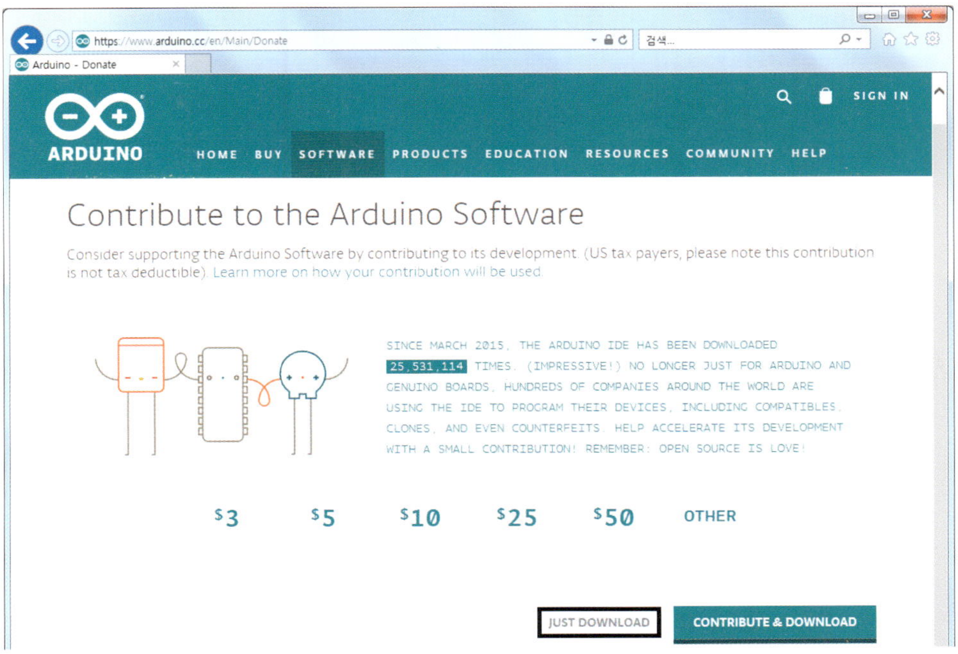

0.3 아두이노 보드 연결

USB 케이블을 이용하여 PC 본체에 type A USB 커넥터와 아두이노 Uno 보드에 type B USB 커넥터를 각각 연결한다.

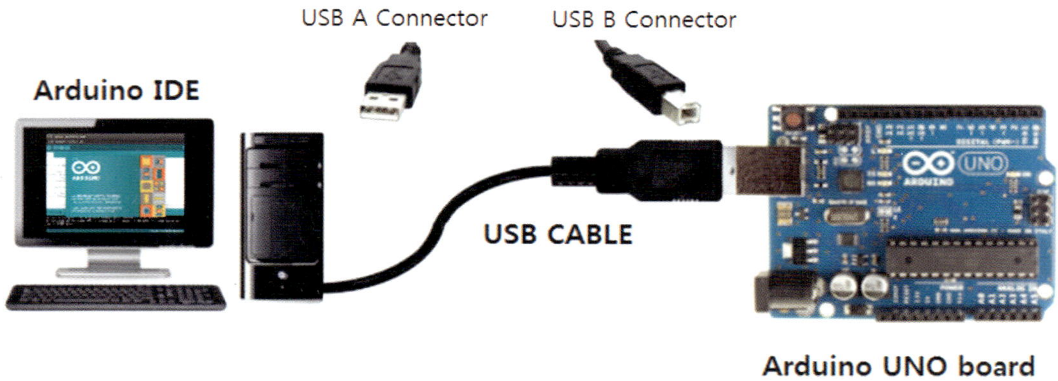

PC의 [제어판] > [장치관리자] > [포트(COM & LPT)]를 확인하면, 아두이노 Uno 보드가 PC의 어떤 포트에 연결되었는지 확인할 수 있다. Windows10에서는 [시작] 메뉴를 마우스 우측 버튼으로 클릭하면, [장치관리자]를 실행할 수 있다.

USB 케이블을 연결한 채로 LiPo 밧데리 등의 외부 전원으로 모터를 구동하는 경우, 과도한 전류가 흘러 Uno 포트가 손상되는 경우가 있다. 하드웨어적으로 손상되었다면 PC의 USB 포트를 교체해야만 하지만, 대부분의 경우 소프트웨어적으로 손상된 것으로, 드라이버를 재설치하면 된다. 재설치할 드라이버는 C:₩Program Files (×86)₩Arduino₩drivers 폴더 내에 위치한다. 아두이노 드론과 같이 모터를 구동시키는 경우, LiPo 등의 외부 밧데리로부터 강한 전류가 공급될 때에는 PC에 연결된 USB 케이블을 뽑은 채로 모터를 구동시키는 것이 안전하다.

0.4 아두이노 IDE 실행 및 설정

아두이노 IDE 프로그램을 실행하면 중앙의 작업창에 다음과 같이 아두이노 스케치(Sketch)가 나타나고, 우측 하단에 아두이노 보드 종류(Uno 보드)와 연결포트(Com1)에 대한 정보가 나타난다.

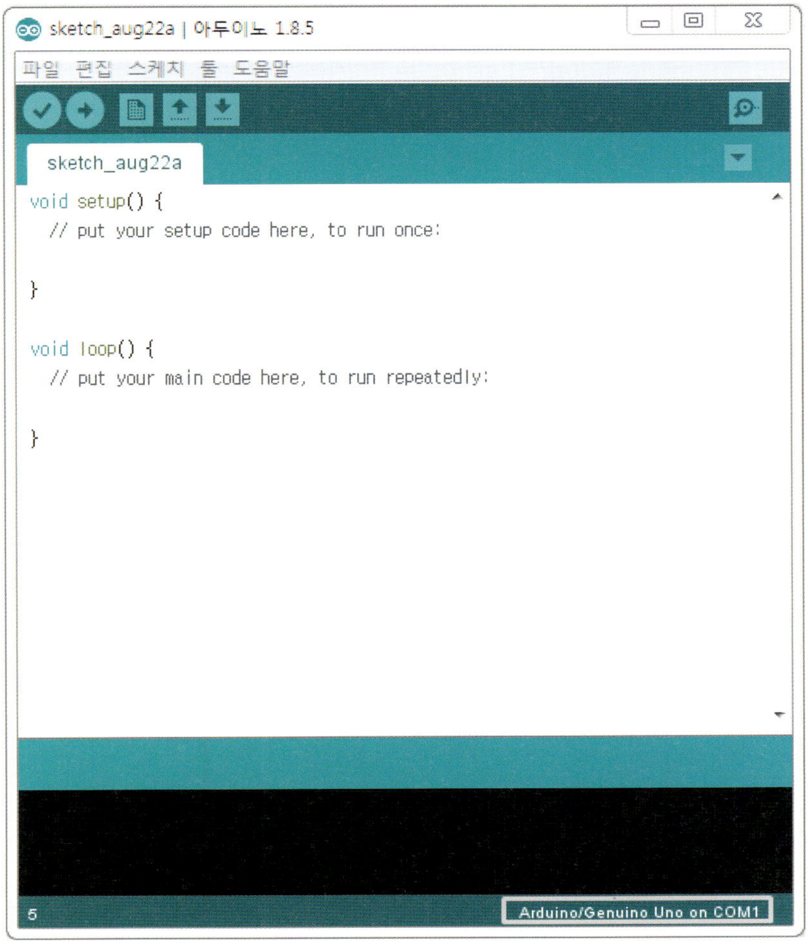

아두이노 Uno 보드를 사용하려면, 메뉴에서 [툴] > [보드]가 "Arduino/Genuino Uno"로 [툴] > [포트]가 "COM# (Arduino/Genuino Uno)"로 각각 설정되어 있는지 확인하여야 한다. (: 연결포트 번호 #는 경우에 따라 다르다. 예 COM52)

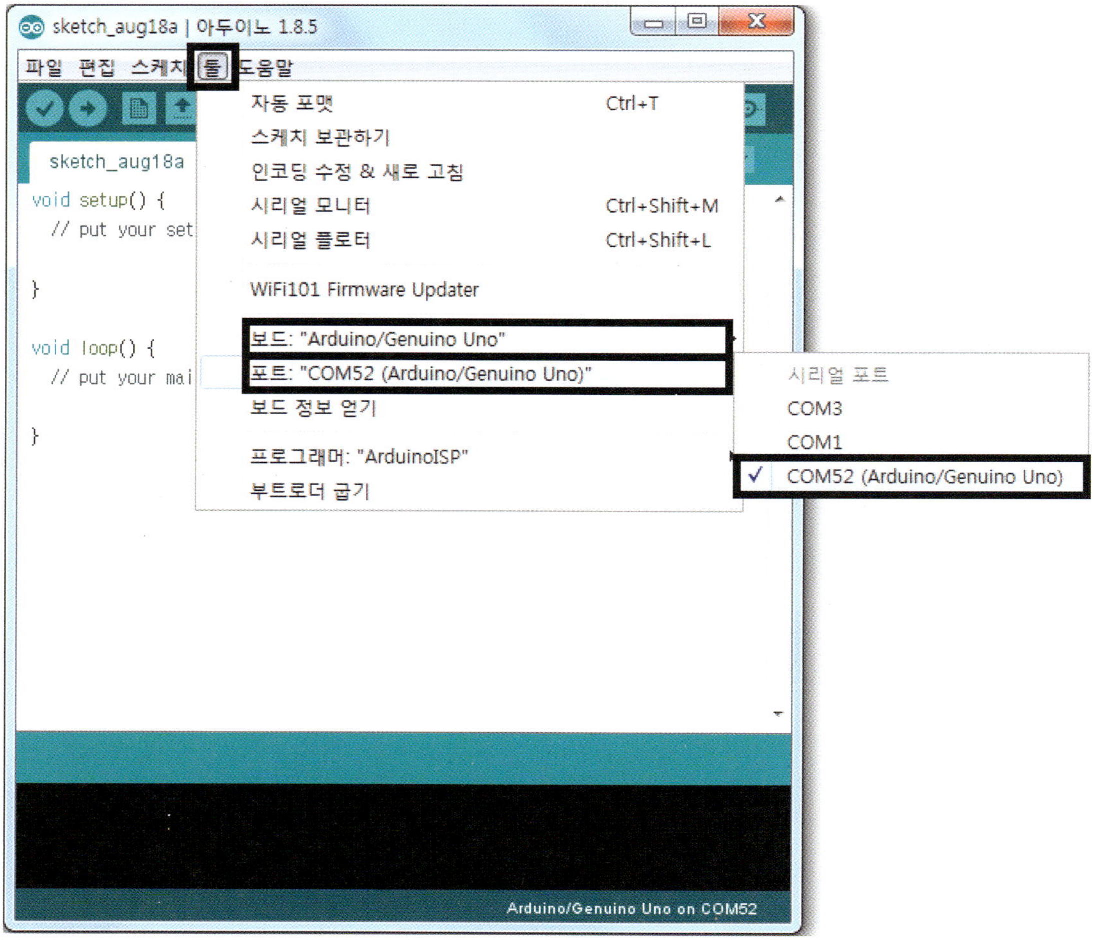

0.5 아두이노 스케치

아두이노 스케치는 아두이노 Uno 보드에 업로드시키기 위하여 아두이노 IDE에서 작성한 프로그램으로, C/C++ 언어와 유사한 문법을 사용한다. 아두이노 스케치는 반드시 setup() 함수와 loop() 함수를 포함하여야 한다. //로 시작하는 문장은 주석문(설명문)이다. C/C++ 문법과 마찬가지로 /*로 시작하고 */로 끝나는 부분들도 주석문이다. 아두이노 IDE를 설치하여 처음 실행하거나 혹은 메뉴에서 [파일] > [새 파일]을 선택하면, 다음과 같이 setup() 함수와 loop() 함수의 내용이 없는 빈 아두이노 스케치가 나타난다.

함수 setup()은 처음 한번만 실행된다. 또는, 아두이노 Uno 보드에서 reset 버튼을 누르면 setup()이 실행된다. 함수 setup()에는 주로 초기설정을 입력한다. 함수 loop()는 계속 무한루프를 돈다. 매번 데이터를 주고 받거나 판단을 내리거나 필요한 일을 수행시킨다.

프로그램을 완성하면, [확인] 버튼 을 눌러 컴파일하여 프로그램에 오류가 있는지 확인한다. 컴파일 오류가 발생하면 오류를 수정하여야 한다. 프로그램에 오류가 없으면, [업로드] 버튼 을 눌러, 작성한 프로그램을 아두이노 Uno 보드로 업로드시킨다. 프로그램 완성 후, 바로 [업로드] 버튼 을 누르면, 컴파일을 먼저 실행하고 오류가 없으면 계속해서 업로드를 수행한다.

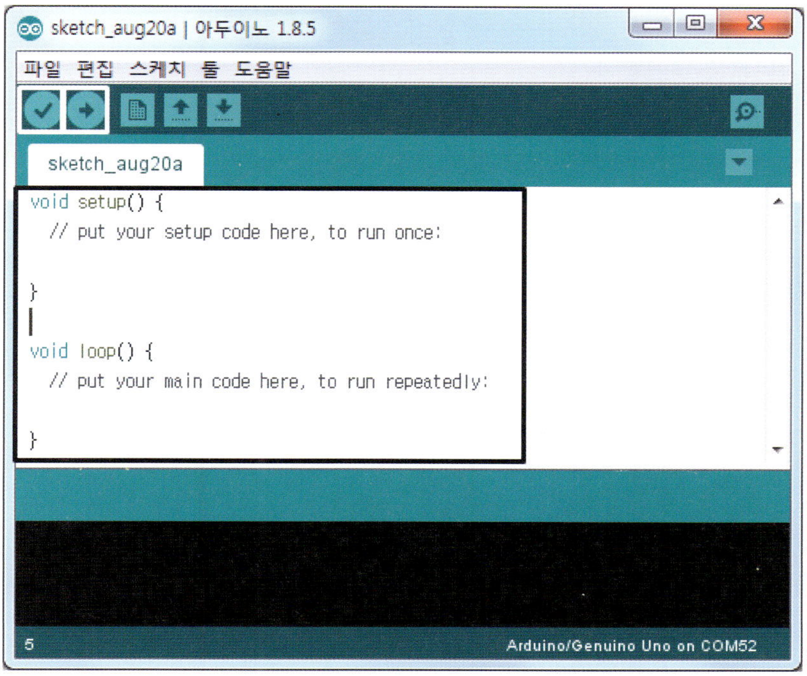

0.6 아두이노 설치 확인

아두이노 IDE가 잘 설치되었는지, 아두이노 Uno 보드는 정상적으로 작동하는지를 테스트 하기 위하여, PC와 아두이노 보드를 USB 케이블로 연결하고, 아두이노 IDE에 다음 프로그램을 입력한다.

`const byte pinLED = 13;`	내부 LED는 디지털 13번 핀에 지정되어 있다.
`void setup() {`	
`  pinMode(pinLED, OUTPUT);`	함수 pinMode()는 디지털 핀을 지정한다. 13번 디지털 핀을 출력용으로 지정하였다.
`}`	
`void loop() {`	
`  digitalWrite(pinLED, HIGH);`	13번 디지털 핀에 5V를 인가한다. 내부 LED가 켜진다.
`  delay(1000);`	함수 delay()는 1000ms 동안 다음 실행을 지연시킨다.
`  digitalWrite(pinLED, LOW);`	13번 디지털 핀에 0V를 인가한다. 내부 LED가 꺼진다.
`  delay(1000);`	1000ms 동안 다음 실행을 지연시킨다.
`}`	

아두이노 스케치를 업로드시키면, USB 케이블을 통하여 아두이노 Uno 보드로 프로그램이 옮겨지고, 아두이노 Uno 보드에서 스케치 프로그램이 작동한다. 내부 LCD가 1초동안 켜진 후 1초동안 꺼지는 점멸 과정을 무한 반복한다.

0.7 아두이노 보드의 독립 전원

USB 케이블은 PC와 아두이노 보드 사이의 데이터 통신 이외에, PC로부터 아두이노 보드에 전원을 공급한다. 아두이노 보드를 PC로부터 분리시켜, 독립 전원을 사용하려면, 9V 건전지를 스냅 커넥터로 아두이노 보드의 DC 어댑터에 연결한다. DC 어댑터에는 7-12V의 전원을 공급한다. DC 어댑터 대신에 Vin 핀과 GND 핀에 직접 전원을 공급할 수도 있다.

0.8 예제 사용

아두이노 IDE는 다양한 예제 파일들을 지원한다. 예제 파일을 가져오는 방법은 아두이노 IDE 메뉴에서 [파일] > [예제]에서 필요한 예제를 불러 올 수 있다.

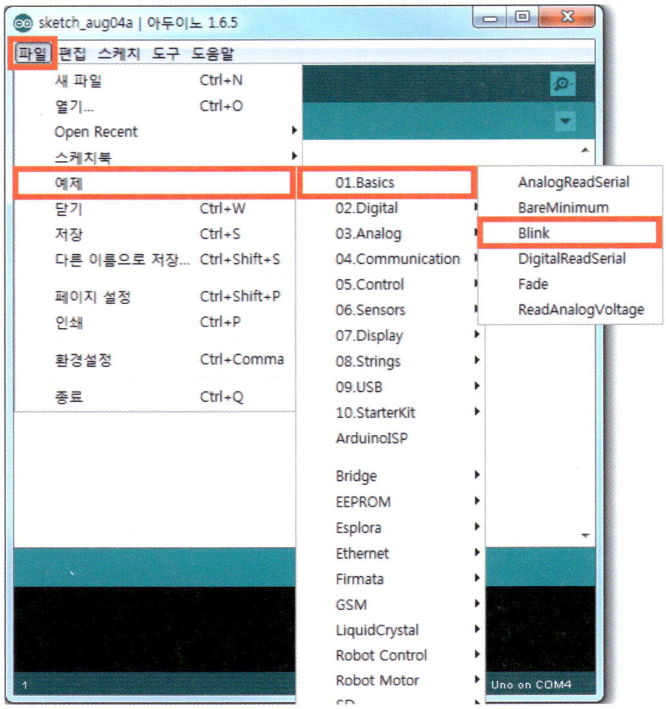

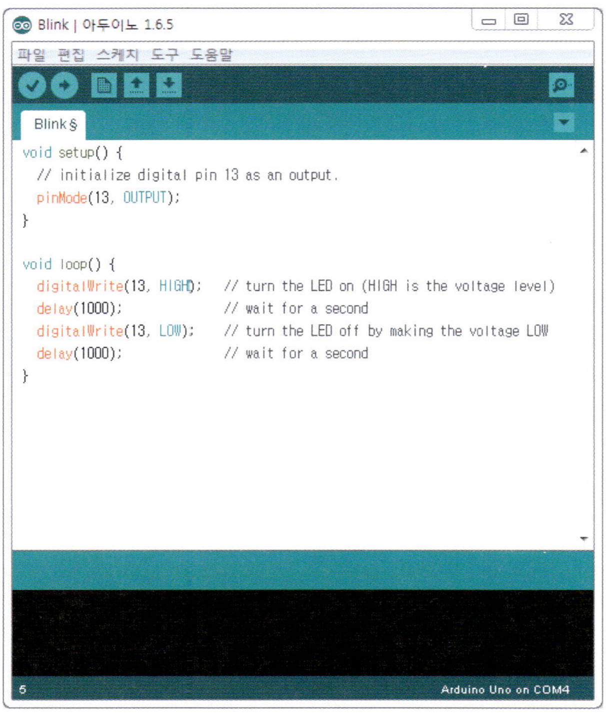

[파일] > [예제] > [01.Basics] > [Blink]를 선택하면, 아두이노 보드 연결 테스트를 위한 내부 LED 점멸 프로그램 예제가 불러 온다.

0.9 아두이노 Uno 보드 설명

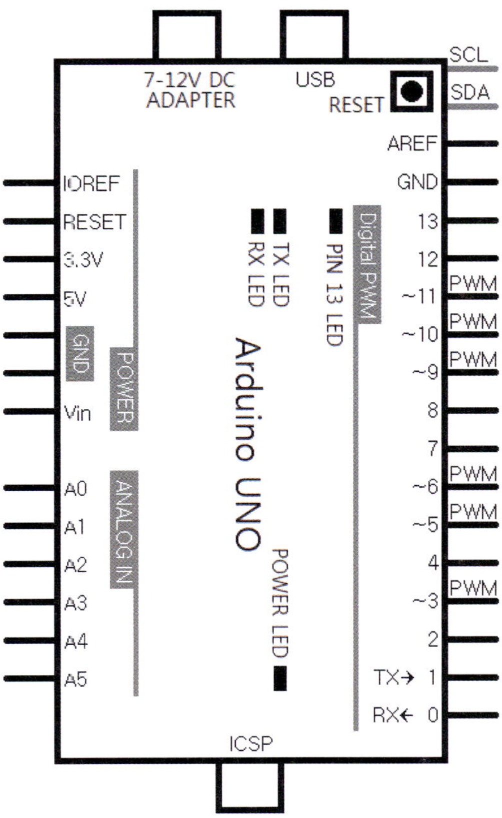

USB	: Type B
디지털 핀 0~13	: 14개
아날로그 핀 A0~A5	: 6개
5V	: HIGH
GND	: LOW
PWM 아날로그 출력	: ~3, ~5, ~6, ~9, ~10, ~11
인터럽트	: 2(인터럽트0), : 3(인터럽트1)
시리얼(UART) 통신	: 0(RX), : 1(TX)
I2C 통신	: A4(SDA) 또는 SDA, : A5(SCL) 또는 SCL

PC와 아두이노 Uno 보드 사이의 연결은 USB 케이블을 통하여 이루어진다. USB 케이블을 통하여 전원 공급과 시리얼 통신도 함께 이루어진다.

아두이노 Uno 보드가 PC와의 연결을 끊고 자체적으로 작동할 때에는 7-12V DC 어댑터를 통하여 전원을 공급하여야 한다. 어댑터 잭을 통하여 9V 건전지나 1.5V 건전지 6개를 직렬 연결하여 사용할 수 있다. 혹은 Vin과 GND 단자에 각각 7-12V와 GND를 연결할 수 있다.

디지털 핀은 0~13까지 총 14개가, 아날로그 핀은 A0~A5까지 총 6개가 지원된다. 디지털 핀이 부족한 경우, A0~A5를 디지털 핀으로 전용할 수 있다. 아날로그 핀을 디지털 핀으로 전용할 경우에는, 핀 이름을 A0~A5으로 그대로 사용하거나 또는 14~19로 사용할 수도 있다. 디지털 핀으로 사용할 때에는 디지털 입출력이 모두 가능한 반면, 아날로그 핀으로 사용할 때에는 아날로그 입력만 가능하다. AREF는 아날로그 입력 시 기준값 VREF를 입력하는 단자이다.

아날로그 출력은 디지털 핀 중의 PWM 핀을 통하여서만 제공된다. 디지털 핀 중에서 ~3, ~5, ~6, ~9, ~10, ~11, 총 6개는 PWM 핀으로 지정되어 있다. 핀 번호 앞의 ~는 PWM 아날로그 출력 단자임을 의미한다.

시리얼 통신을 사용할 때에는 내부적으로 디지털 핀 0과 1을 이용하기 때문에, 시리얼 통신 중에 디지털 핀 0과 1을 디지털 입출력으로 사용하면 충돌이 일어난다.

2개의 인터럽트를 사용할 수 있는데, 인터럽트 0과 1은 각각 디지털 핀 2와 3을 이용한다. 인터럽트 핀에 미리 지정한 모드의 입력 신호 변화가 감지되면, 사용자가 지정한 ISR 함수를 자동으로 즉시 실행시킨다.

디지털 핀 13은 내부 LED에 연결되어 있어, 디지털 핀 13에 HIGH 신호가 들어올 때마다 내부 LED가 자동으로 켜진다. 13번 핀을 통한 내부 LED 점멸은 아두이노 UNO 보드가 정상적으로 작동하는지를 테스트하는 용도로 자주 사용된다.

0.10 디지털/아날로그 입출력

디지털 입출력 값	0V부터 5V까지 2단계 (0~1, 0:LOW(GND), 1:HIGH(5V))
아날로그 입력 값	0V로부터 5V까지 1024단계 (0~1023, 0:0V, 1023:5V)
PWM 아날로그 출력 값	0V와 5V 사이의 256단계 (0~255, 0:0V, 255:5V)

(1) 디지털 출력 : 핀 0~13

- 설정 : pinMode(13, OUTPUT); // 핀 13을 디지털 출력으로 지정
- 출력 : digitalWrite(13, HIGH); // HIGH(5V) 신호를 내보냄

  또는 digital(13, LOW); // LOW(GND) 신호를 내보냄

(2) 디지털 입력 : 핀 0~13

- 설정 : pinMode(13, INPUT); // 핀 13을 디지털 입력으로 지정

  또는 pinMode(13, INPUT_PULLUP);
- 입력 : int state = digitalRead(13); // LOW 또는 HIGH 신호를 받음

(3) PWM 출력 : 핀 3, 5, 6, 9, 10, 11

- 설정 : (설정 필요 없음)
- 출력 : analogWrite(11, 128); // 0~5V 사이의 128/256*5=2.5V 출력
- 문제점 : 3개의 타이머가 각각 2개의 PWIM pin을 제어

  Timer0 : 5, 6

  Timer1 : 9, 10

  Timer2 : 3, 11

  각 타이머 별로 약간의 오차가 있음

  한 개의 PWM 사용할 경우, 별 문제 없음

  두 개의 PWM 사용할 경우, 같은 오차를 가지려면, 동일한 타이머의 PWM 핀 사용

  타이머의 클럭을 변경하는 경우, 각 타이머에 연결된 PWM 핀을 사용할 수 없다.

  타이머의 클럭을 변경하는 경우, 각 타이머에 연결된 스케치 함수를 사용할 수 없다.

  Timer0(5,6) : delay(), millis(), micros(),

  Timer1(9,10) : Servo 라이브러리,

  Timer2(11,3) : tone(), notone()

(4) 아날로그 입력 : 핀 A0~A5

- 설정 : (설정 필요 없음)
- 입력 : `int value = analogRead(A5);` // 0V에서 5V 사이의 1023 단계
- 문제점 : 아날로그 입력 처리 시 약간의 시간 소요
  다수의 아날로그 입력 동시 사용 시, 약간의 지연 현상 발생
  각 입력마다 입력 후 약간의 지연 시간 지정
  `delay(100);` // 100ms 지연

(5) 아날로그 핀을 이용한 디지털 출력 : 핀 A0~A5(14~19)

- 설정 : `pinMode(A5, OUTPUT);`
  또는 `pinMode(19, OUTPUT);` // A5와 19는 동일 핀
- 출력 : `digitalWrite(A5, LOW 또는 HIGH);`
  또는 `digitalWrite(19, LOW 또는 HIGH);`

디지털 핀의 갯수가 부족할 때, 아날로그 핀을 디지털 입출력으로 지정하여 사용 가능

(6) 인터럽트 : 핀 2, 3

- 설정 : attachInterrupt(0 또는 1, ISR 함수, 모드);
- 모드 : FALLING, RISING, LOW, CHANGE 중 택일
- ISR 함수 : 모드 발생 시, 인터럽트에서 실행시킬 사용자 정의 함수
  인터럽트 0는 디지털 핀 2, 인터럽트 1은 디지털 핀 3 해당

입력 신호에서 지정 모드가 발생하면, 기존의 실행을 잠시 중단하고 ISR 함수 실행

모드의 종류와 형태

FALLING	: 인터럽트 핀의 신호 HIGH → LOW 변경
RISING	: 인터럽트 핀의 신호 LOW → HIGH 변경
LOW	: 인터럽트 핀의 신호 LOW
CHANGE	: 인터럽트 핀의 신호 HIGH → LOW 또는 LOW → HIGH 변경

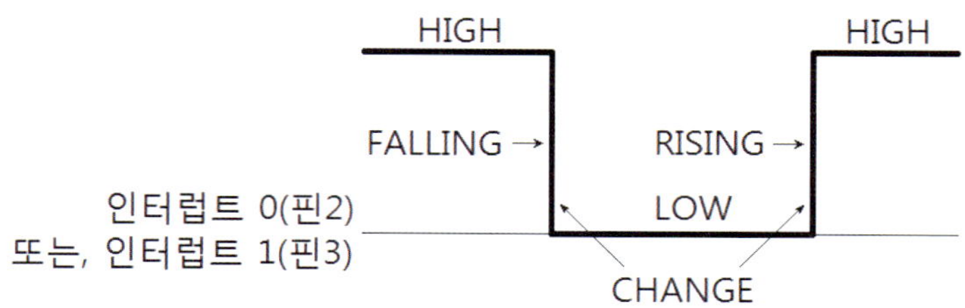

사용 예

2번(인터럽트0) 핀에 연결된 신호에 RISING 모드(LOW→HIGH)가 발생하면,
함수 loop()의 실행을 잠시 멈추고, ISR 함수 myISR()을 우선 실행.

```
void myISR() {                              // ISR function
}
void setup() {
  attachInterrupt(0, myISR, RISING);  // 핀2 RISING 모드 발생하면, myISR 함수 실행
}
void loop() {
}
```

0.11 시리얼 통신

아두이노의 프로그래밍은 디버그를 사용할 수 없다. 따라서, 프로그램 내부에서 무슨 일이 일어나는지, 어디에서 오류가 발생하는지 알아내기가 어렵다. RS232 시리얼 통신을 이용하면, 아두이노 실행 중에 어떤 일이 일어나고 있는지 모니터링할 수 있을 뿐만 아니라, 시리얼 통신을 이용하여 프로그램 작동을 제어할 수도 있다. 별도의 RS232 통신 케이블을 연결하지 않아도, PC와 아두이노 Uno 보드를 연결한 USB 케이블을 이용하여 RS232 통신이 가능하다.

앞의 내부 LED 점멸 프로그램에 시리얼 통신을 연결하여, 내부 LED의 ON/OFF를 제어할 수 있다. 아두이노 IDE에 다음 프로그램을 작성한다.

```
const byte pinLED = 13;
int stateLED;

void setup() {
  Serial.begin(9600);                        시리얼 통신 설정 : baud rate = 9600
  pinMode(pinLED, OUTPUT);
}

void loop() {
  if (Serial.available() > 0 ) {             시리얼 통신으로 받은 내용이 있으면
    stateLED = Serial.read();                시리얼 통신으로 받은 결과를 읽음
    if (stateLED == '1')                     읽은 값이 글자 '1'이면(숫자 1 아님)
      digitalWrite(pinLED, HIGH);            핀13에 5V 출력, 내부 LED 켜짐
    else                                     읽은 값이 글자 '1' 아니면
      digitalWrite(pinLED, LOW);             핀13에 0V 출력, 내부 LED 꺼짐
    Serial.print("Data from Serial : ");     시리얼 통신으로 모니터링 창에 문자열 출력
    Serial.print(stateLED);                  시리얼 통신으로 모니터링 창에 변수값 출력
    if (stateLED == '1')                     읽은 값이 글자 '1'이면
      Serial.println(" => LED ON");          모니터링 창에 문자열 출력 후 줄바꾸기
    else                                     읽은 값이 글자 '1' 아니면
      Serial.println(" => LED OFF");         모니터링 창에 문자열 출력 후 줄바꾸기
  }
}
```

자주 사용하는 시리얼 통신 함수는 다음과 같다.

Serial.begin(9600)	baud rate 9600으로 시리얼 통신 설정
Serial.available()	시리얼 통신으로 입력받은 값이 있는지 체크
Serial.read()	시리얼 통신으로 입력받은 값을 읽어들임
Serial.print()	시리얼 통신으로 모니터링 창에 출력
Serial.println()	시리얼 통신으로 모니터링 창에 출력 후 줄 바꿈

아두이노 IDE에서 프로그램을 업로드시키고, 아두이노 IDE의 우측 상단에서 시리얼 모니터 버튼 을 눌러 시리얼 모니터를 띄운다.

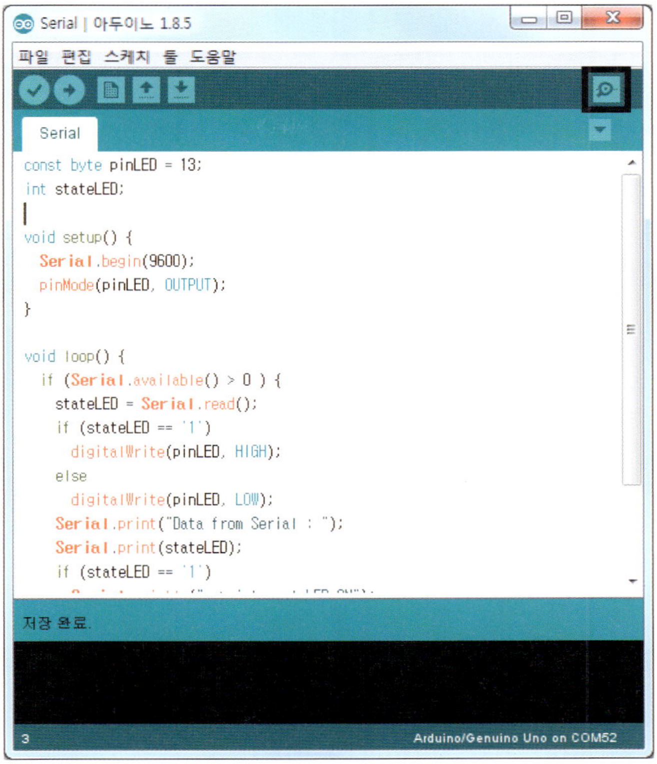

시리얼 모니터가 뜨면 우측 하단의 보드 레이트를 Serial.begin(9600)의 9600과 맞추어 준다. 상단의 명령 창에서 1을 입력하여 전송하면 내부 LED가 켜지고, 0을 입력하여 전송하면 내부 LED가 꺼진다. 시리얼 통신을 통하여 Byte 단위로 전송된 1은 글자 '1'을 의미하며, 이는 ASCII 코드로 49를 의미한다. '0'는 ASCII 코드로 48에 해당한다.

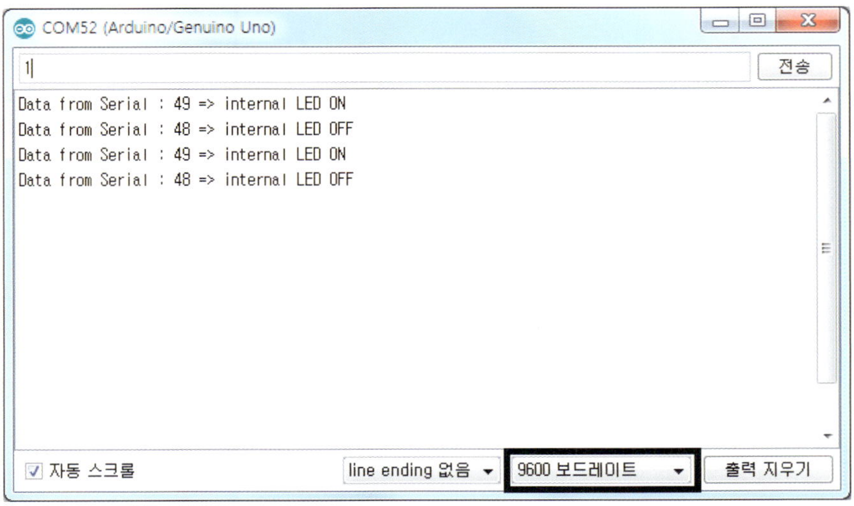

[도구] > [시리얼 플로터]를 선택하면, 모니터 창에서 출력값의 그래프를 볼 수 있다. 시리얼 플로터를 이용하려면, 데이터 숫자만을 출력하고 다른 문자열은 출력하지 않아야 한다.

다음과 같이 랜덤 숫자를 출력하는 프로그램을 작성하고, 이를 시리얼 플로터로 출력한다.

```
const byte pinLED = 13;
int stateLED;

void setup() {
  Serial.begin(9600);
  pinMode(pinLED, OUTPUT);
  randomSeed(millis());
}

void loop() {
  stateLED = random(2);        // random number 0~1
  if (stateLED == 1)
    digitalWrite(pinLED, HIGH);
  else
    digitalWrite(pinLED, LOW);
  Serial.println(stateLED);
  delay(1000);
}
```

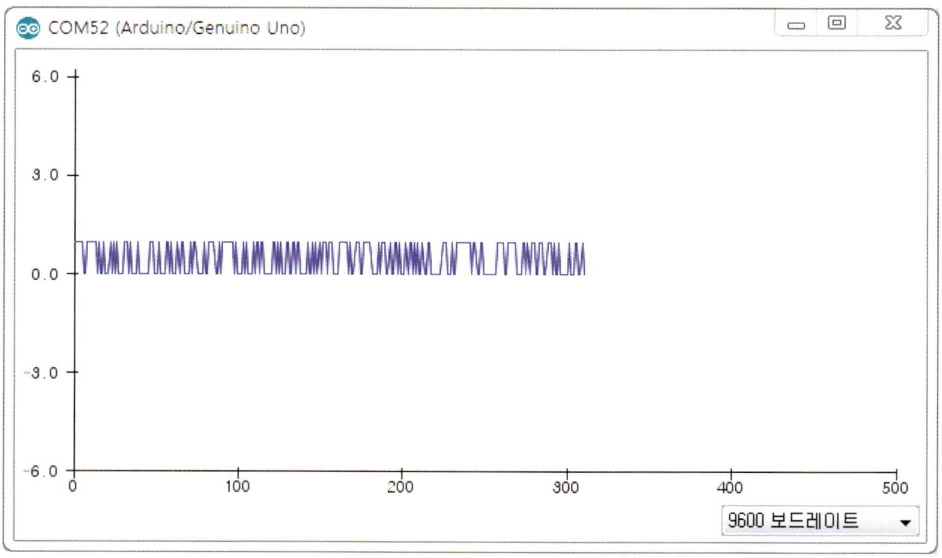

여러개의 데이터를 동시에 나타내려면, 콤마 ","를 이용하여 여러개의 데이터를 함께 출력하면 된다.

```
Serial.print(data1);
Serial.print(", ");
Serial.println(data2);
```

시리얼 모니터나 시리얼 플로터를 실행 중일 때에는 시리얼 통신의 RX(0번핀)와 TX(1번핀)를 사용중이므로, 0번핀과 1번핀을 디지털 입출력으로 사용할 수 없다.

0.12 저항 읽기

저항을 표시하는 방법은 크게 4 band와 5 band, 그리고 6 band가 있다. 일반적으로 4 band를 사용하고, 좀 더 세밀한 구분이 필요할 때 5 band를 사용하며, 계측기와 같이 온도에 대한 신뢰도가 필요할 때 6 band를 사용한다. 각 방법에 따라 저항을 표시하는 방법은 다음과 같다.

- 4 band : D_1(첫째자리) + D_2(둘째자리) + E(승수) + ϵ(오차)
- 5 band : D_1(첫째자리) + D_2(둘째자리) + D_3(셋째자리) + E(승수) + ϵ(오차)
- 6 band : D_1(첫째자리) + D_2(둘째자리) + D_3(셋째자리) + E(승수) + ϵ(오차) + τ(온도계수)

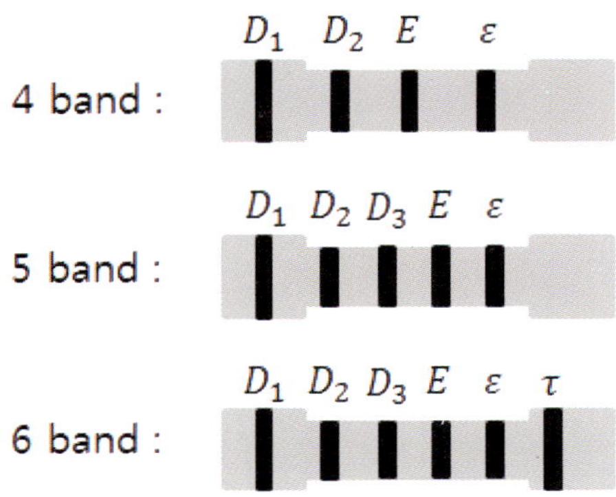

	D_1 첫째자리	D_2 둘째자리	D_3 셋째자리	E 승수	ϵ 공차	τ 온도 계수
은색				×0.01	10%	
금색				×0.1	5%	
검은색	0	0	0	×1		
갈색	1	1	1	×10	1%	100ppm
적색	2	2	2	×100	2%	50ppm
주황색	3	3	3	×1K		15ppm
노랑색	4	4	4	×10K		25ppm
녹색	5	5	5	×100K	0.5%	
청색	6	6	6	×1M	0.25%	
보라색	7	7	7	×10M	0.10%	
회색	8	8	8	×100M	0.05%	
흰색	9	9	9	×1G		

예를 들어, 220V를 각각의 방법으로 표시하면 다음과 같다.

- 4 band : 적색(2) + 적색(2) + 갈색(×10) + 금색(5%) ➜ 22×10 = 220Ω 오차5%
- 5 band : 적색(2) + 적색(2) + 검은색(0) + 검은색(×1) + 금색 ➜ 220×1 = 220Ω 오차5%

앱을 이용하여 저항값을 쉽게 읽을 수도 있다. 예를 들어 안드로이드 폰에서 Resistor Color Codes 앱을 설치하면, 원하는 저항값을 쉽게 확인할 수 있다.

0.13 아두이노 보드를 고장내는 방법

아두이노 보드는 핀이나 전원 연결에 오류가 나면 쉽게 회로가 손상될 수 있기 때문에, 핀의 연결이나 전원 연결에 항상 주의하여야 한다.

① 출력 핀에 GND를 바로 연결하면, 무부하 상태로 과전류가 흘러 보드가 손상될 수 있다.
② 입출력 핀에 5.5V 이상의 전압을 가하면, 핀이 손상될 수 있다.
③ 외부 전압 단자 Vin과 GND에 역전압을 가하면, 보드가 손상될 수 있다.
④ 5V 단자에 6V 이상의 고전압을 걸면, 역전류가 흘러 보드와 PC의 USB 포트가 손상될 수 있다.
⑤ 3.3V 단자에 3.6V 이상의 고전압을 걸면, 역전류가 흘러 보드와 PC의 USB 포트가 손상될 수 있다.
⑥ 아두이노에 전원을 공급하면서 외부 전압 단자 Vin을 GND에 연결하면, 아두이노 보드가 손상된다.
⑦ 5V 핀에 5V가 공급될 때, Vin에 5V를 공급하면 역전류가 흘러 아두이노가 손상될 수 있다. (Vin = 7~12V(recommanded), 6~20V(limit))
⑧ Reset 핀에 13V 이상의 고압을 가하면, 아두이노 보드가 손상될 수 있다.
⑨ 핀 하나 당 20mA, 모든 핀을 합하여 보드 전체에 200mA 이상의 전류가 흐리지 않도록 하여야 한다. 과전류가 흐르면 아두이노 보드가 손상될 수 있다. 용량이 큰 부품을 사용할 때에는 외부 전원을 이용하고, 아두이노 보드는 릴레이로 제어 신호만 보내도록 하여야 한다.
⑩ 드론이나 RC카와 같이 모터에 밧데리와 같은 외부전원이 연결된 채, PC에서 아두이노 보드와 USB 케이블을 연결하여 구동시키면 역전류가 흘러 PC의 USB 포트가 소프트웨어적으로 또는 하드웨어적으로 손상될 수 있다. 소프트웨어적으로 손상된 경우에는 PC에 아두이노 보드 드라이버를 새로 설치하면 되지만, 하드웨어적으로 손상된 경우에는 PC의 해당 부품을 교체하여야 한다.
⑪ 시리얼 모니터에 delay없이 너무 빠른 시간 간격으로 과도한 양의 데이터를 출력시키면, 아두이노 보드의 부트로더가 손상될 수 있다. 부트로더가 손상되면 PC에서 더 이상 아두이노 보드의 포트를 자동 인식하지 못하므로, 아두이노 보드의 부트로더를 새로 구워야 한다.

아두이노와 브레드보드를 이용하여 복잡한 결선을 하는 경우, 다음과 같은 습관을 갖도록 하면 핀들 간의 숏트나 역전압을 방지할 수 있다.

① + 단자와 − 단자의 복잡한 관리는 회로 결선에 오류를 발생시켜 보드를 고장낼 수 있다. 항상 + 단자는 왼쪽에 − 단자는 오른 쪽에, 또는 + 단자는 위 쪽에 − 단자는 아랫 쪽을 행하도록 브레드보드에 결선하는 습관을 갖도록 한다.
② 복잡한 결선에 의한 오류를 방지하기 위하여, 400핀 또는 830핀 브레드보드 상하 각각의 두 줄의 가로 홈들을 윗줄은 5V, 아랫줄은 GND로 각각 연결하여, 항상 일정한 방식으로 사용하는 습관을 갖도록 한다.

0.14 아두이노 보드가 동작하지 않을 때

아두이노 보드가 동작하지 않을 때에는, 다음 사항들을 조사하여 해결한다.

① 브레드보드의 점퍼 케이블의 결선을 확인한다.

② 830핀 브레드보드의 상하 각각 두 줄의 가로 홈들의 중간 부분이 연결되어 있는 부품인지 확인한다. 제조사에 따라 중간 부분이 연결되지 않은 모델도 있다.

③ 아두이노 IDE에서 보드가 올바르게 설정되었는지 확인한다.

④ 아두이노 IDE에서 포트가 올바르게 설정되었는지 확인한다. 제어판의 장치관리자에서 자동 지정된 아두이노 UNO용 포트 번호와 일치하여야 한다.

⑤ 업로드 오류가 발생하면, 시리얼 모니터 또는 시리얼 플로터가 실행되고 있는지 확인한다.

⑥ 출력이나 입력 시, 입출력마다 적당한 시간 지연을 주어 본다.

⑦ GND는 서로 공통으로 연결되어 있는지 확인한다.

⑧ PC와 연결된 USB 케이블을 뺐다가 다시 연결하여 재작동시켜 본다. 그래도 작동하지 않으면, 한번 더 연결을 끊었다가 다시 연결해 본다.

⑨ PC의 장치관리자에서 포트(COM & LPT)에 Arduino Uno(COM#) 포트가 인식되고 있는지 확인하고, 포트 인식에 오류가 있는 경우, 포트를 해제하고, 드라이버를 재설치한다.

⑩ 문제가 개선되지 않으면, 아두이노 IDE를 삭제하고 새로 설치한다.

이상의 어떤 방법으로도 해결되지 않으면, 다른 PC로 옮겨 작동하는지 확인한다. 다른 PC로 옮겨도 작동하지 않으면, 아두이노 보드가 손상되었을 가능성이 크다. 이런 경우에는 다른 아두이노 Uno 보드를 사용하여 작동하는지 확인한다. 다른 아두이노 UNO 보드에서는 잘 작동하면, 아두이노 UNO 보드가 손상된 것이다.

PC나 아두이노 Uno 보드를 바꿔도 여전히 작동하지 않으면, 브레드보드 배선이 잘못되었거나 프로그램이 잘못된 경우이므로, 아두이노 IDE의 메뉴에서 [파일] > [예제] > [01.Basics] > [Blink]를 선택하여 내부 LED 점멸 예제 파일을 불러와서 [업로드]하여, 아두이노 Uno 보드의 내부 LED가 점멸하는지 확인한다. 예제가 잘 실행되면, 브레드보드 배선이나 프로그램에 오류가 있는 것이다.

브레드보드 배선이나 프로그램에 오류가 없는데 계속 작동하지 않으면, 브레드보드에 연결된 점퍼 케이블 단자는 그대로 두고 아두이노 Uno 보드나 각종 센서 및 엑추에이터에 연결된 점퍼 케이블 단자를 모두 뽑아서, 브레드보드에 서로 연결된 점퍼 케이블의 양쪽 단자를 테스터기로 저항을 측정하여, 단락이 있는지 확인한다. 단락이 있으면, 단락된 양쪽의 점퍼 케이블을 뽑아서 각 케이블의 양 끝 단자의 저항을 측정하여 점퍼 케이블이 단락된 것인지 아니면 브레드보드에 이상이 있는 것인지 확인한다. 점퍼 케이블을 뽑을 때, 전선을 잡아서 당겨 뽑으면 점퍼 케이블에 단락이 생길 수도 있다. 브레드보드와 점퍼 케이블이 모두 정상이면 최종적으로 사용하고 있는 부품에 이상이 없는지 확인한다.

간혹 아두이노 Uno 보드나 아두이노 Uno 보드에 연결된 모듈(예를 들면, 모터 드라이버 모듈이나 블루투스 모듈 등)들을 고정시킬 때, 알루미늄이나 동판 위에 고정시키면서 각 종 부품의 핀 뒤쪽 돌출부가 금속판에 닿아 합선이 되는 경우들이 있다. 이러한 경우에는 아예 작동하지 않거나 또는 작동하더라도 정상적으로 작동하지 않는다.

0.15 아두이노 Uno 보드의 안정적인 전원 공급

아두이노 Uno 보드가 정상적으로 작동하려면 안정적인 전원 공급이 필요하다. 아두이노 Uno 보드는 세 가지 방법 중에 하나를 선택하여 전원을 공급할 수 있다.

① USB 케이블 (5V)

② DC 어댑터 (7–12V)

③ Vin 핀 (7–12V) (➜ 반드시 GND 핀에 DC 전원의 접지 선을 연결해야 함)

단순히 적정 전압의 전원을 공급하는 것이 문제가 아니라, 안정적인 전원 공급이 필수적이다. 특히, RC카나 드론을 아두이노 Uno 보드로 제어하는 경우, 모터와 아두이노 Uno 보드가 전원을 함께 사용하면, 모터에 부하가 걸리는 순간 아두이노 Uno 보드의 전압이 떨어져서 Uno 보드가 정상적으로 작동하지 않는다. 특히, 전압이 떨어지면 블루투스와 같은 무선통신이 이상을 일으키거나, 센서 등의 아날로그 입력 값이 비정상적으로 읽힌다. 따라서, 모터를 사용할 때에는 모터 드라이브나 ESC에서 BEC 등을 통해 공급되는 5V 전원을 아두이노 Uno 보드 전원으로 사용하는 경우, 모터에 최대 부하가 걸릴 때 아두이노 Uno 보드에 안정적인 전원이 공급되는지 테스터기로 전압을 체크하여야 한다.

만일 최대 부하 시 안정적인 5V 전압을 아두이노 Uno 보드에 공급할 수 없으면, 보다 더 성능이 좋은 5V 전원 공급 모듈을 사용하거나, 아니면 모터 구동을 위한 외부 전원과 아두이노 구동 전원을 별도로 분리하여 사용하는 것이 안전하다. 별도의 전원을 사용하는 경우, 모든 GND는 반드시 하나로 연결해주어야 한다는 것을 잊지 말아야 한다.

0.16 아두이노 보드 종류

아두이노 보드는 여러 종류가 있다. Uno는 아두이노 보드 중 가장 대표적인 제품이다. Pro는 Uno 보드를 소형화시킨 것이고, Pro Mini는 USB 통신기능(FTDI칩)마저 빼버려 더욱 소형화시킨 것이다. Micro는 좀 더 우수한 Leonardo를 소형화한 제품으로 소형이면서 성능이 뛰어나다. 101은 크기가 Uno와 비슷하지만 BLE(Bluetooth Low Energy)와 가속도자이로센서를 내장하고 있는 우수한 보드이다. MEGA2560은 성능이 우수하고 많은 핀을 갖고 있는 고급 보드이다. ZERO는 아두이노 Uno의 32비트 확장형으로 성능이 우수하고 많은 핀을 갖고 있는 고급 보드이지만, 동작전압이 3.3V이다.

UNO	101	PRO

PRO MINI	MEGA 2560	ZERO

MICRO		
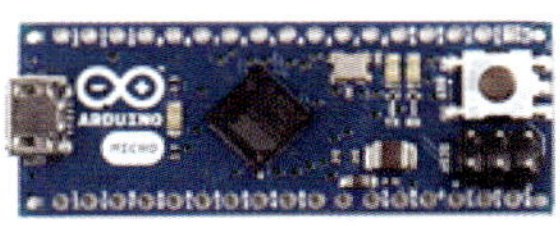		

예제 0.1

저항 220Ω, $1k\Omega$, $10k\Omega$을 이용하여, 전원 공급기의 전압 VCC를 5V로 인가할 때 저항 각각의 양단에 걸리는 전압과 전류를 측정하라. Ohm의 법칙($R = V/I$)을 이용하여 측정된 전압과 전류로부터 저항을 계산하라. 테스터기로 각 저항의 저항을 직접 측정하여, 각 저항의 표시값과, 측정값, 계산값을 각각 비교하라.

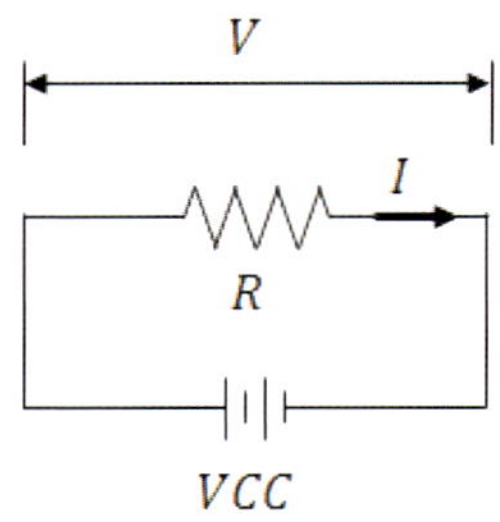

$$R = \frac{V(V)}{I(A)}$$

$R(\Omega)$	220Ω		$1k\Omega$		$10k\Omega$	
$VCC(V)$	$V(V)$	$I(A)$	$V(V)$	$I(A)$	$V(V)$	$I(A)$
5						

예제 0.2

두 개의 저항 R_1과 R_2가 직렬 연결된 경우와 병렬 연결된 경우에 대하여 저항 양단의 전압과 저항을 흐르는 전류를 측정하라. 전원 공급기의 전압 VCC에는 5V를 인가하라. Ohm 법칙을 이용하여 각각의 저항을 계산하고 전체 저항 R_t를 계산하라. 테스터기로 각 저항의 저항을 직접 측정하여, 각 저항의 표시값과, 측정값, 계산값을 각각 비교하라.

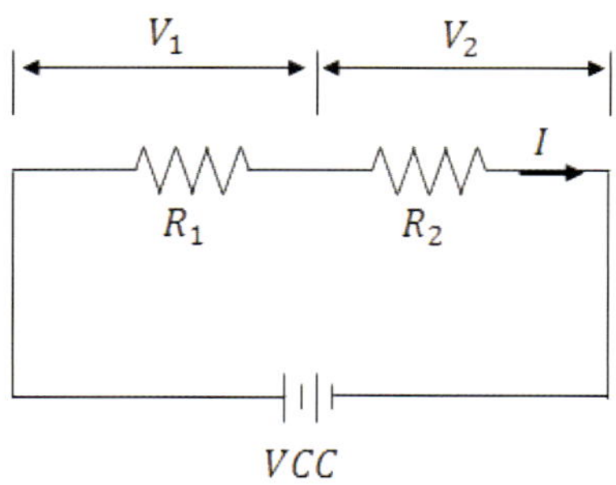

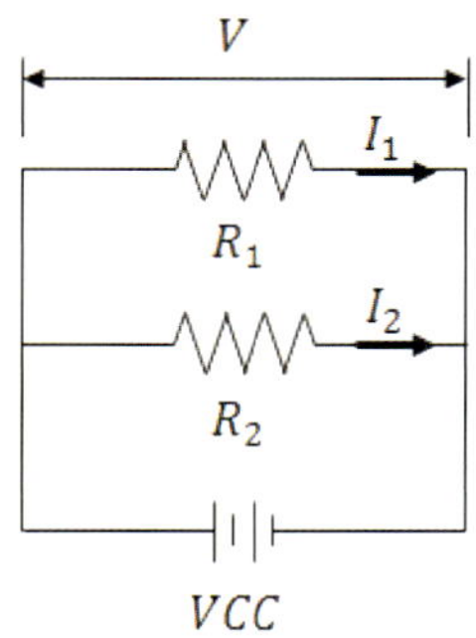

직렬 연결 : $R_t = R_1 + R_2$

병렬 연결 : $R_t = \dfrac{R_1 R_2}{R_1 + R_2}$ $\left(\because \dfrac{1}{R_t} = \dfrac{1}{R_1} + \dfrac{1}{R_2}\right)$

			직렬			병렬		
$R_1(\Omega)$	$R_2(\Omega)$	$VCC(V)$	V_1	V_2	I	V	I_1	I_2
220	1k	5						
1k	10k	5						

1

CHAPTER

디지털 출력

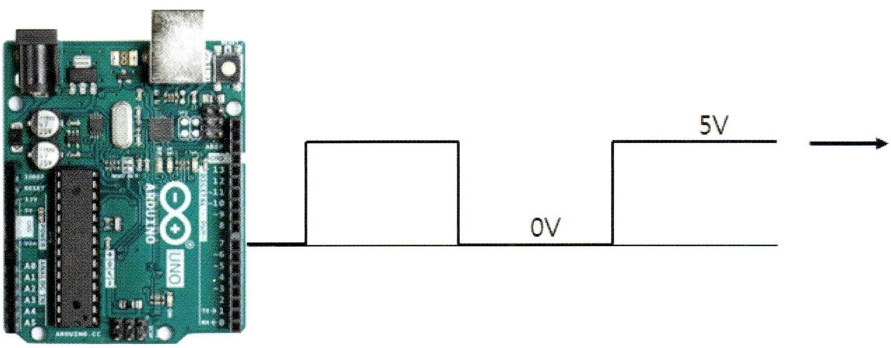

- LED
- 액티브 부저
- 패시브 부저
- 릴레이

CHAPTER 1

디지털 출력

디지털 출력은 외부로 LOW 또는 HIGH 신호를 내보내는 것이다. 아두이노 Uno 보드는 5V를 기반으로 하여 작동하므로, LOW 신호에는 GND를 HIGH 신호에는 5V를 각각 출력하여, 주변 기기의 ON/OFF 제어를 지원한다. 아두이노 Uno 보드는 0부터 13까지 총 14개의 디지털 핀을 지원한다. 디지털 핀이 부족할 때에는 A0부터 A5까지 6개의 아날로그 핀도 디지털 핀으로 전용 가능하다. 아날로그 핀을 디지털 핀으로 사용할 때에는 핀 번호를 A0, ..., A5 또는 14, ..., 19로 사용한다. A0는 아두이노 IDE에서 미리 정의하여 둔 기호상수로써 14를 가리킨다.

0 ~ 13	: 디지털 입출력 핀
A0(14) ~ A5(19)	: 디지털 입출력 핀

디지털 출력을 위하여 두 개의 내장함수 pinMode()와 digitalWrite()를 사용한다.

디지털 출력 모드 지정 함수	: pinMode(핀 번호, OUTPUT);
디지털 출력 함수	: digitalWrite(핀 번호, HIGH 또는 LOW);

함수 pinMode()는 디지털 출력을 지원하기 위하여 지정된 핀을 OUTPUT 모드로 지정하는데, 아두이노 스케치의 setup() 함수 내에서 주로 설정한다. 함수 digitalWrite()는 OUTPUT 모드로 지정된 핀에 HIGH 또는 LOW 신호를 출력하는데, 아두이노 스케치의 loop() 함수 내에서 주로 사용한다. 지정된 핀에 LOW 신호가 출력되면 해당 핀이 GND에 연결되는 반면, HIGH 신호가 출력되면 해당 핀에 5V의 전압이 걸린다.

```
void setup() {
  ⋮
  pinMode(핀 번호, OUTPUT);
  ⋮
}

void loop() {
  ⋮
  digitalWrite(핀 번호, HIGH 또는 LOW);
  ⋮
}
```

출력에 사용 가능한 핀 번호는 0~13과 A0~A5(14~19와 동일)이며, 핀 번호를 직접 사용하는 것보다 프로그램 내에서 상수 또는 변수로 표현하는 것이 바람직하다. 그 이유는 나중에 핀 번호를 변경할 경우, 핀 번호를 직접 사용하면 수정해야 할 곳이 여러 군데이지만, 상수나 변수를 지정하여 사용하면 값을 지정한 곳 한 군데만 수정할 수 있으므로 편리하기 때문이다. 아울러 핀 번호를 직접 사용하면 나중에 각각의 핀이 무엇을 의미하는지 헷갈릴 수 있지만, 상수나 변수를 사용하면 이름으로 핀의 역할을 구별할 수 있어 편리하다. 핀 번호의 데이터 형은 int나 byte로 표현할 수 있다. int는 부호가 있는 16비트 정수로 −32,768~32,767까지 표현이 가능하고, byte는 8비트 자연수로 0~255까지 표현이 가능하다. 핀 번호를 표현하는데 int를 사용해도 무방하지만, 본래 아두이노 IDE가 지원하는 핀의 본래 데이터 형은 byte이다. 따라서, 프로그램 내에서 핀 번호를 byte로 지정하여 사용하는 것을 권장한다. 핀 번호가 중간에 바뀌지 않는다면, 의도하지 않게 중간에 핀 번호가 변경되는 실수를 방지하기 위하여 const 를 이용하여 상수 선언하는 것이 더 유리하다.

```
pinMode(13, OUTPUT);                        // 가능하지만, 번호 직접 사용 권장하지 않음
```

```
#define PIN_LED 13                          // 기호상수 사용 가능
pinMode(PIN_LED, OUTPUT);
```

```
int pinLED = 13;                            // int 변수 사용 가능
pinMode(pinLED, OUTPUT);
```

```
byte pinLED = 13;                           // byte 변수 사용 가능
pinMode(pinLED, OUTPUT);
```

```
const byte pinLED = 13;                     // byte 상수 사용 권장!!!
pinMode(pinLED, OUTPUT);
```

1.1 디지털 출력

아두이노 Uno 보드의 디지털 출력을 구현하기 위하여, 13번 핀을 디지털 출력으로 지정하고, 1초 동안 HIGH와 LOW 신호를 교대로 내보낸다. 아두이노 Uno 보드는 13번 핀에 내부 LED가 연결되어, HIGH 신호가 출력되면 내부 LED가 켜지고 LOW 신호가 출력되면 내부 LED가 꺼진다.

디지털 출력의 전압 파형을 조사하기 위하여, 오실로스코프의 + 단자를 아두이노 Uno 보드 13번 핀에 - 단자를 아두이노 Uno 보드 GND 핀에 각각 연결한다.

13번 핀의 디지털 출력을 오실로스코프에 연결하는 회로도는 다음과 같다.

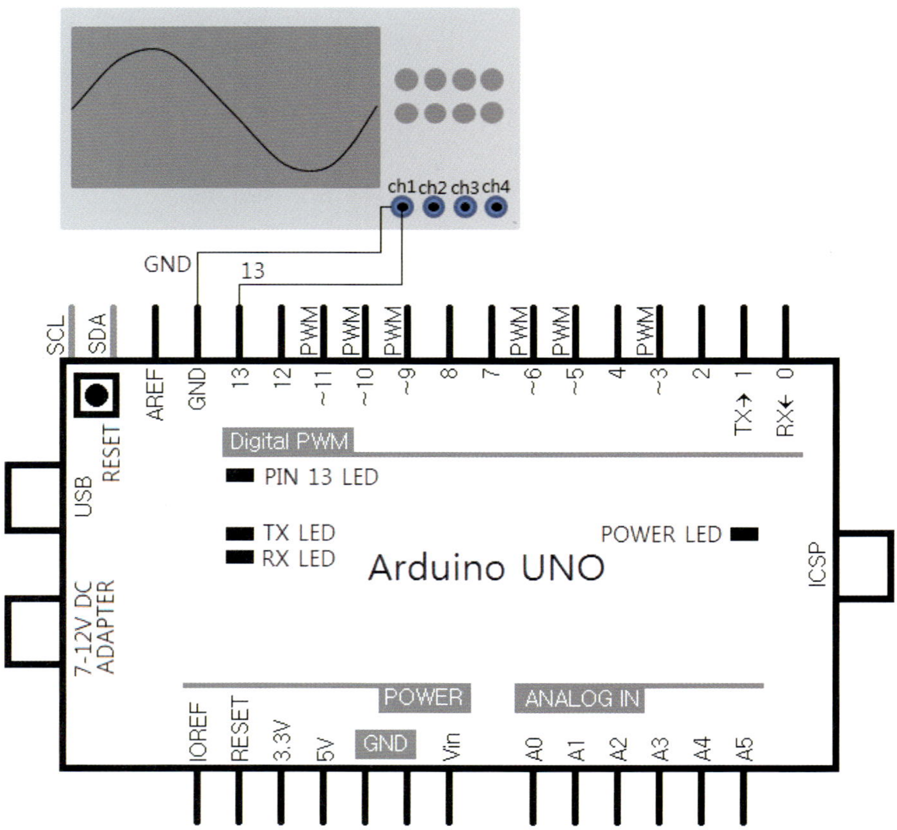

아두이노 IDE에 다음 프로그램을 입력한다.

```
const byte pinLED = 13;

void setup() {
  pinMode(pinLED, OUTPUT);
}

void loop() {
  digitalWrite(pinLED, HIGH);
  delay(1000);
  digitalWrite(pinLED, LOW);
  delay(1000);
}
```

소스 코드를 업로드시키고, 오실로스코프의 전압 파형을 살펴본다. 수직 및 수평 스케일과 포지션을 맞추면, 13번 핀의 디지털 출력이 HIGH일 때 (내부 LED가 켜질 때) 5V, LOW일 때 (내부 LED가 꺼질 때) 0V가 교대로 파형을 이루어 Period=2.000s, Width=1.000s, Max=5.20V, Ampl=4.92V, Freq=500mHz가 됨을 알 수 있다.

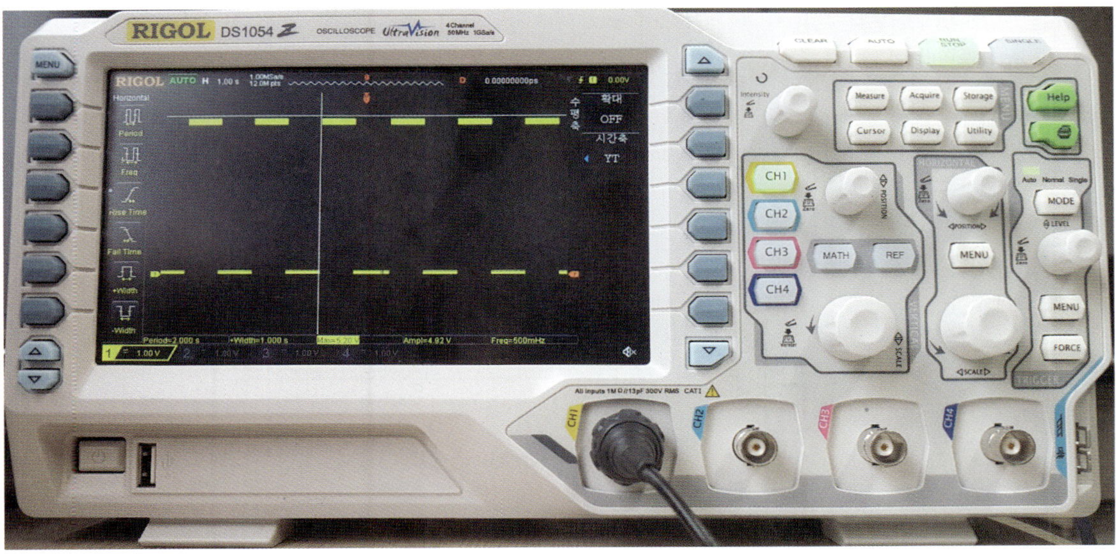

예제 1.1

13번 핀은 디지털 출력으로 HIGH 신호를 내보내고, 12번 핀은 LOW 신호를 지속적으로 내보낼 때, 오실로스코프에서 두 개의 채널로 각각의 신호를 비교 분석하라.

```
const byte pinOut1 = 13;
const byte pinOut2 = 12;

void setup() {
  pinMode(pinOut1, OUTPUT);
  pinMode(pinOut2, OUTPUT);
}

void loop() {
  digitalWrite(pinOut1, HIGH);
  digitalWrite(pinOut2, LOW);
  delay(1000);
}
```

오실로스코프의 CH1에 13번 핀의 출력을 CH2에 12번 핀의 출력을 각각 연결하는 회로도는 다음과 같다.

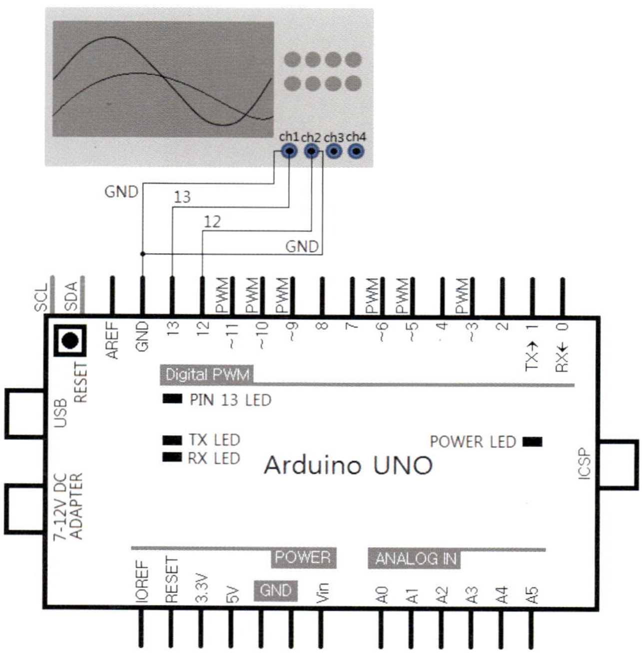

오실로스코프 채널1에서 5V를 채널2에서 0V의 신호를 관찰할 수 있다.

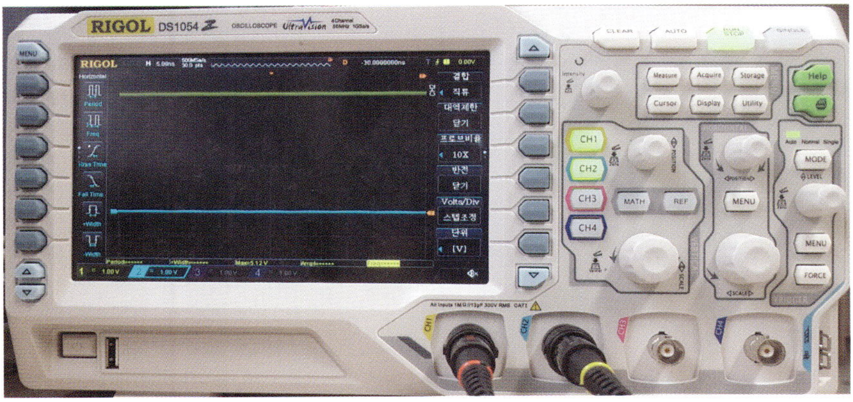

Auto를 설정하여 입력 파형을 자동으로 잡은 뒤, Trigger 모드를 Single에 맞추고, CH1과 CH2에 대하여 수직 및 수평 스케일과 포지션을 잡으면, 두 파형의 자세한 형상을 비교해 볼 수 있다. 대략 Period=31ns, Width=24ns, Max=5.04V, Ampl=90mV(채널1)/45mV (채널2), Freq=32.6MHz로 진동하는 것을 알 수 있다.

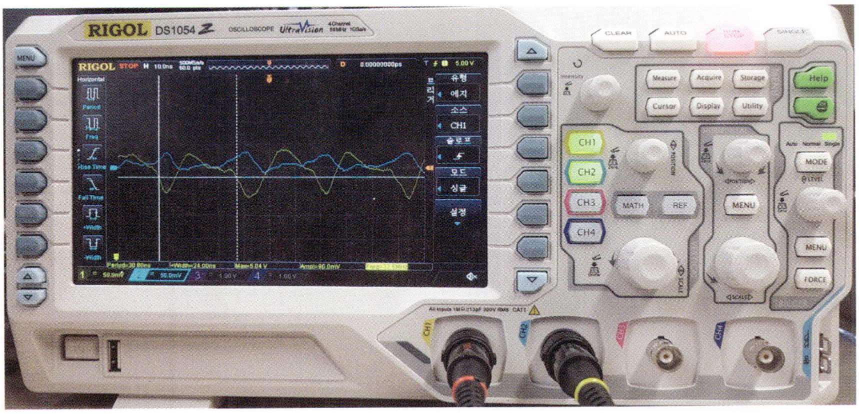

예제 1.2

아두이노 10번 핀에 아무런 디지털 신호도 출력하지 않은 채 10번 핀에 오실로스코프의 CH2를 연결하여 어떤 파형을 보이는지 조사하라.

1.2 LED

1.2.1 LED

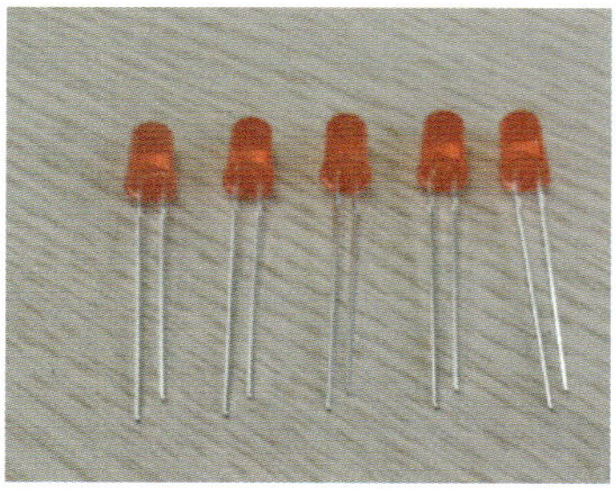

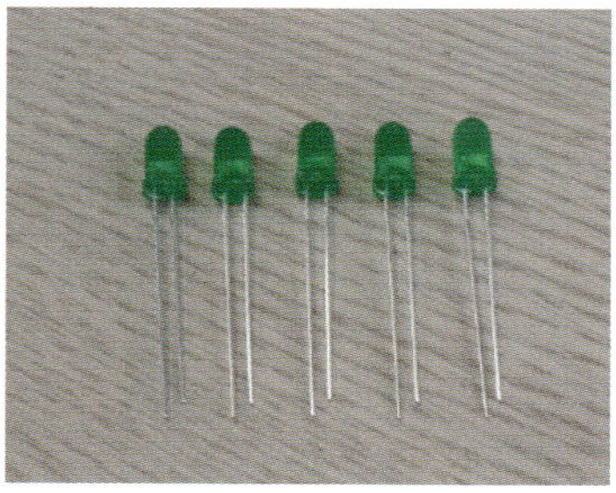

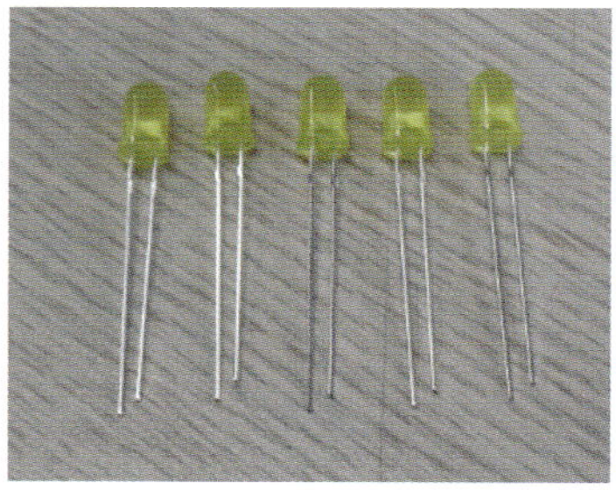

LED는 극성을 가지고 있어서, 긴 리드선에 + 전압이, 짧은 리드선에 - 전압이 걸려야 한다. LED의 정격이 2V 20mA라면, 정격 범위 내의 전압을 순방향으로 걸어 주면, LED가 켜진다. 만일 극성을 바꾸어 전압을 거꾸로 걸어주면, 역전압이 걸려 LED가 켜지지 않는다. 만일 LED에 최대 전압 이상의 과전압을 순방향으로 걸면, LED가 타서 끊어지게 된다. 대부분의 LED는 2V 20mA 의 정격을 가지고 있으므로, LED를 5V에 바로 연결시키면 LED가 타서 끊어질 수도 있다.

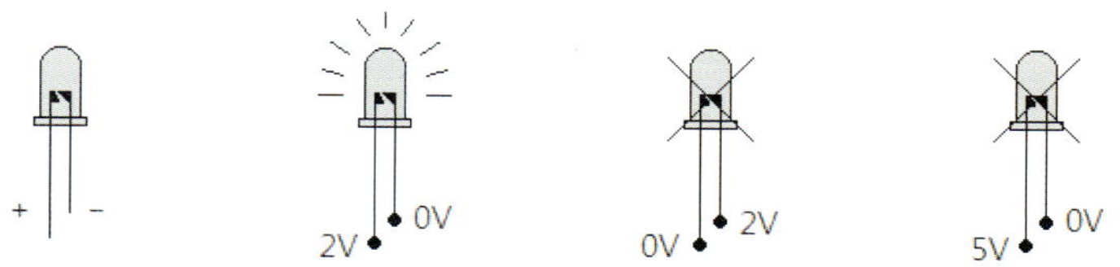

(a) LED (b) 순전압 (c) 역전압 (d) 과전압

LED를 바로 5V에 연결하면 과도한 전류가 흘러 LED에 손상이 갈 수 있기 때문에, 반드시 저항 220Ω을 직렬로 연결하여 LED 양단에 걸리는 전압이 정격 전압 2V를 넘지 않도록 하여야 한다.

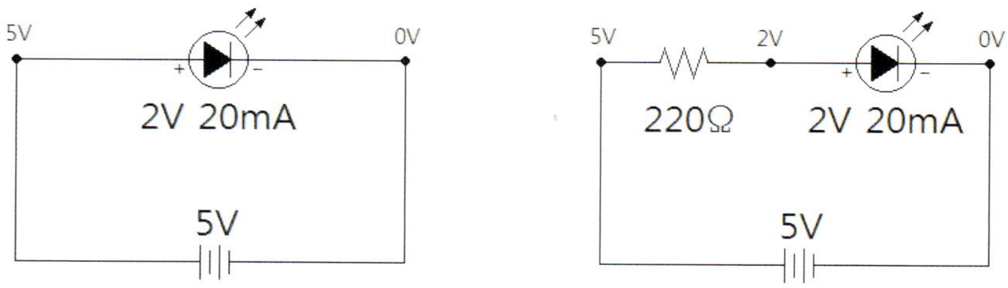

(a) 그릇된 사용 : × (b) 올바른 사용

아두이노 전원 5V에 대하여, 저항 220Ω을 직렬로 연결하면 LED에 정격 전압 2V에 가까운 값이 걸린다. LED에 정격 전류 20mA가 흐르는 것이 가장 바람직하고, 50mA까지는 버티지만 150mA에

서 급격히 어두워지다가 200mA 근처에서 끊어진다. LED에 3.5V 200mA가 걸리면 LED가 타서 끊어지게 된다.

전원 공급기의 DC 전원을 LED의 양단에 직접 공급하면서 LED의 전압과 전류, 그에 따른 저항을 조사해 본다. LED 양단의 전압이 1.5V 이하이면 LED에 전류가 흐르지 않는다. 1.5~2.0V 사이에서 LED에 0~20mA의 전류가 흐르며, 이 영역이 정격 전압 2V 정격 전류 20mA LED의 작동 범위이다. 2.1V 50mA까지는 별 문제없이 잘 작동하지만, 2.35V 150mA에서 급격히 어두워지며, 3.5V 200mA에서는 LED가 타서 끊어진다. LED 양단의 전압과 전류로부터 LED의 저항을 계산해보면, 반도체의 특성을 따라 1.5V에서는 저항이 매우 크지만, 전압 2V까지 높아지면서 전류가 흐르기 시작하면 저항이 급격하게 감소한다. 정격 전압 2V를 넘어 작동 영역을 넘어서면 저항이 더 이상 크게 감소하지 않는다.

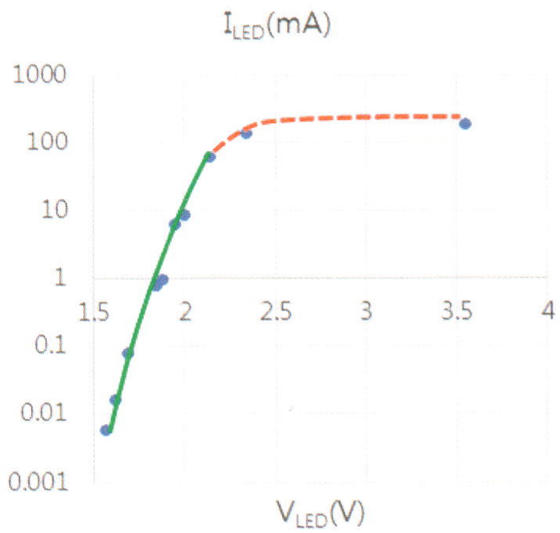

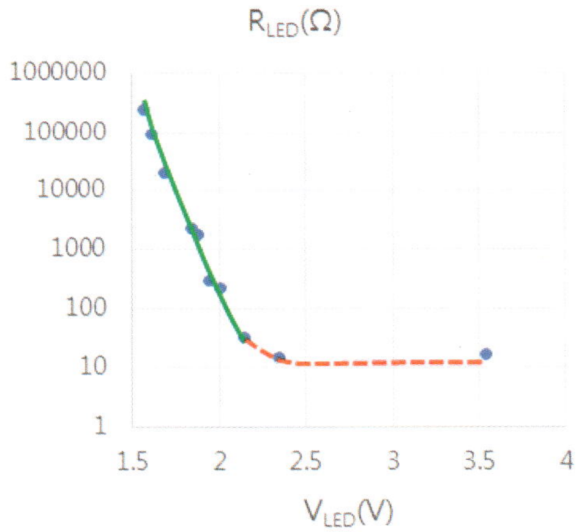

LED에 저항 220Ω을 직렬 연결하여 전원 공급기로 전원 VCC를 0V, 1V, 2V, 3V, 4V, 5V로 증가시키면서, 전체 전압 V_{total}과 LED 전압 V_{LED}를 비교하면, $1.5 \leqq V_{total} \leqq 5.0$ 영역에 대하여 $1.5 \leqq V_{LED} \leqq 2.0$와 같이 정격 전압 범위 내에서 작동하는 것을 알 수 있다.

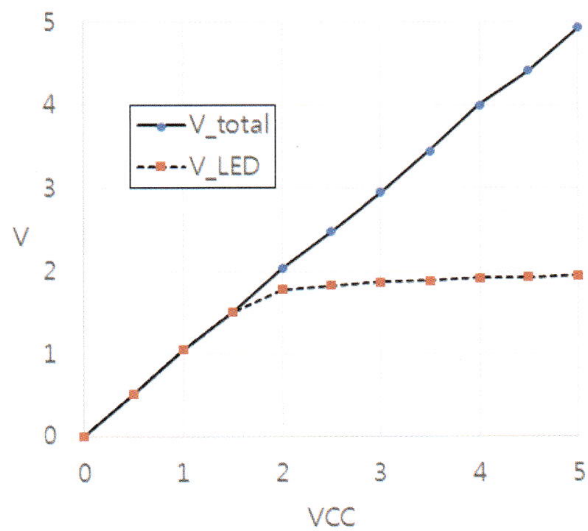

1.2.2 회로 구성

정격 2V 20mA의 LED를 외부에 연결하여, 아두이노 디지털 출력을 통하여 LED를 점멸시키기 위한 회로도이다. LED의 + 단자에 저항 220Ω을 직렬 연결하여 아두이노 디지털 핀 13번에 연결시키고, LED의 – 단자를 아두이노 GND에 연결시킨다. 따라서, LED와 아두이노 사이의 핀 연결은 다음과 같다.

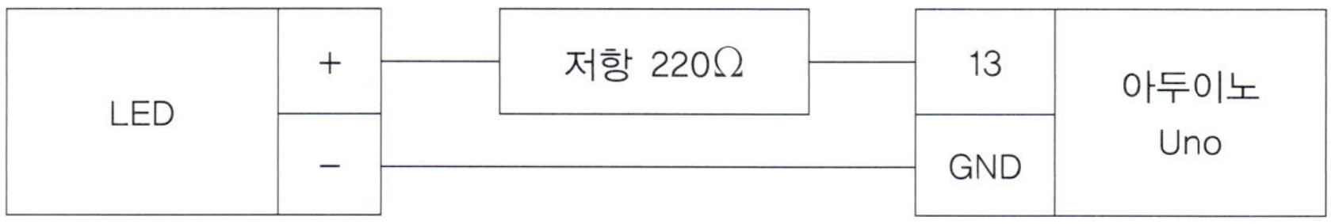

위의 핀 연결에 따른 회로도는 다음과 같다.

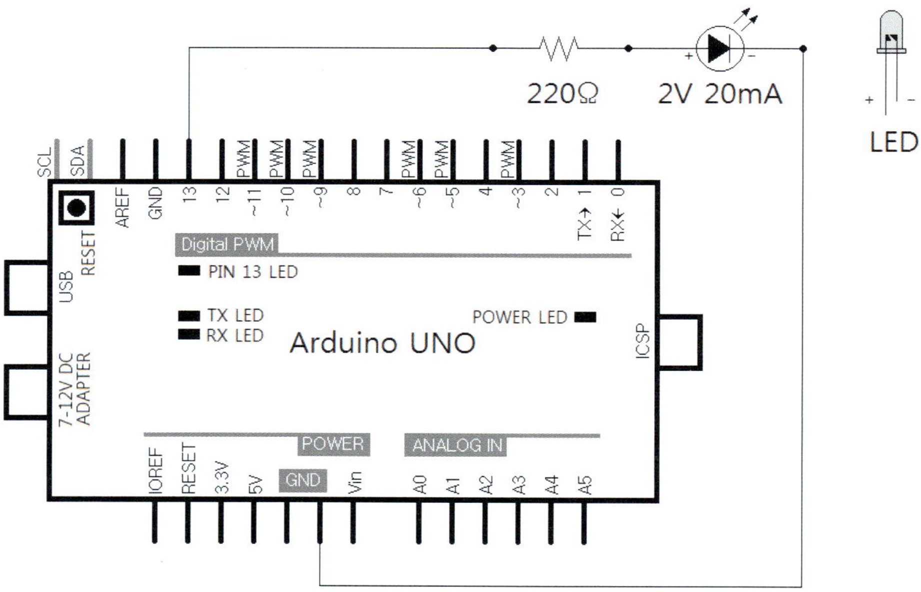

브레드보드 상에서 상단과 하단의 두 줄의 가로 결선들을 GND와 5V용으로 각각 분리하여 점퍼 케이블로 서로 연결하여 둔다. 상하단의 윗줄은 5V용으로, 아랫줄은 GND용이다. 브레드보드 상하 가로 결선의 GND와 5V를 아두이노 Uno 보드에 각각 연결하여 활성화시킨다.

LED를 브레드보드에 장착한다. LED의 - 단자를 브레드보드의 활성화된 GND 가로 결선에 점퍼 케이블로 연결한다. LED의 + 단자 쪽에 연결하여 저항 220Ω을 브레드보드에 삽입한 후, 저항의 나머지 단자를 점퍼 케이블을 이용하여 아두이노 UNO 보드의 13번 핀에 연결시킨다.

> 브레드 보드에 핀을 연결할 때 무리한 힘을 주면, 핀이 구부러지거나 혹은 핀이 홈 안에서 부러지게 된다. 부품의 핀이 부러져 망가지거나, 브레드보드의 홈이 막혀 기능을 상실할 수 있다. 적절한 힘으로 밀어 넣는 것이 중요하다.

> 브레드 보드에 핀을 연결할 때에는 무리한 힘을 주지 않고, 중간 정도의 힘으로 밀어 넣는다. 여기서, 중간 정도의 힘이란, 빡빡한 브레드보드 홈으로 강하게 밀고 들어갈 수 있는, 그러나 보드에 걸려서 리드선이 휘어지지는 않을 정도의 힘을 의미한다.

1.2.3 프로그래밍

아두이노 IDE에 다음 프로그램을 입력한다.

`const byte pinLED = 13;`	디지털 13번 핀
`void setup() {`	
`  pinMode(pinLED, OUTPUT);`	함수 pinMode() : 디지털 13번 핀 출력(OUTPUT) 지정.
`}`	
`void loop() {`	
`  digitalWrite(pinLED, HIGH);`	함수 digitalWrite() : 디지털 13번 핀 5V 출력 인가
`  delay(1000);`	함수 delay() : 1000ms 동안 다음 실행 지연
`  digitalWrite(pinLED, LOW);`	함수 digitalWrite() : 디지털 13번 핀 0V 출력 인가
`  delay(1000);`	함수 delay() : 1000ms 동안 다음 실행 지연
`}`	

아두이노 IDE에서 프로그램을 업로드시키면, 함수 setup()이 13번 핀을 디지털 출력으로 지정하고, 함수 loop()가 13번 핀에 HIGH를 출력한 후 1000ms 동안 LED를 ON 시키고, 다시 13번 핀에 LOW를 출력 한 후 1000ms 동안 LED를 OFF 시키는 점멸 과정을 무한 반복한다. LED를 연결한 13번 핀은 보드의 내부 LED와 함께 연결되어 있으므로, 13번 핀으로 LED를 제어하면 내부 LED도 동일하게 함께 제어된다.

위의 프로그램은 점멸 주기가 2s이므로, 점멸 주기를 1s로 변경하려면 두 줄의 delay(1000)을 모두 delay(500)으로 변경하여야 한다. 이러한 경우, 기호 상수를 사용하면 다음과 같이 간단하게 점멸 주기를 변경할 수 있다. LED는 1Hz의 주파수로 점멸한다.

`#define TIME_DELAY 1000`	기호 상수 TIME_DELAY (=1000) 정의
`const byte pinLED = 13;`	
`void setup() {`	
`  pinMode(pinLED, OUTPUT);`	
`}`	
`void loop() {`	
`  digitalWrite(pinLED, HIGH);`	
`  delay(TIME_DELAY / 2);`	TIME_DELAY / 2 (=500ms) 동안 다음 실행 지연
`  digitalWrite(pinLED, LOW);`	
`  delay(TIME_DELAY / 2);`	TIME_DELAY / 2 (=500ms) 동안 다음 실행 지연
`}`	

점멸 주기를 0.1s로 변경하려면, 기호 상수 TIME_DELAY를 100으로 변경하면 된다. LED는 10Hz 주파수로 점멸한다.

```
#define TIME_DELAY 100
```

예제 **1.3**

한 박자가 0.4초일 때, 다음과 같이 16박자로 이루어진 3-3-7 박자에 맞추어 LED를 점등시켜라.

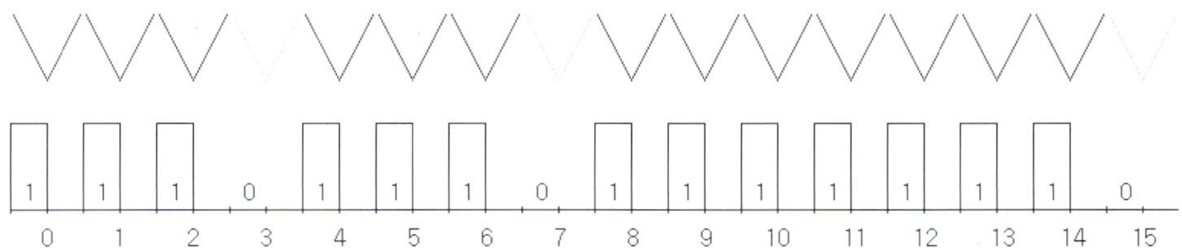


```
#define BEAT_TIME 400     // 0.4 sec (=400ms)
#define NUM_BEAT 16      // 16 beats

const byte pinLED = 13;

void setup() {
  pinMode(pinLED , OUTPUT);
}

void loop() {
  int i;
  int beat[NUM_BEAT]={1,1,1,0,1,1,1,0,1,1,1,1,1,1,1,0};

  for (i=0;i<NUM_BEAT;i++) {
    digitalWrite(pinLED , beat[i]);
    delay(BEAT_TIME / 2);
    digitalWrite(pinLED , LOW);
    delay(BEAT_TIME / 2);
  }
}
```

예제

1.4

한 박자가 0.34초일 때, 다음과 같이 8박자로 이루어진 비트에 맞추어 LED를 점등시켜라.

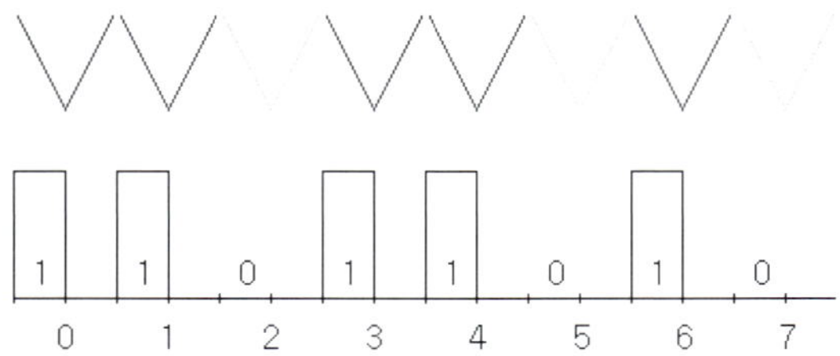


```
#define BEAT_TIME 340    // 0.34 sec (=340ms)
#define NUM_BEAT 8      // 8 beats

const byte pinLED = 13;

void setup() {
  pinMode(pinLED , OUTPUT);
}

void loop() {
  int i;
  int beat[NUM_BEAT]={1,1,0,1,1,0,1,0};

  for (i=0;i<NUM_BEAT;i++) {
    digitalWrite(pinLED , beat[i]);
    delay(BEAT_TIME / 2);
    digitalWrite(pinLED , LOW);
    delay(BEAT_TIME / 2);
  }
}
```

예제 1.5

5개의 LED에 각각 저항 220Ω를 연결하고, 1초 간격으로 좌에서 우로 순차적으로 켜진 후, 1초 간격으로 역순으로 꺼지도록 회로를 구성하고 프로그램을 작성하라.

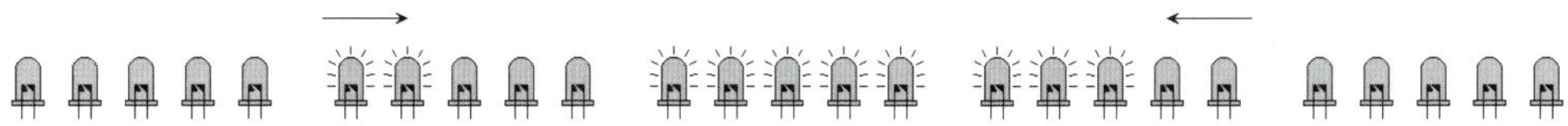

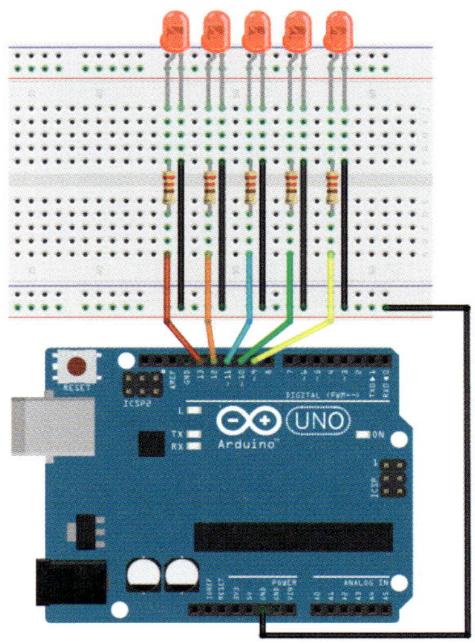

```
#define NUM_LED 5
#define TIME_DELAY 1000     // 1 sec (=1000 ms)

const byte pinLED[NUM_LED] = {13, 12, 11, 10, 9};

void setup() {
  int i;

  for (i=0; i<NUM_LED; i++)
    pinMode(pinLED[i] , OUTPUT);
}

void loop() {
  int i;

  for (i=0;i<NUM_LED;i++) {
    digitalWrite(pinLED[i] , HIGH);
    delay(TIME_DELAY);
  }
  for (i=NUM_LED-1; i>=0; i--) {
    digitalWrite(pinLED[i], LOW);
    delay(TIME_DELAY);
  }
}
```

예제

1.6

5개의 LED에 각각 저항 220Ω를 연결하고, 좌에서 우로 하나씩 순차적으로 0.5초동안 켜졌다 0.5초 동안 꺼지도록 점멸시킨 후, 다시 역순으로 우에서 좌로 점멸하도록 회로를 구성하고 프로그램을 작성하라.

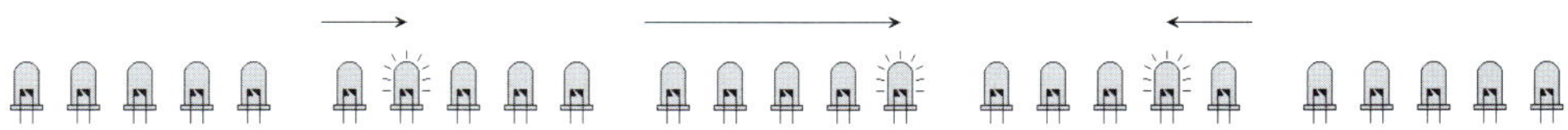

```
#define NUM_LED 5
#define TIME_DELAY 1000     // 1 sec (=1000 ms)

const byte pinLED[NUM_LED] = {13, 12, 11, 10, 9};

void setup() {
  int i;

  for (i=0; i<NUM_LED; i++)
    pinMode(pinLED[i] , OUTPUT);
}

void loop() {
  int i;

  for (i=0;i<NUM_LED;i++) {
    digitalWrite(pinLED[i] , HIGH);
    delay(TIME_DELAY / 2);
    digitalWrite(pinLED[i] , LOW);
    delay(TIME_DELAY / 2);
  }
  for (i=NUM_LED-1; i>=0; i--) {
    digitalWrite(pinLED[i] , HIGH);
    delay(TIME_DELAY / 2);
    digitalWrite(pinLED[i] , LOW);
    delay(TIME_DELAY / 2);
  }
}
```

1.3 액티브 부저 TMB12-05

1.3.1 액티브 부저 TMB12-05

부저는 액티브 부저와 패시브 부저의 두 종류가 있다. 액티브 부저는 전류가 흐르지 않으면 소리를 내지 않고, 전류가 흐르면 특정 주파수의 소리를 낸다. 소리의 주파수는 고정되어 있어서 제어할 수 없고, 입력 단자에 걸리는 전압 신호에 따라 소리가 나거나 나지 않는다.

패시브 부저는 HIGH 신호를 입력해도 소리가 나지 않는다. 입력 전압 단자에 펄스 신호를 가하고 펄스의 주파수를 조절하여 해당 주파수의 소리를 내는 것이다. 따라서, 펄스의 주파수를 가청 주파수에 맞추어야 한다.

액티브 부저 TMB12-05는 정격전압 5V와 정격전류 30mA에서 구동되므로, 아두이노 UNO 보드의 5V와 GND에 직접 연결하여 구동이 가능하다.

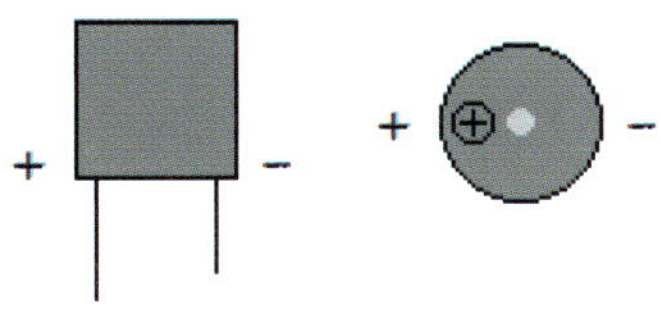

액티브 부저는 극성이 있으므로, + 리드선을 디지털 핀 12번에, - 리드선을 GND에 각각 연결한다. 디지털 핀에 LOW 출력 시에는 소리가 나지 않고, HIGH 출력 시에만 소리가 난다. 액티브 부저는 5V 전압이 + 리드선에 걸리면, 고정된 특정 주파수로 소리를 낸다. 액티브 부저와 아두이노 사이의 핀 연결은 다음과 같다.

브레드보드의 상하 가로 결선의 GND를 아두이노에 연결하여 활성화시킨다. 브레드보드에 액티브 부저를 삽입하고, - 단자를 브레드보드의 GND에 연결시킨다. + 단자는 디지털 출력 핀 12번에 연결한다.

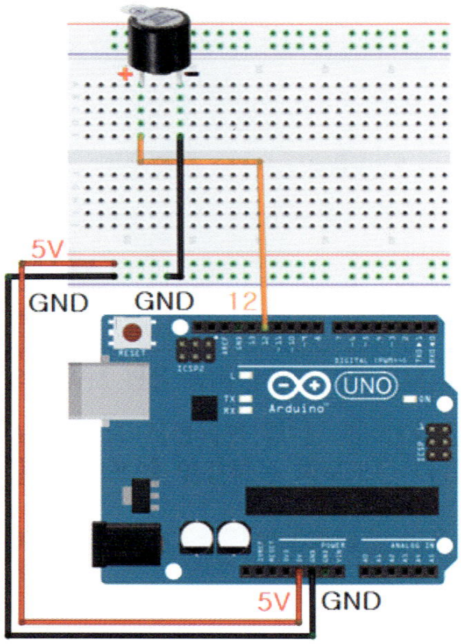

아두이노 IDE에 다음 프로그램을 입력한다.

```
const byte pinBzr = 12;

void setup() {
  pinMode(pinBzr, OUTPUT);
}

void loop() {
  int timeDelay = 1000;     // ms
  digitalWrite(pinBzr, HIGH);
  delay(timeDelay / 2);
  digitalWrite(pinBzr, LOW);
  delay(timeDelay / 2);
}
```

프로그램을 업로드시키면, 12번 핀으로 0.5초(500mS) 동안 HIGH 신호를 출력하여 부저가 울리고, 0.5초(500mS) 동안 LOW 신호를 출력하여 부저가 울리지 않는다. 따라서, 1초의 주기로 0.5초 동안 부저가 울리고 0.5초 동안 부저가 울리지 않는 과정을 무한 반복한다.

1.4 패시브 부저 HDX

패시브 부저는 액티브 부저와 달리 HIGH 신호를 입력해도 소리가 나지 않는다. 입력 전압 단자에 펄스 신호를 가하여 펄스의 주파수를 조절하여 해당 주파수의 소리를 내는 것이다. 패시브 부저 HDX의 공진 주파수는 2048HZ이다. 펄스의 주파수를 가청 주파수에 맞추어 원하는 톤의 소리를 낼 수 있다.

회로 결선은 액티브 부저와 동일하고, 단지 디지털 출력 시에 HIGH와 LOW로 이루어진 펄스를 내보내어 펄스의 주파수로 패시브 부저의 음높이를 조절한다.

디지털 핀 12번의 출력 신호의 주파수를 직접 제어하여 소리를 낼 수 있다.

`#define CC 261`	기호상수
`#define DD 294`	
`#define EE 330`	
`#define FF 349`	
`#define GG 392`	
`#define AA 440`	
`#define BB 494`	
`#define CC2 523`	
`const int pinPsv= 12;`	전역 정수형 상수
`int num=8;`	전역 정수형 변수
`int tones[]= {CC, DD, EE, FF, GG, AA, BB, CC2 };`	전역 정수형 배열
`void myTone(int pin, int freq, float time) {`	사용자 함수 myTone() 정의
`  float T = 1000000/freq;   // in microseconds`	시간주기(in microseconds) 설정
`  long n = time*freq;`	진동횟수 설정
`  for (int i=0; i<n; i++) {`	반복제어 (: i=0, 1, 2, ..., num-1)
`    digitalWrite(pin, HIGH);`	디지털 HIGH 출력
`    delayMicroseconds(T/2);`	T/2 microseconds 시간 지연
`    digitalWrite(pin, LOW);`	디지털 LOW 출력
`    delayMicroseconds(T/2);`	T/2 microseconds 시간 지연
`  }`	
`}`	
`void setup() {`	
`  pinMode(pinPsv, OUTPUT);`	12번핀 디지털 출력 지정
`}`	
`void loop() {`	
`  for (int i=0; i<num; i++) {`	반복제어 (: i=0, 1, 2, ..., num-1)
`    myTone(pinPsv, tones[i], 1);`	사용자 함수 myTone() 호출
`  }`	
`    delay(100);`	
`}`	

아두이노 IDE 프로그램의 내장 함수 tone()을 이용하면, 패시브 부저의 주파수를 더 편리하고 간단하게 제어할 수 있다.

`#define CC 261`	기호상수
`#define DD 294`	
`#define EE 330`	
`#define FF 349`	
`#define GG 392`	
`#define AA 440`	
`#define BB 494`	
`#define CC2 523`	
`const int pinPsv= 12;`	전역 정수형 상수
`int num=8;`	전역 정수형 변수
`int tones[]= {CC, DD, EE, FF, GG, AA, BB, CC2 };`	전역 정수형 배열
`void setup() {`	
`pinMode(pinPsv, OUTPUT);`	12번핀 디지털 출력 지정
`}`	
`void loop() {`	
`for (int i=0; i<num; i++) {`	반복제어 (: i=0, 1, 2, ..., num-1)
`tone(pinPsv, tones[i]);`	tone(12번핀, 주파수) : 신호 출력
`delay(400);`	
`noTone(pinPsv);`	noTone(12번핀) : 신호 출력 중지
`delay(100);`	
`}`	
`}`	

예제 **1.7**

동요 "학교 종이 땡땡땡~"의 처음 8박자의 음계를 소리내어라.

풀이

```
#define CC 261
#define DD 294
#define EE 330
#define FF 349
#define GG 392
#define AA 440
#define BB 494
#define CC2 523

int num=8;
int tones[]= {GG, GG, AA, AA, GG, GG, EE, EE};

for (int i=0; i<num; i++) {
  tone(pinPsv, tones[i]);
}
```

1.5 릴레이(SRD-05VDC-SL-C, Parallax Inc.)

릴레이는 별도의 외부 전원을 제어하는 스위치이다. 릴레이에 LOW/HIGH의 디지털 출력 신호를 주면, 별도의 외부 전원을 끄거나 켤 수 있다. 이러한 장치를 릴레이라고 한다. 예를 들어 디지털 출력으로 신호를 제어하여 선풍기나 전등을 켜거나 끌 수 있다.

릴레이는 디지털 출력을 받기 위하여 3개의 리드 선을 가지고 있다. 가운데 있는 + 리드 선은 5V에, - 리드선은 GND에 연결하고, s 리드 선은 디지털 핀에 연결한다. 릴레이 단자는 가운데 COM에 대하여 항상 연결되어 있는 NC(Normal close)와 NO(Normal open)으로 구성되어 있다.

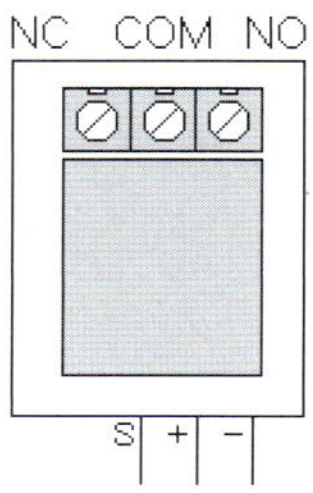

NC (Normal close) : COM과 항시 연결

NO (Normal open) : COM과 항시 단락

- : GND

+ : 5V (코일 전자석 구동)

s : 디지털 신호 처리용 (스위치 신호)

신호 단자 s에 HIGH 신호를 출력시키면, 전자석이 작동하여 스위치가 NC에서 NO로 붙으므로, 외부 전원 Vo에 의하여 전구가 켜지게 된다. 반면에 LOW 신호를 출력시키면, 전자석에 전류가 흐르지 않아 스위치가 NC로 되돌아가서 전구의 불이 꺼진다.

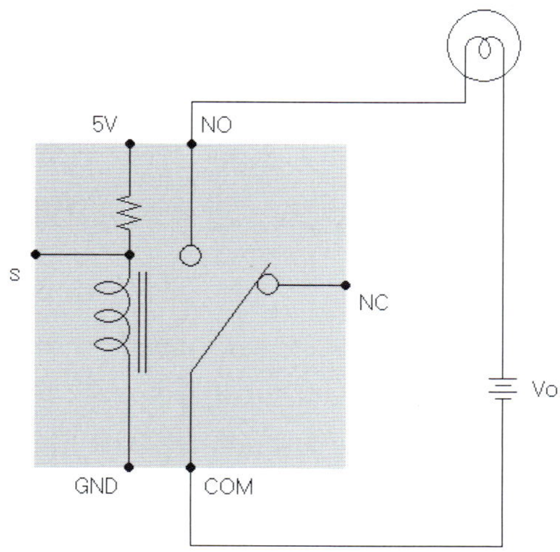

제1장의 액티브 부저 회로에 릴레이 스위치를 연결하여 보자. 부저를 울리는데 별도의 외부 전원을 사용하지 않고, 아두이노의 5V와 GND를 이용하기로 한다. 부저의 + 단자가 디지털 핀 13번의 출력 제어를 받지 않고 릴레이 스위치의 제어를 받으므로, 부저의 + 단자를 릴레이의 COM 단자에 연결하고, 릴레이의 NO 단자를 5V에 연결한다. 릴레이의 - 단자와 + 단자를 각각 GND와 5V에 연결하고, s 단자를 디지털 핀 13번에 연결한다. 디지털 핀 13번의 디지털 출력을 릴레이 스위치 s에 보내어 액티브 부저의 울림을 제어한다. 디지털 핀 13번에 HIGH를 출력하면 릴레이의 전자석이 스위치를 NO로 붙게 하여 부저가 울리고, LOW를 출력하면 릴레이의 전자석이 멈추어 스위치가 NC로 되돌아와 부저의 울림이 멈춘다.

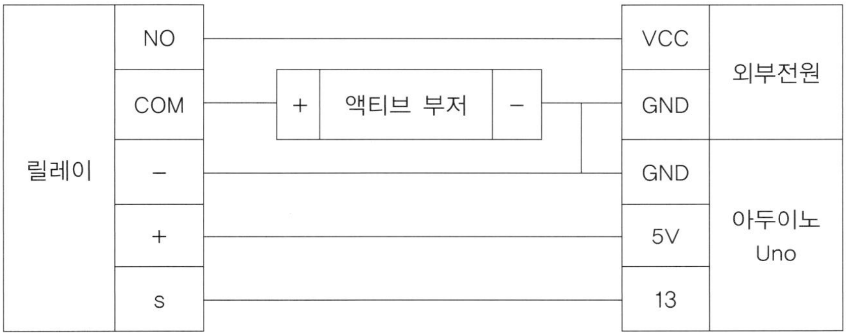

위의 핀 연결에 따른 회로도는 다음과 같다. 아두이노 보드의 GND와 외부전원의 GND는 서로 연결되어야 한다.

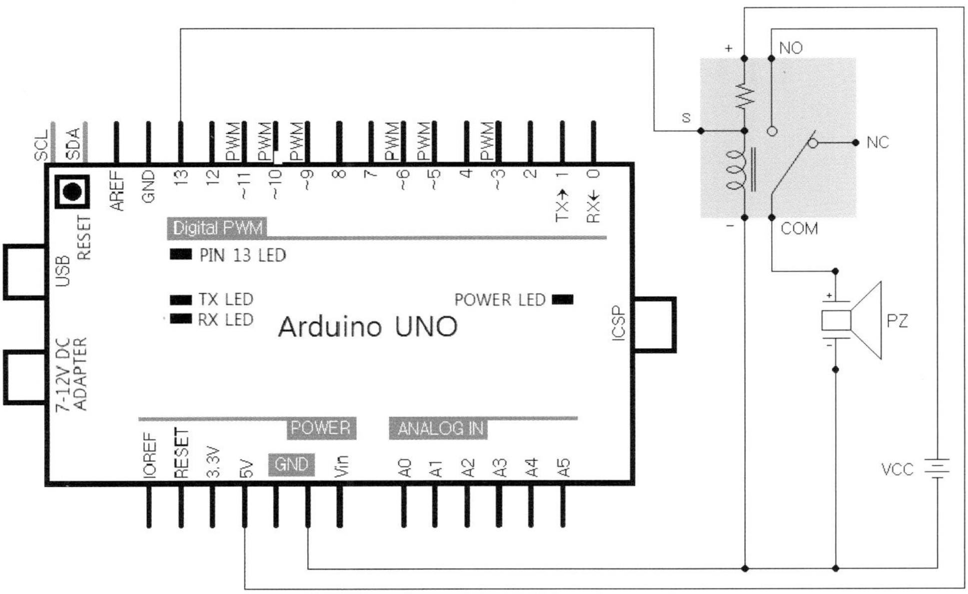

브레드보드의 상하 가로 결선의 GND와 5V를 아두이노 Uno 보드에 각각 연결하여 활성화시킨다. 전원 공급기(Power supply)를 이용하여 VCC(=5V)의 외부 전원을 준비한다. 외부 전원의 GND를 브레드 보드의 GND에 연결한다. 외부 전원의 VCC를 릴레이의 NO 단자에 연결시킨다. 브레드 보드에 액티브 부저를 삽입하고, 부저의 - 단자를 브레드보드의 GND에 연결시킨다. 부저의 + 단자는 릴레이의 COM 단자에 연결한다. 릴레이를 제어하기 위하여 릴레이의 - 단자와 + 단자를 각각 브레드보드의 GND와 5V에 연결시키고, 릴레이의 s 단자를 디지털 출력 핀 13번에 연결한다.

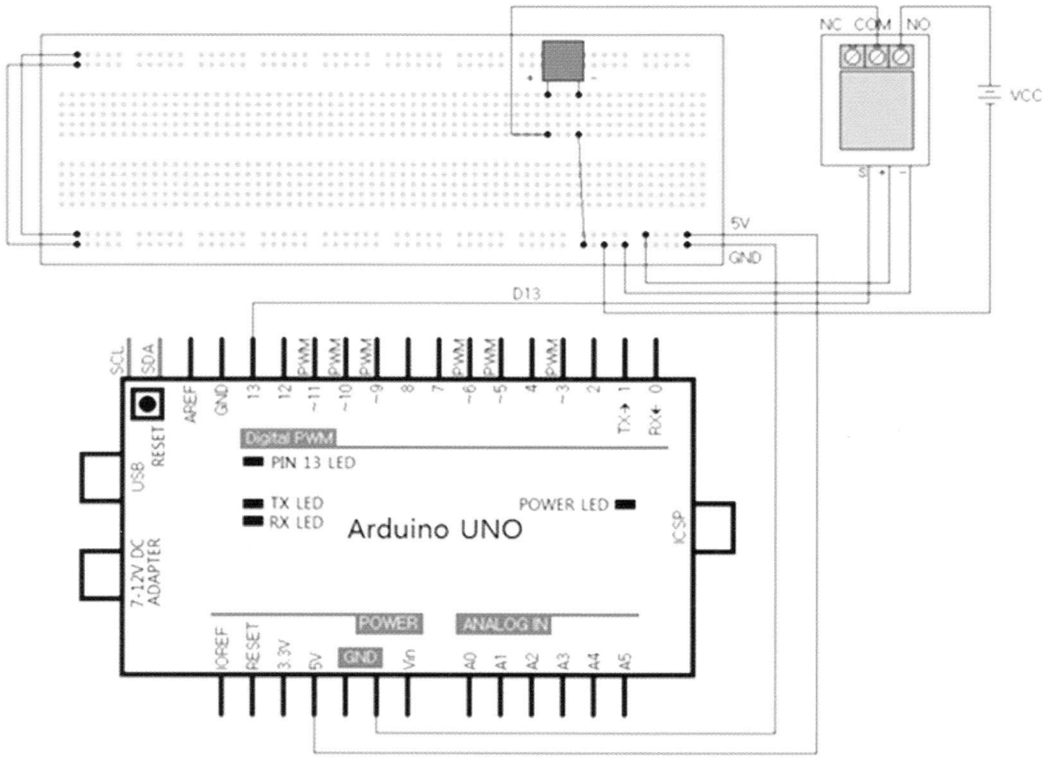

아두이노 IDE에 다음 프로그램을 입력한다.

```
const byte pinRelay = 13;

void setup() {
  pinMode(pinRelay, OUTPUT);
}

void loop() {
  digitalWrite(pinRelay, HIGH);
  delay(2000);
  digitalWrite(pinRelay, LOW);
  delay(2000);
}
```

프르그램을 업로드시키면, 디지털 출력 핀 13번에서 릴레이 s 단자로 HIGH 신호가 출력되면, 릴레이의 전자석이 작용하여 스위치가 NC에서 NO로 움직이고, 부저가 울린다. 2초(2000ms)동안 부저가 울리고 난 후, s 단자로 LOW 신호가 출력되면, 전압이 걸리지 않아 전자석이 자력을 잃고 스위치가 NO에서 다시 NC로 되돌아오면서, 부저의 전원이 차단되어 부저의 울림이 2초동안 중지된다. 이러한 과정을 무한 반복한다.

CHAPTER 2

디지털 입력

- Pulldown 스위치
- Pullup 스위치
- 내장 Pullup 스위치

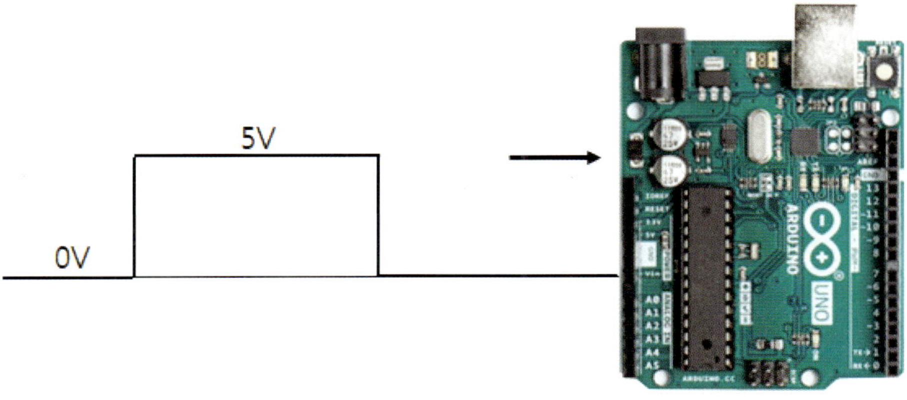

CHAPTER 2 디지털 입력

디지털 입력은 스위치 등으로부터 LOW 또는 HIGH 둘 중의 하나를 신호로 입력받는다. 대표적인 디지털 입력의 예는 스위치이다. 스위치는 시스템의 ON/OFF를 수행하는 역할을 한다. 아두이노 Uno 보드에서 디지털 입력은 디지털 출력과 동일한 핀들을 사용한다.

0 ~ 13	: 디지털 입출력 핀
A0(14) ~ A5(19)	: 디지털 입출력 핀

디지털 입력을 위하여 두 개의 내장함수 pinMode()와 digitalRead()를 지원한다.

디지털 입력 모드 지정 함수	: pinMode(핀번호, INPUT);
디지털 입력 함수	: digitalRead(핀번호);

함수 pinMode()는 디지털 입력을 지원하기 위하여 지정된 핀을 INPUT 모드로 지정하는데, 아두이노 스케치의 setup() 함수 내에서 주로 설정한다. 함수 digitalRead()는 INPUT 모드로 지정된 핀으로부터 LOW 또는 HIGH 둘 중의 하나를 신호로 입력받는데, 아두이노 스케치의 loop() 함수 내에서 주로 사용한다. 지정된 핀에 GND가 연결되어 있으면 LOW 신호를 입력받는 반면, 5V가 연결되어 있으면 HIGH 신호를 입력받는다.

```
void setup() {
  ⋮
  pinMode(핀번호, INPUT);
  ⋮
}

void loop() {
  ⋮
  입력변수 = digitalRead(핀번호);
  ⋮
}
```

2.1 디지털 입력

아드이노 Uno 보드의 디지털 입력을 구현하기 위하여, 전원 공급기에 5V를 설정한 후 전원 공급기의 5V는 12번 핀에, 전원 공급기의 GND는 11번 핀에 각각 연결한다. 모든 GND는 서로 연결하여야 하므로, 전원 공급기의 GND와 아두이노 Uno 보드의 GND도 서로 연결해 준다.

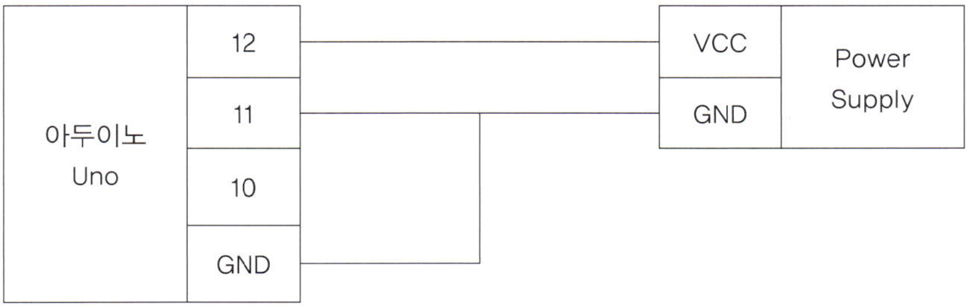

디지털 입력의 회로도는 다음과 같다.

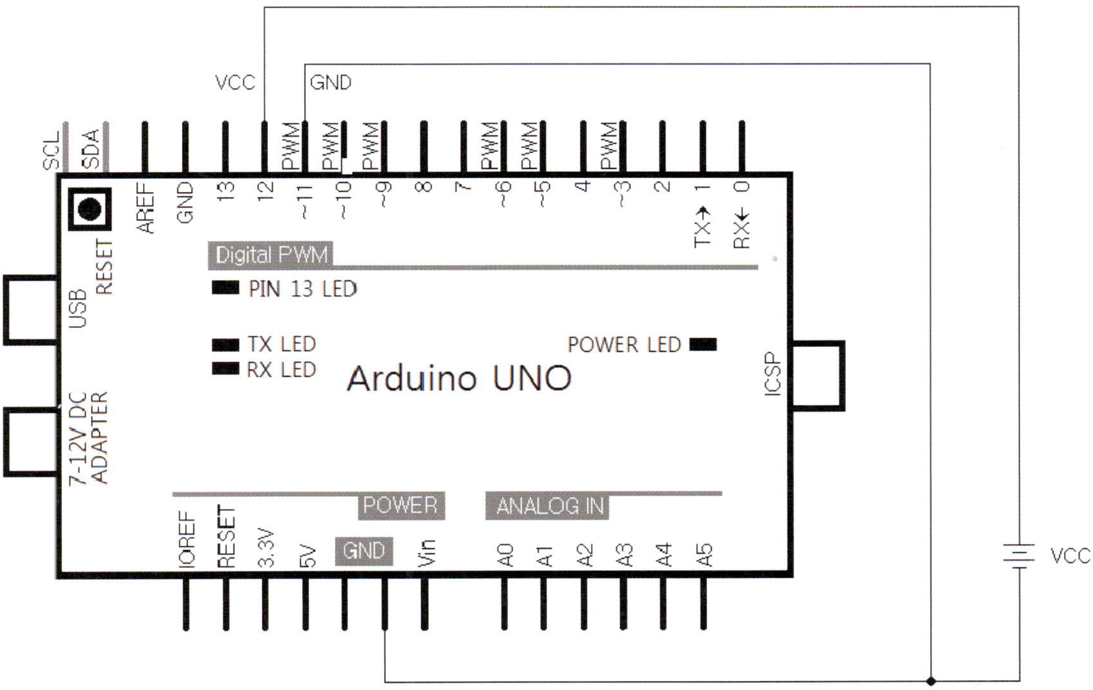

아두이노 IDE에 다음 프로그램을 입력한다.

```
const byte pinInput1 = 12;
const byte pinInput2 = 11;
const byte pinInput3 = 10;

void setup() {
  pinMode(pinInput1, INPUT);
  pinMode(pinInput2, INPUT);
  pinMode(pinInput3, INPUT);
  Serial.begin(9600);
}

void loop() {
  int input1, input2, input3;
  input1 = digitalRead(pinInput1);
  input2 = digitalRead(pinInput2);
  input3 = digitalRead(pinInput3);
  Serial.print(input1);
  Serial.print("\t");
  Serial.print(input2);
  Serial.print("\t");
  Serial.println(input3);
  delay(200);
}
```

소스 코드를 업로드시키고, 시리얼 모니터를 실행시키면, 12번 핀은 5V가 공급되므로 1을 출력하고, 11번 핀은 GND에 연결되어 있으므로 0을 출력한다. 10번 핀은 전원이 연결되지 않지만 GND에 연결된 것으로 간주하여 0을 출력한다.

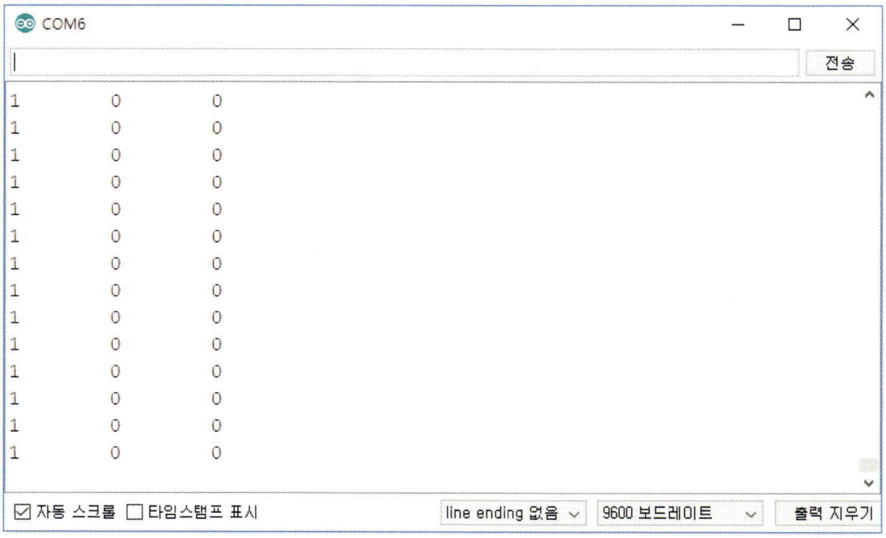

예제 **2.1**

저항 220Ω 세 개를 직렬로 연결하여 양 끝단에 5V의 전압을 걸고, 저항 사이의 네 곳의 전압을 각각 12번, 11번, 10번, 9번 핀에 연결한 후, 각 핀의 디지털 입력을 시리얼 모니터에서 조사하라.

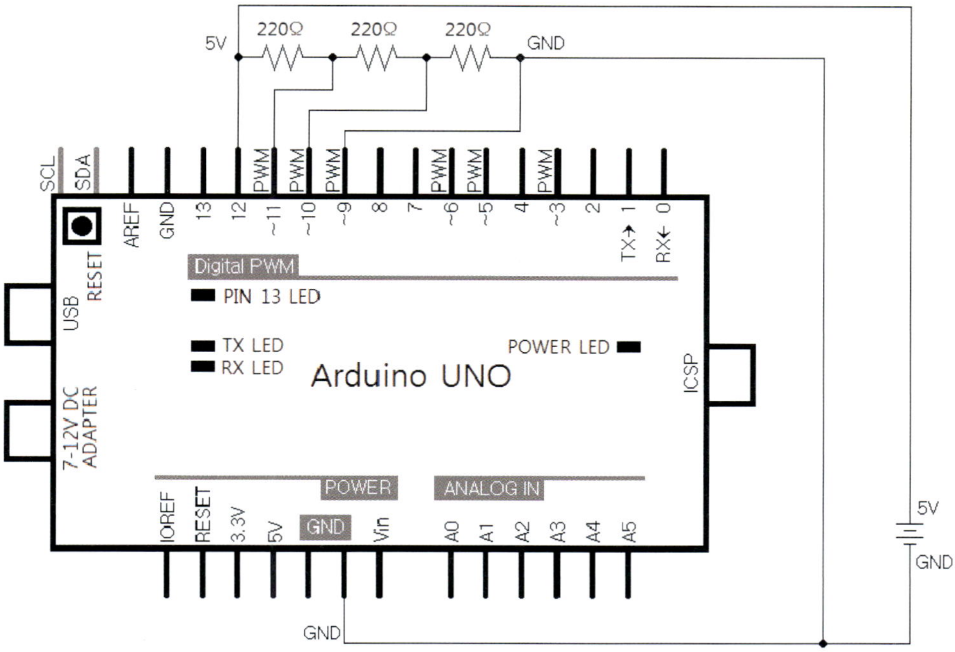

풀이

각 핀에 걸리는 전압과 디지털 입력 값은 다음과 같다.

디지털 입력 핀	핀12	핀11	핀10	핀9
전압	5V	3.3V	1.7V	0V
디지털 입력 값	HIGH	HIGH	LOW	LOW

예제

2.2

전원 공급기의 DC 출력을 5V에 맞춘다. 12번 핀에 전원 공급기의 DC 출력을 연결하고, 디지털 입력을 읽어 들여 시리얼 모니터에 출력하라. 전원 공급기의 DC 출력을 0V까지 점진적으로 낮추면서, DC 입력값이 어떻게 달라지는지 관찰하라. 전원 공급기의 DC 출력은 반드시 5V에서 시작하여 0V로 낮추면서 실험하여야 한다. 0V에서 5V로 증가시키면서 실험하면 안되는 이유를 생각해 보라. (단, 전원 공급기의 GND는 아두이노 보드의 GND와 서로 연결시켜야 한다.)

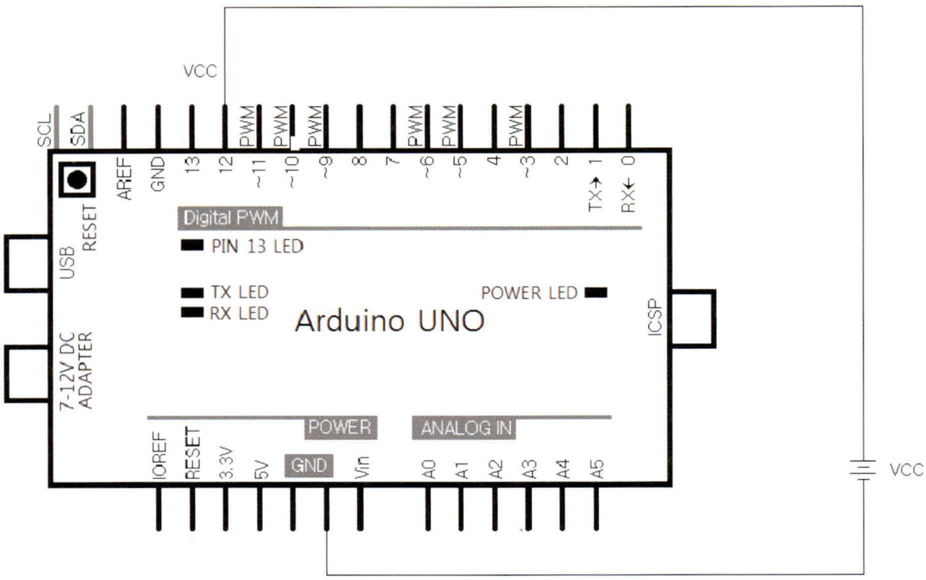

풀이

12번 핀에 걸리는 전압과 그에 따른 디지털 입력은 다음과 같다.

전압	0V	1V	2V	3V	4V	5V
디지털 입력 값	LOW	LOW	LOW	HIGH	HIGH	HIGH

2.2 Tact 스위치

Tact 스위치는 4개 2쌍의 단자를 가지고 있는데, 각각의 쌍은 서로 연결되어 있다. (예: 1번단자-4번단자, 2번단자-3번단자) 따라서, 브레드보드에 삽입할 때, 서로 분리된 단자를 구별하여 사용하여야 한다. 핀과 핀 사이가 좁고, 핀의 형상이 직선에 가까운 두 단자가 서로 분리되어 있는 단자이다.

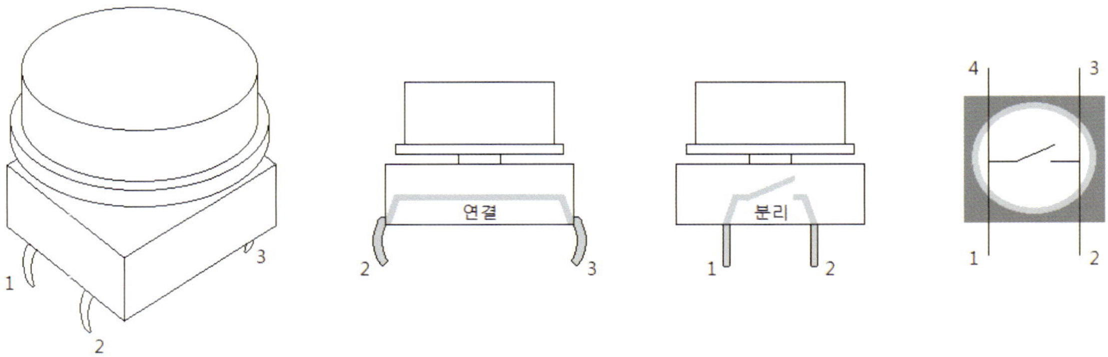

아두이노의 디지털 핀은 전기 회로에서 스위치를 사용할 때, 스위치의 ON/OFF 상태에 따른 전압 차이를 디지털 입력 신호로 받아들일 수 있다. 하지만, 스위치를 그냥 사용하면, 스위치가 OFF 되었을 때 디지털 핀으로 입력되는 값이 플로팅하게 된다. 이를 바로 잡기 위하여 $10k\Omega$ 저항을 이용하여 PULLDOWN 또는 PULLUP 형태의 회로 보정을 한다. PULLDOWN 스위치는 개방 시 입력 신호가 LOW이고, 스위치 작동 시 입력신호가 HIGH로 된다. PULLUP 스위치는 개방 시 입력 신호가 HIGH이고, 스위치 작동 시 입력신호가 LOW로 된다. 대부분의 스위치는 PULLDOWN 스위치로써 스위치 작동 시 HIGH 입력신호를 발생시킨다. 즉, 스위치를 누르면 전원이 연결된다. 위급상황 발생 시 버튼을 눌러 동작을 중지시키는 안전 스위치는 PULLUP 스위치의 전형적인 사례로써, 스위치 작동 시 LOW 입력신호를 발생시킨다. 즉, 스위치를 누르면 전원이 끊어진다.

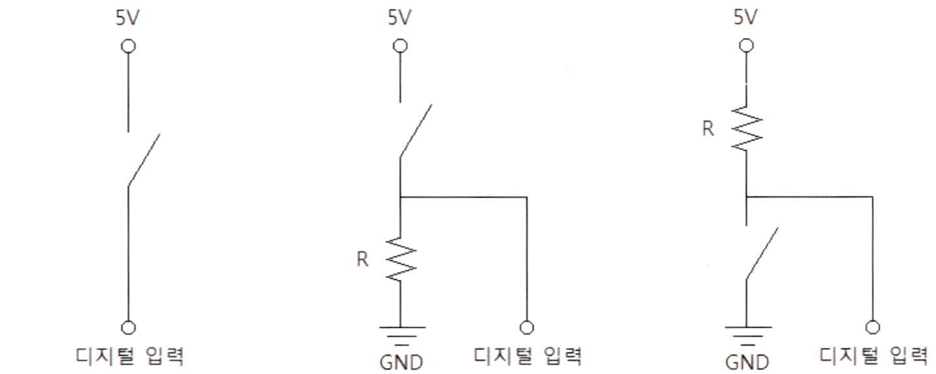

(a) 회로 무보정 : 플로팅 (b) 회로 보정 : pulldown (c) 회로 보정 : pullup

	스위치 개방 : LOW	스위치 작동 : HIGH
무보정 스위치	입력신호 = floating (LOW~HIGH)	입력신호 = HIGH
보정 pulldown	입력신호 = LOW	입력신호 = HIGH
보정 pullup	입력신호 = HIGH	입력신호 = LOW

스위치 작동에 따른 디지털 입력 신호의 예이다.

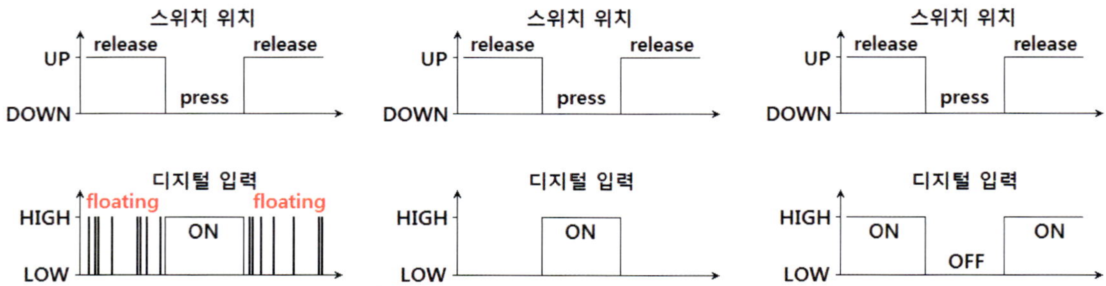

(a) 무보정 스위치 (b) 보정 스위치 : pulldown (c) 보정 스위치 : pullup

2.2.1 회로 보정을 통한 PULLDOWN 스위치

아래와 같이 10kΩ 저항을 이용하여 PULLDOWN 스위치를 구성한다. PULLDOWN이므로, 스위치를 누르지 않으면 항상 OFF이고, 스위치를 누르면 ON이 된다.

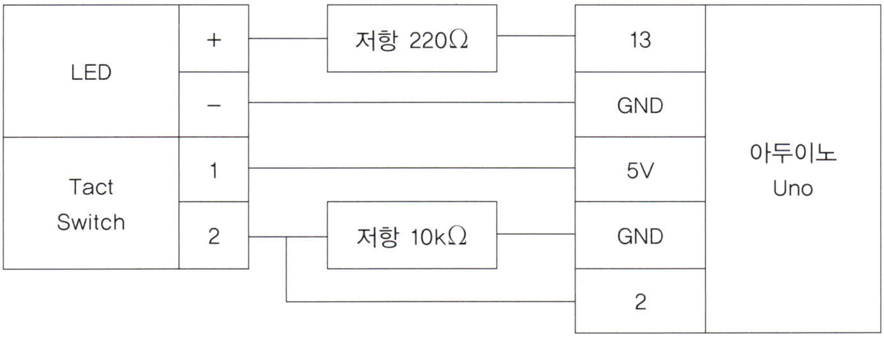

위의 핀 연결에 따른 회로도는 다음과 같다.

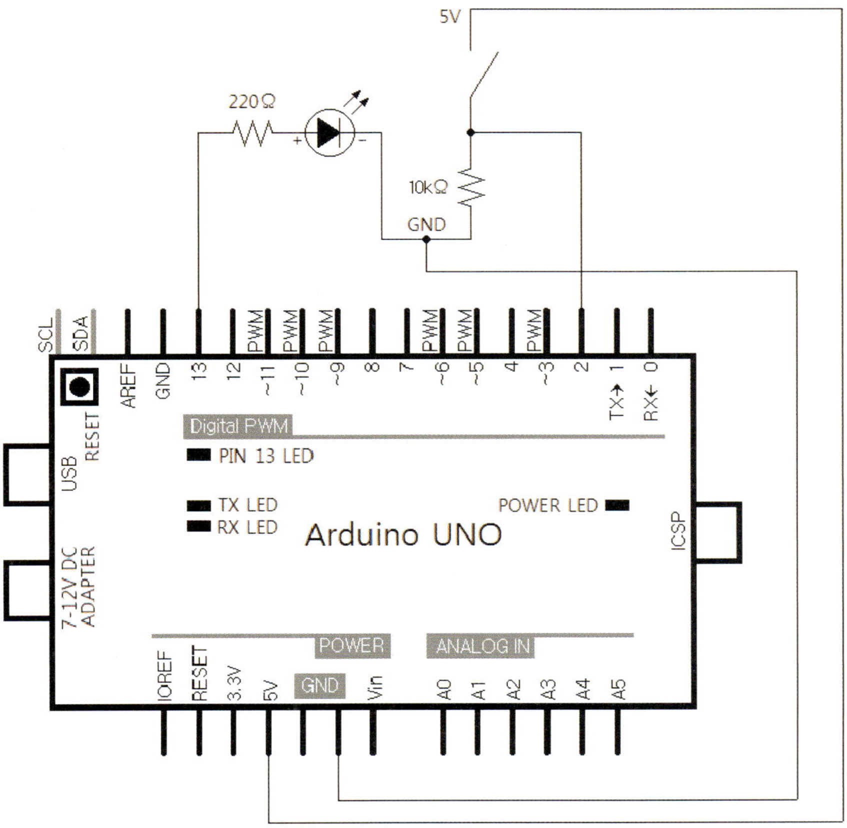

브레드보드의 상하 가로 결선의 GND와 5V를 아두이노에 각각 연결하여 활성화시킨다. LED의 − 단자를 브레드보드의 활성화된 GND에 연결하고, + 단자를 저항 220Ω와의 직렬 연결을 거쳐 13번 핀에 연결한다. 택 스위치의 한쪽 단자를 브레드보드의 활성화된 5V에 연결하고, 택 스위치의 나머지 단자를 저항 10KΩ과의 직렬 연결을 거쳐 브레드보드의 활성화된 GND에 연결한다. 택 스위치의 한쪽 단자와 저항의 한쪽 단자가 서로 만나는 세로 결선을 점퍼 케이블로 2번 핀에 연결한다. 이로써, 저항 10KΩ이 GND 쪽에 위치한 Pulldown 스위치를 결선하였다.

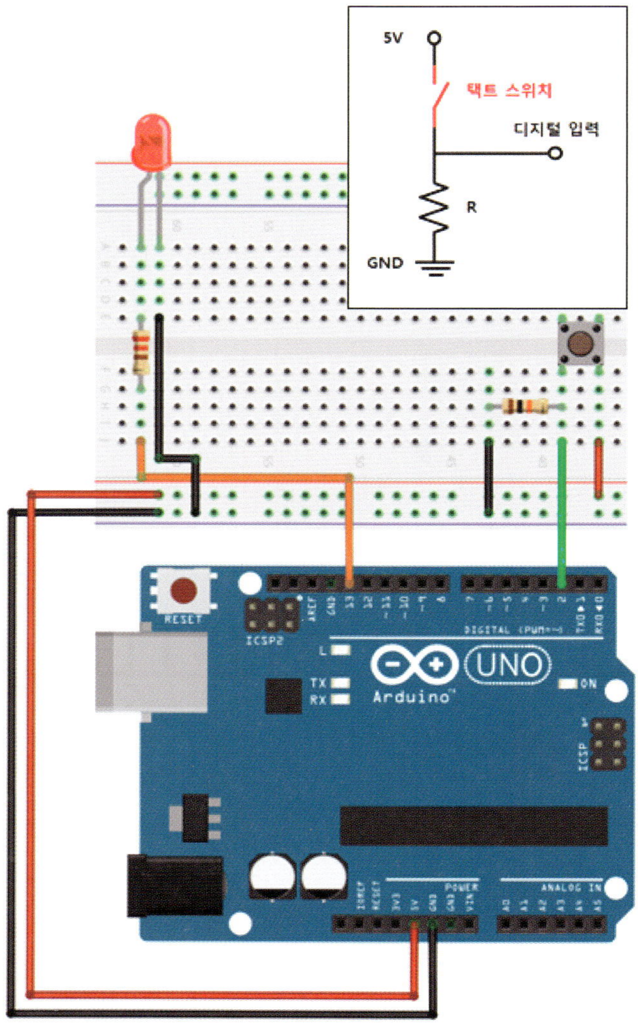

아두이노 IDE에 다음 프로그램을 입력한다.

```
const byte pinBtn = 2;
const byte pinLED = 13;

bool stateBtn = false;

void setup() {
  pinMode(pinBtn, INPUT);
  pinMode(pinLED, OUTPUT);
  Serial.begin(9600);
}

void loop() {
  stateBtn = (bool) digitalRead(pinBtn);
  Serial.println(stateBtn);

  if (stateBtn==HIGH)
    digitalWrite(pinLED, HIGH);
  else
    digitalWrite(pinLED, LOW);

  delay(100);
}
```

Pulldown 스위치를 구성하였으므로, 프로그램을 업로드하면 LED가 꺼져 있다. 스위치를 누르면 LED가 켜지고, 스위치를 놓으면 LED가 꺼진다.

2.2.2 회로 보정을 통한 PULLUP 스위치

아래와 같이 10kΩ 저항을 이용하여 PULLUP 스위치를 구성한다. PULLUP이므로, 스위치를 누르지 않으면 항상 ON이고, 스위치를 누르면 OFF가 된다.

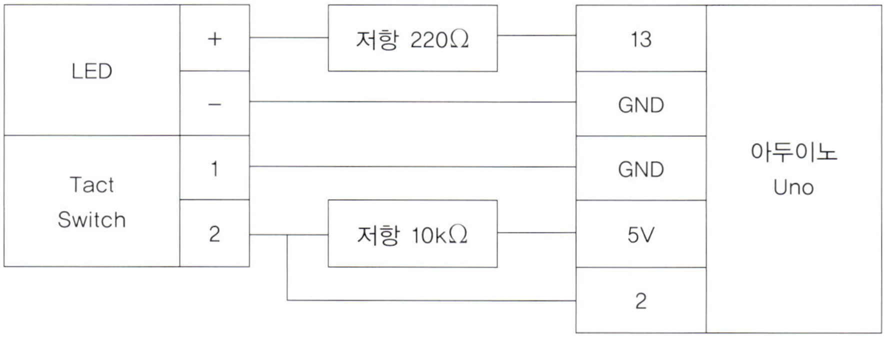

위의 핀 연결에 따른 회로도는 다음과 같다.

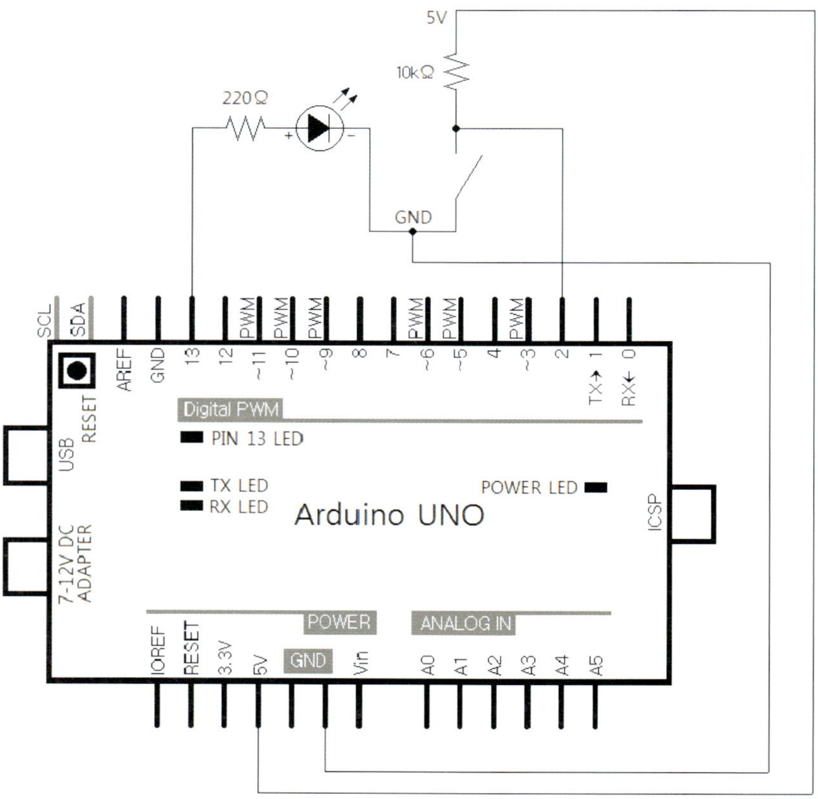

브레드보드의 상하 가로 결선의 GND와 5V를 아두이노에 각각 연결하여 활성화시킨다. LED의 – 단자를 브레드보드의 활성화된 GND에 연결하고, + 단자를 저항 220Ω와의 직렬 연결을 거쳐 13번 핀에 연결한다. 택 스위치의 한쪽 단자를 브레드보드의 활성화된 GND에 연결하고, 택 스위치의 나머지 단자를 저항 10KΩ과의 직렬 연결을 거쳐 브레드보드의 활성화된 5V에 연결한다. 택 스위치의 한쪽 단자와 저항의 한쪽 단자가 서로 만나는 세로 결선을 점퍼 케이블로 2번 핀에 연결한다. 이로써, 저항 10KΩ이 5V 쪽에 위치한 Pullup 스위치를 결선하였다.

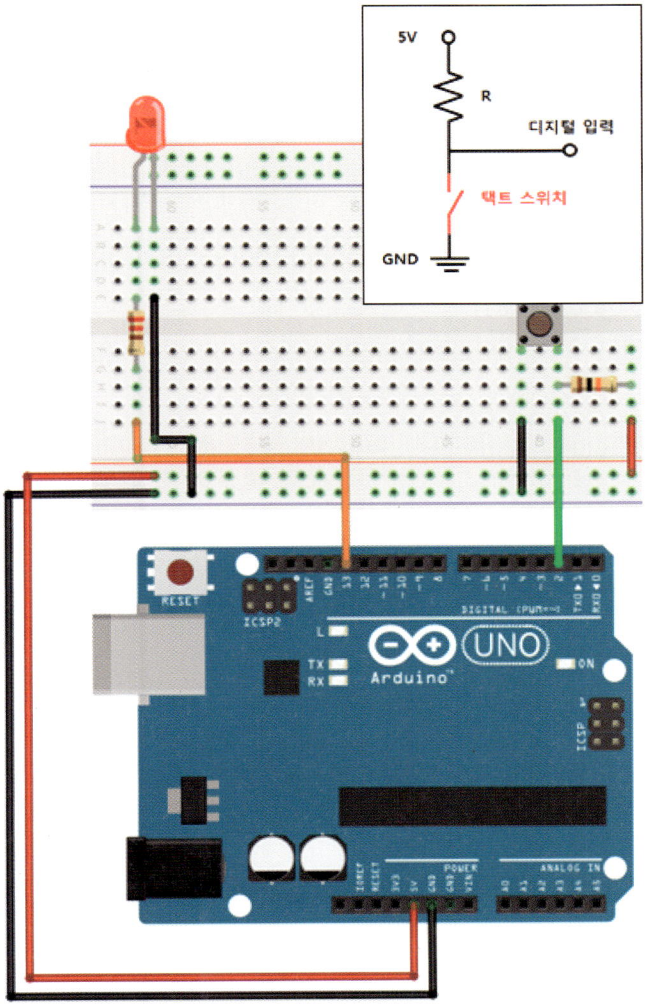

```
const byte pinBtn = 2;
const byte pinLED = 13;

bool stateBtn = true;

void setup() {
  pinMode(pinBtn, INPUT);
  pinMode(pinLED, OUTPUT);
  Serial.begin(9600);
}

void loop() {
  stateBtn = (bool) digitalRead(pinBtn);
  Serial.println(stateBtn);

  if (stateBtn==HIGH)
    digitalWrite(pinLED, HIGH);
  else
    digitalWrite(pinLED, LOW);

  delay(100);
}
```

Pullup 스위치를 구성하였으므로, 프로그램을 업로드하면 LED가 켜져 있다. 스위치를 누르면 LED가 꺼지고, 스위치를 놓으면 LED가 켜진다.

2.2.3 회로 보정없는 PULLUP 스위치

회로를 변경하지 않고 그냥 스위치만 사용하여 플로팅 신호를 제거하는 방법이 있다. 내부 함수 pinMode(btnPin, INPUT_PULLUP)에서 INPUT_PULLUP을 사용하면 10kΩ 저항을 사용한 회로 보정없이 PULLUP 스위치를 만들 수 있다. 이 때 주의사항은 스위치의 두 단자 중 하나는 입력을 위하여 디지털 핀에, 다른 하나는 반드시 GND에 연결되어야 한다.

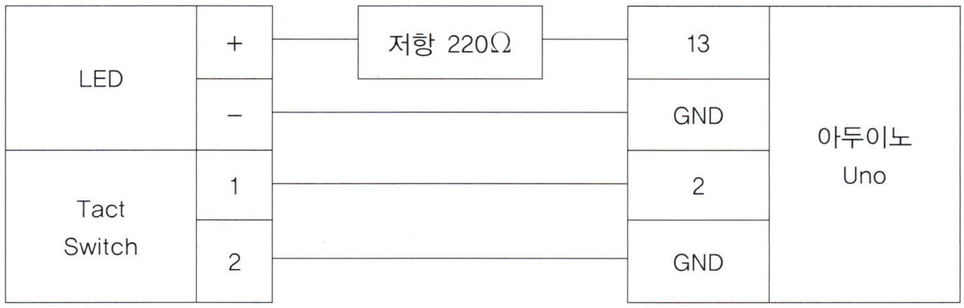

위의 핀 연결에 따른 회로도는 다음과 같다.

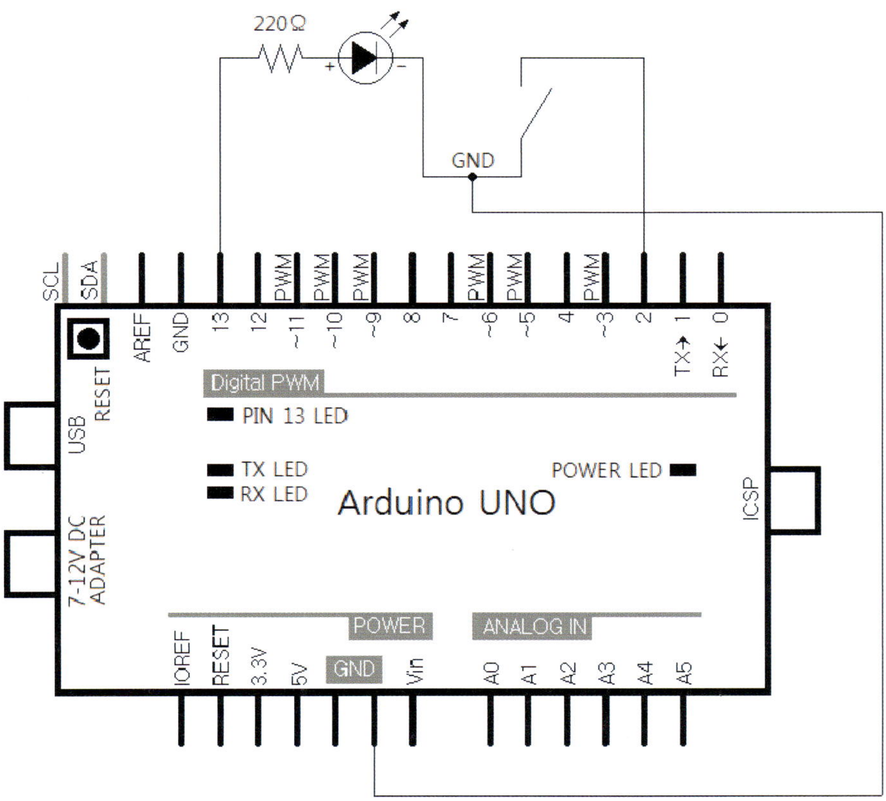

브레드보드의 상하 가로 결선의 GND와 5V를 아두이노에 각각 연결하여 활성화시킨다. LED의 - 단자를 브레드보드의 활성화된 GND에 연결하고, + 단자를 저항 220Ω와의 직렬 연결을 거쳐 13번 핀에 연결한다. 택 스위치의 한쪽 단자를 브레드보드의 활성화된 GND에 연결하고, 택 스위치의 나머지 단자를 점퍼 케이블로 2번 핀에 연결한다. 이로써 GND에 연결된 택 스위치를 회로 보정없이 2번 핀에 연결하고, 프로그램 내부에서 pinMode(pinBtn, INPUT_PULLUP)을 호출함으로써, 회로 보정 없는 Pullup 스위치를 구현할 준비가 되었다.

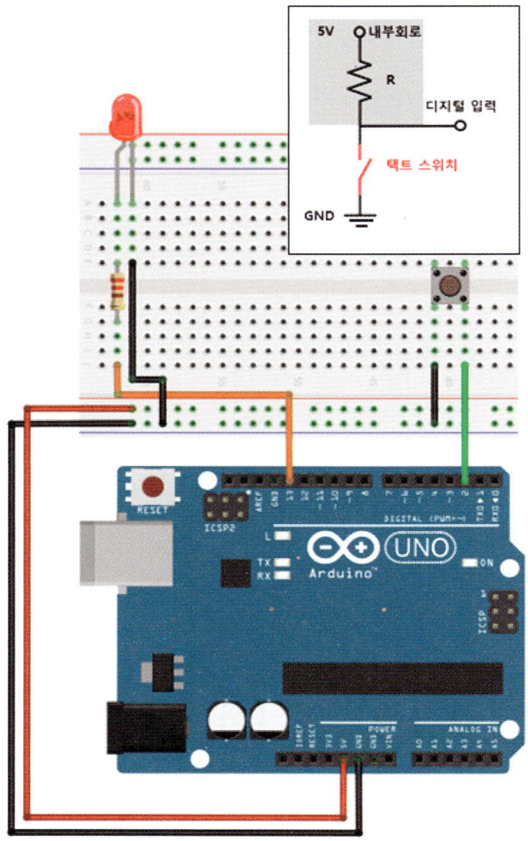

아두이노 IDE에 다음 프로그램을 입력한다.

```
const byte pinBtn = 2;
const byte pinLED = 13;

bool stateBtn = true;

void setup() {
  pinMode(pinBtn, INPUT_PULLUP);
```

```
  pinMode(pinLED, OUTPUT);
  Serial.begin(9600);
}

void loop() {
  stateBtn = (bool) digitalRead(pinBtn);
  Serial.println(stateBtn);

  if (stateBtn==HIGH)
    digitalWrite(pinLED, HIGH);
  else
    digitalWrite(pinLED, LOW);

  delay(100);
}
```

10kΩ 저항으로 회로를 보정하지 않고, GND와 디지털 핀 사이에 스위치를 설치한 후, 디지털 핀을 INPUT_PULLUP으로 디지털 입력을 설정하여, 내장 Pullup 스위치를 구성할 수 있다. 프로그램을 업로드하면 LED가 켜져 있다. 스위치를 누르는 순간 LED가 꺼지고, 스위치를 놓으면 LED가 켜진다.

Pullup 스위치를 Pulldown처럼 눌렀을 때 켜지도록 하려면, 다음과 같이 한다.

```
const byte pinBtn = 2;
const byte pinLED = 13;

bool stateBtn = false;

void setup() {
  pinMode(pinBtn, INPUT_PULLUP);
  pinMode(pinLED, OUTPUT);
  Serial.begin(9600);
}

void loop() {
  stateBtn = ! (bool) digitalRead(pinBtn);
  Serial.println(stateBtn);

  if (stateBtn==HIGH)
    digitalWrite(pinLED, HIGH);
  else
    digitalWrite(pinLED, LOW);

  delay(100);
}
```

예제

2.3

Pulldown 스위치 회로를 이용하여, 택트 스위치를 한번 누르면 LED가 켜지고, 다시 누르면 LED가 꺼지는 Toggle 스위치 프로그램을 작성하라.

풀이

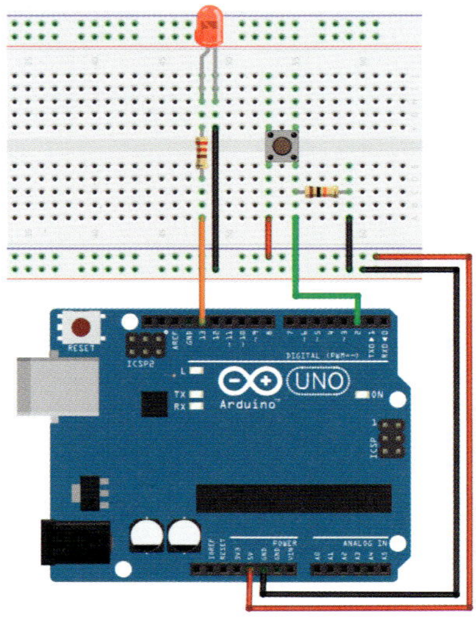

```
const byte pinBtn = 2;
const byte pinLED = 13;

bool stateBtn = false;
bool prevState = false;
bool toggleBtn = false;

void setup() {
  pinMode(pinBtn, INPUT);
  pinMode(pinLED, OUTPUT);
  Serial.begin(9600);
}

void loop() {
  stateBtn = (bool) digitalRead(pinBtn);
  if (stateBtn) {
    if (stateBtn != prevState) {
      toggleBtn = !toggleBtn;
      Serial.println(toggleBtn);
    }
  }
  digitalWrite(pinLED, toggleBtn);
  prevState = stateBtn;
  delay(100);
}
```

예제 **2.4**

3개의 내장 Pullup 스위치와 빨간색, 녹색, 노란색 3개의 LED에 대하여, 각 스위치로 각 LED를 하나씩 점등시켜라. 택트 스위치를 한번 누르면 LED가 켜지고, 다시 누르면 LED가 꺼지는 Toggle 스위치를 사용하라.

풀이

```
const byte pinLEDs[3] = {13, 8, 7};
const byte pinBtns[3] = {2, 3, 4};

bool stateBtns[3] = {false, false, false};
bool prevStates[3] = {false, false, false};
bool toggleBtns[3] = {false, false, false};

for (int i=0; i<3; i++) {
  pinMode(pinLEDs[i], OUTPUT);
  pinMode(pinBtns[i], INPUT_PULLUP);
}

for(int i=0; i<3; i++) {
  stateBtns[i] = (bool) !digitalRead(pinBtns[i]);
  if (stateBtns[i]) {
    if (stateBtns[i] != prevStates[i]) {
      toggleBtns[i] = !toggleBtns[i];
      Serial.println(toggleBtns[i]);
    }
  }
  digitalWrite(pinLEDs[i], toggleBtns[i]);
  prevStates[i] = stateBtns[i];
}
```

3개의 택트 스위치로 3개의 LED를 각각 제어하는 토글 스위치 프로그램은 다음과 같다.

```
const byte pinLEDs[3] = {13, 8, 7};
const byte pinBtns[3] = {2, 3, 4};

bool stateBtns[3] = {false, false, false};
bool prevStates[3] = {false, false, false};
bool toggleBtns[3] = {false, false, false};
```

```
void setup() {
  for (int i=0; i<3; i++) {
    pinMode(pinLEDs[i], OUTPUT);
    pinMode(pinBtns[i], INPUT_PULLUP);
  }
  Serial.begin(9600);
}

void loop() {
  for(int i=0; i<3; i++) {
    stateBtns[i] = (bool) !digitalRead(pinBtns[i]);
    if (stateBtns[i]) {
      if (stateBtns[i] != prevStates[i]) {
        toggleBtns[i] = !toggleBtns[i];
        Serial.println(toggleBtns[i]);
      }
    }
    digitalWrite(pinLEDs[i], toggleBtns[i]);
    prevStates[i] = stateBtns[i];
  }
}
```

2.3 Debouncing

내장 Pullup 스위치를 사용하는 두 개의 택트 스위치에 대하여, 하나를 누르면 카운터를 1씩 증가시키고, 다른 하나를 누르면 카운터를 0으로 리셋시키는 프로그램을 작성해 본다.

```
const byte pinBtnCount = 8;
const byte pinBtnReset = 9;

int count=0;

void setup() {
  pinMode(pinBtnCount, INPUT_PULLUP);
  pinMode(pinBtnReset, INPUT_PULLUP);
  Serial.begin(9600);
}

void loop() {
  if (!digitalRead(pinBtnCount)) count++;
  if (!digitalRead(pinBtnReset)) count = 0;

  Serial.println(count);
  delay(100);
}
```

위의 프로그램을 실행하고 시리얼 모니터의 출력 결과를 살펴보면, 버튼을 한번 누를 때마다 1씩 증가해야 하는데, 실제로는 2이상 증가하는 경우가 생긴다. 이러한 이상 작동의 원인은 무엇일까? 어떤 사람들은 이를 스위치의 바운스 현상이라 착각한다. 바운스는 기계적 스위치를 갑자기 켜거나 끄는 경우, 전원의 진동이 생겨 스위치를 켜거나 끈 후에도 짧은 기간동안 전원의 진동이 생기는 현상이다.

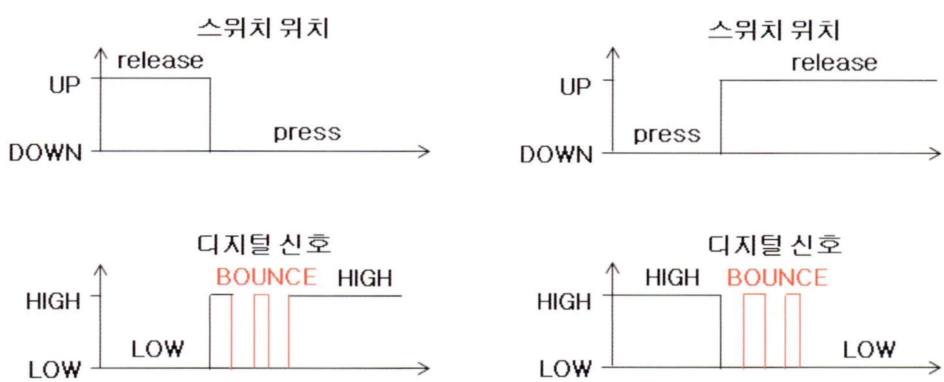

위의 프로그램에서 한 번에 카운트가 2이상 증가하는 것은 바운스 현상 때문이 아니라 프로그램을 잘못 작성했기 때문이다. 함수 loop()는 무한 반복되는데, 버튼을 한번 누르고 있는 동안 함수 loop()가 여러 번 수행되기 때문에 일어나는 현상이다. delay(100)을 delay(10)으로 변경하거나 delay()를 아예 제거하면 한번에 10 이상 또는 20 이상 증가하기도 한다. 이는 아무리 짧게 버튼을 눌렀다 떼어도 그만한 횟수만큼 함수 loop()가 반복해서 실행된 것을 의미한다.

버튼의 직전 상태와 현재 상태가 다르고, 현재 상태가 HIGH일 때에만 카운트를 증가시키거나 카운트를 리셋하도록 프로그램을 변경하면, 버튼을 아무리 길게 누르고 있어도 카운트나 리셋이 한번만 일어난다. 함수 loop()에서 시간 지연 효과를 제거하기 위해 함수 delay()는 제거하였다.

```
const byte pinBtnCount = 8;
const byte pinBtnReset = 9;

int count=0, lastBtnCount=0, lastBtnReset=0;

void setup() {
  pinMode(pinBtnCount, INPUT_PULLUP);
  pinMode(pinBtnReset, INPUT_PULLUP);
  Serial.begin(9600);
  Serial.println(count);
}

void loop() {
  int stateBtnCount, stateBtnReset;

  stateBtnCount = !digitalRead(pinBtnCount);

  if (stateBtnCount != lastBtnCount) {
    if(stateBtnCount){
      count++;
      Serial.println(count);
    }
    lastBtnCount = stateBtnCount;
  }

  stateBtnReset = !digitalRead(pinBtnReset);
  if (stateBtnReset != lastBtnReset) {
    if(stateBtnReset) {
      count = 0;
      Serial.println(count);
    }
    lastBtnReset = stateBtnReset;
  }
}
```

위의 프로그램을 실행하고, 버튼을 누르면 대부분 정상 수행되다가 간혹 한 번 눌렀는데 두 번 수행되거나, 길게 누르면 누를 때 한 번 수행되고 뗄 때 또 한 번 수행되기도 한다. 이러한 현상이 스위치 신호의 바운스 때문이 생기는 현상이다. 이러한 바운스 문제를 해결하는 것을 디바운싱이라 한다. 이를 해소하는 방법은 소프트웨어적인 방법과 하드웨어적인 방법이 있다.

2.3.1 Bounce2 라이브러리

문제에 따라 바운스 펄스의 주기가 달라지는데, 바운스 펄스의 주기를 파악하여 이보다 긴 시간이 지난 후에 스위치 값을 읽어들이면 바운스 문제를 회피할 수 있다. 이를 위하여 Bounce2 라이브러리를 이용할 수 있다. Bounce2 라이브러리를 이용하여 위의 예제를 새로 프로그램하면 다음과 같다.

```
#include <Bounce2.h>
Bounce btnCount = Bounce();

const byte pinBtnCount = 8;
const byte pinBtnReset = 9;

int count=0, lastBtnCount=0, lastBtnReset=0;

void setup() {
  pinMode(pinBtnCount, INPUT_PULLUP);
  pinMode(pinBtnReset, INPUT_PULLUP);
  Serial.begin(9600);
  Serial.println(count);

  btnCount.attach(pinBtnCount);
  btnCount.interval(50);     // ms
}

void loop() {
  int stateBtnCount, stateBtnReset;

  btnCount.update();

  if (btnCount.fell()) {
    stateBtnCount = !btnCount.read();
    if(stateBtnCount){
      count++;
      Serial.println(count);
    }
    lastBtnCount = stateBtnCount;
  }
```

```
  stateBtnReset = !digitalRead(pinBtnReset);
  if (stateBtnReset != lastBtnReset) {
    if(stateBtnReset) {
      count = 0;
      Serial.println(count);
    }
    lastBtnReset = stateBtnReset;
  }
}
```

Bounce2 라이브러리는 함수 interval()에서 지정한 시간 간격 50ms 후에 값을 읽어들여서 진동이 감쇄되기를 기다린 다음 버튼 값을 읽어들이는 것이다. 시리얼 모니터의 출력 결과를 살펴 보면 바운스 문제가 개선되는 것을 알 수 있다. 하지만, 개선 결과가 항상 완벽하지 않을 수도 있다는 점에 주의하여야 한다.

Bounce2 라이브러리의 구체적인 사용법은 다음과 같다.

```
#include <Bounce2.h>                    // Bounce2 라이브러리 가져오기
Bounce 바운스객체 = Bounce();

void setup() {
  ⋮
  바운스객체.attach(핀 번호);             // Debounce 핀 지정 (PULLUP등 핀 설정 후)
  바운스객체.interval(시간간격_ms);        // Debounce time을 ms 단위로 설정
  ⋮
}

void loop() {
  ⋮
  바운스객체.update();                   //  바운스객체  업데이트  (버튼  상태가  변하면
true 반환)
  변수 = 바운스객체.read();              // 업데이트된 핀 값을 읽음
  바운스객체.fell();                     // 핀이 HIGH에서 LOW로 변하면 true 반환
  바운스객체.rose();                     // 핀이 LOW에서 HIGH로 변하면 true 반환
  ⋮
}
```

2.3.2 Debouncing 회로

Capacitor를 택트 스위치와 병렬로 연결하면 어느 정도 바운스 문제를 해결할 수 있다. Capacitor 용량이 크기가 너무 크면 택트 스위치의 응답 속도가 느려지는 단점이 있으므로, 가급적 작은 용량의 Capacitor를 사용한다. 하지만, Capacitor 용량이 너무 작으면 Debouncing 효과가 거의 나타나지 않으므로, 저항 R과 Capacitor 용량 C의 곱이 바운스 펄스 주기보다 크도록 Capacitor 용량을 선정하여야 한다. 대부분의 경우에 $10\mu F$와 $1\mu F$ 그리고 $0.1\mu F$ 중에서 디바운싱 효과가 있으면서 가급적 작은 Capacitor 용량을 선택하는 것이 일반적이다. 하지만, 이 방법은 바운스 문제가 개선되지만 개선 결과가 항상 완벽하지 않을 수도 있다는 점에 주의하여야 한다.

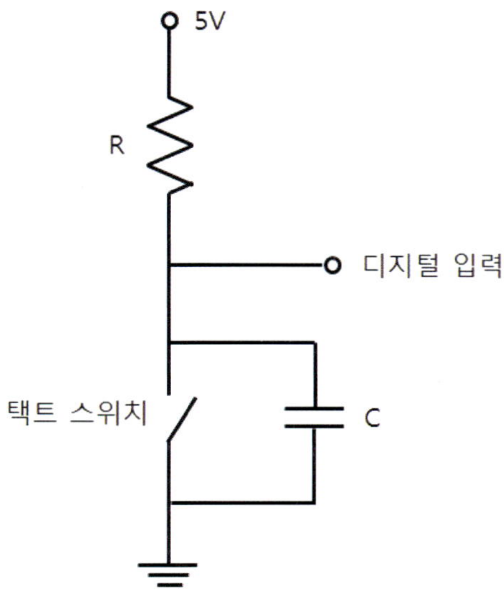

3
CHAPTER

아날로그 입력

- 가변 저항
- CdS 조도 센서
- 온도 센서(LM35)

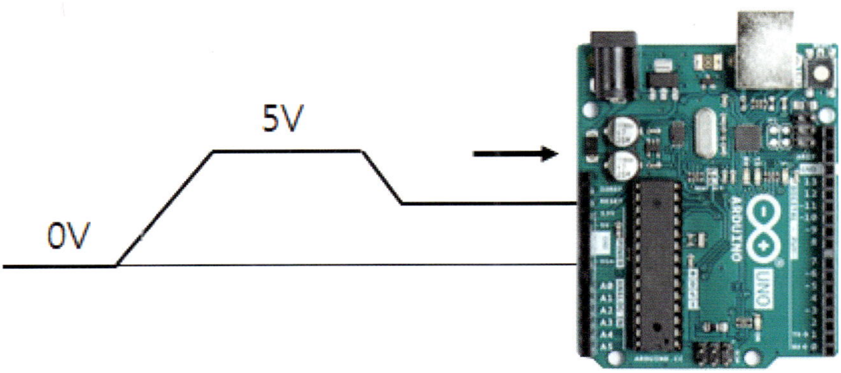

CHAPTER

3 아날로그 입력

아날로그 입력은 10bit A/D 컨버터를 사용하여, 센서로부터 GND에서 5V 사이에 대하여 1024 단계(0~1023)의 값을 신호로 입력받는다. (GND이면 0, 2.5V이면 512, 5V이면 1023) 아날로그 입력을 위하여 A0~A5의 총 6개 아날로그 핀을 사용하며, 아날로그 핀은 아날로그 입력 전용으로 아날로그 출력에는 사용할 수 없다.

A0 ~ A5 : 아날로그 입력 핀

아날로그 입력을 위하여 하나의 내장 함수 analogRead()를 사용한다.

아날로그 입력 함수 : analogRead(핀 번호)

아날로그 핀은 입력 전용이므로 함수 pinMode()는 사용하지 않는다. 함수 analogRead()는 지정된 아날로그 입력 핀으로부터 입력 전압에 따라 0(0V)에서 1023(5V) 사이의 정수값을 입력받는데, 아두이노 스케치의 loop() 함수 내에서 주로 사용한다. 아날로그 신호는 입력을 처리하는데 100μs 정도의 시간이 소요된다. 하나의 아날로그 신호를 받을 때에는 상관없지만, 다수의 아날로그 신호를 받을 때에는 약간의 지연 현상이 발생할 수 있으므로, 각 입력마다 delay() 함수를 이용하여 약간의 시간 지연을 주어야 한다.

```
void loop() {
   ⋮
  입력변수 = analogRead(아날로그 입력 핀 번호);
  delay(1); 또는 delayMicroseconds(200);
   ⋮
}
```

3.1 아날로그 입력

아두이노 Uno 보드의 아날로그 입력을 구현하기 위하여, 전원 공급기에 5V를 설정한 후 + 단자는 A0 핀에, − 단자는 GND 핀에 각각 연결한다.

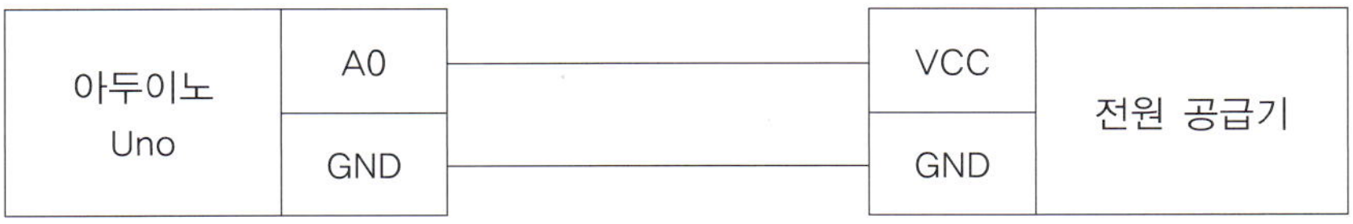

아날로그 입력의 회로도는 다음과 같다.

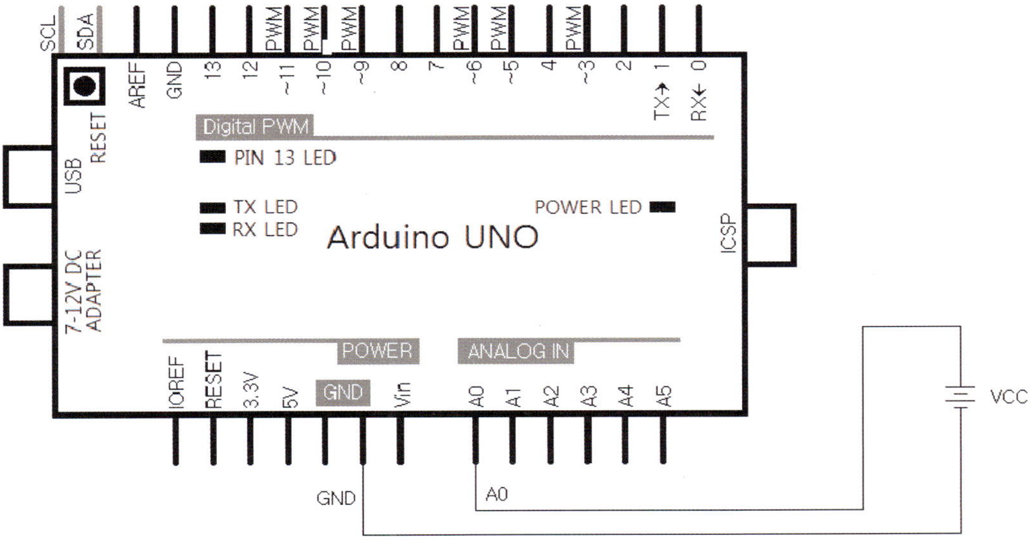

아드이노 IDE에 다음 프로그램을 입력한다.

```
const byte pinAnalog = A0;

void setup() {
  Serial.begin(9600);
}

void loop() {
  int value;
  value = analogRead(pinAnalog);
  Serial.println(value);
  delay(200);
}
```

전원 공급기의 전원을 5V에서 0V로 변화시키면서 A0 핀의 아날로그 입력 값을 조사해 본다. 무부하 시에는 1% 이내의 오차를 갖지만, 부하가 걸리면 오차의 변동 폭이 증가한다.

전압	5V	4V	3V	2V	1V	0V
아날로그 입력	1019~1020	808~809	603~604	412~413	208~209	1~2

예제 **3.1**

아날로그 입력 시에 0과 1023은 아두이노 Uno 보드의 GND와 VCC 값으로부터 각각 기준값을 잡는다. 실제로 아두이노 Uno 보드의 VCC는 정확하게 5V가 아니라 부하가 걸리면 4.6~4.9V 사이의 값을 갖는다. 정확한 아날로그 입력을 위해서는 아두이노 Uno 보드의 AREF 핀에 전원 공급기로부터 5V를 연결해주면, 아두이노 Uno 보드의 동작 전압이 4.6~4.9V 사이에서 변하더라도 아날로그 입력이 AREF 핀 입력 값을 기준으로 1023 값을 갖는다. (단, Aref 사용을 위해, analogReference(EXTERNAL)을 반드시 설정해야 한다)

- 입력 단자 연결

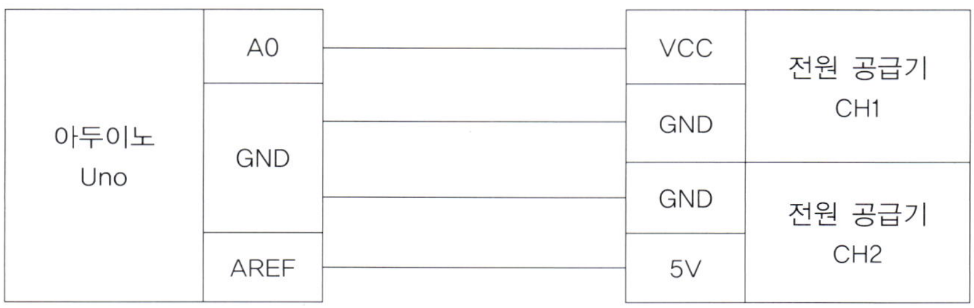

- 회로도

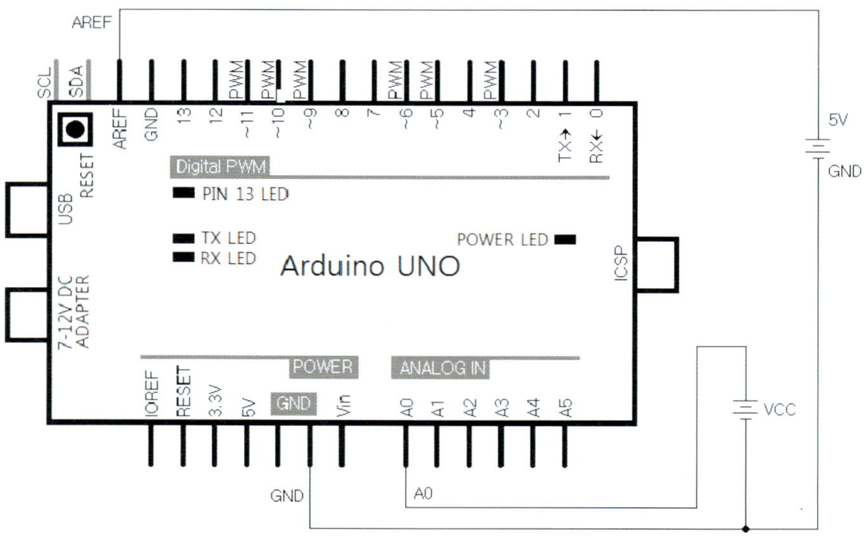

• 기준 전압 설정 방법

analogReference(기준 전압 모드);

• 기준 전압 모드

DEFAULT : 아두이노 동작 전압 5V, 분해능=0.0049V(=5V/1023)

INTERNAL : 아두이노 내장 전압 1.1V, 분해능=0.0011V(=1.1V/1023)

EXTERNAL : AREF 인가 전압 (0~5V), 분해능= V_{AREF}/1023

• 프로그램

```
const byte pinAnalog = A0;

void setup() {
  analogReference(EXTERNAL);
  Serial.begin(9600);
}

void loop() {
  int value;
  value = analogRead(pinAnalog);
  Serial.println(value);
  delay(200);
}
```

• 측정 결과

전압	5V	4V	3V	2V	1V	0V
아날로그 입력	1023	818	620	403	192	0
비율	1.00	0.80	0.61	0.39	0.19	0.00

Aref를 사용하면, 아두이노 Uno 보드에 부하가 걸리더라도, 아날로그 입력 값이 변하지 않는 장점이 있다. 하지만, Aref를 사용하더라도 약 1%의 오차가 있음을 알 수 있다.

3.2 가변 저항 B10K

가변 저항 10kΩ을 통하여, 아날로그 신호를 입력받는 예제이다. GND, S, VCC의 3개의 단자를 갖고 있으며, S를 아날로그 입력 핀(예 A0)에 연결하면, 가변저항 탭을 반시계방향에서 시계방향으로 돌리는 것에 대하여 0~1023의 값을 입력받을 수 있다.

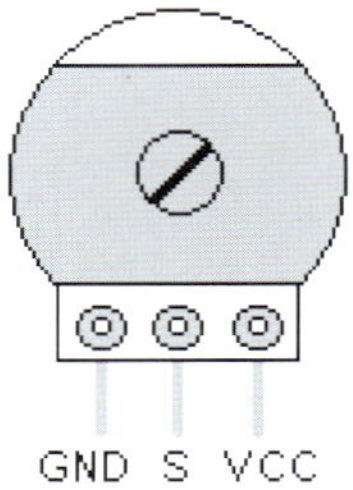

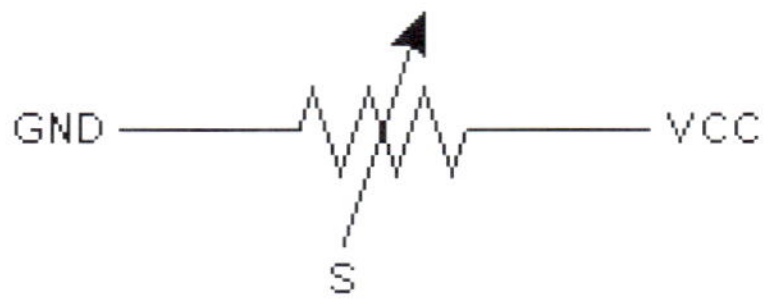

- 핀 연결

가변 저항		아두이노 Uno
GND	—	GND
S	—	A0
VCC	—	5V

- 회로도

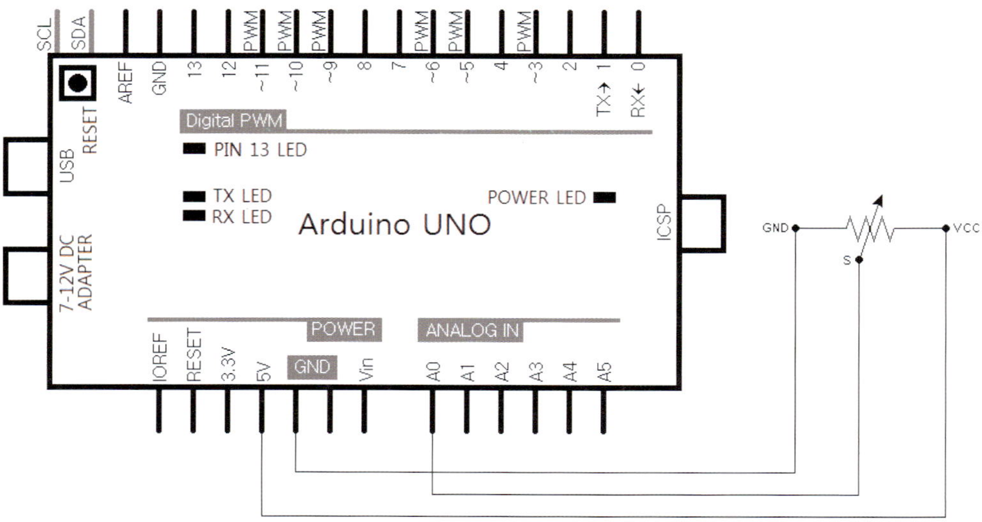

• 브레드보드

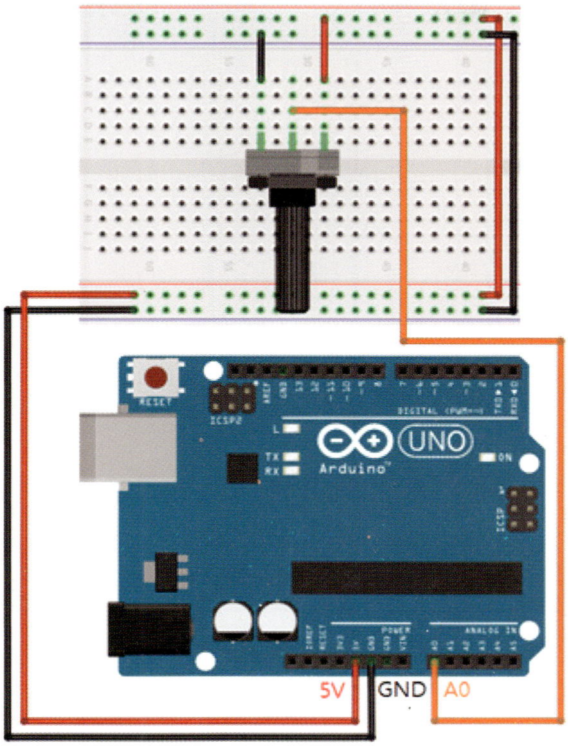

• 프로그램

```
const byte pinPtn = A0;

void setup() {
  Serial.begin(9600);
}

void loop() {
  int value;

  value = analogRead(pinPtn);
  Serial.println(value);
  delay(100);
}
```

가변 저항을 변화시키면, 시리얼 모니터의 출력 결과는 다음과 같다.

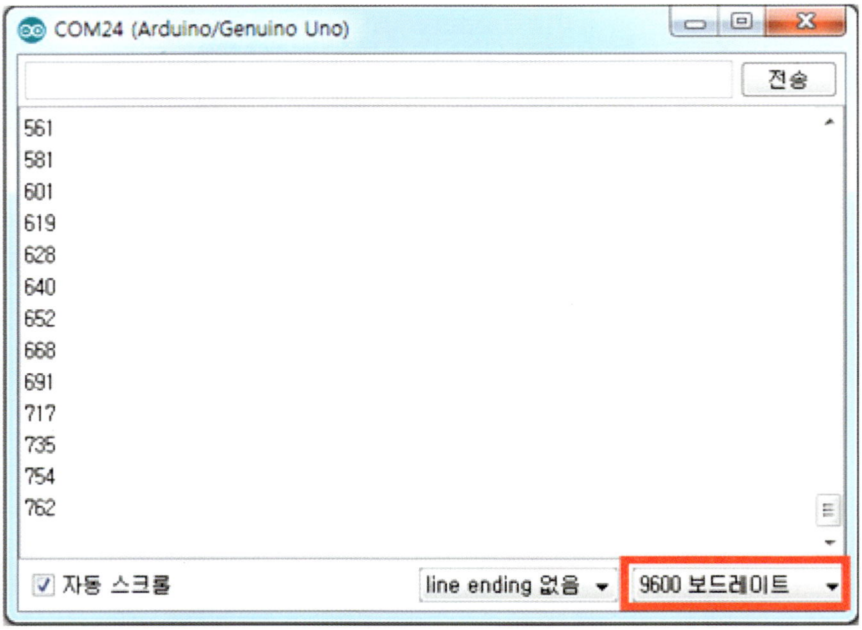

그에 따른 시리얼 플로터의 출력은 다음과 같다.

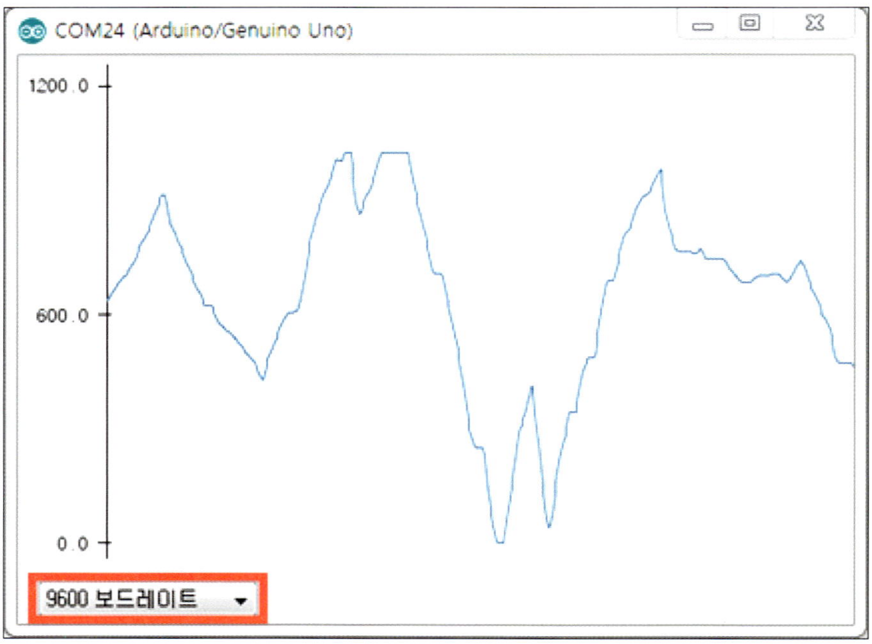

예제 **3.2**

가변 저항의 값에 따라 LED 5개를 왼쪽부터 0개에서 5개까지 점등시키도록 회로를 구성하고 프로그램을 작성하라.

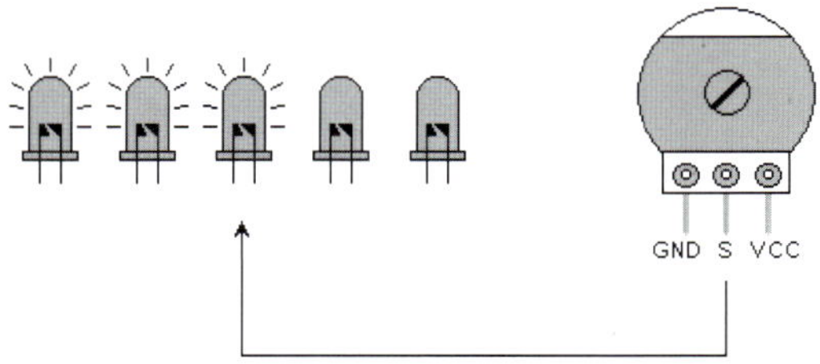

풀이

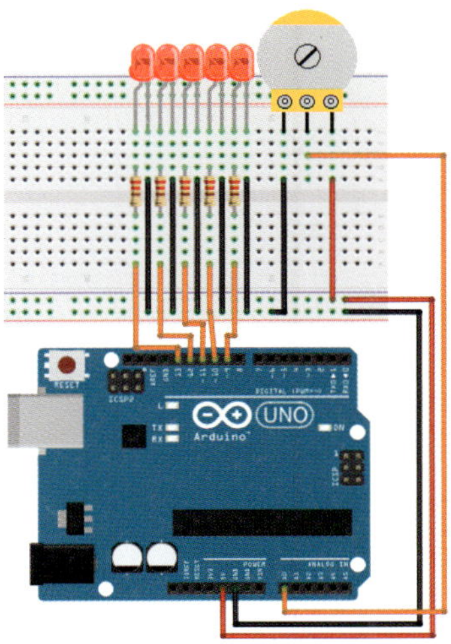

```
const byte pinAnalog = A0;

#define NUM_LED 5
#define TIME_DELAY 100 // 0.1 sec (=100 ms)

const byte pinLED[NUM_LED] = {13,12,11,10,9};

void setup() {
  int i;

  for (i=0; i<NUM_LED; i++)
    pinMode(pinLED[i] , OUTPUT);
}

void loop() {
  int i, value, level;

  value = analogRead(pinAnalog);
 level = value*6/1023;
  if (level<0) level=0;
  if (level>NUM_LED) level = NUM_LED;

  for (i=0;i<level;i++) {
    digitalWrite(pinLED[i] , HIGH);
  }
  for (i=level; i<NUM_LED; i++) {
    digitalWrite(pinLED[i], LOW);
  }

  delay(TIME_DELAY);
}
```

3.3 CdS 조도 센서(LDR)

광센서는 빛의 세기에 따라 저항값이 변하는 광 가변 저항이다. 빛의 세기가 증가하면 저항이 감소하는 광도전 소자의 주성분인 황화 카드뮴의 이름을 따서 CdS(Cadmium sulfide)라 하기도 하고, LDR(Light Dependent Resistor)이라 하기도 한다. Photoresistor, Photoconductive cell 또는 Photocell 이라 부르기도 한다. 저항이므로 두 개의 단자에 극성의 구별은 없다. 밝기에 따라 저항이 변하므로 그대로 사용할 수는 없고, 아래 그림과 같이 저항을 연결해서 저항 값의 변화를 전압의 변화로 바꾸어 읽어들인다. 일반적으로 저항 10$k\Omega$과 직렬로 연결하여 저항을 GND에, LDR을 5V에 연결하고, 저항과 LDR 사이의 전압의 변화를 아날로그 신호로 입력한다.

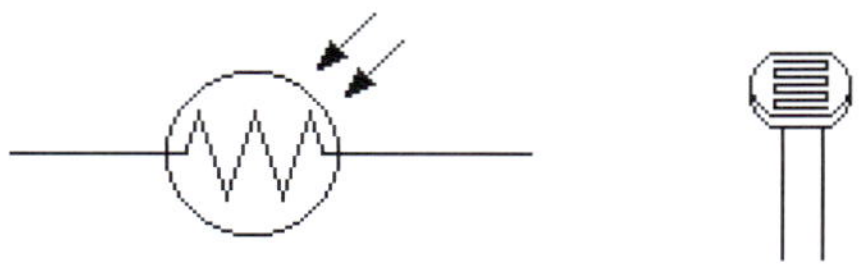

- 핀 연결

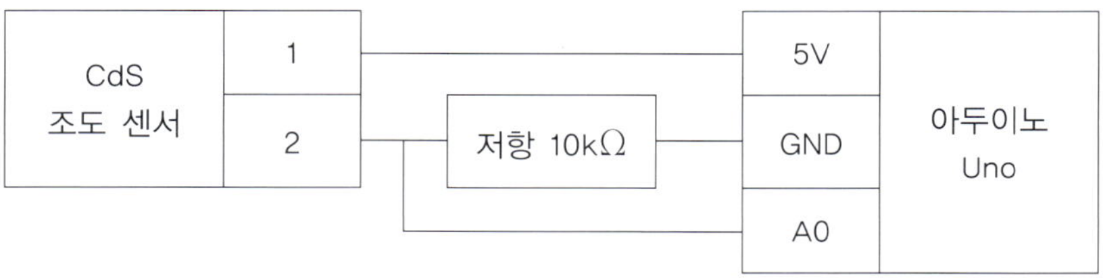

- 회로도

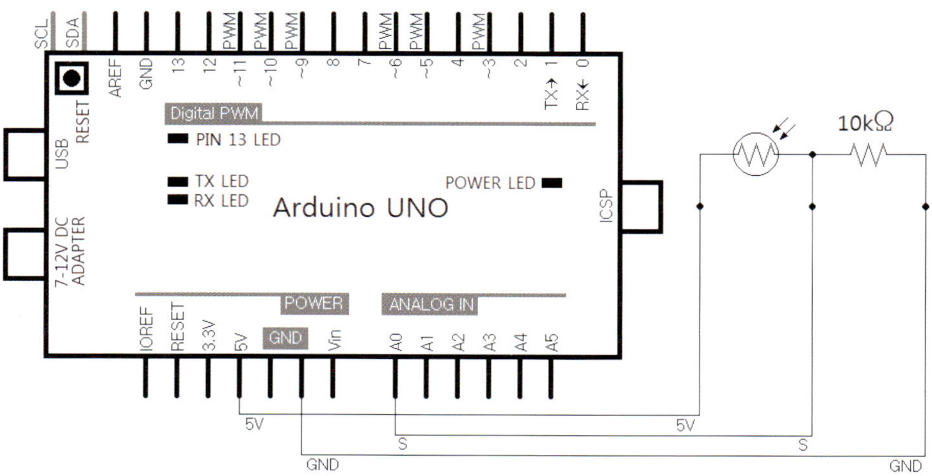

• 브레드보드 회로

프로그램은 다음과 같이 작성한다.

```
const byte pinCdS = A0;

void setup() {
  Serial.begin(9600);
}

void loop() {
  int value;

  value = analogRead(pinCdS);
  Serial.println(value);
  delay(1000);
}
```

아날로그 입력은 0~1023까지 읽어들이며, 아주 깜깜하면 0이 매우 밝은 플래쉬는 1023까지 값을 갖는다.

완전차광	0
야간 어두운 조명	600
야간 밝은 조명	800
주간 실내	700~900
주간 밝은 그늘	950
주간 직사광선	1014

예제

3.3

CdS 조도 센서 값을 측정하여, 500 이하이면 LED를 점등하라.

```
const byte pinLED = 13;
const byte pinCdS = A0;

value = analogRead(pinCdS);
if (value < 500)
  digitalWrite(pinLED, HIGH);
else
  digitalWrite(pinLED, LOW);
```

3.4 온도 센서(LM35)

LM35DZ 센서는 온도 센서로써, 온도 측정 구간은 0~100C이다. 세 개의 리드선은 극성을 가지고 있으며, 좌측은 +5V, 우측은 GND, 중앙은 센서 출력 S이다.

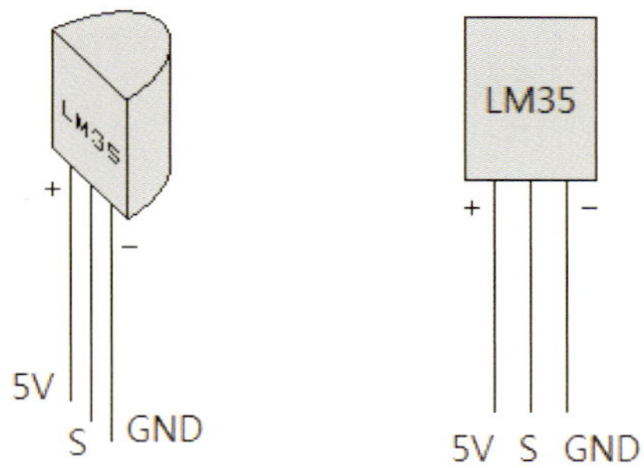

중앙의 리드 선에서 검출되는 센서 값은 0~1023까지 1023의 단계이다. 0은 GND, 1023은 5V에 해당한다.

$$S = 0 \sim 1023 \qquad (\because V = 0 \sim 5[V])$$

센서 값 S를 전압으로 환산하면

$$V = \frac{S}{1023} \times VREF[V] \qquad (\because VREF = 5[V])$$

LD35는 10mV가 섭씨 1C에 해당하므로, 최종적으로 온도는

$$T = 100 \times V[C]$$

• 핀 연결

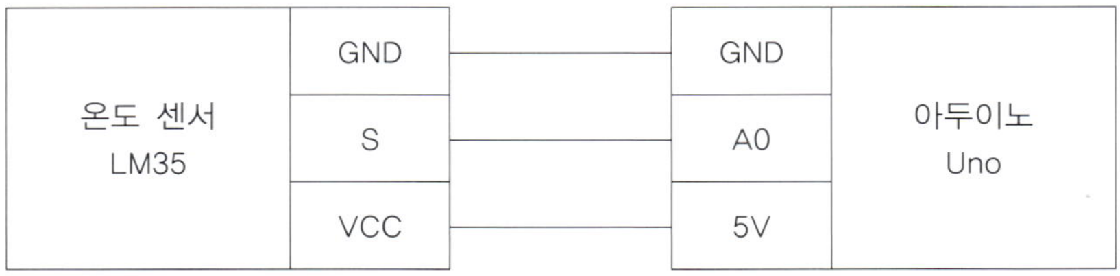
온도 센서
LM35
GND
S
VCC
GND
A0
5V
아두이노
Uno

• 회로도

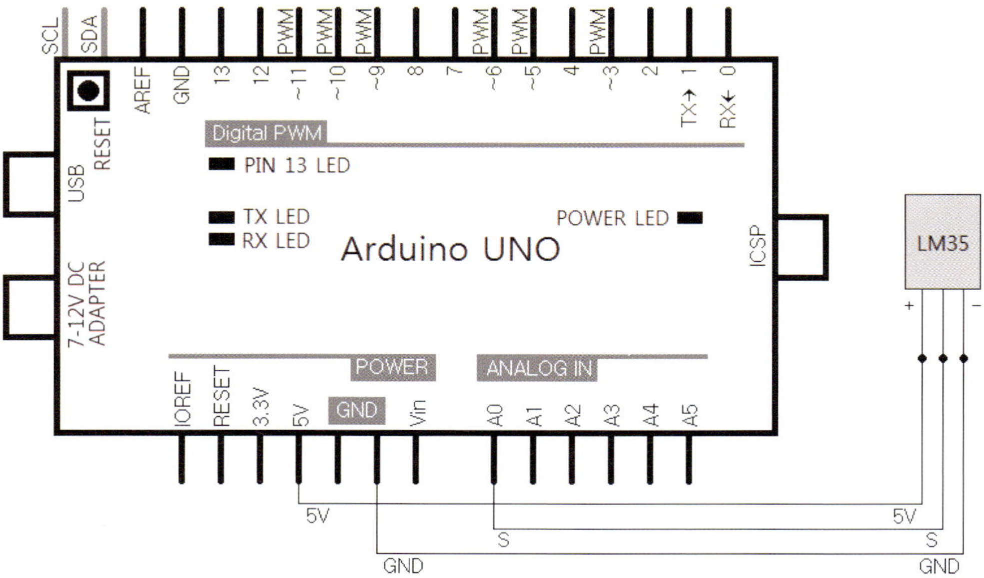
SCL
SDA
AREF
GND
Digital PWM
PIN 13 LED
TX LED
RX LED
POWER LED
Arduino UNO
USB
RESET
7-12V DC
ADAPTER
ICSP
POWER
ANALOG IN
IOREF
RESET
3.3V
5V
GND
Vin
A0
LM35
5V
S
GND
5V
S
GND

브레드보드에 다음과 같이 연결한다.

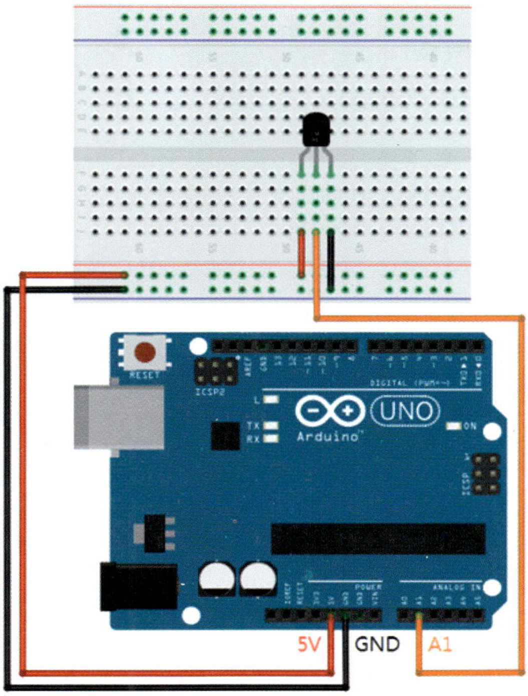

프로그램은 다음과 같이 작성한다.

```
const byte pinLM35 = A0;
const float VREF = 5;

void setup() {
  Serial.begin(9600);
}

void loop() {
  float value, voltage, temperature;

  value = analogRead(pinLM35);
  voltage = value/1023*VREF;
  temperature = 100*voltage;
  Serial.print(temperature);
  Serial.println("C");
  delay(1000);
}
```

예제

3.4

온도가 30도 이상이면, LED와 액티브 부저를 켜라.

```
#define TIME_DELAY 200

if (temperature >= 30) {
  digitalWrite(pinLED, HIGH);
  digitalWrite(pinBzr, HIGH);
  delay(TIME_DELAY/2);
}
digitalWrite(pinLED, LOW);
digitalWrite(pinBzr, LOW);
delay(TIME_DELAY/2);
```

4

CHAPTER

PWM 아날로그 출력

- dimming LED
- three-color LED

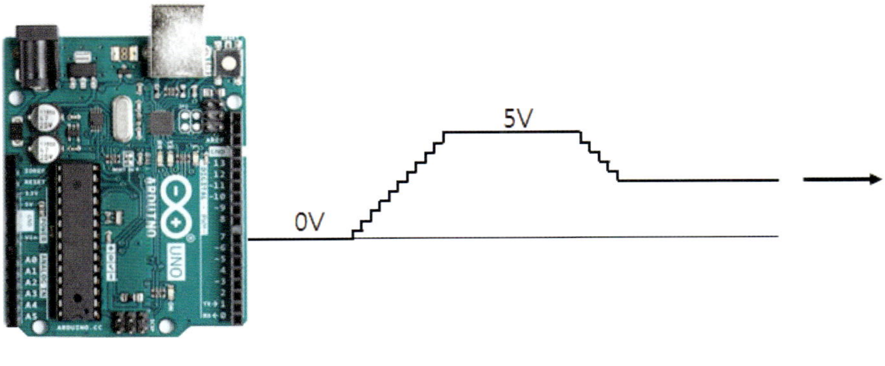

CHAPTER

4 PWM 아날로그 출력

아두이노 Uno 보드는 저가형 보드로 아날로그 출력을 위한 전압 조절 장치를 갖고 있지 않다. 대신 출력을 펄스로 보내어 아날로그 출력을 모사한다. 이러한 방법을 PWM(Pulse Width Modulation)이라 한다. PWM을 구현하려면 파형의 duty를 제어하기 위한 타이머가 필요하다. 아두이노 Uno는 Timer0, Timer1, Timer2와 같이 3개의 타이머를 갖고 있는데, Timer0는 980Hz, Timer1과 Timer2는 490Hz의 클럭을 갖는다. 아두이노 Uno 보드는 6개의 PWM 아날로그 출력 핀을 갖고 있으며, 타이머 하나 당 두 개의 PWM 핀을 관리한다. 3개의 타이머는 타이머마다 미세한 차이가 있으므로, 두 개의 PWM 출력을 사용하는 경우, 가급적 같은 타이머에 연결된 PWM 핀을 사용할 것을 권장한다.

```
5, 6        : PWM 아날로그 출력 핀, Timer0 (980Hz)
9, 10       : PWM 아날로그 출력 핀, Timer1 (490Hz)
3, 11       : PWM 아날로그 출력 핀, Timer2 (490Hz)
```

아두이노 Uno 보드는 디지털 핀 중에 3, 5, 6, 9, 10, 11, 총 6개의 핀에서 PWM 출력을 통하여 0~255의 256단계 값을 출력한다. PWM 출력을 지원하기 위하여 내장 함수 analogWrite()를 지원한다.

```
void loop() {
  ⋮
  analogWrite(PWM 핀번호, 0~255);          // PWM 핀 번호 = 3, 5, 6, 9, 10, 11
  ⋮
}
```

PWM 출력은 0~5V의 전압을 고정시킨 상태에서, 펄스를 변조하여 평균전압을 조절하는 개념을 가지고 있다. 펄스의 주파수는 980Hz(또는 490Hz)로써, 각 펄스의 주기는 $T = 1/980$(또는 $1/490$)이다.

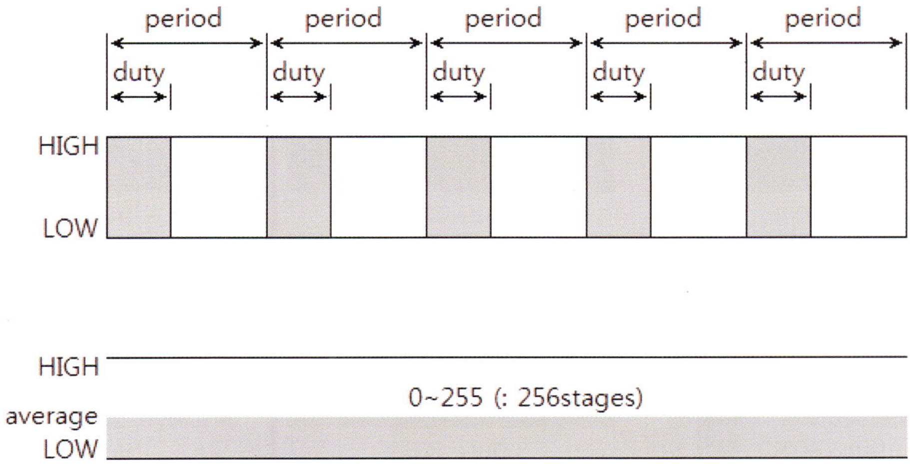

펄스 중 duty가 0~255 단계로 0부터 T까지 변하며, 이를 통하여 PWM으로 아날로그 출력을 구현한다.

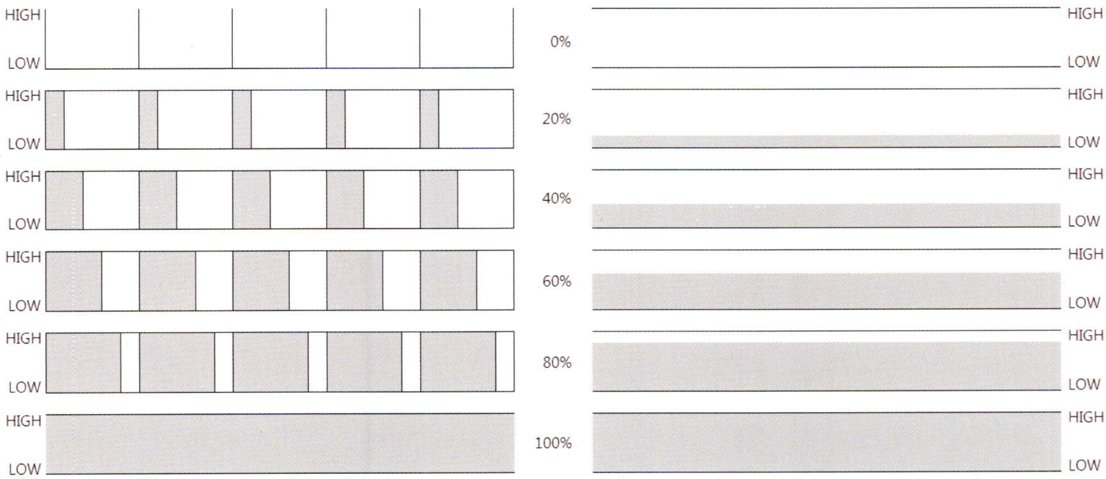

함수 발생기에서 PWM 출력 파형을 발생하여, 오실로스코프로 파형을 확인하고, 멀티미터로 전압을 측정해 본다. 함수 발생기의 CHA에서 [pulse]를 선택하고, [Frequency]=980Hz, [Amplitude]=5Vpp, [Offset]=2.5Vpp, [impedence]를 두 번 누르면 [duty]가 나타나는데, [duty]=10%~90%로 변경하면서 펄스를 발생시킨다. 오실로스코프의 Ch1으로 연결하여 [Auto]를 선택하고, 수평 및 수직 [position]과 [scale]을 맞추어, 함수 발생기의 파형을 확인한다.

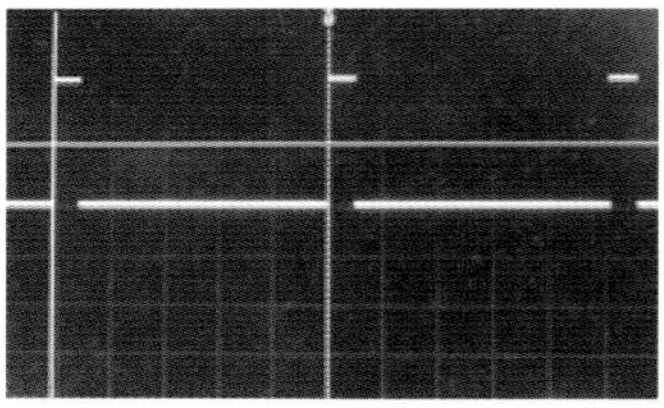
Duty 10%

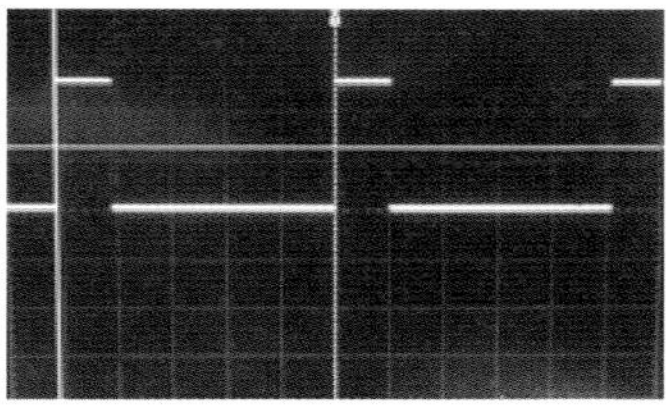
Duty 20%

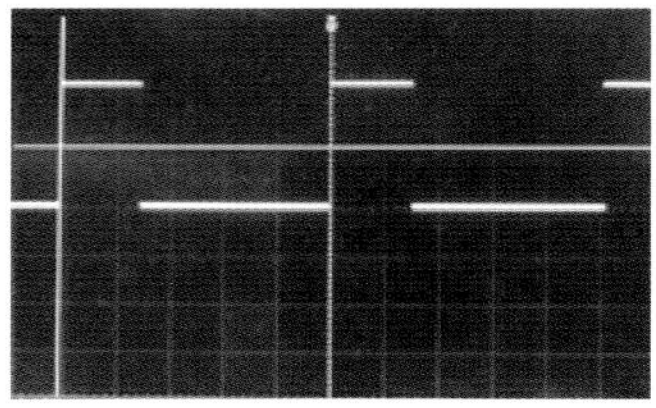
Duty 30%

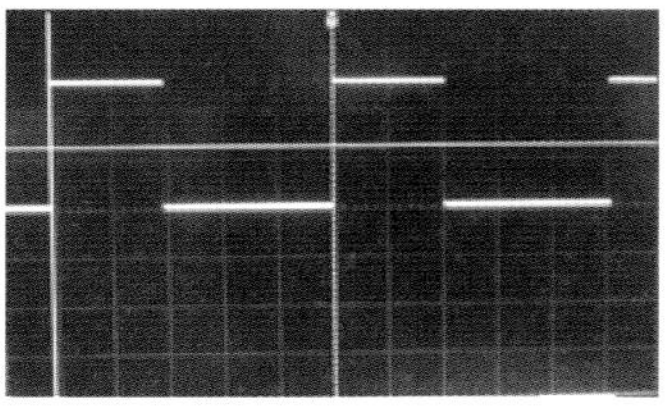
Duty 40%

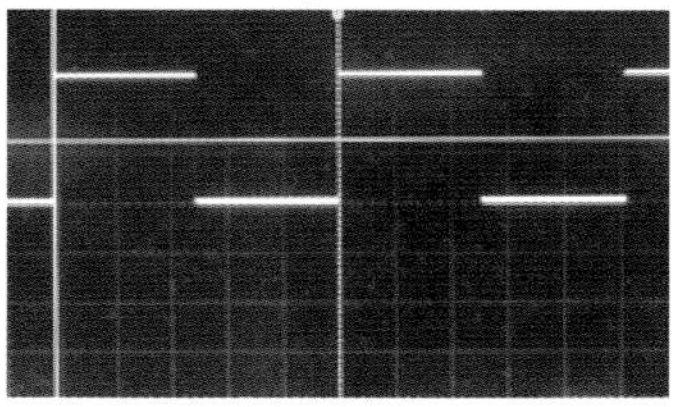
Duty 50%

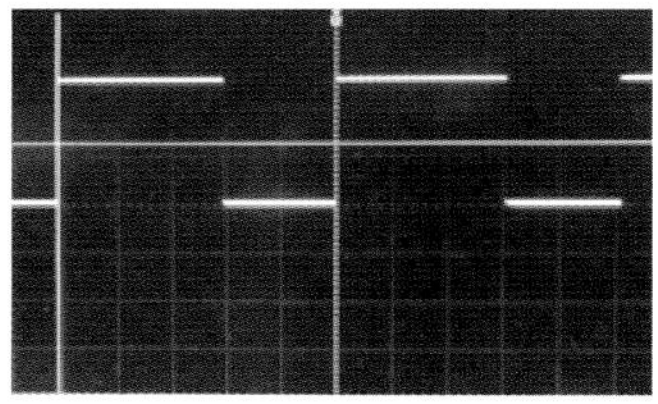
Duty 60%

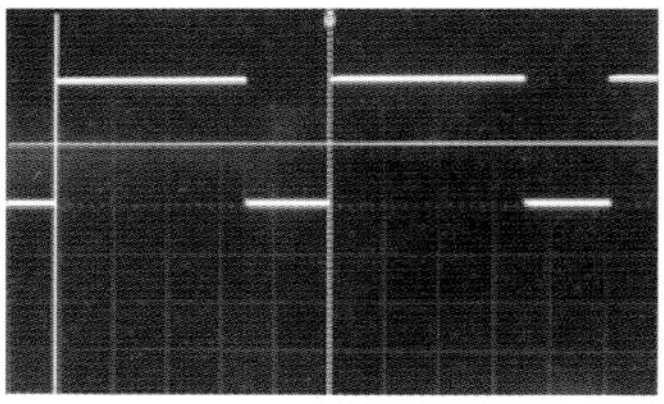
Duty 70%

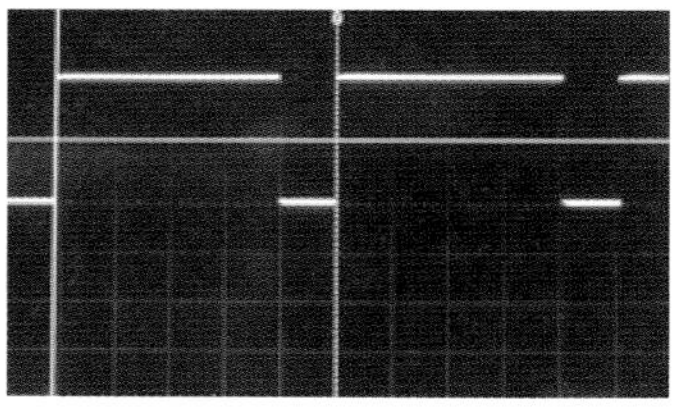
Duty 80%

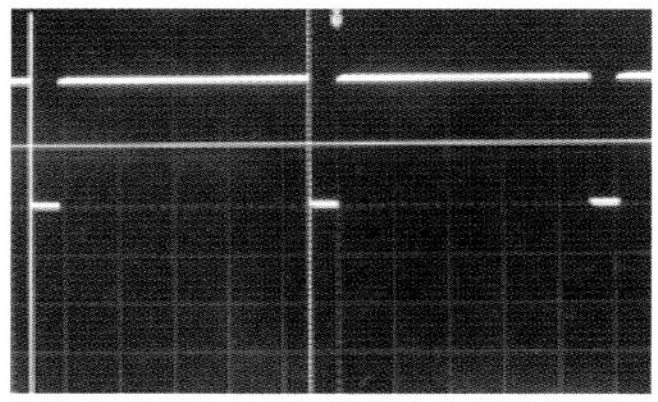
Duty 90%

오실로스코프로 파형을 분석하고, 멀티미터로 함수 발생기 양단의 전압을 측정하여 평균 전압을 확인한다. 5와 6 PWM 핀을 사용한 경우, Time0의 실제 주파수는 982Hz이었다.

Duty(%)	Period(ms)	Width(ms)	Max(V)	Ampl(V)	Freq(Hz)	Voltage(V)
10	1.018	0.100	5.28	5.05	982	0.48
20	1.018	0.200	5.28	5.12	982	0.99
30	1.018	0.304	5.36	5.07	982	1.50
40	1.018	0.404	5.36	5.07	982	2.00
50	1.018	0.508	5.28	5.09	982	2.51
60	1.018	0.608	5.36	5.11	982	3.02
70	1.018	0.712	5.28	5.12	982	3.52
80	1.018	0.812	5.36	5.12	982	4.04
90	1.020	0.916	5.36	5.12	982	4.54

4.1 PWM 아날로그 출력

아두이노 Uno 보드의 11번 핀을 PWM 아날로그 출력으로 지정하고, 시리얼 모니터에서 전압을 0~5V로 변화시키면서 출력한다.

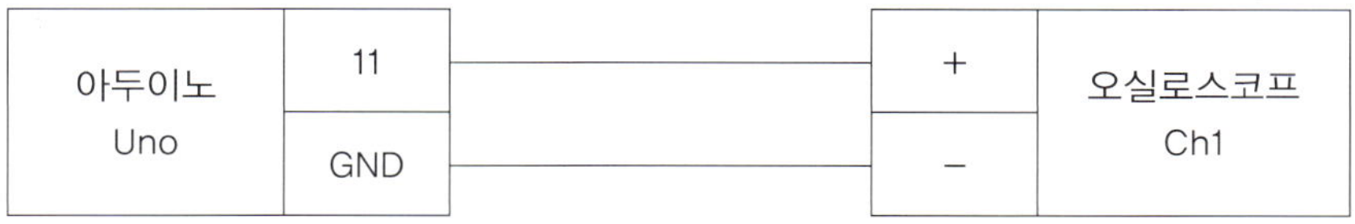

오실로스코프로 11번 핀과 GND 사이의 전압 파형을 관찰한다.

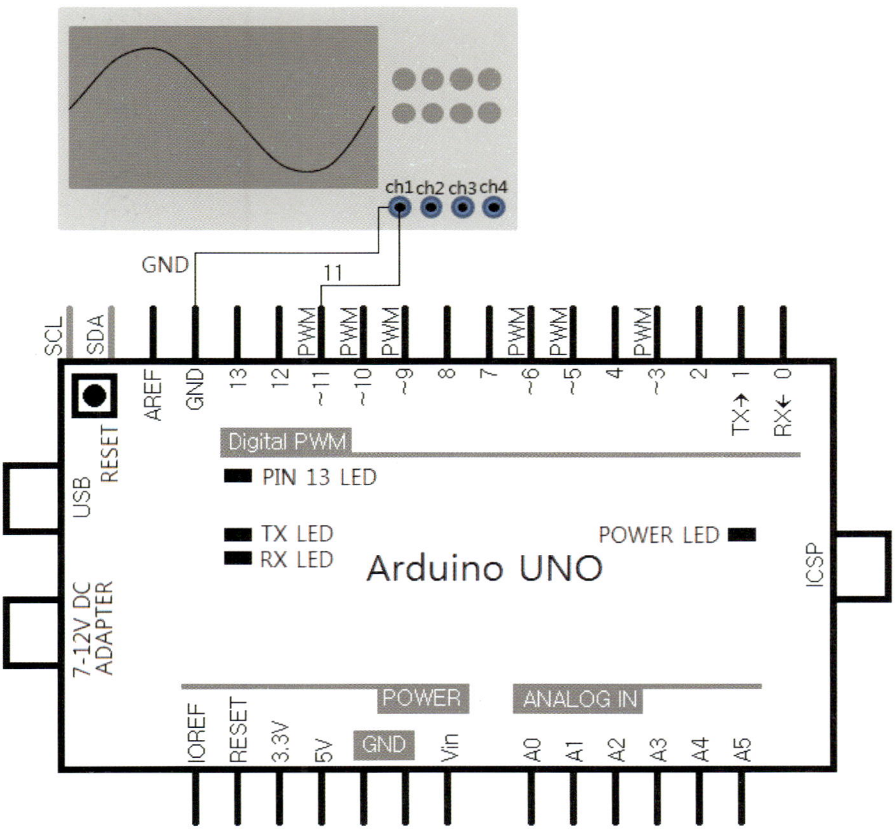

• 프로그램

```
const byte pinPWM = 11;   //PWM

void setup() {
  Serial.begin(9600);
  Serial.println("Enter value between 0 and 255 : ");
}

void loop() {
  int value;

  if (Serial.available()) {
    value = Serial.parseInt();
    value = constrain(value, 0, 255);
    analogWrite(pinPWM, value);
    Serial.println(value);
  }
  delay(1000);
}
```

여기서, parseInt()는 시리얼 모니터로부터 정수 값을 읽어 들이는 함수이다. 단, parseInt()를 사용하려면, 시리얼 모니터의 문장 끝 특수 옵션을 [line ending 없음]으로 설정하여야 한다.

value=127(duty=50%)에 대하여, 11번 핀의 파형을 조사하였다. 펄스의 주기는 2.044ms로 489Hz이고, duty는 1.018ms이다. 펄스의 전압 폭은 4.96V이다. 멀티미터로 측정한 평균 전압값은 2.46V이다.

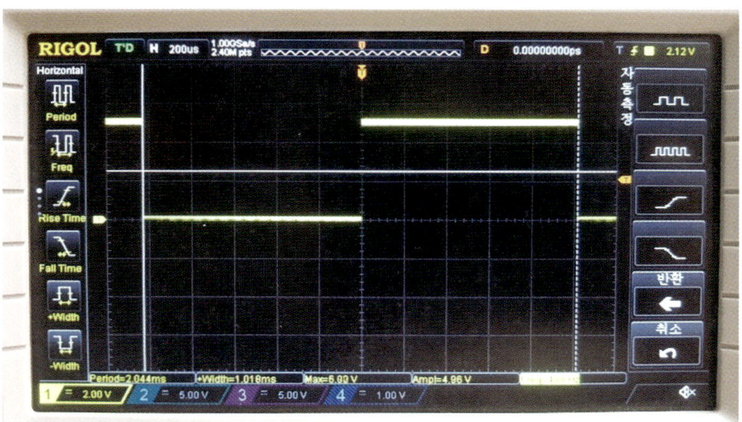

예제 **4.1**

PWM 5번 핀(Timer0)과 6번 핀(Timer0)에 각각 2.5V를 출력하면서, 오실로스코프의 두 채널로 PWM 출력 파형을 비교 조사하라.

value=127(duty=50%)에 대하여, Timer0에 연결된 5번과 6번 PWM 핀의 파형이 완전히 겹쳐질만큼 동일하였다. 아래 파형은 5번 PWM만을 잡은 것이다. 주기는 1.026m로 975Hz이고, duty는 0.512ms이다. 펄스의 전압 폭은 4.94V이다.

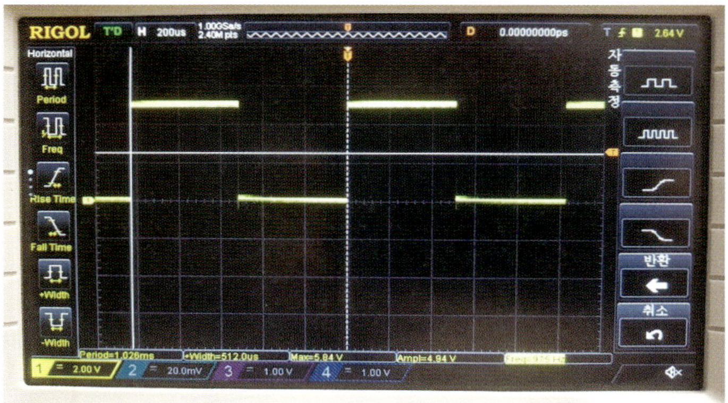

예제 **4.2**

PWM 5번 핀(Timer0), 9번 핀(Timer1), 11번 핀(Timer2)에 각각 2.5V를 출력하면서, 오실로스코프의 세 채널로 PWM 출력 파형을 비교 조사하라.

value=127(duty=50%)에 대하여, Timer0, Timer1, Timer2의 파형을 조사하였다.

PWM 5 & 6
Timer0(980Hz)

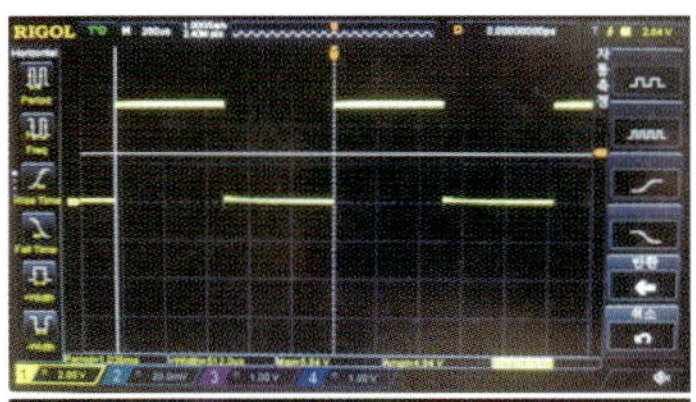

Period=1.026ms
Width=0.512ms
Max=5.84V
Ampl=4.94V
Freq=975Hz

PWM 9 & 10
Timer1(490Hz)

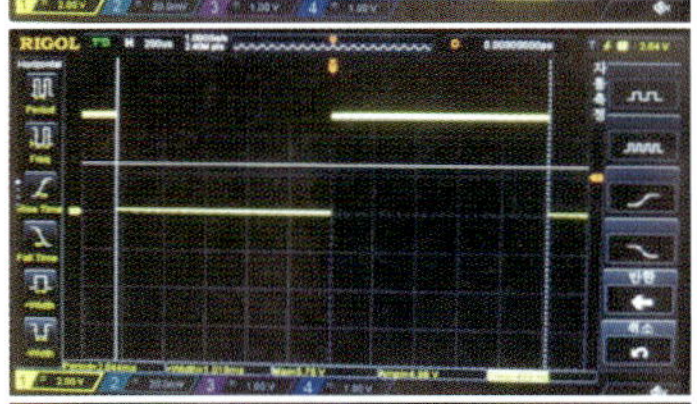

Period=2.044ms
Width=1.018ms
Max=5.76V
Ampl=4.96V
Freq=489Hz

PWM 11 & 3
Timer2(490Hz)

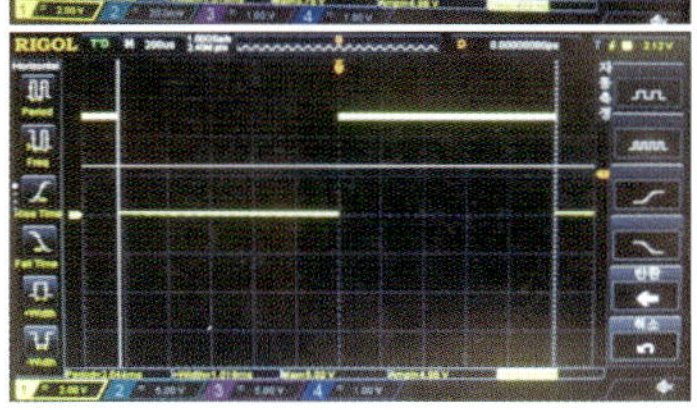

Period=2.044ms
Width=1.018ms
Max=6.00V
Ampl=4.96V
Freq=489Hz

4.2 LED 밝기 제어

LED의 밝기 제어는 디지털 11번 핀 PWM 아날로그 출력을 이용하여 0부터 255까지 256단계의 입력 전압을 가하여 밝기를 제어할 수 있다.

- 핀 연결

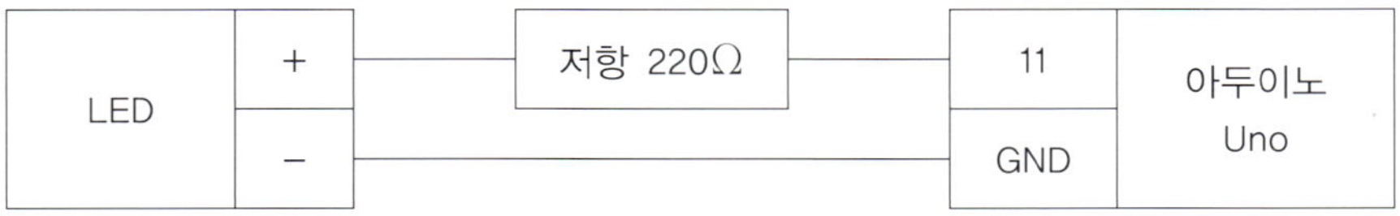

- 회로도

LED에 정격 전류보다 많은 과전류가 흘러 LED가 타서 끊어질 수 있으므로, 반드시 저항 220Ω을 직렬 연결하여, LED 양단에 걸리는 전압을 LED 정격전압 이내로 낮추어야 한다.

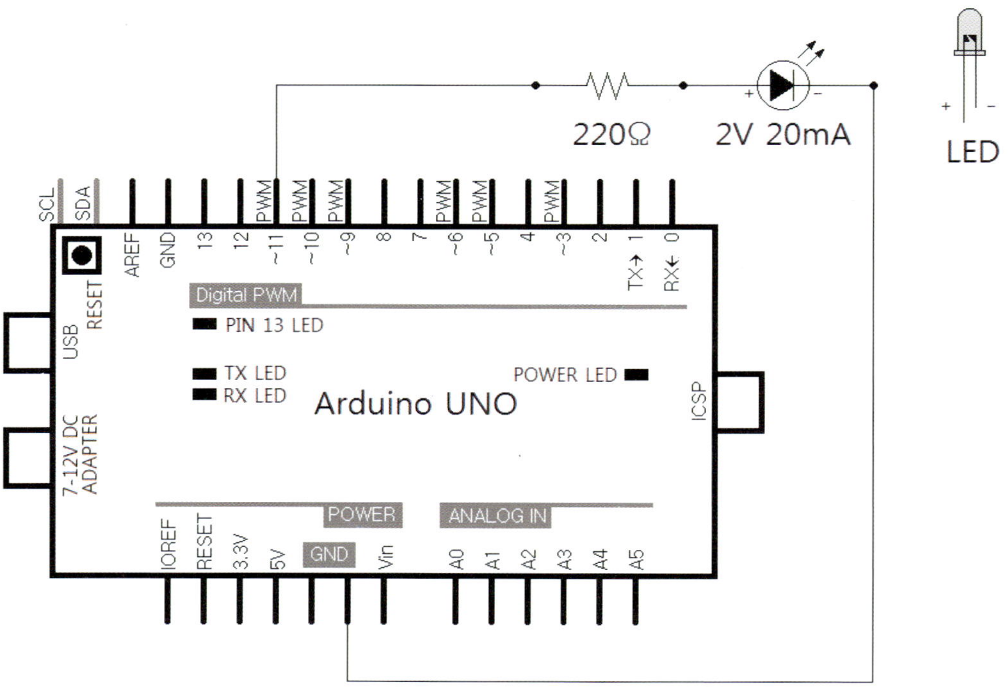

• 브레드보드

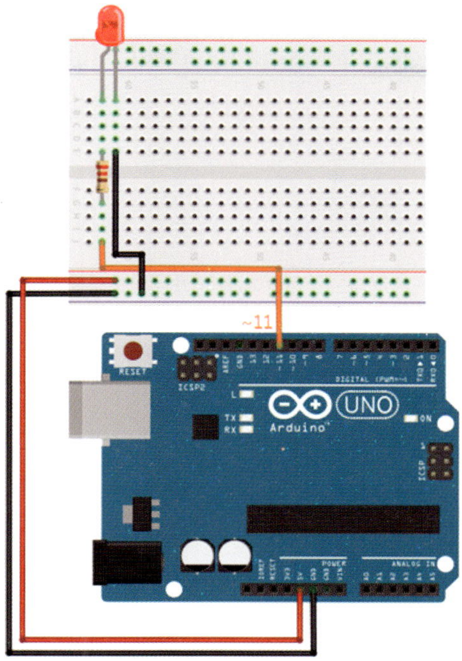

• 프로그램

```
const byte pinLED = 11;   //PWM

void setup() {

}

void loop() {
  for(int i=0; i<256; i+=5) {
    analogWrite(pinLED, i);
    delay(100);
  }
  analogWrite(pinLED, 0);
  delay(1000);
  for(int i=255; i>=0; i-=5) {
    analogWrite(pinLED, i);
    delay(100);
  }
  analogWrite(pinLED, 0);
  delay(1000);
}
```

예제 4.3

가변 저항 10kΩ의 출력 값에 따라서 LED의 밝기를 제어하도록 회로를 구성하고 프로그램을 작성하라.

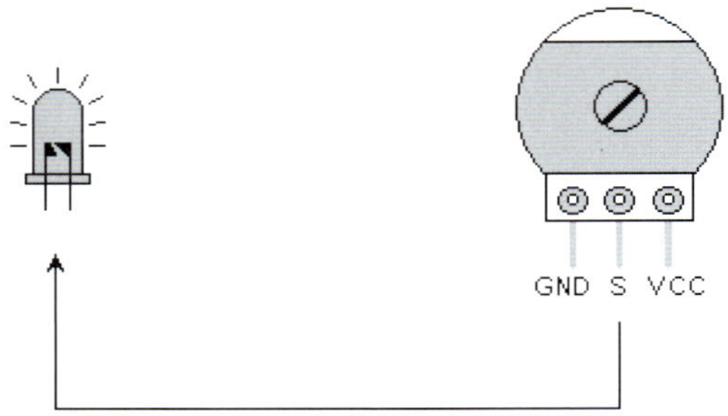

풀이

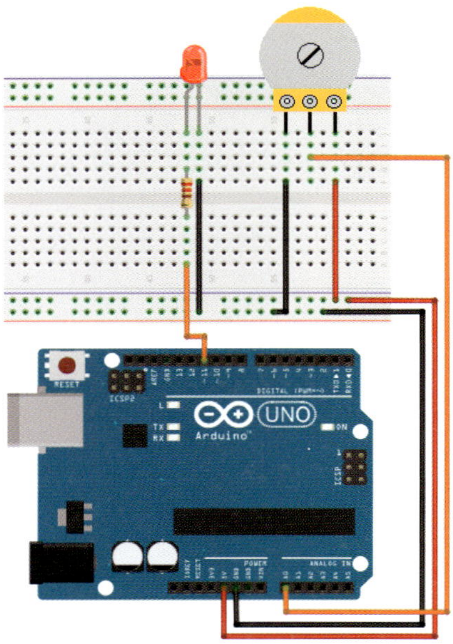

```
const byte pinAnalog = A0;

const byte pinLED = 11;   //PWM

void setup() {

}

void loop() {
  int value = analogRead(pinAnalog);
  float outValue = value/1023.*255.;

  analogWrite(pinLED, outValue);
  delay(100);
}
```

4.3 three-color LED 색 제어

RG3 LED는 Red, Green, Blue LED 3개가 한 칩에 올려져 있어, 각각에 0부터 255까지 256단계의 입력 전압을 가하여 (R, G, B)의 형태로 색을 제어할 수 있다.

	10진수	16진수
Red	(255, 0, 0)	(FF, 0, 0)
Green	(0, 255, 0)	(0, FF, 0)
Blue	(0, 0, 255)	(0, 0, FF)
Cyan	(0, 255, 255)	(0, FF, FF)
Magenta	(255, 0, 255)	(FF, 0, FF)
Yellow	(255, 255, 0)	(FF, FF, 0)
White	(255, 255, 255)	(FF, FF, FF)

RGB LED의 양단에 직접 5V를 가하면, 과전류가 흘러 LED가 손상될 수 있으므로, 저항을 직렬 연결하여 사용한다. 준비된 RGB LED 모듈에는 저항이 이미 내장되어 있으므로, 직접 PWM 단자와 GND 단자에 연결하면 된다.

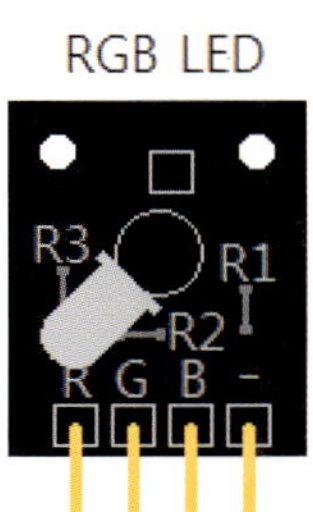

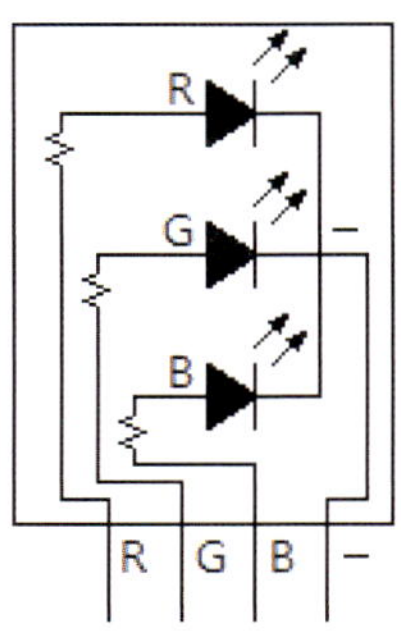

• 핀 연결

three-color LED			아두이노 Uno
	R	11	
	G	10	
	B	9	
	–	GND	

• 회로도

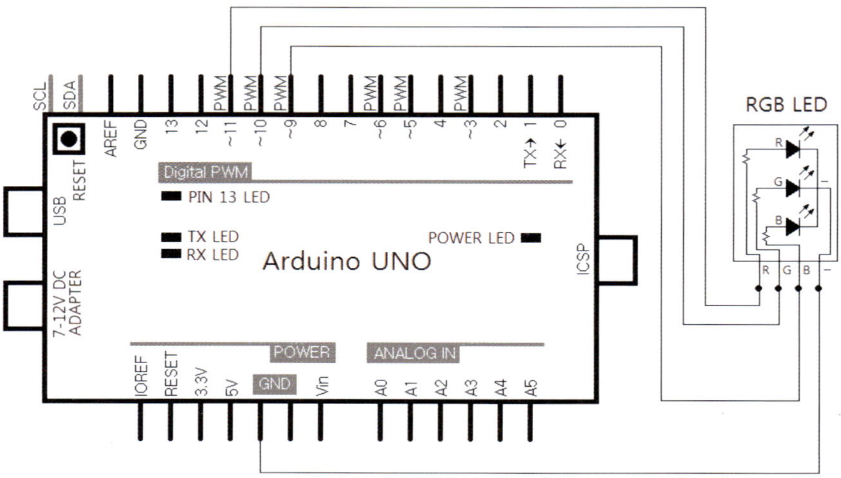

• 브레드보드

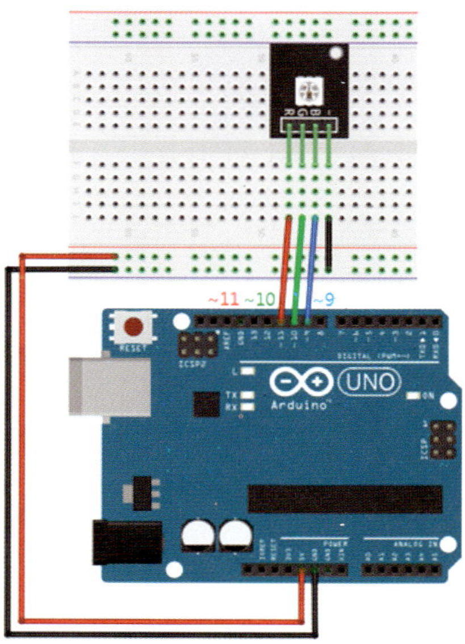

• 프로그램

```
const byte pinR = 11;   //PWM
const byte pinG = 10;   //PWM
const byte pinB = 9;    //PWM

void setRGB(int r, int g, int b) {

}

void setup() {
  pinMode(pinR, OUTPUT);
  pinMode(pinG, OUTPUT);
  pinMode(pinB, OUTPUT);
}

void loop() {
  setRGB(255, 0, 0);   //red
  delay(1000);
  setRGB(0, 255, 0);   //green
  delay(1000);
  setRGB(0, 0, 255);   //blue
  delay(1000);
  setRGB(0, 0, 0);
  delay(1000);
  setRGB(0, 255, 255);   //cyan
  delay(1000);
  setRGB(255, 0, 255);   //magenta
  delay(1000);
  setRGB(255, 255, 0);   //yellow
  delay(1000);
  setRGB(255, 255, 255);   //white
  delay(1000);
  setRGB(0, 0, 0);
  delay(1000);
  for (int i=0; i<256; i+=5) {
    setRGB(255-i, i, 0);
    delay(20);
  }
  for (int i=0; i<256; i+=5) {
    setRGB(0, 255-i, i);
    delay(20);
  }
  for (int i=0; i<256; i+=5) {
    setRGB(i, 0, 255-i);
    delay(20);
  }
  setRGB(0, 0, 0);
  delay(1000);
}
```

예제 **4.4**

가변 저항 10kΩ의 출력 값에 따라서 3색 LED의 색을 빨강-초록-파랑(R-G-B)으로 부드럽게 변화하도록 회로를 구성하고 프로그램을 작성하라.

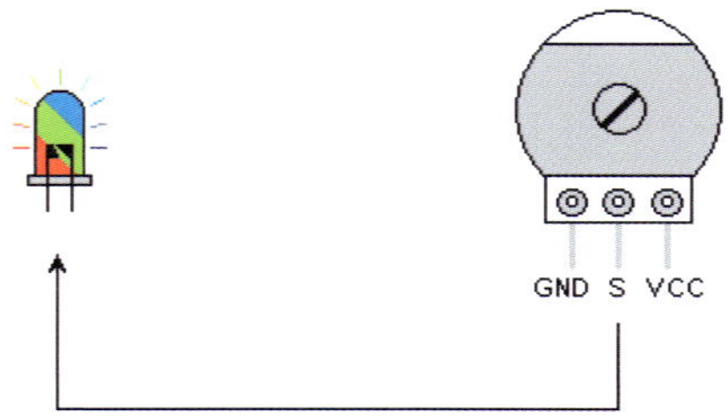

가변저항 값	R,	G,	B
0,	255,	0,	0
⋮	⋮	⋮	⋮
511,	0,	255,	0
⋮	⋮	⋮	⋮
1023,	0,	0,	255

풀이

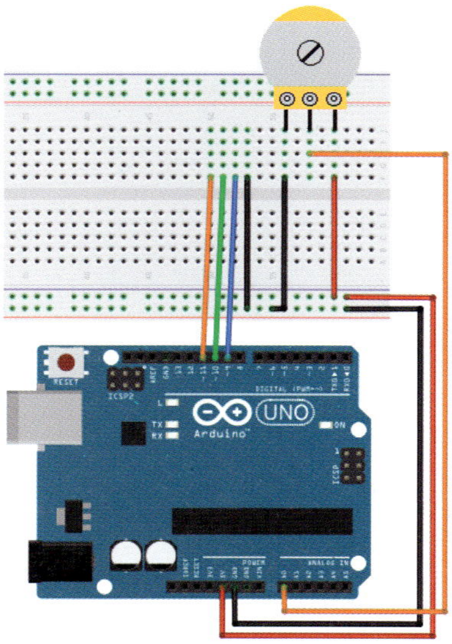

```
const byte pinAnalog = A0;

const byte pinR = 11;   //PWM
const byte pinG = 10;   //PWM
const byte pinB = 9;    //PWM

void setup() {

}

void loop() {
  float outValue, r, g, b;
  int value = analogRead(pinAnalog);
  outValue = value/1023.*255.;

  if (outValue <= 128) {
    // RED-GREEN
    b = 0;
    r = 255 - 255*outValue/128;
    if (r<0) r = 0;
    if (r>255) r = 255;
    g = 255-r;
  }
  else if(outValue>128) {
    // GREEN-BLUE
    r = 0;
    g = 255 - 255*(outValue-128)/128;
    if (g<0) g = 0;
    if (g>255) g = 255;
    b = 255 - g;
  }

  analogWrite(pinR, r);
  analogWrite(pinG, g);
  analogWrite(pinB, b);

  delay(100);
}
```

5

CHAPTER

라이브러리

- 내부 라이브러리
- 외부 라이브러리
- EEPROM
- 초음파거리측정기 HC-SR04

libraries

CHAPTER

5 라이브러리

아두이노 IDE는 사용자들이 센서나 디스플레이, 모듈 등을 쉽게 사용할 수 있도록 복잡한 소스 코드를 간단한 함수로 만들어 놓은 라이브러리 기능을 제공한다. 아두이노 스케치 프로그램을 작성할 때 헤더 파일(*.h)을 include 하는 것으로 편리하게 재사용할 수 있다. 라이브러리는 아두이노 IDE를 설치할 때 함께 설치되는 내부 라이브러리와, 사용자가 필요할 때 추가로 설치할 수 있는 외부 라이브러리가 있다.

내부 라이브러리는 아두이노 IDE 설치 폴더 하위의 libraries 폴더 안에 하나의 폴더 형태로 설치되어 있다.

컴퓨터 > 로컬 디스크 (C:) > Program Files(x86) > Arduino > libraries

사용자가 추가로 설치한 외부 라이브러리는 문서 폴더 하위의 Arduino 〉 libraries 폴더 안에 하나의 폴더 형태로 존재한다.

라이브러리 > 문서 > Arduino > libraries

라이브러리는 libraries 폴더 안에 하나의 폴더 형태로 존재하는데, 예를 들어 MyLib 라는 라이브러리가 있다면 MyLib 폴더 안에 Examples 폴더와 MyLib.cpp와 MyLib.h 소스 파일 등이 들어 있으며, Examples 폴더 안에는 예제 아두이노 스케치 파일(*.ino) 파일의 폴더들이 들어 있다. 이 예제 파일들은 아두이노 IDE 메뉴에서 [파일] > [예제]에서 불러올 수 있다.

Examples　　　MyLib.cpp　　　MyLib.h

내부 라이브러리는 다음과 같은 라이브러리들로 이루어져 있다.

EEPROM	아두이노 보드의 내부 메모리 EEPROM에 데이터를 쓰거나 읽을 때 사용
Ethernet	아두이노 이더넷 쉴드로 인터넷에 접속할 때 사용
Firmata	아두이노의 시리얼 통신으로 컴퓨터의 응용 프로그램과 통신할 때 사용
LiquidCrystal	LCD 디스플레이에 문자를 출력할 때 사용
SD	SD 카드에 데이터를 읽거나 쓸 때 사용
Servo	서보 모터를 제어할 때 사용
SPI	SPI 통신을 이용하여 디스플레이 등과 데이터 통신으로 연결할 때 사용
SoftwareSerial	소프트웨어적으로 Sreial(UART) 통신을 구현할 때 사용
Stepper	스텝핑 모터를 제어할 때 사용
TFT	TFT 모니터에 글자나 이미지, 특정 모양을 그릴 때 사용
WiFi	아두이노 WiFi 쉴드로 WiFi 연결을 할 때 사용
Wire	I2C 통신을 이용하여 센서 등과 데이터 통신으로 연결할 때 사용

5.1 라이브러리 사용하기

아두이노 IDE는 복잡한 프로그램을 라이브러리로 만들어 내부 라이브러리로 저장해두거나 외부 라이브러리로 추가할 수 있다. 예를 들면 Servo 모터를 구동시키기 위한 프로그램을 라이브러리로 만들어 내부에 Servo 라이브러리로 저장해두었다. Servo 모터를 사용할 때, 직접 프로그램을 작성해서 Servo 모터를 구동할 수도 있지만, 내장된 라이브러리 Servo를 이용하여 쉽고 편리하게 Servo 모터를 제어할 수 있다. 라이브러리를 사용하는 방법은 아두이노 IDE 메뉴에서 [스케치] > [라이브러리 포함하기]를 선택하면, 내부 라이브러리와 설치된 외부 라이브러리의 리스트가 나타나는데, [Servo] 혹은 원하는 라이브러리를 선택하면, 스케치 프로그램 맨 위에 #include 〈Servo.h〉 혹은 원하는 라이브러리의 헤더 파일의 include가 나타난다. 스케치 프로그램 첫줄에 직접 #include 〈Servo.h〉를 입력해도 되지만, 오타에 의한 오류를 방지하기 위하여 가급적 [라이브러리 포함하기]에서 원하는 라이브러리 리스트를 선택하는 것이 바람직하다.

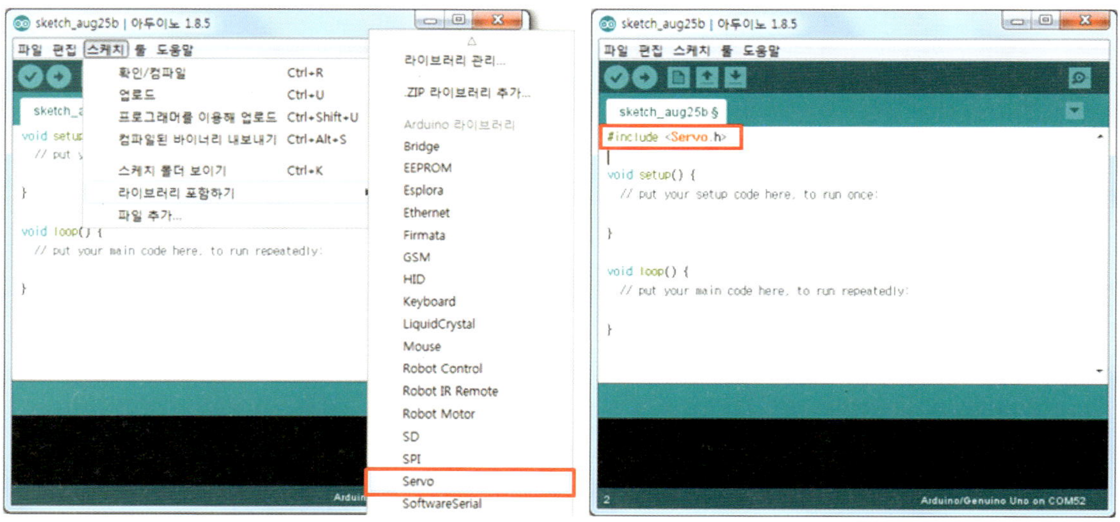

5.2 외부 라이브러리 추가

내부 라이브러리 이외에도 센서 등의 모듈 제작 회사나 혹은 프로그래머들이 편리한 라이브러리를 만들어 둔 것을 가져와 사용할 수 있다. 이 때, 외부 라이브러리는 아두이노에서 규정한 형식으로 만들어져 zip 파일로 압축되어 있어야 한다. 인터넷 상에서 필요한 외부 라이브러리의 zip 압축 파일을 컴퓨터 내에 다운로드 받아서, [스케치] > [라이브러리 포함하기] > [.ZIP 라이브러리 추가...]를 선택하면, 파일 선택 창이 열리고, 다운로드 받은 외부 라이브러리 zip 압축 파일을 선택하면, 아두이노 IDE가 외부 라이브러리를 가져온다. 내부 라이브러리와 동일하게 [라이브러리 포함하기] 메뉴에서 읽어들인 외부 라이브러리를 선택하면 해당 라이브러리의 헤더 파일이 프로그램 상단에 자동으로 표시된다.

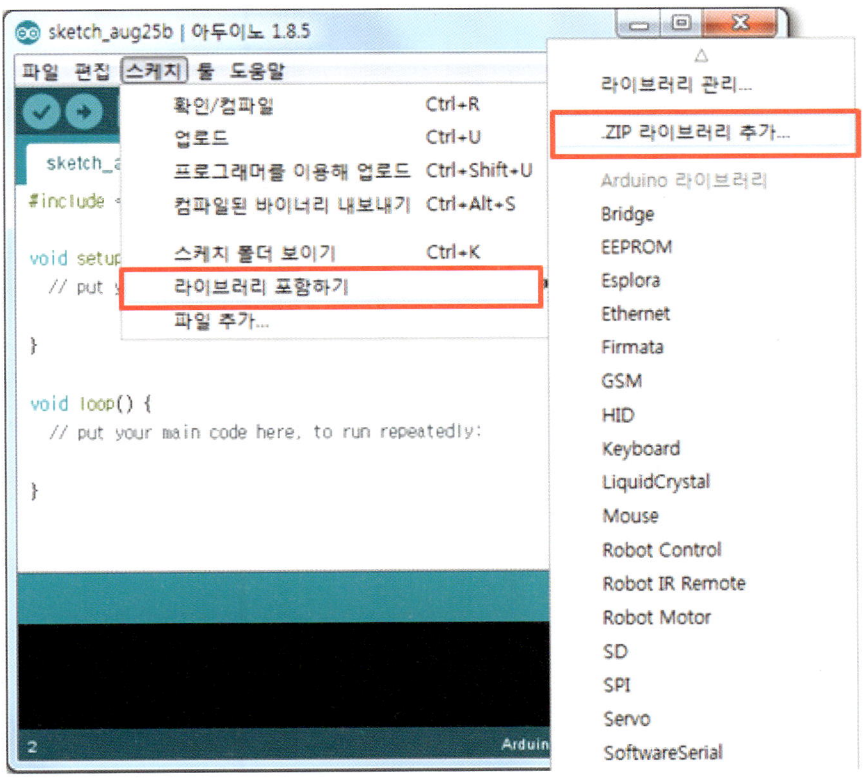

5.3 라이브러리 관리자

[스케치] > [라이브러리 포함하기] > [라이브러리 관리]를 누르면, 라이브러리 설치 및 업데이트를 편리하게 관리할 수 있다. [라이브러리 매니저] 창이 열리면, 필요한 라이브러리를 검색하고, 검색된 라이브러리를 마우스로 클릭하면 설치 및 업데이트 버튼이 나타난다. 필요에 따라 설치 및 업데이트 한다.

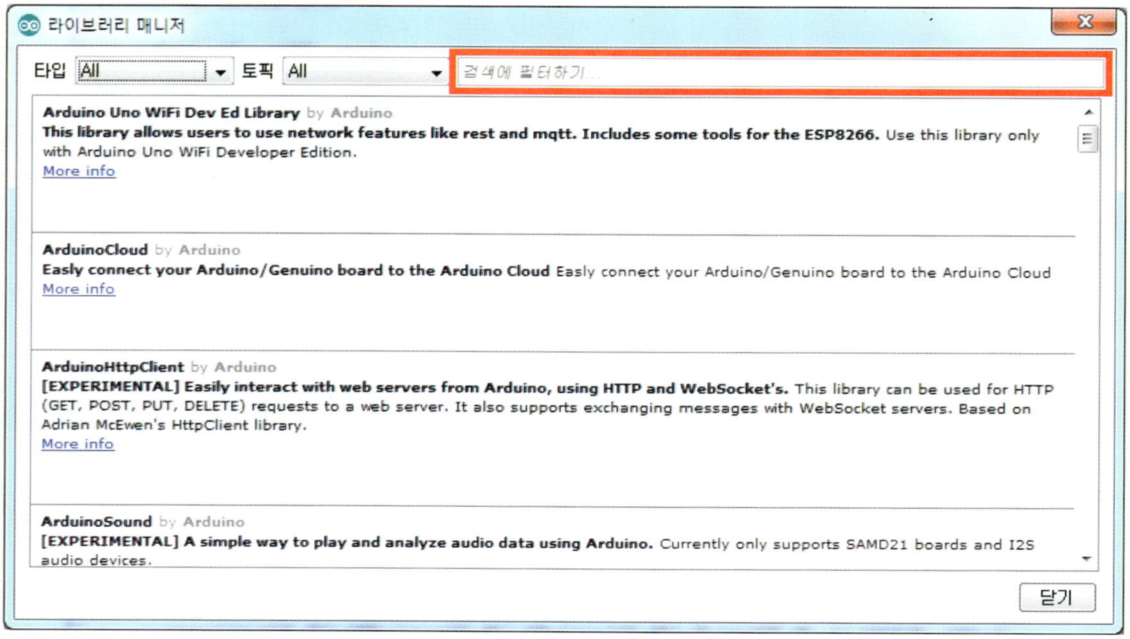

5.4 내부 라이브러리 사용 예 : EEPROM

EEPROM(Electrically Erasable Programmable Read-Only Memory)은 전원을 껐다 켜도 내용이 지워지지 않는 비휘발성 메모리 소자로써, 전기적인 방법으로 바이트 단위의 메모리 수정이 가능하다. 아두이노 Uno는 1KB의 EEPROM을 내장하고 있다. EEPROM은 바이트 단위로 읽고 쓰는 것이 가능하므로, 16bit 정수(2 byte)는 2 byte로 나누어 저장하고 2 byte를 읽어 결합하여야 한다. 예를 들면 16bit int 정수 2018을 16bit 2진수로 표시하여 오른쪽 8bit와 왼쪽 8bit로 분리하여 (byte(8bit) 단위로 분리) 각각 8bit byte 정수 7과 226을 EEPROM에 저장한다. 값을 읽어올 때에는 8bit byte 정수 7과 226을 읽어들여 16bit로 합치면, 16bit int 정수 2018이 된다.

- 16bit int 정수 2018

15	14	13	12	11	10	9	8	7	6	5	4	3	2	1	0
0	0	0	0	0	1	1	1	1	1	1	0	0	0	1	0

$$1 \times 2^{10} + 1 \times 2^{9} + 1 \times 2^{8} + 1 \times 2^{7} + 1 \times 2^{6} + 1 \times 2^{5} + 1 \times 2^{1} = 2018$$

- 16bit int 정수를 2개의 8bit byte 정수로 분리

7	6	5	4	3	2	1	0
0	0	0	0	0	1	1	1

7	6	5	4	3	2	1	0
1	1	1	0	0	0	1	0

$$1 \times 2^{2} + 1 \times 2^{1} + 1 \times 2^{0} = 7$$

$$1 \times 2^{7} + 1 \times 2^{6} + 1 \times 2^{5} + 1 \times 2^{1} = 226$$

$$7 \times 2^{8} + 226 = 1792 + 226 = 2018$$

char 문자는 8bit, byte 정수는 8bit, int 정수는 16bit, long 정수는 32bit, float 실수는 32bit, double 실수는 64bit이고, EEPROM에서 쓰고 읽는 단위는 byte(8bit) 단위이다.

5.4.1 highByte(), lowByte(), word() 사용

- 16bit 정수 쓰기

```
#include <EEPROM.h>
int iNumber = 2018;

void setup() {
  Serial.begin(9600);
}

void loop() {
  byte lByte, hByte;
  lByte = lowByte(iNumber);
  hByte = highByte(iNumber);
  EEPROM.write(0, lByte);
  EEPROM.write(1, hByte);
  Serial.print("16bit Integer : " + String(iNumber) + "\t");
  Serial.print("highByte : " + String(hByte) + "\t");
  Serial.println("lowByte : " + String(lByte));
  delay(1000);
}
```

- 16bit 정수 읽기

```
#include <EEPROM.h>
int iNumber;

void setup() {
  Serial.begin(9600);
}

void loop() {
  byte lByte, hByte;
  lByte = EEPROM.read(0);
  hByte = EEPROM.read(1);
  iNumber = word(hByte, lByte);
  Serial.print("highByte : " + String(hByte) + "\t");
  Serial.print("lowByte : " + String(lByte) + "\t");
  Serial.println("16bit Integer : " + String(iNumber) + "\t");
  delay(1000);
}
```

5.4.2 union 공용체 사용

union 공용체는 하나의 동일한 메모리를 다양한 형태로 사용하는 방법이다. 16bit int 정수 intValue와 8bit byte 정수의 배열 byteValue[2]를 union으로 선언하면, 하나의 16bit 메모리에 있는 값을 16bit int 정수 변수 intValue로 사용하거나 또는 8bit byte 정수 배열 byteValue[0], byteValue[1]로 사용할 수 있다. 메모리를 채우는 방법은 오른쪽 비트(LSB, Least Significant Bit)부터 왼 쪽 비트(MSB, Most Significant Bit)로 채우고, 배열을 채우는 방법도 왼쪽부터 오른 쪽으로 채운다.

intUnion.intValue															
15	14	13	12	11	10	9	8	7	6	5	4	3	2	1	0
0	0	0	0	0	1	1	1	1	1	1	0	0	0	1	0
intUnion.byteValue[1]								intUnion.byteValue[0]							

- 16bit 정수 쓰기

```
#include <EEPROM.h>
union {
  int intValue;
  byte byteValue[sizeof(int)];
} intUnion;
int iNumber = 2018;

void setup() {
  Serial.begin(9600);
}

void loop() {
  intUnion.intValue = iNumber;
  EEPROM.write(0, intUnion.byteValue[0]);
  EEPROM.write(1, intUnion.byteValue[1]);
  Serial.print("16bit Integer : " + String(iNumber) + "\t");
  Serial.print("highByte : " + String(intUnion.byteValue[1]) + "\t");
  Serial.println("lowByte : " + String(intUnion.byteValue[0]));
  delay(1000);
}
```

- 16bit 정수 읽기

```
#include <EEPROM.h>
union {
  int intValue;
  byte byteValue[sizeof(int)];
} intUnion;
int iNumber;

void setup() {
  Serial.begin(9600);
}

void loop() {
  intUnion.byteValue[0] = EEPROM.read(0);
  intUnion.byteValue[1] = EEPROM.read(1);
  iNumber = intUnion.intValue;
  Serial.print("highByte : " + String(intUnion.byteValue[1]) + "\t");
  Serial.print("lowByte : " + String(intUnion.byteValue[0]) + "\t");
  Serial.println("16bit Integer : " + String(iNumber) + "\t");
  delay(1000);
}
```

예제

5.1

항상 -128~127 사이의 값을 갖는 숫자들로 이루어진 데이터를 EEPROM에 읽고 쓰려고 한다. 두 개의 정수 12와 24를 EEPROM에 저장했다가, EEPROM에서 다시 읽어라.

0~255 범위의 정수는 byte 정수(8bit)를 사용할 수 있다. byte로 변수 a와 b를 선언하고, byte 단위의 크기를 가졌으므로 직접 EEPROM에 읽고 쓰면 된다.

```
byte a=12, b=24;

EEPROM.write(0, a);
EEPROM.write(1, b);
```

```
byte a, b;

a=EEPROM.read(0);
b=EEPROM.read(1);
```

```
#include <EEPROM.h>

void setup() {
  Serial.begin(9600);
}

void loop() {
  byte a=12, b=24;

  EEPROM.write(0, a);
  EEPROM.write(1, b);

  Serial.print("a : " + String(a) + "\t");
  Serial.println("b : " + String(b));
  delay(1000);
}
```

```
#include <EEPROM.h>

void setup() {
  Serial.begin(9600);
}

void loop() {
  byte a, b;

  a = EEPROM.read(0);
  b = EEPROM.read(1);

  Serial.print("a : " + String(a) + "\t");
  Serial.println("b : " +
String(b));
  delay(1000);
}
```

예제 **5.2**

두 개의 정수 123과 4567을 EEPROM에 저장했다가, EEPROM에서 다시 읽어라.

현재 값이 123으로 0~255의 범위에 들었더라도, −32768~32767 사이에서 변할 수 있는 값이라면 처음부터 int 정수(16bit)를 사용하여야 한다. union 공용체를 만들고 aUnion과 bUnion을 만들어 사용하면 된다.

```
union {
  int intValue;
  byte byteValue[2];
} aUnion, bUnion;

int a=123, b=4567;

aUnion.intValue = a;
bUnion.intValue = b;

EEPROM.write(0, aUnion.byteValue[0]);
EEPROM.write(1, aUnion.byteValue[1]);
EEPROM.write(2, bUnion.byteValue[0]);
EEPROM.write(3, bUnion.byteValue[1]);
```

```
union {
  int intValue;
  byte byteValue[2];
} aUnion, bUnion;

int a, b;

aUnion.byteValue[0] = EEPROM.read(0);
aUnion.byteValue[1] = EEPROM.read(1);
bUnion.byteValue[0] = EEPROM.read(2);
bUnion.byteValue[1] = EEPROM.read(3);

a = aUnion.intValue;
b = bUnion.intValue;
```

```
#include <EEPROM.h>

union {
  int intValue;
  byte byteValue[2];
} aUnion, bUnion;

void setup() {
  Serial.begin(9600);
}

void loop() {
  int a=123, b=4567;

  aUnion.intValue = a;
  bUnion.intValue = b;

  EEPROM.write(0, aUnion.byteValue[0]);
  EEPROM.write(1, aUnion.byteValue[1]);
  EEPROM.write(2, bUnion.byteValue[0]);
  EEPROM.write(3, bUnion.byteValue[1]);

  Serial.print("a : " + String(a) + "\t");
  Serial.println("b : " + String(b));
  delay(1000);
}
```

```
#include <EEPROM.h>

union {
  int intValue;
  byte byteValue[2];
} aUnion, bUnion;

void setup() {
  Serial.begin(9600);
}

void loop() {
  int a, b;

  aUnion.byteValue[0] = EEPROM.read(0);
  aUnion.byteValue[1] = EEPROM.read(1);
  bUnion.byteValue[0] = EEPROM.read(2);
  bUnion.byteValue[1] = EEPROM.read(3);

  a = aUnion.intValue;
  b = bUnion.intValue;

  Serial.print("a : " + String(a) + "\t");
  Serial.println("b : " + String(b));
  delay(1000);
}
```

예제 **5.3**

두 개의 정수 -123456과 123456을 EEPROM에 저장했다가, EEPROM에서 다시 읽어라.

정수 값이 −32768~32767 범위를 넘어서면 16bit int 정수를 사용할 수 없다. 대신 32bit long 정수를 사용하여야 한다. 32bit long 정수는 4개의 byte 배열로 선언하여야 한다.

```
union {
  long longValue;
  byte byteValue[4];
} aUnion, bUnion;

long a=-123456, b=123456;

aUnion.longValue = a;
bUnion.longValue = b;

EEPROM.write(0, aUnion.byteValue[0]);
EEPROM.write(1, aUnion.byteValue[1]);
EEPROM.write(2, aUnion.byteValue[2]);
EEPROM.write(3, aUnion.byteValue[3]);

EEPROM.write(4, bUnion.byteValue[0]);
EEPROM.write(5, bUnion.byteValue[1]);
EEPROM.write(6, bUnion.byteValue[2]);
EEPROM.write(7, bUnion.byteValue[3]);
```

```
union {
  long longValue;
  byte byteValue[4];
} aUnion, bUnion;

long a, b;

aUnion.byteValue[0] = EEPROM.read(0);
aUnion.byteValue[1] = EEPROM.read(1);
aUnion.byteValue[2] = EEPROM.read(2);
aUnion.byteValue[3] = EEPROM.read(3);

bUnion.byteValue[0] = EEPROM.read(4);
bUnion.byteValue[1] = EEPROM.read(5);
bUnion.byteValue[2] = EEPROM.read(6);
bUnion.byteValue[3] = EEPROM.read(7);

a = aUnion.longValue;
b = bUnion.longValue;
```

예제

5.4

두 개의 실수 -1.23과 4.56을 EEPROM에 저장했다가, EEPROM에서 다시 읽어라.

32bit float 실수는 4개의 byte 배열로 선언하여야 한다.

```
union {
  float floatValue;
  byte byteValue[4];
} aUnion, bUnion;

float a=-1.23, b=4.56;

aUnion.floatValue = a;
bUnion.floatValue = b;

EEPROM.write(0, aUnion.byteValue[0]);
EEPROM.write(1, aUnion.byteValue[1]);
EEPROM.write(2, aUnion.byteValue[2]);
EEPROM.write(3, aUnion.byteValue[3]);

EEPROM.write(4, bUnion.byteValue[0]);
EEPROM.write(5, bUnion.byteValue[1]);
EEPROM.write(6, bUnion.byteValue[2]);
EEPROM.write(7, bUnion.byteValue[3]);
```

```
union {
  float floatValue;
  byte byteValue[4];
} aUnion, bUnion;

float a, b;

aUnion.byteValue[0] = EEPROM.read(0);
aUnion.byteValue[1] = EEPROM.read(1);
aUnion.byteValue[2] = EEPROM.read(2);
aUnion.byteValue[3] = EEPROM.read(3);

bUnion.byteValue[0] = EEPROM.read(4);
bUnion.byteValue[1] = EEPROM.read(5);
bUnion.byteValue[2] = EEPROM.read(6);
bUnion.byteValue[3] = EEPROM.read(7);

a = aUnion.floatValue;
b = bUnion.floatValue;
```

5.5 외부 라이브러리 사용 예 : 초음파거리센서 HC-SR04

초음파거리센서 HC-SR04는 초음파가 물체에 부딪혀 되돌아오는 시간을 이용하여 물체와의 거리를 측정하는 센서이다. HC-SR04와 같은 센서를 직접 다루는 것은 복잡한 프로그램을 작성하여야 한다. 외부 라이브러리 NewPing을 사용하면 HC-SR04를 쉽고 편리하게 사용할 수 있다.

5.5.1 초음파거리센서 HC-SR04

초음파 거리 측정 센서는 Trigger 포트와 Echo 포트로 이루어져 있다. 트리커 포트에서 초음파를 쏘아서. 물체에 반사되어 음파가 에코 포트에 도달하는 시간을 센서로 받는다. 초음파 센서는 VCC와 TRIG, ECHO, GND의 4개의 단자를 가지고 있으며, TRIG 단자에 펄스 신호를 보내고, ECHO 단자에서 초음파가 되돌아오는 시간을 입력받는다. 초음파 센서의 측정거리는 최소 2cm, 최대 4~5m이며, 측정각은 15도, 측정해상도는 3mm이다.

- 부품

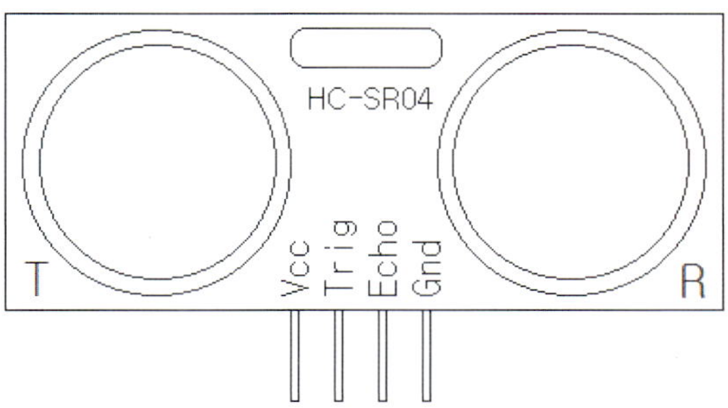

• 핀 연결

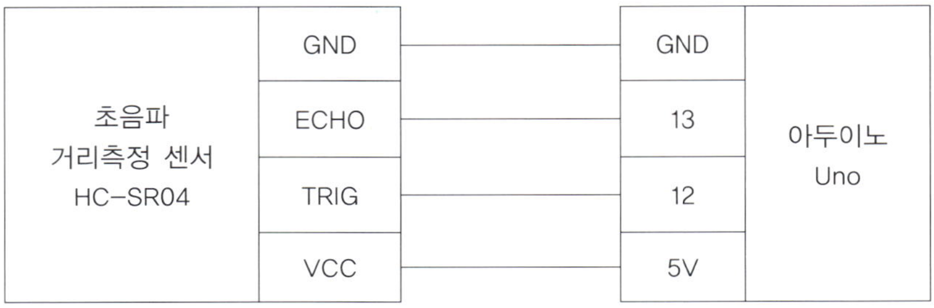
초음파
거리측정 센서
HC-SR04
GND
ECHO
TRIG
VCC
GND
13
12
5V
아두이노
Uno

• 회로도

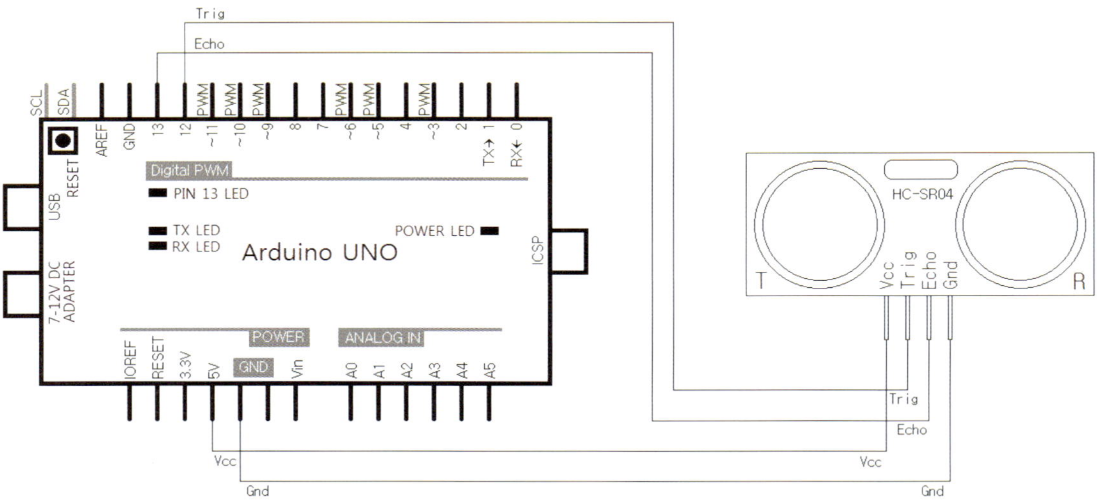
Trig
Echo
SCL
SDA
AREF
GND
13
12
PWM
~11
~10
~9
8
7
~6
~5
4
~3
2
TX→ 1
RX← 0
RESET
USB
7-12V DC
ADAPTER
Digital PWM
PIN 13 LED
TX LED
RX LED
Arduino UNO
POWER LED
ICSP
POWER
ANALOG IN
IOREF
RESET
3.3V
5V
GND
Vin
A0
A1
A2
A3
A4
A5
HC-SR04
T
R
Vcc
Trig
Echo
Gnd
Trig
Echo
Vcc
Vcc
Gnd
Gnd

5.5.2 외부 라이브러리 NewPing

[라이브러리 관리]를 이용하여 NewPing 라이브러리 검색 및 설치하거나, 인터넷에서 NewPing을 검색하여 압축파일 NewPing.zip을 다운로드하여 [.ZIP 라이브러리 추가...]를 이용하여 설치할 수도 있다.

- 프로그램

```
#include <NewPing.h>
#define MAXDISTANCE 200

const byte pinTrig = 12;
const byte pinEcho = 13;
NewPing sonar(pinTrig, pinEcho, MAXDISTANCE);

void setup() {
  Serial.begin(9600);
}

void loop() {
  long duration, cm;

  delay(50);
  duration = sonar.ping();
  cm = duration / US_ROUNDTRIP_CM;
  Serial.print("cm -> ");
  Serial.println(cm);
}
```

예제

5.5

초음파 거리 센서의 측정거리가 10cm면 1초 간격으로, 30cm면 3초 간격으로, LED와 액티브 부저를 반복적으로 켜고 끌 수 있도록 회로를 구성하고 프로그램을 작성하라.

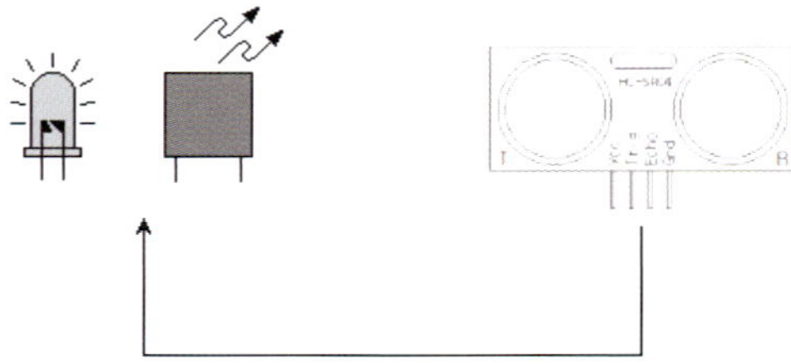

풀이

```
#include <NewPing.h>
#define MAXDISTANCE 200

const byte pinTrig = 2;
const byte pinEcho = 3;
NewPing sonar(pinTrig, pinEcho, MAXDISTANCE);

const byte pinLED = 13;
const byte pinBuzzer = 12;

void setup() {
  pinMode(pinLED , OUTPUT);
  pinMode(pinBuzzer , OUTPUT);
}

void loop() {
  int distance, delayTime, delayON, delayOFF;

  distance = sonar.ping() / US_ROUNDTRIP_CM;
  delayTime = 1000 * (distance / 10);

  if(delayTime > 200) {
    delayON = 100;
    delayOFF = delayTime - delayON;
  }
  else {
    delayON = delayTime / 2;
    delayOFF = delayTime - delayON;
  }

  digitalWrite(pinLED , HIGH);
  delay(delayON);
  digitalWrite(pinBuzzer , LOW);
  delay(delayOFF);
}
```

6 CHAPTER 시리얼 통신

- Serial(UART)
- I2C
- SPI

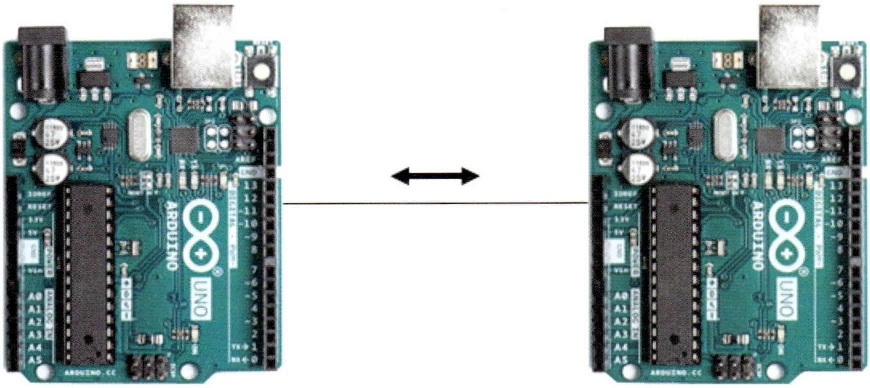

CHAPTER

6 시리얼 통신

아두이노 보드는 컴퓨터나 주변 디바이스들과의 데이터 통신을 위하여 시리얼 통신을 제공한다. 시리얼 통신은 PC나 계측 디바이스에서 사용되는 표준 디바이스 통신 프로토콜로써, byte 단위로 한 bit씩 데이터를 전송하는 방식으로, 아두이노 보드같은 소형 보드의 통신에 적합하다. 시리얼 통신은 크게 비동기식과 동기식이 있는데, 비동기식은 한 byte의 데이터를 한 bit씩 전송할 때, Baud rate를 맞추어 통신을 하는 반면, 동기식은 clock signal에 맞추어 한 clock에 한 bit씩을 전송한다.

비동기식은 시리얼 UART와 블루투스 통신 등이 있고, 동기식은 I2C 통신과 SPI 통신이 있다. 아두이노 Uno 보드의 경우, 시리얼 UART 통신은 0번 핀(RX)와 1번 핀(TX)를 사용하며, PC와는 USB 케이블을 사용한다. I2C 통신은 A4 핀(SDA)와 A5 핀(SCL)을 사용하고, SPI 통신은 12번 핀(MISO)와 11번 핀(MOSI), 12번 핀(SCK), 10번 핀(SS)를 사용한다.

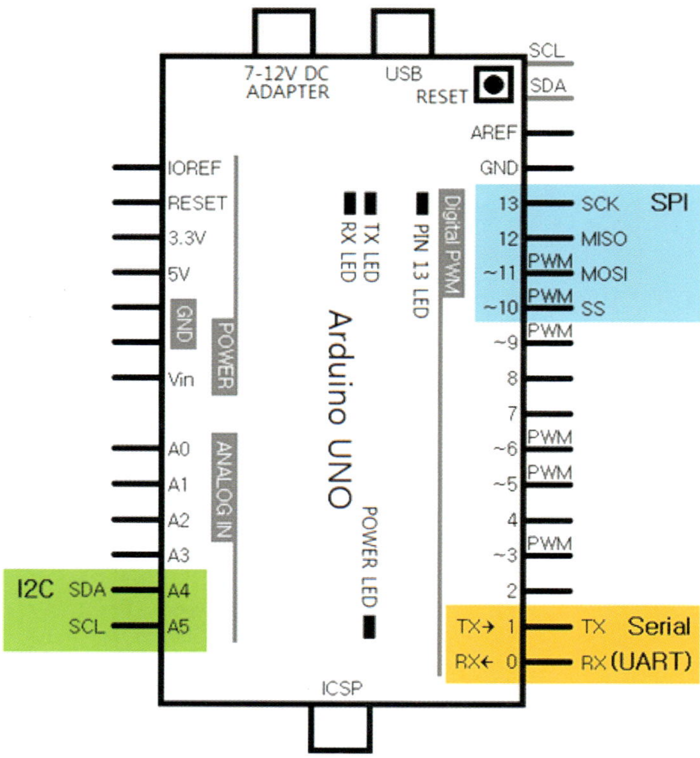

표 6.1 시리얼 통신 방법과 특징

통신 방법	통신 방식	Uno 핀	Mega2560 핀	라이브러리
Serial(UART)	1:1	0 : RX(수신) 1 : TX(송신)	0 : RX0(수신) 1 : TX0(송신) 19 : RX1 18 : TX1 17 : RX2 16 : TX2 15 : RX3 14 : TX3	필요없음
Software Serial	1:1 저속	제한없음	제한없음	SoftwareSerial
I2C (Master/Slaves)	1:N	A4 : SDA A5 : SCL	20 : SDA 21 : SCL	Wire
SPI (Master/Slaves)	1:N 고속	11 : MOSI 12 : MISO 13 : SCK 10 : SS	51 : MOSI 50 : MISO 52 : SCK 53 : SS	SPI

6.1 시리얼(UART) 통신

시리얼(UART) 통신은 비동기식 1:1 통신으로, 송신용(Tx), 수신용(Rx), 그라운드용(GND)의 세 전송 라인을 사용하여 통신하며, 시리얼 통신에서 가장 중요한 것은 양 쪽 기기의 Baud rate를 동일하게 맞추는 것이다. Baud rate는 1초에 전송하는 비트 수를 의미한다.

패킷은 PC나 계측 디바이스에서 사용되는 표준 디바이스 통신 프로토콜로써, 한 byte를 패킷이라는 단위로 묶어 한 bit씩 차례대로 통신한다. 데이터 비트(5-9 bit)는 앞에 스타트 비트(1 bit)를, 뒤에 패리티 비트(0-1 bit)와 스톱 비트(1-2 bit)를 붙여서 패킷(7-13 bit) 형태로 전송하는데, 패킷을 구성하는 방식 즉 프로토콜이 다양하다. 가장 일반적인 프로토콜이 9600 8N1인데, 이는 9600 Baud rate와 1 bit 스타트 비트와 8 bit 데이터 비트, 패리티 비트없이 1 bit 스톱 비트로 구성된 총 10 bit 패킷 단위로 전송한다. 패킷에서는 데이터 비트를 우측 비트부터 전송한다.

8 bit Data	b7	b6	b5	b4	b3	b2	b1	b0		
패킷(8N1)	start	b0	b1	b2	b3	b4	b5	b6	b7	stop

예를 들어 데이터 1을 전송하면, 숫자 1이 아니고 글자 '1'로 인식되어 전송된다. 글자 '1'은 ASCII 코드로 49에 해당하므로 2진수로 표현하면 00110001이다.

ASCII code of '1'	7	6	5	4	3	2	1	0
	0	0	1	1	0	0	0	1

Packet(8N1) of '1'	start	0	1	2	3	4	5	6	7	stop
	0	1	0	0	0	1	1	0	0	1

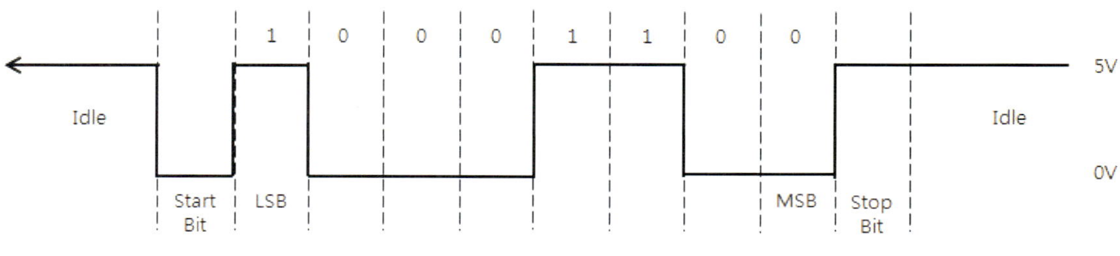

'0'을 전송하는 경우는 00110000이다.

ASCII code of '0'	7	6	5	4	3	2	1	0
	0	0	1	1	0	0	0	0

Packet(8N1) of '0'	start	0	1	2	3	4	5	6	7	stop
	0	0	0	0	0	1	1	0	0	1

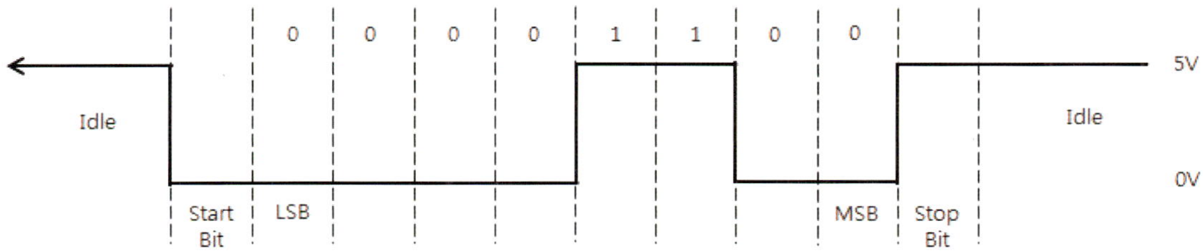

Baud rate는 시리얼 라인을 통한 데이터 전송 속도로써, 1초 동안에 전송되는 비트 수를 의미한다. 표준 Baud rate는 300, 1200, 2400, 4800, **9600**, 19200, 38400, 57600, 74880, **115200**, 230400, 250000, 500000, 1000000, 2000000이며, 보통 9600을 가장 일반적으로 사용하며, 115200을 잘 넘기지 않는다.

UART는 시리얼 통신을 담당하는 회로이며, 아두이노 Uno 보드는 1개의 UART 회로를 갖고 있다. 0번 핀은 RX(수신)용이고, 1번 핀은 TX(송신)용이다. 아두이노 Uno 보드는 시리얼 UART 통신 포트가 1개 뿐이므로, 시리얼 UART 통신을 사용하고 있는 동안에는 주변 기기와 시리얼 UART 통신을 하거나, 시리얼 모니터와 시리얼 플로터를 사용하거나, USB 케이블을 통하여 아두이노 보드에 스케치 프로그램을 업로드하면 서로 충돌한다. 시리얼 UART 통신을 사용하는 동안에는 0번 핀과 1번 핀을 디지털 입출력용으로 사용할 수 없을 뿐만 아니라, 시리얼 모니터를 사용하는 동안에는 스케치 프로그램을 업로드시킬 수도 없다.

아두이노 IDE는 시리얼 UART 통신을 지원하기 위하여 다음과 같은 Serial 관련 함수들을 지원한다.

```
Serial.begin(설정 Baud rate)
Serial.available()
Serial.read()
Serial.write(변수)
```

6.1.1 시리얼 UART 통신를 이용한 Tact 스위치에 의한 LED 점멸

두 대의 아두이노 Uno 보드를 Serial UART 통신으로 서로 연결시켜 보자. 먼저, 한 쪽 아두이노 Uno 보드 #1에는 LED의 + 단자를 13번 핀에 연결하고, 다른 쪽 아두이노 Uno 보드 #2에는 Tact 스위치를 Pulldown 스위치로 2번 핀에 연결한다. 다음, 양 쪽의 아두이노 Uno 보드의 0번(RX) 핀과 1번(TX) 핀을 서로 엇갈려 연결하고, GND 핀을 서로 연결한다. 양 쪽 아두이노 Uno 보드의 GND를 반드시 연결시켜야 한다.

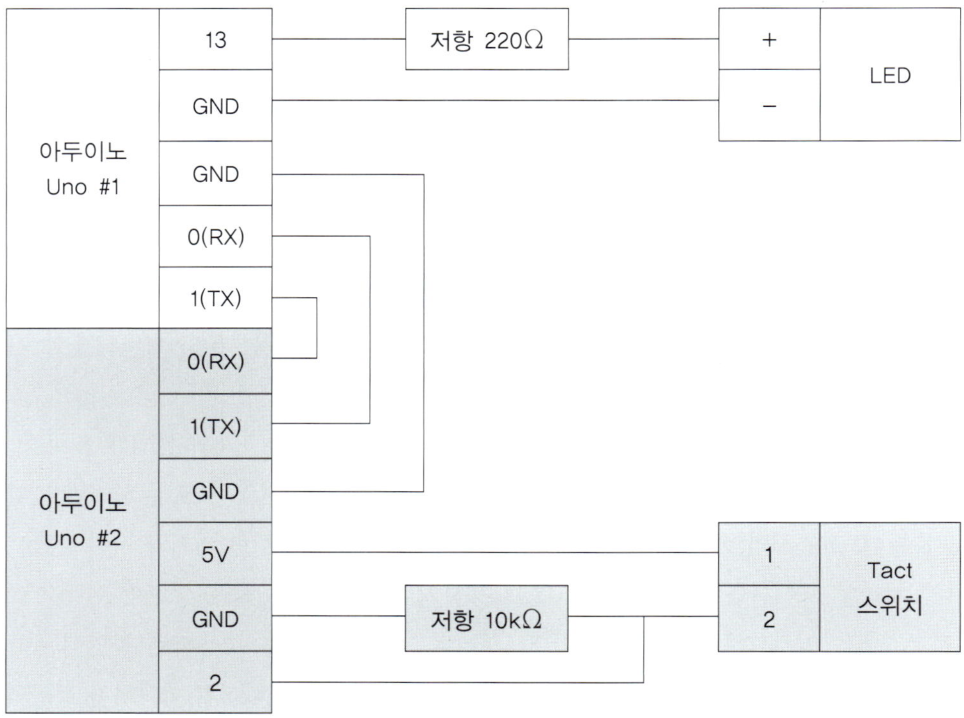

아두이노 Uno 보드 #1의 프로그램은 다음과 같다.

```
const byte pinLED = 13;

void setup() {
  pinMode(pinLED, OUTPUT);
  Serial.begin(9600);
}

void loop() {
  int stateBtn;

  if (Serial.available()) {
    stateBtn = swSerial.read()
  }

  if (stateBtn == HIGH)
    digitalWrite(pinLED, HIGH);
  else
    digitalWrite(pinLED, LOW);
  delay(200);
}
```

아두이노 Uno 보드 #2의 프로그램은 다음과 같다.

```
const byte pinSw = 2;

void setup() {
  pinMode(pinSw, INPUT);
  Serial.begin(9600);
}

void loop() {
  irt data;

  data = digitalRead(pinBtn);
  Serial.write(data);
  delay(200);
}
```

스케치 프로그램을 업로드시킬 때에는, 먼저 양 쪽 아두이노 Uno 보드의 0번(RX) 핀 연결을 끊어야 한다. 0번(RX) 핀과 1번(TX) 핀의 시리얼 UART 통신이 작동하고 있으면, USB 케이블의 시리얼 UART 통신을 통한 스케치 업로드가 충돌하여, 업로드를 시킬 수 없기 때문이다. 업로드가 완료되면, 양 쪽 아두이노 Uno 보드의 0번(RX) 핀을 다시 연결시킨다.

양 쪽 아두이노 Uno 보드가 서로 시리얼 UART 통신을 하고 있을 때에는, 시리얼 모니터를 사용할 수 없다. 시리얼 모니터도 시리얼 UART 통신을 사용하므로, 서로 충돌하기 때문이다. 아두이노 Uno 보드는 시리얼 UART가 1개 뿐이므로, 별도의 시리얼 UART 통신을 추가하기 곤란하다.

6.2 SoftwareSerial 통신

아두이노 Uno 보드의 UART 회로가 1개 뿐이므로, USB 케이블을 통한 업로드나 시리얼 모니터를 사용할 때에는 별도의 추가적인 시리얼 UART 통신을 수행할 수 없다. 이러한 문제를 해결하기 위하여 내부 라이브러리 SoftwareSerial을 지원한다.

내부 라이브러리 SoftwareSerial는 마이크로콘트롤러가 직접 시리얼 UART 통신을 소프트웨어적으로 구현하는 것이다. 하지만, 이 방식은 자원을 많이 소모하고 하드웨어에 의한 UART 회로만큼 정확하지 않다. 아두이노 Uno 보드에서 시리얼 모니터나 시리얼 플로터 등이 시리얼 통신을 사용하고 있는 경우, SoftwareSreial을 사용하여야 된다.

라이브러리 SoftwareSerial은 시리얼 UART 통신을 지원하기 위하여 다음과 같은 함수들을 지원한다.

```
#include <SoftwareSerial>

SoftwareSerial 소프트웨어시리얼객체(RX핀, TX핀)

소프트웨어시리얼객체.begin(설정 Baud rate)
소프트웨어시리얼객체.available()
소프트웨어시리얼객체.read()
소프트웨어시리얼객체.write(변수)
```

6.2.1 SoftwareSerial 통신을 이용한 1대1 통신

두 대의 아두이노 Uno 보드를 소프트웨어 시리얼 통신으로 서로 연결시켜 보자. SoftwareSerial 라이트러리에서 10번 핀을 RX로, 11번 핀을 TX로 지정할 예정이다. 먼저, 양 쪽 아두이노 Uno 보드의 10번(RX) 과 11번(TX) 핀을 서로 엇갈려 연결하고, GND 핀을 서로 연결한다. 양 쪽 아두이노 Uno 보드의 GND를 반드시 연결시켜야 한다.

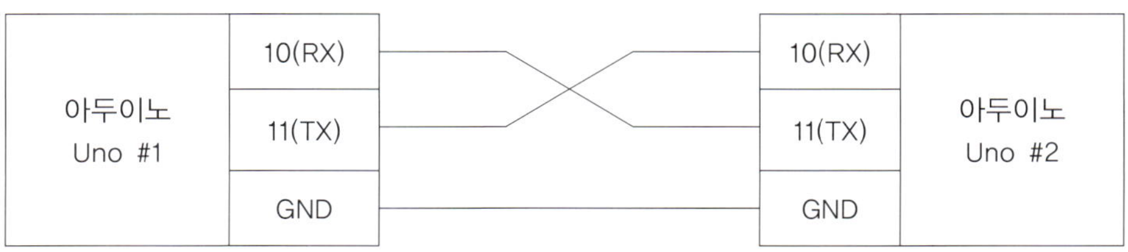

아두이노 IDE의 메뉴에서 [스케치] > [라이브러리 포함하기] > [SoftwareSerial]을 선택하여 내부 라이브러리 SoftwareSerial을 포함시킨다.

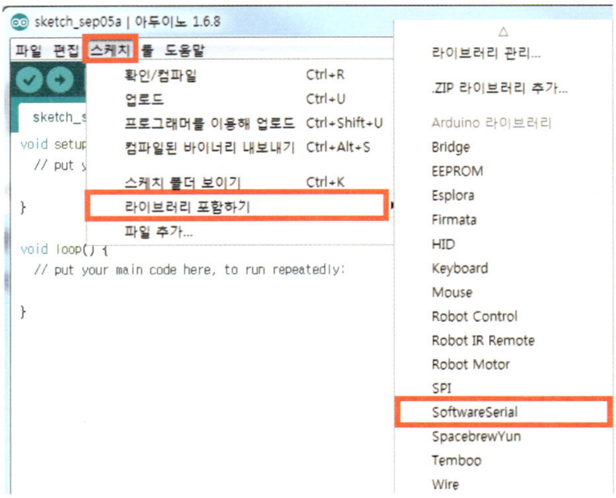

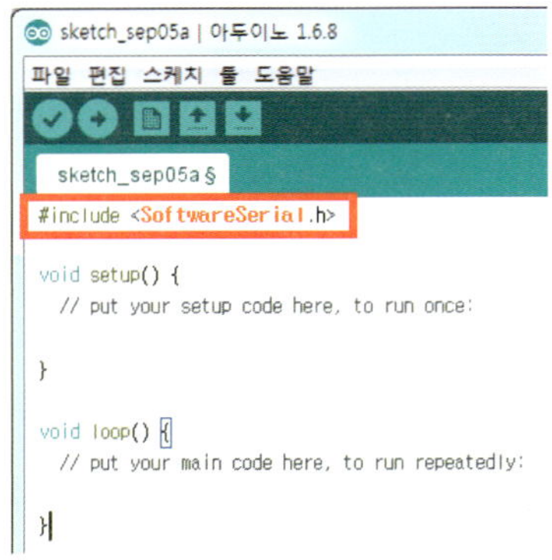

양 쪽 아두이노 Uno 보드에 다음 스케치 프로그램을 업로드시킨다.

`#include <SoftwareSerial.h>`	내부 라이브러리 SoftwareSerial 헤더파일
`//10:RX, 11:TX`	
`SoftwareSerial swSerial(10, 11);`	객체 선언 : SoftwareSerial 객체명(pinRX, pinTX)
`void setup() {`	
`  Serial.begin(9600);`	시리얼 통신 설정 : baud rate = 9600
`  swSerial.begin(9600);`	소프트웨어 시리얼 통신 설정 : baud rate = 9600
`}`	
`void loop() {`	
`  int data;`	
`  if (Serial.available()) {`	시리얼 통신 포트에 수신 데이터가 있으면
`    data = Serial.read();`	1 Byte 데이터를 읽어서
`    swSerial.write(data);`	소프트웨어시리얼 TX(11번)핀으로 데이터 송신
`  }`	
`  if (swSerial.available()) {`	소프트웨어시리얼 통신 포트에 수신 데이터 있으면
`    data = swSerial.read();`	1 Byte 데이터를 읽어서
`    Serial.write(data);`	시리얼통신 TX(1번핀)으로 데이터 송신
`  }`	
`}`	

양 쪽 PC의 아두이노 IDE에서 각각 시리얼 모니터를 열고, Baud rate를 9600에 맞춘다. 한 쪽 PC의 시리얼 모니터 입력창에서 글자를 입력하면, 다른 쪽 PC의 시리얼 모니터 출력창에 글자가 출력된다.

예제

6.1

아두이노 Uno 보드 #1에 LED와 Tact 스위치를 설치하고, 아두이노 Uno 보드 #2에도 LED와 Tact 스위치를 설치하라. 단, Tact 스위치는 내장 Pullup 스위치를 사용하라. 양 쪽의 아두이노 Uno 보드를 SoftwareSerial을 이용하여 시리얼 UART 통신으로 연결하여, #1 보드에서 Tact 스위치를 누르면 #2 보드의 LED를 점등시키고, #2 보드에서 Tact 스위치를 누르면 #1 보드의 LED를 점등시켜라.

6.3 I2C 통신

I2C 통신은 동기식 1:N 다자간 통신으로, I2C 통신의 송수신을 관장하는 Master가 반드시 하나 있어야 하고, 송수신에 참여하는 하나 이상의 Slave들이 있어야 하다. Master는 아두이노 Uno 보드와 같은 마이크로 콘트롤러이고, Slave들은 다른 마이크로 콘트롤러나 센서 또는 기타 디바이스들이다.

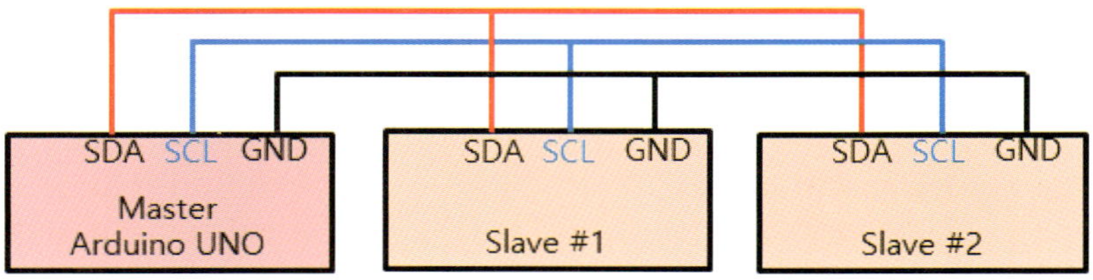

I2C 통신은 3개의 전용 라인을 사용하는데, 하나는 데이터를 주고 받는 SDA(A4) 라인이고, 다른 하나는 clock을 연결시키는 SCL(A5) 라인이며, 마지막 하나는 GND 라인이다. clock 하나 당 한 bit씩 시리얼로 전송하므로 I2C 통신의 속도는 clock에 좌우된다. Master와 모든 Slave 들은 SDA, SCL, GND의 3개의 전용선에 연결되어 있으며, 다수의 Slave들은 각각의 고유한 address에 의하여 구별된다. I2C 통신을 구현하기 위한 복잡한 기능들은 내부 라이브러리 Wire에 만들어져 있으므로, Wire의 몇몇 함수들을 이용하여 간단하고 편리하게 I2C 통신을 구현할 수 있다.
라이브러리 Wire는 I2C 통신을 지원하기 위하여 다음과 같은 함수들을 지원한다.

- Master

```
#include <Wire>
Wire.begin()
Wire.beginTransmission(Slave번호)
Wire.write(변수)
Wire.endTransmission()

Wire.requestFrom(Slave번호)
Wire.available()
Wire.read()
```

• Slave

```
#include <Wire>
void receiveCallback함수() {

}
void requestCall함수() {

}
void setup() {
  Wire.begin(Slave번호);
  Wire.onReceive(receiveCallback함수)
  Wire.onRequest(requestCallback함수)

}
```

6.3.1 I2C 통신을 이용한 1대1 통신

두 대의 아두이노 Uno 보드를 I2C 통신으로 서로 연결시켜 보자. 양 쪽 아두이노 Uno 보드에서 A4핀(SDA)과 A5핀(SCL), GND를 서로 연결한다.

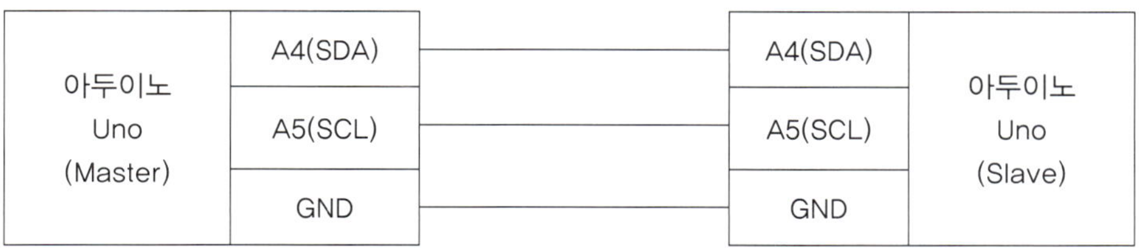

Master용 아두이노 Uno 보드의 스케치 프로그램은 다음과 같다.

`#include <Wire.h>     // Master of I2C`	내부 라이브러리 Wire 헤더파일
`void setup() {`	
`  Wire.begin();        // Master`	I2C Master 설정
`  Serial.begin(9600);`	시리얼 통신 설정 : baud rate = 9600
`}`	
`void loop() {`	
`  int data;`	
`  if (Serial.available()) {`	시리얼 포트에 수신 데이터가 있으면
`    data = Serial.read();`	1 Byte 데이터를 읽어서

```
    Wire.beginTransmission(8); //Slave #8
    Wire.write(data);
    Wire.endTransmission();
  }
  Wire.requestFrom(8, 1); //request 1 byte
  if (Wire.available()) {
    data = Wire.read();
    if (data != 0) Serial.write(data);
  }
  delay(100);
}
```

Slave #8 과 통신 연결
Slave로 데이터 송신
Slave와 통신 연결 해제

Slave #8에 1 Byte 데이터 송출 요구
도착한 데이터가 있으면
1 Byte 데이터를 읽어서
시리얼 포트로 데이터 송신

Slave용 아두이노 Uno 보드의 스케치 프로그램은 다음과 같다.

```
#include <Wire.h>  // Slave of I2C

void receiveEvent(int bytes) {
  int data;
  data = Wire.read();
  Serial.write(data);
}

void requestEvent() {
  int data;
  if (Serial.available()) {
    data = Serial.read();
    Wire.write(data);
  }
}

void setup() {
  Wire.begin(8);    // Slave #8
  // receive from Master
  Wire.onReceive(receiveEvent);
  // send to Master
  Wire.onRequest(requestEvent);
  Serial.begin(9600);
}

void loop() {
  delay(100);
}
```

내부 라이브러리 Wire 헤더파일

Callback 함수 receiveEvent 함수 정의
데이터를 읽어서
시리얼 포트로 데이터 송신

Callback 함수 requestEvent 함수 정의
시리얼 포트에 수신 데이터가 있으면
데이터를 읽어서
Master에게 I2C통신으로 전송

I2C Slave 주소 설정 (: Slave #8)
Master로부터 데이터가 도착하면
Callback 함수 receiveEvent 호출
Master가 데이터 송출 요구하면
Callback 함수 requestEvent 호출
시리얼 통신 설정 : baud rate = 9600

I2C 통신에서 Master는 자신이 원할 때마다 스스로 데이터를 보내거나 받을 수 있지만, Slave는 언제 데이터를 보내고 언제 받아야 하는지를 스스로 결정할 수 없다. Slave는 통신에 주도적으로 참여할 수 없으므로, Master의 요청에 따라 데이터를 송신하고 수신한다. Master의 요청에 따라 Slave에는 Event가 발생하는데, 데이터 수신 요청에는 receiveEvent가, 데이터 송신 요청에는 requestEvent가 발생한다. 각각의 이벤트가 발생할 때마다 자동으로 실행되는 함수를 Callback 함수라 하는데, 사용자가 receiveEvent Callback 함수와 requestEvent Callback 함수를 임의로 정의하고, 이를 각각 setup 함수에서 다음과 같이 receiveEvent와 requestEvent에 각각의 Callback 함수를 등록시킨다.

예제 **6.2**

아두이노 Uno 보드 Master에 LED와 Tact 스위치를 설치하고, 아두이노 Uno 보드 Slave에도 LED와 Tact 스위치를 설치하라. 단, Tact 스위치는 내장 Pullup 스위치를 사용하라. 양 쪽의 아두이노 Uno 보드를 I2C 통신으로 연결하여, Master에서 Tact 스위치를 누르면 Slave의 LED를 점등시키고, Slave에서 Tact 스위치를 누르면 Master의 LED를 점등시켜라.

6.4 SPI 통신

SPI 통신은 동기식 1:N 다자간 통신으로, SPI 통신의 송수신을 관장하는 Master가 반드시 하나 있어야 하고, 송수신에 참여하는 하나 이상의 Slave들이 있어야 하다. Master는 아두이노 Uno 보드와 같은 마이크로 콘트롤러이고, Slave들은 다른 마이크로 콘트롤러나 센서 또는 기타 디바이스들이다. SPI 통신이 I2C 통신과 다른 점은 I2C 통신은 하나의 전용 라인(SDA)으로 데이터의 송신과 수신을 모두 처리하는 반면, SPI 통신은 데이터 송신 전용 라인(MOSI, Master Output Slave Input)과 데이터 수신 전용 라인(MISO, Master Input Slave Output)으로 분리하여 고속 통신에 좀 더 유리하다. 하지만, 전용 라인이 하나 더 늘어나는 부담이 있다. 또 다른 차이점은 I2C 통신은 Slave의 address를 지정하여 여러 개의 Slave를 소프트웨어적으로 구별하는 반면, SPI 통신은 Master의 SS 핀과 Slave의 SS 핀을 직접 연결하여 여러 개의 Slave를 하드웨어적으로 연결하여 고속 통신에 유리하도록 하였다. 하지만, Master의 SS 핀은 Slave 개수만큼 SS 전용 라인을 연결하여야 하므로 SS 전용 라인이 Slave 개수만큼 추가로 더 늘어나야 하는 부담이 있다. SPI 통신은 내부 라이브러리 SPI를 사용한다.

라이브러리 SPI는 SPI 통신을 지원하기 위하여 다음과 같은 함수들을 지원한다.

- Master

```
#include <SPI>

void setup () {
  pinMode(SlaveSS연결핀번호, OUTPUT);
  digitalWrite(SlaveSS연결핀번호, HIGH);
  SPI.begin();
}

digitalWrite(SlaveSS연결핀번호, LOW);
```

```
SPI.transfer(변수);
digitalWrite(SlaveSS연결핀번호, HIGH);

digitalWrite(SlaveSS연결핀번호, LOW);
입력변수 = SPI.transfer(NULL);
digitalWrite(SlaveSS연결핀번호, HIGH);
```

- Slave

```
#include <SPI>

void setup() {
  pinMode(MISO, OUTPUT);
  pinMode(MOSI, INPUT);
  pinMode(SCK, INPUT);
  pinMode(SS, INPUT);
  SPCR |= _BV(SPE);
  SPCR &= ~_BV(MSTR);
  SPCR |= _BV(SPIE);
  SPI.attachInterrupt();
}

ISR (SPI_STC_vect)
{
  SPDR = 변수;

  입력변수 = SPDR;
  SPDR = NULL;
}
```

6.4.1 SPI 통신을 이용한 1대1 통신

SPI 통신은 5개의 전용 라인을 사용하는데, Master가 Slave로부터 데이터를 수신하는 MISO(12번 핀), Master가 Slave로 데이터를 송신하는 MOSI(11번 핀), clock을 전달하는 SCK(13번 핀), Master가 Slave를 인식하는 SS(10번 핀), GND이다. Master의 SS는 다수의 Slave를 1:1로 하나씩 연결하여야 하므로 10번 핀에 국한되지 않고 임의의 핀을 Slave의 SS에 연결한 후 등록시키면 된다.

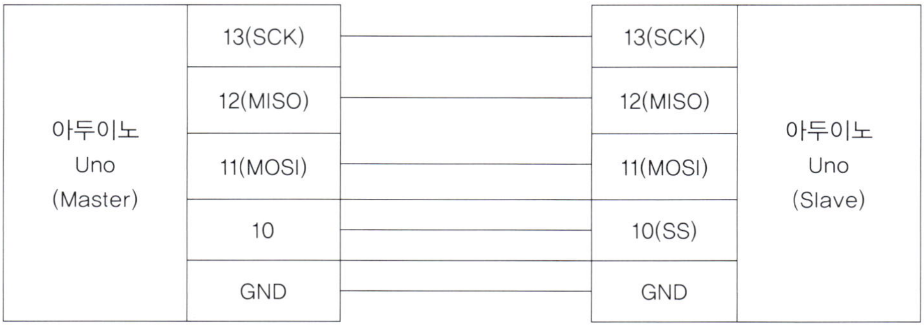

Master용 아두이노 Uno 보드의 스케치 프로그램은 다음과 같다.

```
#include <SPI.h>      // Master of SPI        내부 라이브러리 SPI 헤더파일
const int pinSS = 10; // Slave Select         Slave 설정 핀 (: LOW : Slave 활성화)

void setup () {
  pinMode(pinSS, OUTPUT);                     Slave 설정 핀 : 디지털 출력 모드
  digitalWrite(pinSS, HIGH);                  Slave 설정 핀 HIGH 출력 : Slave 비활성화
  SPI.begin();                                SPI 통신 개시
  Serial.begin(9600);                         시리얼 통신 설정 : baud rate = 9600
}

void loop () {
  int data;
  if (Serial.available()) {                   시리얼 포트에 수신 데이터가 있으면
    data = Serial.read();                       데이터를 읽어서
    digitalWrite(pinSS, LOW);                   Slave 활성화 (LOW : Slave 활성화)
    SPI.transfer(data);                         Slave로 데이터 전송
    digitalWrite(pinSS, HIGH);                  Slave 비활성화 (HIGH : Slave 비활성화)
  }
  else {                                      시리얼 포트에 수신 데이터가 없으면
    digitalWrite(pinSS, LOW);                   Slave 활성화 (LOW : Slave 활성화)
    data = SPI.transfer(NULL);                  Slave로 NULL 문자 전송 후, 반송 데이터 읽음
```

`    digitalWrite(pinSS, HIGH);`	(NULL전송→데이터요구)
	Slave 비활성화 (HIGH : Slave 비활성화)
`    if (data != NULL)`	읽은 데이터가 NULL 아니면,
`      Serial.write(data);`	시리얼 포트으로 데이터 송신
`  }`	
`  delay(100);`	
`}`	

Slave용 아두이노 Uno 보드의 스케치 프로그램은 다음과 같다.

`#include <SPI.h>   // Slave of SPI`	내부 라이브러리 SPI 헤더파일
`void setup() {`	
`  Serial.begin(9600);`	시리얼 통신 설정 : baud rate = 9600
`  pinMode(MISO, OUTPUT);`	기호상수 MISO 12
`  pinMode(MOSI, INPUT);`	기호상수 MOSI 11
`  pinMode(SCK, INPUT);`	기호상수 SCK 13
`  pinMode(SS, INPUT);`	기호상수 SS 10
`  SPCR |= _BV(SPE);`	
`  SPCR &= ~_BV(MSTR);`	
`  SPCR |= _BV(SPIE);`	
`  SPI.attachInterrupt();`	SPI 인터럽트 설정 (ISR 함수 호출)
`}`	
`ISR (SPI_STC_vect)`	ISR 함수 정의
`{`	
`  int data;`	
`  if (Serial.available()) {`	시리얼 포트에 수신 데이터가 있으면
`    data = Serial.read();`	데이터를 읽어서
`    SPDR = data;`	데이터를 SPDR에 올림
`  }`	
`  else {`	시리얼 포트에 수신 데이터가 없으면
`    data = SPDR;`	SPDR에서 데이터를 내림
`    SPDR = NULL;`	SPDR을 비움 (: NULL 설정)
`    if (data != NULL)`	데이터 NULL 아니면,
`      Serial.write(data);`	시리얼 포트로 데이터 송신
`  }`	
`}`	
`void loop () {`	
`  delay(100);`	
`}`	

SPI 라이브러리는 Master용 함수는 간단하고 편리하지만, Slave용 함수는 복잡하다. 그 이유는 디스플레이나 센서 중에서 고속 대량 통신이 필요한 경우 SPI 통신을 사용하는데, 대부분의 디스플레이나 센서와 같은 Slave는 제조사에서 전문적으로 프로그램을 개발하는 반면, 일반 사용자들은 아두이노 Uno 보드와 같은 마이크로콘트롤러를 Master로 사용하여 디스플레이나 센서 등에 대용량 고속 통신을 하기 때문이다. SPI 통신에서는 Slave의 데이터의 송수신을 위해 인터럽트를 사용한다. Master의 데이터 송신이나 데이터 수신 요청이 있으면 Slave에 인터럽트가 발생하여 필요한 데이터를 SPDR에서 내려 받거나 SPDR에 올린다. SPI 통신에서 Slave는 Master가 SPDR에 데이터를 올리면 인터럽트를 통하여 SPDR로부터 데이터를 내려 받고, Master에서 데이터 요청이 오면 인터럽트를 통하여 Slave가 SPDR에 데이터를 올린다.

예제

6.3

아두이노 Uno 보드 Master에 LED와 Tact 스위치를 설치하고, 아두이노 Uno 보드 Slave에도 LED와 Tact 스위치를 설치하라. 단, Tact 스위치는 내장 Pullup 스위치를 사용하라. 양 쪽의 아두이노 Uno 보드를 SPI 통신으로 연결하여, Master에서 Tact 스위치를 누르면 Slave의 LED를 점등시키고, Slave에서 Tact 스위치를 누르면 Master의 LED를 점등시켜라.

CHAPTER 7

블루투스 통신

- HC-06
- HC-05
- HM-10

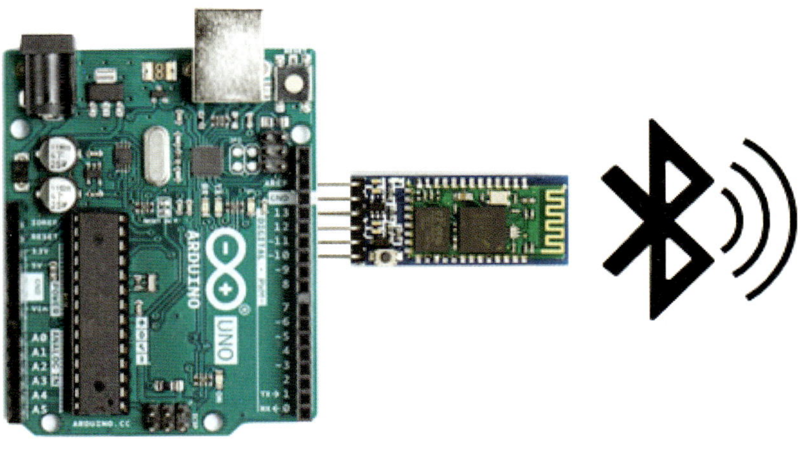

CHAPTER

7 블루투스 통신

블루투스(Bluetooth)는 근거리무선통신 중의 하나로써, 블루투스 2.0/2.1이 가장 일반적으로 널리 사용되며, 주로 10m 이내의 거리에서 사용한다. 전력소비를 낮춘 블루투스 4.0(BLE, Bluetooth Low Energy)와 통신거리와 통신속도를 향상시킨 블루투스 5.0이 있다.

블루투스 2.0/2.1을 지원하는 가장 일반적인 모듈은 HC-06과 HC-05이 있으며, 블루투스 4.0을 지원하는 모듈은 HM-10이 있다. HC-06은 Slave 전용이고, HC-05와 HM-10은 Master/Slave 겸용이다.

	HC-06	HC-05	HM-10
	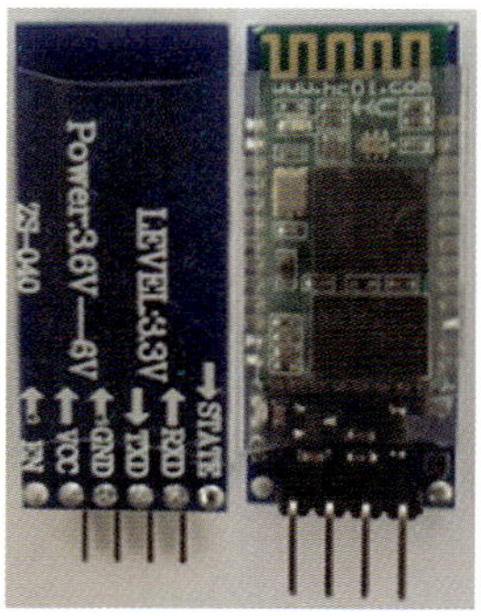	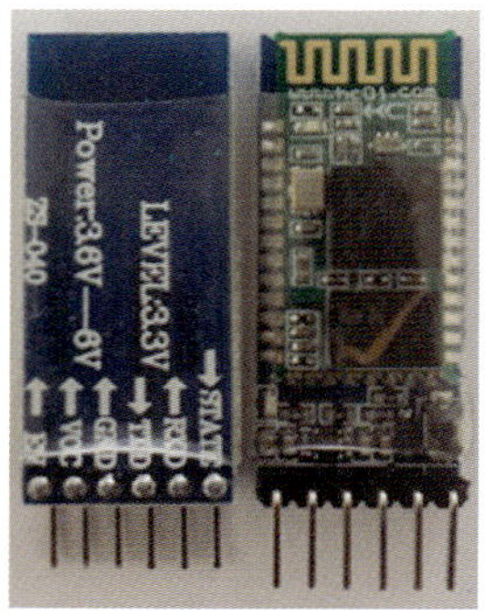	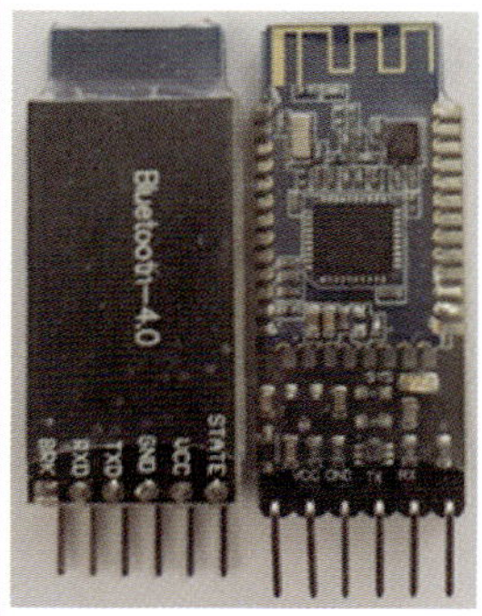
Bluetooth 버전	Bluetooth 2.0/2.1	Bluetooth 2.0/2.1	Bluetooth 4.0
Master/Slave	Slave 전용	Master/Slave 겸용	Master/Slave 겸용
문장끝 특수문자 사용	없음 / NL & CR	NL & CR	없음
비고			LE(Low Energy)

블루투스 모듈은 6개의 단자를 갖고 있는데, 그 중 가운데 4개만 연결하면 블루투스 통신이 가능하다. 블루투스 모듈을 앞에서 보면, 가운데 4개 단자의 이름이 왼쪽에서부터 오른쪽으로 HC-06/HC-05의 경우 RXD, TXD, GND, VCC인 반면, HM-10의 경우 VCC, GND, TXD, RXD로 되어 있다. HC-06/HC-05와 반대로 되어 있으므로 HM-10을 사용할 때에는 단자의 순서에 주의하여야 한다.

HC-06

HC-05

HM-10

HC-05는 앞에서 보면 오른쪽 단자 바로 위에 작은 버튼을 갖고 있는 것이 특징이다. 이 버튼은 블루투스 통신에는 사용되지 않고, 블루투스 통신을 위한 조건을 설정할 때에만 사용된다. 버튼의 용도에 대한 자세한 사항은 뒤에서 따로 설명할 것이다.

7.1 블루투스 통신 설정

블루투스 모듈은 두가지 모드를 갖고 있는데, 하나는 블루투스 통신 모드이고 다른 하나는 AT 모드이다. AT 모드는 블루투스 통신과 관련된 옵션들을 설정하는 모드이다. AT 명령어를 사용하려면 아두이노 Uno 보드에 SoftwareSerial 통신을 설정하여(예 RX-9번 핀, TX-8번 핀) 블루투스 모듈과 소프트웨어적으로 시리얼 UART 통신으로 연결하고, USB 케이블을 통하여 PC의 아두이노 IDE의 시리얼 모니터에서 아두이노 보드를 거쳐 블루투스 모듈에 AT 명령어를 전송한다.

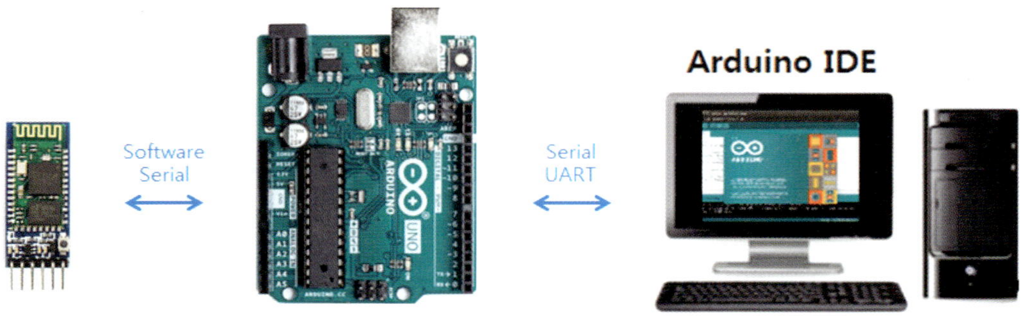

HC-06/HC-05/HM-10 아두이노 Uno PC

블루투스 모듈의 통신 설정은 AT 명령어를 사용하여 이루어진다. AT 명령어를 사용하기 위한 방법은 HC-05, HC-06, HM-10와 같이 모델의 종류마다 다르고, 같은 모델이라도 제조회사에 따라 조금씩 다르다. 가장 정확한 것은 해당 모듈 제조사의 데이터시트를 확인하는 것이다. 세가지 모델에 대하여, 다양한 제조사들의 블루투스 모듈들을 찾아서 정리하였다.

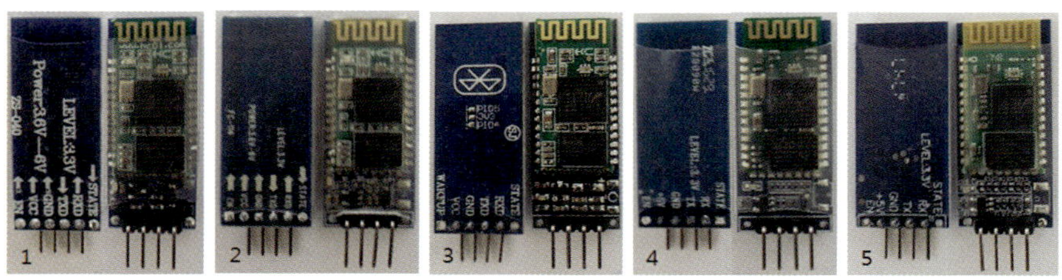

hc01.comV2.0 hc01.comV2.0 linvorV1.8 linvorV1.8 3.0-20170609

HC-06

hc01.comV2.1 2.0-20100601 2.0-20100601 HMSoft V540

HC-05 HM-10

7.1.1 아두이노 Uno 보드와 블루투스 모듈 연결

블루투스 모듈의 VCC와 GND는 각각 아두이노 보드의 5V와 GND를 연결하고, TXD와 RXD는 각각 아두이노 보드의 9번 핀(RX)과 8번 핀(TX)에 연결한다. 아두이노 Uno 보드에서 9번 핀을 RX로, 8번 핀을 TX로 하여 SoftwareSerial을 사용할 것이다.

블루투스 HC-06/HC-05/HM-10		아두이노 Uno
VCC	—	5V
GND	—	GND
TXD	—	9(RX)
RXD	—	8(TX)

위의 핀 연결에 따른 회로도는 다음과 같다.

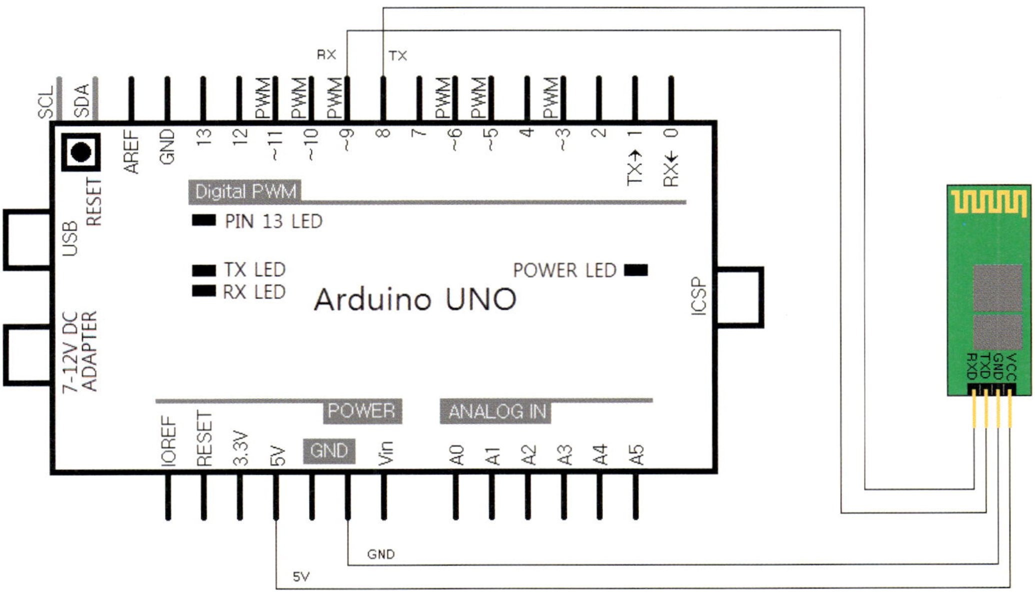

7.1.2 AT 명령어 입력을 위한 아두이노 스케치 프로그램

내부 라이브러리 SoftwareSerial를 이용하여, AT 명령어 입력을 위한 스케치 프로그램을 작성하여 업로드시킨다. 프로그램은 두 부분으로 구성되는데, 라이브러리 SoftwareSerial을 이용하여 블루투스 모듈과 소프트웨어적으로 시리얼 UART 통신(9번 핀 RX, 8번 핀 TX)을 연결하는 부분과, 시리얼 모니터에서 입력한 AT 명령어를 블루투스 모듈로 출력하고, 블루투스 모듈에서 받은 메세지를 시리얼 모니터로 출력하는 부분으로 구성되어 있다.

• AT 명령어 입력용 스케치 프로그램 소스

```
#include <SoftwareSerial.h>

SoftwareSerial btATSerial(9, 8);           // RX, TX

void setup() {
  btATSerial.begin(9600);                  // 9600 : HC-06 & HM-10, 38400 : HC-05
  Serial.begin(9600);                      // Baud rate 9600 of Serial Monitor
  Serial.println("Enter AT commands : ");
}

void loop() {
  if (btATSerial.available())
    Serial.write(btATSerial.read());

  if (Serial.available())
    btATSerial.write(Serial.read());
}
```

AT 명령어 입력용 스케치 프로그램의 Baud rate는 AT 모드의 Baud rate이므로 각 모듈의 공장 설정 AT 모드 baud rate에 맞추어야 한다(AT 모드의 Baud rate는 공장에서 설정되어 출하되며, 사용자가 변경할 수 없다). AT 모드 Baud rate는 HC-06과 HM-10는 9600, HC-05는 38400이므로, 각 모듈의 공장 설정 값에 맞추어야 한다. AT 모드의 Baud rate는 블루투스 모듈 제조사의 인터넷 홈페이지에서 data sheet를 참조할 수 있다.

• AT 모드 Baud rate 9600인 경우 : HC-06, HM-10

```
btATSerial.begin(9600);                    // 9600 : HC-06 & HM-10
```

• AT 모드 Baud rate 38400인 경우 : HC-05

```
btATSerial.begin(38400);                   // 38400 : HC-05
```

7.1.3 AT 모드 들어가기

HC-06과 HM-10은 전원이 들어와 있고 블루투스 연결이 끊어져 있으면 AT 모드이며, 항상 AT 명령어를 입력받을 준비가 되어 있다. 즉, 통신 연결이 끊어져 있으면, 전원 연결이 곧 AT 모드이다. HC-05는 AT 모드에 들어가는 방법이 까다로운데, 다음 순서를 따르면 쉽게 AT 모드에 들어 갈 수 있다.

① VCC 단자에서 5V 전원을 뺀다.

② 오른 쪽 단자 위의 작은 버튼을 누른 채, 5V 전원을 넣는다.

버튼을 누르고 있으면 AT 모드에 들어 온 것이다. 이 때 버튼을 놓아도 AT 모드에 있지만 이는 mini AT mode라 하여 일부 AT 명령어가 듣지 않는다. 계속 버튼을 누르고 있으면 full AT mode에 있으므로 모든 AT 명령어를 사용할 수 있다. mini AT mode에서 사용 가능한 AT 명령어가 어떤 것인지 신경쓰는 것보다는, 차라리 버튼을 악어 집게로 계속 누르고 있는 편이 오히려 마음이 더 편하다.

블루투스 모듈은 LED의 점멸 상태로 부터 블루투스 모듈이 어떤 모드에 있는지 알 수 있다. HC-06과 HM-10은 통신 연결이 끊어져 있으면 전원 연결이 바로 AT 모드이므로 따로 구별이 안되지만, HM-05는 전원을 끊었다 버튼을 누른 채 전원을 연결해야 AT 모드에 들어 올 수 있으므로 AT 도드에 성공적으로 들어 오면 LED가 느리게 점멸한다. HC-05의 경우, 3초마다 한번 씩 느리게 점멸하는 것을 확인하여야, 블루투스 모듈이 AT 모드에 들어간 것이다.

	전원 연결	AT 모드	통신 모드
HC-06	3회 점멸/초		ON(1-4) 또는 이중점멸/5초(5)
HC-05	3회 점멸/초	1회 점멸/3초	이중점멸/2초
HM-10	1회 점멸/초		ON

7.1.4 AT 명령어 입력 준비

블루투스 모듈이 AT 모드에 있을 때, 시리얼 모니터에서 AT 명령어를 성공적으로 입력하기 위하여 준비할 것이 있는데, 두 가지 Baud rate를 맞추는 것이다. 첫 번째는 블루투스 모듈의 AT 모드에 대하여 btATSerial.begin()의 Baud rate를 맞추어야 한다. 블루투스 모듈의 AT 모드의 Baud rate는 HC-06은 9600이며, HC-05는 38400, HM-10은 9600이다. 하지만, 제조사마다 다를 수 있으므로, 연결이 되지 않으면 제조사의 블루투스 모듈의 data sheet를 참조하여 AT 모드의 Baud rate를 확인하여야 한다. 둘째는 아두이노 Uno 보드의 시리얼 UART 통신과 시리얼 모니터의 Baud rate를 맞추어야 한다. 이는 통상 9600으로 고정시키는 것이 일반적이다. 참고로 AT 명령어를 이용하여 블루투스 통신 Baud rate를 설정할 수 있는데, 이는 AT 모드의 Baud rate가 아니라 통신 모드의 Baud rate이다. 통신 모드의 Baud rate는 혼동을 피하기 위하여 항상 9600으로 맞출 것을 권장한다. AT 모드의 Baud rate는 사용자가 변경할 수 없다는 점을 잊지 말아야 한다.

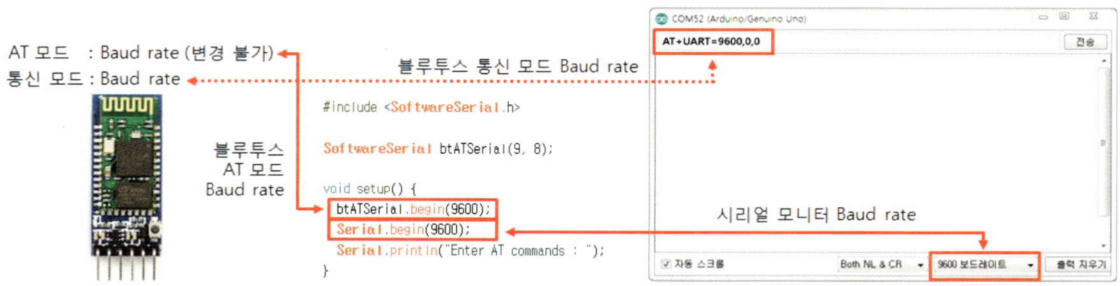

AT 모드 AT 명령어 입력 스케치 AT 명령어 입력 시리얼 모니터

AT 명령어를 성공적으로 입력하기 위하여 준비해야 할 또 한가지는, 시리얼 모니터의 입력 창에 AT 명령어를 입력하여 전송할 때 AT 명령어 문장 끝에 붙는 특수 문자의 처리 방법을 확인하고 일치시키는 것이다. 모듈의 종류 뿐만 아니라 동일한 모듈이라도 제조사에 따라 문장 끝의 특수 문자의 처리가 다르기 때문이다. 크게 두가지 종류가 있는데, 명령어 뒤에 특수 문자를 붙이지 않는 경우와 특수 문자 ₩r과 ₩n을 붙이는 경우이다. 이는 블루투스 모듈 제조사에서 AT 명령어 처리를 설계할 때 AT 명령어 끝에 특수 문자를 넣을지 말지를 결정하기 때문에 각 모듈 제조사의 기준을 따라야 한다. 시리얼 모니터의 문장 끝 특수문자 사용 옵션에서 [line ending 없음]은 특수 문자가 없는 경우이고, [Both NL & CR]은 두 개의 특수 문자 ₩r₩n을 붙이는 경우이다.

line ending 없음 ▾ : 입력 문장 전송 시, 끝에 특수문자 안붙임

Both NL & CR ▾ : 입력 문자 전송 시, 끝에 특수문자 \r과 \n을 붙임

블루투스 모델에 따라, 또한 동일한 모델이더라도 제조사에 따라 AT 명령어 입력을 위한 AT 모드 Baud rate와 AT 명령어 끝 특수문자 처리 방법이 조금씩 다르다.

모듈	#	버전	라벨	핀수	버튼	default Baud rate		명령어 끝 특수문자
						AT 모드	통신 모드	
HC-06	1	hc01.comV2.0	zs040	4	×	9600	9600	line ending 없음
	2	hc01.comV2.0	FC-114	4	×	9600	9600	line ending 없음
	3	linvorV1.8	SJ	4	×	9600	9600	line ending 없음
	4	linvorV1.8	ZG-B23090W	4	×	9600	9600	line ending 없음
	5	3.0-20170609	LhLI	4	×	9600	9600	Both NL & CR
HC-05	1	hc01.comV2.1	zs040	6	○	38400	38400	Both NL & CR
	2	2.0-20100601	zs040	4	○	38400	38400	Both NL & CR
	3	2.0-20100601	FC-114	6	○	38400	38400	Both NL & CR
HM-10	1	HMSoft V540	Bluetooth-4.0	6	×	9600	9600	line ending 없음

CR(Carriage Return)이라 부르는 특수문자 ₩r(0x0D, ASCII 코드 13)은 문자 출력 시 맨 앞줄로 이동하라는 의미이고, LF(Line Feed)라 부르는 특수문자 ₩n(0x0A, ASCII 코드 10)은 문자 출력 시 다음 줄로 이동하라는 의미이다. CR(₩r)과 LF(₩n)는 예전의 전동 타자기나 라인 프린터에서 사용되던 개념(프린터 헤드를 맨 앞으로 이동시키고, 다음줄로 내려감)이지만, 오늘날에도 그 양식이 남아서 문장의 끝을 나타내는 특수문자로 사용되고 있다. 아두이노 IDE의 시리얼 모니터에서는 ₩n을 LF(Line Feed) 대신 NL(New Line)이라 부른다.

7.1.5 AT 명령어 입력

AT 명령어 입력을 위한 모든 준비가 끝났으면, 아두이노 IDE의 시리얼 모니터에서 입력창에 대문자로 AT를 입력하고 [전송] 버튼을 누르거나 [Enter]를 누른다. AT 명령어 입력을 위한 준비가 제대로 되었다면 OK가 출력되어야 한다. OK가 출력되지 않으면 AT 명령을 몇번 더 전송해 본다. 그래도 OK가 출력되지 않으면, 함수 btATSerial.begin()에서 AT 모드의 Baud rate를 동일하게 맞추었는지, 시리얼 모니터의 입력 문장 끝 특수문자 처리 옵션을 제대로 지정하였는지 확인한다. 사용 중인 모듈의 제조사 홈페이지를 방문하여 data sheet를 찾아 AT 모드의 Baud rate와 명령어 끝 특수문자 처리 여부를 확인할 수 있다. 그래도 OK가 출력되지 않으면 회로 연결을 잘못하였거나, 회로 연결을 하는 점퍼 케이블이 끊어졌거나, 브레드 보드가 망가졌거나, 아두이노 스케치에 오류가 있거나, 아두이노 Uno 보드나 블루투스 모듈 둘 중의 하나가 고장난 경우이다.

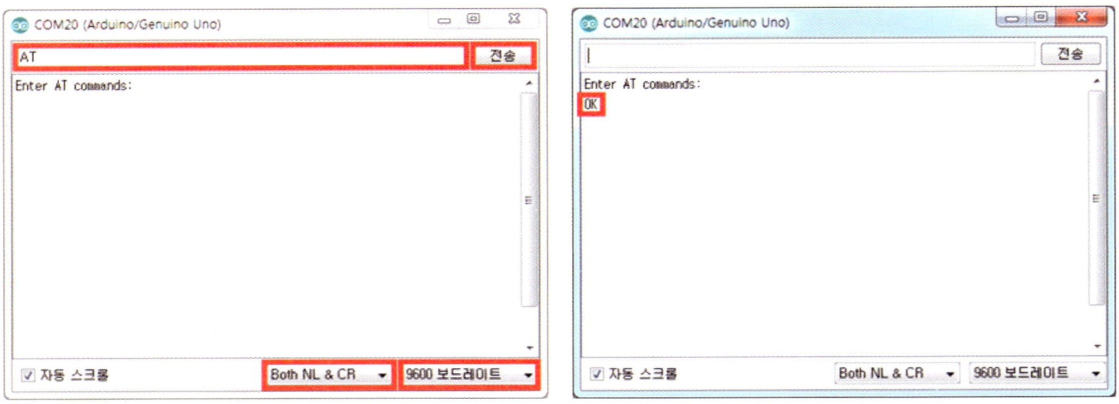

AT 명령어 입력 순서는 다음과 같다.

1) AT를 입력하여 OK 문자 출력이 확인되면, 2) HC-05나 HM-10 모듈의 경우에는 공장 초기화를 수행한다. HC-06 모듈은 공장 초기화를 시키는 AT 명령어가 없다. 3) 블루투스 모듈의 이름을 지정하고, 4) 통신 모드를 위한 Baud rate를 9600으로 지정한다. 5) 패스워드는 디폴트 패스워드를 사용하기를 권장하는데, HC-05나 HM-10은 공장 초기화를 수행할 때 디폴트 패스워드로 바뀌므로 패스워드를 굳이 변경할 필요가 없으나, HC-06은 공장 초기화 명령이 없으므로 패스워드를 디폴트 패스워드로 직접 변경하여야 한다. 디폴트 패스워드는 HC-06과 HC-05는 1234이고, HM-10은 000000이다.

• HC-06

AT 명령어 입력 순서	HC-06 (1-4번 모듈)	HC-06 (5번 모듈)
준비	btATSerial.begin(9600) line ending 없음	btATSerial.begin(9600) Both NL & CR
1) AT (OK 확인)	AT	AT
2) 공장 초기화		
3) 이름 지정	AT+NAME□□□□	AT+NAME:□□□□
4) 통신 모드 Baud rate 9600	AT+BAUD4	AT+UART:9600,0,0
5) 디폴트 패스워드 지정	AT+PIN1234	AT+PSWD:"1234"

• HC-05 & HM-10

AT 명령어 입력 순서	HC-05 (1-3번 모듈)	HM-10 (1번 모듈)
준비	btATSerial.begin(38400) Both NL & CR	btATSerial.begin(9600) line ending 없음
1) AT (OK 확인)	AT	AT
2) 공장 초기화	AT+ORGL	AT+RENEW
3) 이름 지정	AT+NAME=□□□□	AT+NAME□□□□
4) 통신 모드 Baud rate 9600	AT+UART=9600,0,0	AT+BAUD0
5) 디폴트 패스워드 지정		

AT 명령어를 입력하는 방법은 모델에 따라 다르고 제조사 별로 다르다. 모든 AT 명령어는 성공하면 반드시 출력창에 반환 메시지가 출력된다. AT를 입력하여 OK는 출력되었는데, 다른 AT 명령어는 입력하도 아무런 메시지가 출력되지 않으면, 잘못된 AT 명령어 형식을 입력한 것이다. 블루투스 모듈의 버젼과 모듈 뒷면의 라벨을 확인하여 올바른 형식의 AT 명령어를 입력하여야 한다. 블루투스 모듈에서 버젼 정보를 알려주는 AT 명령어는 AT+VERSION이다. AT 명령어에 OK가 출력되면 AT+VERSION 명령어로 버젼을 확인하여 올바른 형식의 AT 명령어를 찾을 수 있다.

블루투스 이름 지정은 매우 중요하다. 주변에 아무도 없는 곳에서 블루투스 연결을 시도하면 블루투스 검색 리스트에 자신의 블루투스 Slave 하나만 나타나므로 아무런 문제가 없지만, 강의 중 여러 사람이 동시에 블루투스 연결을 시도하면 어느 것이 자신의 것인지 알 수 없기 때문에, 자기 자신의 고유한 이름을 사용하는 것이 좋다. 20자 이내로 자신의 고유한 번호, 예를 들면 학번이나 핸드폰 번호의 마지막 4자리를 포함시켜서 이름을 지어야 한다. 이름을 각자 다르게 지었더라도 주변에 많은 블루투스 디바이스가 존재하면 자신의 디바이스 이름이 검색 리스트에 나타나지 않을 수 있으므로, 가급적 10m 주변에 다른 블루투스 디바이스가 없는 한적한 곳에서 블루투스 디바이스를 검색하여야 한다. 한번 검색하여 리스트에 이름이 오르면 아무리 주변에 디바이스가 많더라도 언제든지 쉽게 다시 연결할 수 있다.

7.1.6 AT 명령어 정리

앞절의 AT 명령어로 HC-06/HC-05/HM-10의 Slave 지정을 완료할 수 있다. 각 모델마다 각 제조사마다 더 많은 AT 명령어들이 있는데, 나머지 AT 명령어들을 간단히 정리해 본다. Slave 지정은 이미 완료되었으므로, 나머지 AT 명령어들을 추가로 더 사용할 필요는 없다. AT 명령어의 전체 리스트는 각 모델의 버전 정보를 가지고 찾을 수 있다.

- HC-06(1~4번)

AT 명령어	반환값	설명
AT	OK	Test Connection (반드시 OK 반환)
AT+NAME□□□□	OKsetname	20자 이내
AT+BAUD4	OK9600	통신모드 Baud rate 9600 설정
AT+PIN1234	OKsetPIN	1234(디폴트)
AT+VERSION	hc01.comV2.0 hc01.comV2.0 OKlinvorV1.8 OKlinvorV1.8	HC-06 1번 HC-06 2번 HC-06 3번 HC-06 4번

통신 모드 Baud rate : 1-1200, 2-2400, 3-4800, 4-9600(디폴트), 5-19200, 6-38400, 7-57600, 8-115200, 9-230400, A-460800, B-921600, C-1382400

- HC-06(5번)

AT 명령어	반환값	설명
AT	OK	Test Connection (반드시 OK 반환)
AT+NAME:□□□□	OK	20자 이내
AT+UART:9600,0,0	OK	통신모드 Baud rate 9600 설정
AT+PSWD:"1234"	OKsetPIN	
AT+VERSION	VERSION:3.0-20170609	1234(디폴트)

통신 모드 Baud rate : 1200, 2400, 4800, 9600(디폴트), 19200, 38400, 57600, 115200, 230400, 460800, 921600, 1382400

• HC-05(1-3번)

AT 명령어	반환값	설명
AT	OK	Test Connection (반드시 OK 반환)
AT+ORGL	OK	Reset to factory defaults
AT+NAME	+NAME:hc01.com HC-05	
AT+NAME=□□□□	OK	20자 이내
AT+UART	+UART:38400,0,0	38400(디폴트)
AT+UART=9600,0,0	OK	통신모드 Baud rate 9600 설정
AT+ROLE	+ROLE:0	0:Slave, 1:Master
AT+ROLE=0	OK	0:Slave (디폴트)
AT+PSWD	+PSWD:1234	
AT+PSWD=1234	OK	1234 (디폴트)
AT+RMAAD	OK	Clear any paired devices
AT+CMODE=1	OK	0:any device, 1:specified address
AT+BIND	+BIND:address	address 출력 형식 ****:**:******
AT+BIND=address		address 입력 형식 ****,**,******
AT+ADDR	+ADDR:2016:8:85213 +ADDR:98d3:32:10dcb0 +ADDR:2015:3:302807	HC-05 1번 HC-05 2번 HC-05 3번
AT+VERSION	+VERSION:hc01.comV2.1 +VERSION:2.0-20100601 +VERSION:2.0-20100601	HC-05 1번 HC-05 2번 HC-05 3번

통신 모드 Baud rate : 9600, 19200, 38400(디폴트), 57600, 115200, 230400, 460800

- HM-10(1번)

AT 명령어	반환값	설명
AT	OK	Test Connection (반드시 OK 반환)
AT+RENEW	OK+RENEW	factory reset
AT+NAME?	OK+NAME:HMSoft	
AT+NAME□□□□	OK+Set:□□□□	12자 이내
AT+BAUD?	OK+Get:0	0:9600
AT+BAUD0	OK+Set:0	0:9600 (디폴트)
AT+ROLE?	OK+Get:0	0:Slave, 1:Master
AT+ROLE0	OK+Set:0	0:Slave (디폴트)
AT+PASS?	OK+Get:000000	
AT+PASS000000	OK+Set:000000	6자리 숫자 (디폴트 000000)
AT+ADDR?	OK+ADDR:88C255122BAE	request 12개 16진수 주소
AT+DISC?	OK+DISCS......OK+DISCE	List of discovered address
AT+IMME1	OK+Set:1	0:any device, 1:specified address
AT+CONaddress	OK+CONNA	12개 16진수 주소
AT+VERS?	HMSoft V540	HM-10 1번
AT+VERR?	HMSoft V540	HM-10 1번
AT+ADDR?	OK+ADDR:88C2551226D5	HM-10 1번

통신 모드 Baud rate : 0-9600(디폴트), 1-19200, 2-38400, 3-57600, 4-115200, 5-4800, 6-2400, 7-1200, 8-230400

7.1.7 블루투스 address

Master가 Slave를 연결하려면 Slave의 주소를 알아야 한다. Slave의 주소를 알아내는 AT 명령어는 다음과 같다.

	HC-06	HC-05	HM-10
AT 명령어	-	AT+ADDR	AT+ADDR?
반환값	-	+ADDR:2016:8:85213	OK+ADDR:88C2551226D5

HC-06은 address를 알아내는 AT 명령어가 존재하지 않는다. HC-06의 address를 알아내려면, 안드로이드 폰의 블루투스 설정에서 Slave의 이름을 검색하여 등록하면 이름과 함께 주소가 나타난다. 혹은 안드로이드 폰에 BT Chat 앱을 설치하여 [Scan for devices]에서 검색하면 이름과 함께 주소가 나타난다. Slave의 주소를 잘 기억해 두어야 한다(예 00:0d:83:b1:c0:8e).

블루투스 주소 BD_ADDR(Bluetooth Device Address)는 48bit로 되어 있는데, 콜론(:)으로 구분된 6개의 두 자리 16진수로 표시한다(예 00:0d:83:b1:c0:8e). 두 자리 16진수(2×4bit)가 Byte(8bit)에 해당하므로, BD_ADDR은 6개의 Byte로 구성되어 있는 셈이다. 블루투스 주소는 NAP(Non-significant Address Part) 16bits와 UAP(Upper Address Part) 8bits, LAP(Lower Address Part) 24bits와 같은 세 부분으로 이루어져 있다. 이 중에서 NAP와 UAP는 제조사마다 지정된 고유한 번호로써 OUI(Organizationally Unique Identifier)라 부르며, LAP는 제조사에서 생산하는 모듈마다 개별적으로 부여하는 번호이다.

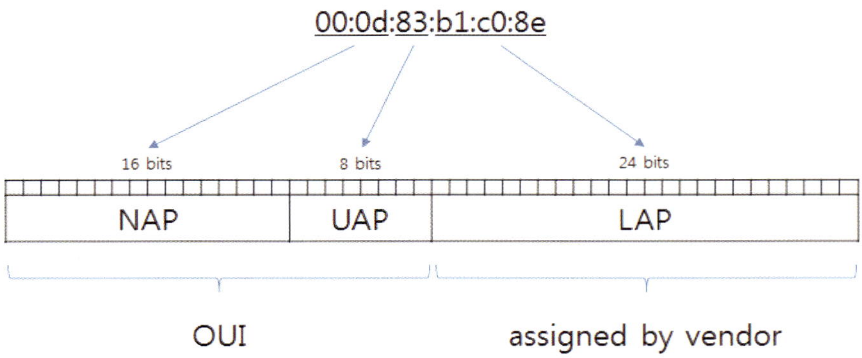

Slave 출력 주소는 콜론(:)으로 구분된 6개의 두 자리 16진수(예 00:0d:83:b1:c0:8e)로 표현되는 반면, Master에서 AT 명령어에 사용하는 Slave 입력 주소는 NAP,UAP,LAP의 형태(예 d,83,b1c08e)로 입력되어야 한다.

- HC-05

```
Slave 출력 주소 : 00:0d:83:b1:c0:8e
Slave 입력 주소 : d,83,b1c08e
```

HM-10 모듈은 Slave 를 출력하거나 입력할 때, ":" 또는 ","를 사용하지 않고, 12개의 16진수로 표현한다.

- HM-10

```
Slave 출력 주소 : 000d83b1c08e
Slave 입력 주소 : 000d83b1c08e
```

7.2 블루투스 Slave 통신

AT 모드에서 AT 명령어 입력이 완료되었으면, AT 모드에서 나와서 통신 모드로 전환하여야 한다. AT 모드를 빠져 나오는 방법은 HC-06과 HM-10의 경우 VCC에 전원을 뽑았다가 전원을 다시 연결시킨다. HC-05는 AT 모드에서 버튼이 눌려져 있었으므로, 전원을 뽑고 버튼을 놓은 후 다시 전원을 연결시키면 통신 모드로 들어간다. 이로써 블루투스 Slave가 통신 모드에서 통신할 준비가 완료되었다. 참고로, 통신 모드의 디폴트 Baud rate는 HC-06 9600, HC-05 38400, HM-10 9600이지만, 앞 절에서 통신 모드의 Baud rate를 모두 9600으로 맞추었다. 또한 디폴트 패스워드를 사용하였으며, 디폴트 패스워드는 HC-06 1234, HC-05 1234, HM-10 000000이다.

모듈	통신 모드 Baud rate		디폴트 패스워드
	디폴트	설정	
HC-06	9600	9600	1234
HC-05	38400	9600	1234
HM-10	9600	9600	000000

7.2.1 안드로이드폰으로 아두이노 IDE 시리얼 모니터와 통신하기

안드로이드폰과 아두이노 IDE 시리얼 모니터 사이의 블루투스 통신을 위하여 다음과 같이 핀을 연결한다. HM-10은 HC-06이나 HC-05와 달리 단자의 순서가 거꾸로 되어 있으므로, 브레드보드에 HM-10을 꽂을 때 주의하여야 한다. 아두이노 Uno 보드는 9번 핀과 8번 핀을 각각 RX와 TX로 하여 SoftwareSerial 시리얼 UART 통신을 사용한다.

- 핀 연결

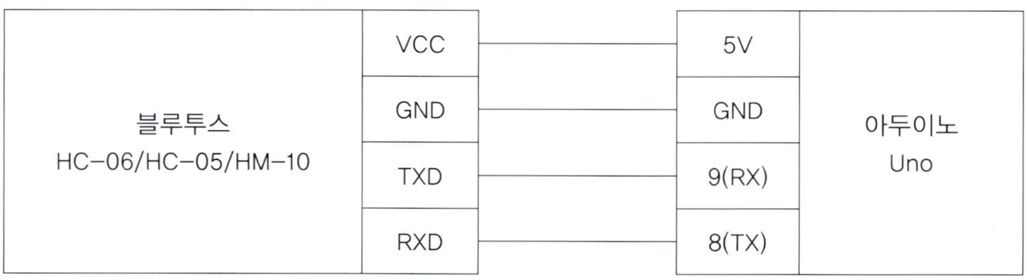

안드로이드폰과 아두이노 IDE 시리얼 모니터 사이의 블루투스 통신을 위한 스케치 프로그램은 크게 두 부분으로 이루어져 있다. 9번 핀과 8번 핀을 각각 RX와 TX로 SoftwareSerial로 선언하는 부분과 서로 간에 입력받은 내용을 상대방에게 전달하는 부분이다.

• 통신용 스케치 프로그램 소스

```
#include <SoftwareSerial.h>

SoftwareSerial btSerial(9, 8);          // RX, TX

void setup() {
  btSerial.begin(9600);                 // Baud rate 9600 of Communication mode
  Serial.begin(9600);                   // Baud rate 9600 of Serial Monitor
  Serial.println("Enter message : ");
}

void loop() {
  if (btSerial.available())
    Serial.write(btSerial.read());

  if (Serial.available())
    btSerial.write(Serial.read());
}
```

위의 통신용 스케치 프로그램 소스는 앞 절의 AT 명령어 입력용 스케치 프로그램 소스와 내용 면에서 크게 다른 점이 없어 보인다. 하지만, Baud rate 설정에 차이가 있다.

```
btSerial.begin(9600);        // Baud rate 9600 of Communication mode
```

위의 통신용 스케치 프로그램의 Baud rate는 통신 모드의 Baud rate인데, 앞에서 통신 모드의 Baud rate를 9600으로 설정하였기 때문에 9600으로 사용하면 된다. 하지만, 앞 절의 AT 명령어 입력용 스케치 프로그램의 Baud rate는 AT 모드의 Baud rate이므로 각 모듈의 공장 설정 AT 모드 baud rate에 맞추어야 한다(AT 모드의 Baud rate는 공장에서 설정되어 출하되며, 사용자가 변경할 수 없다). AT 모드 Baud rate는 HC-06과 HM-10는 9600, HC-05는 38400이므로, 각 모듈의 공장 설정 값에 맞추어야 한다.

안드로이드 폰의 [Play 스토어]에서 BT chat 또는 BLE chat을 검색하여 설치한다. BT Chat는 BT2.0/2.1을 지원하는 HC-06과 HC-05와 통신하기 위한 앱이고, BLE chat는 BT4.0(BLE)을 지원하는 HM-10과 통신하기 위한 앱이다.

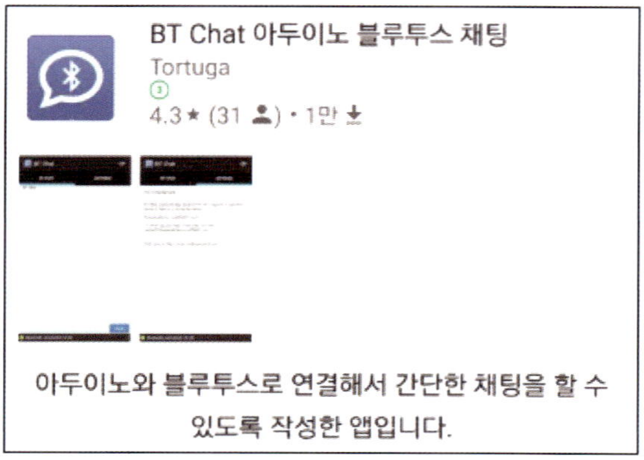

안드로이드 스마트 폰에서 [설정] > [연결] > [블루투스]에서 주변 블루투스 디바이스를 검색하면, Slave로 통신 연결을 대기하고 있는 블루투스 모듈 HC-06, HC-05을 제대로 검색하지 못하는 경우가 종종 있다. BT chat 앱을 실행하여, [Scan for devices] > [Scan for devices]를 선택하여 검색하면 이름에 오류가 나면서 블루투스 주소가 검색된다. 이를 선택하면 패스워드를 물어 보므로, 디폴트 패스워드를 입력하여 디바이스를 등록한다. 처음 검색할 때는 이름 오류가 났지만, 나중에 등록된 후에는 올바른 이름으로 등록되어 있다. 스마트 폰의 [설정]에서 검색하지 못했던 경우도 다시 들어가 보면 제대로 등록되어 있음을 알 수 있다. 블루투스 모듈과 스마트폰 설정 사이에서 블루투스 이름 검색에 경미한 오류가 있는 것으로 판단된다. BT chat 앱을 통하여 블루투스를 검색하여 설정하면 이러한 오류를 회피할 수 있다. HM-10은 이러한 오류가 발생하지 않는다. 스마트 폰의 [설정] > [연결] > [블루투스]에서 디바이스 검색을 하여 디바이스 등록을 하거나, BLE chat에서 디바이스 검색을 하여 등록할 수 있다. HC-06/HC-05는 오래 전에 나온 BT2.0/2.1에 기반을 두고 있어서, 이런 경미한 오류가 발생하는 듯 하다. BT chat 앱에서 HC-06/HC-05를 또는 BLE chat 앱에서 HM-10을 디바이스 등록하면, 스마트폰과 아두이노 IDE 시리얼 모니터 사이에 메시지를 주고 받을 수 있다. 스마트 폰 앱에서 문자를 입력하여 [send] 또는 [전송]을 누르면 시리얼 모니터 창에 출력되고, 시리얼 모니터 입력창에서 문자를 입력하여 [전송]을 누르면 스마트 폰 앱에 전송된다.

7.2.2 안드로이드폰으로 아두이노 Uno 보드 LED 제어

블루투스 통신을 이용하여 스마트폰 앱으로 아누이노 Uno 보드에 연결된 LED의 점멸을 제어한다. 이두이노 보드에 블루투스와 LED를 연결하는 방법은 다음과 같다.

- 핀 연결

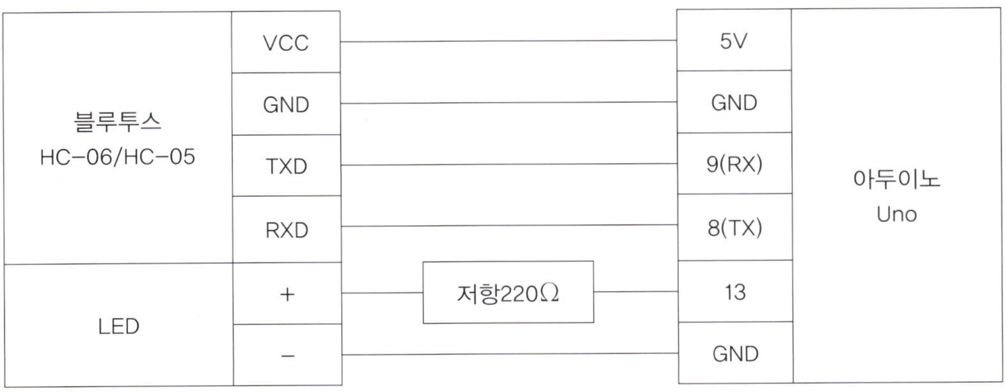

위의 핀 연결에 따른 회로도는 다음과 같다.

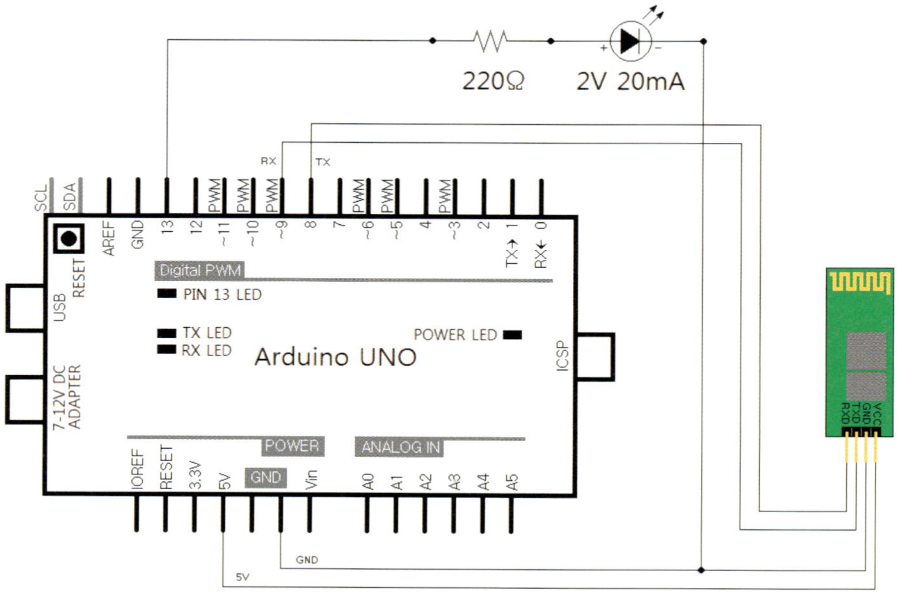

다음 프로그램을 입력하여 업로드시킨다.

```
#include <SoftwareSerial.h>

SoftwareSerial btSerial(9, 8);   // TX, RX
const byte pinLED = 13;

void setup() {
  btSerial.begin(9600);
  Serial.begin(9600);

  pinMode(pinLED, OUTPUT);
}

void loop() {
  int btValue;

  if (btSerial.available()) {
    btValue = btSerial.read() - '0';
    Serial.println(btValue);
    if (btValue == 0)
      digitalWrite(pinLED, LOW);
    else if (btValue == 1)
      digitalWrite(pinLED, HIGH);
  }
}
```

스마트폰에서 사용할 앱은 Bluetooth controller(by mightyIT)이다. 안드로이드 기반의 스마트폰에서 [Play스토어]에서 Bluetooth controller 앱을 검색하여 설치한다. 이 앱은 BT 전용으로, HM-10을 사용하려면 BLE에 기반한 앱을 새로 찾아야 한다.

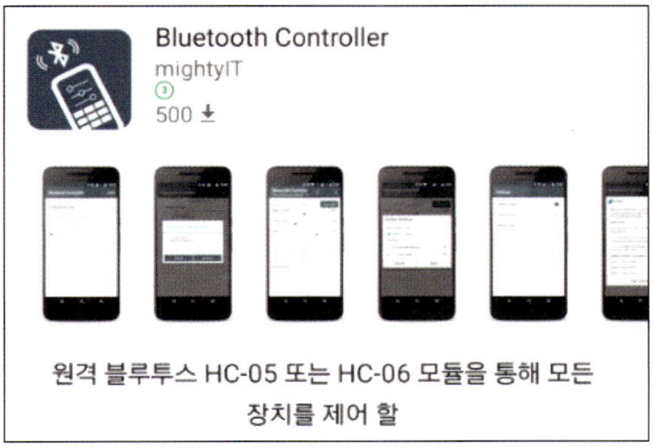

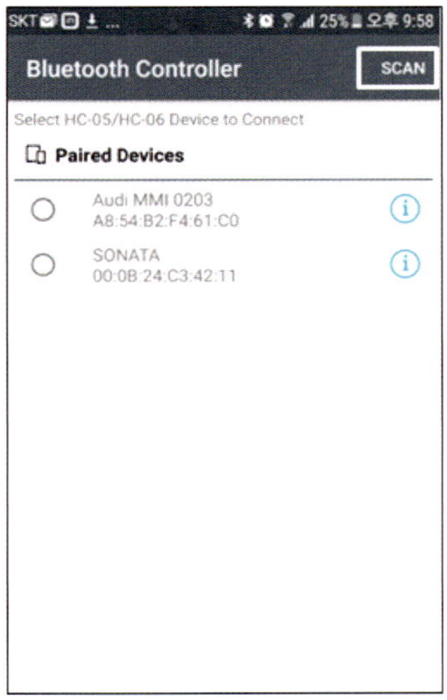

Bluetooth controller 앱을 LED 점멸 제어용으로 사용하기 위하여 버튼 Btn1을 눌러 이름 ON과 명령어 1을 입력하고, 버튼 Btn2을 눌러 이름 OFF와 명령어 0을 입력한다. 통상적으로 채팅 프로그램은 모든 입력을 문자로 처리하므로, 1과 0은 숫자가 아니고 문자이다. 문자 '1'은 ASCII 코드로 49에 해당하고, 문자 '0'은 ASCII 코드로 48에 해당한다.

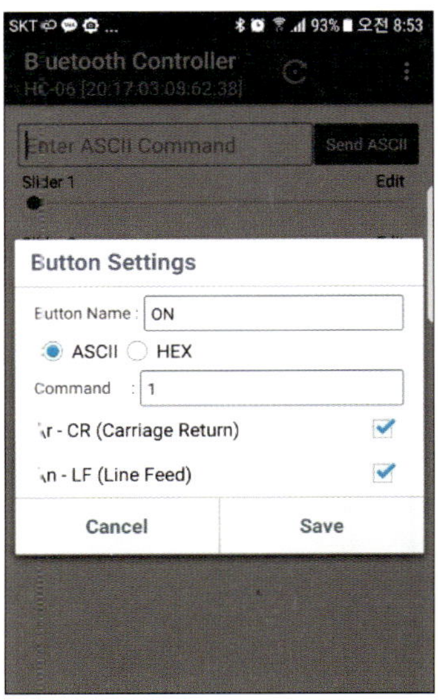

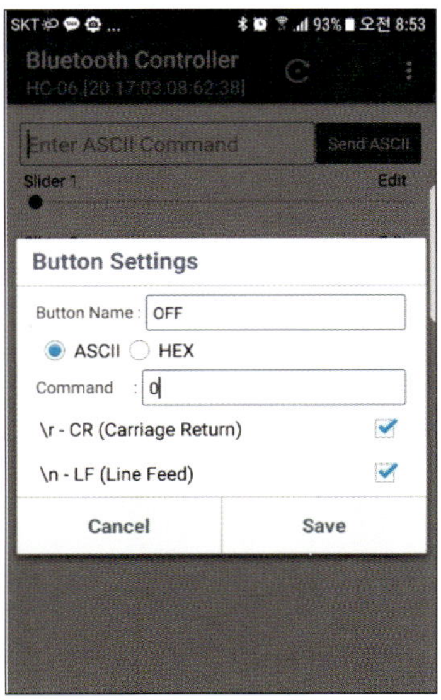

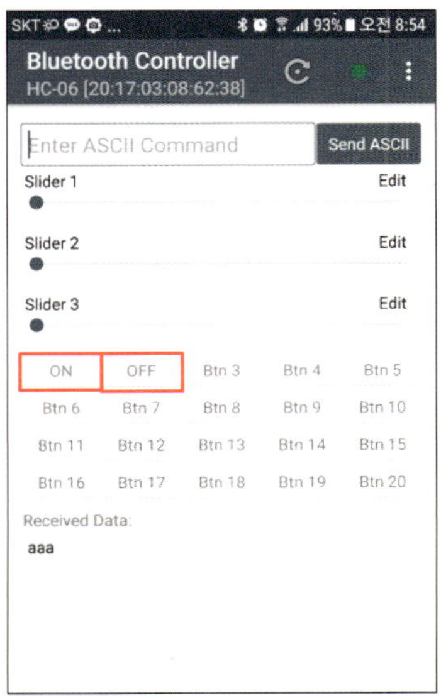

Bluetooth Controller 앱에서 블루투스 디바이스를 검색하여 연결한다. 통신이 연결되기 전에는 1초에 3회 빠르게 점멸하다가, 통신이 연결되고 나면 HC-06 1-4번은 LED가 항상 ON, HC-06 5번은 5초에 한번 꼴로 느리게 이중 점멸, HC-05 1-3번은 2초에 1회 이중 점멸한다.

블루투스 통신과 같은 시리얼 UART 통신은 1과 0을 숫자로 인식하지 않고 문자 '1'과 '0'으로 인식한다. 스마트폰 앱에서 문자 '1'과 '0'을 전송하면, 아두이노 Uno 보드에서 문자 '1'은 정수로 표현하면 ASCII 코드 49의 값을 갖고, 문자 '0'은 정수로 표현하면 ASCII 코드 48의 값을 갖는다. 따라서, 입력받은 값 btSerial.read()에서 '0'을 빼면 btValue에는 각각 숫자 1과 0이 전달된다. 즉, 앱에서 ON 버튼을 누르면 btValue=1, OFF 버튼을 누르면 btValue=0의 값을 갖는다.

```
int btValue;
btValue = btSerial.read() - '0';
```

btValue의 값에 따라 아두이노 Uno 보드의 LED를 점멸한다.

7.3 블루투스 Master-Slave 통신

스마트 폰에서 아두이노 Uno 보드와 블루투스 통신을 할 때에는, 스마트 폰이 Master가 되고 아두이노 블루투스 모듈이 Slave가 되므로, Slave 설정으로 통신이 가능하다. 하지만, 두 대의 아두이노 Uno 간의 블루투스 통신을 수행하려면, 아두이노 Uno #2의 블루투스 모듈이 Slave일 때 아두이노 Uno #1의 블루투스 모듈은 Master가 되어야 한다. 블루투스 모듈을 Master로 설정하고 Slave와 연결하는 방법을 알아 본다. HC-05와 HM-10은 Master/Slave 겸용이므로 Master 설정이 가능하지만, HC-06은 Slave 전용이므로 Master로 설정할 수 없다.

7.3.1 블루투스 Master 설정

Master로 설정할 아두이노 Uno에 앞 절의 Slave와 동일한 설정 회로와 AT 명령어 입력 스케치를 이용한다.

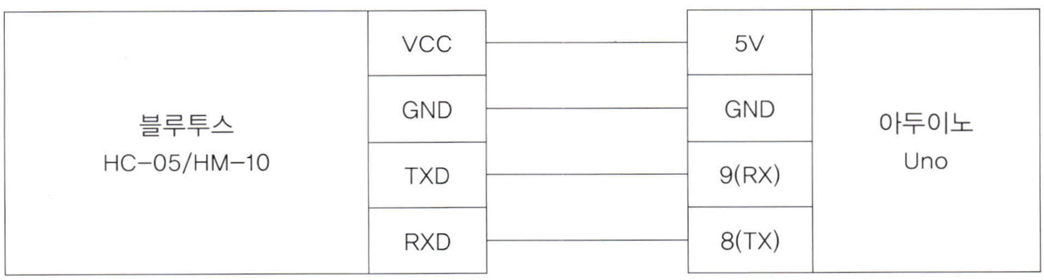


```
#irclude <SoftwareSerial.h>

SoftwareSerial btATSerial(9, 8);          // RX, TX

void setup() {
  btATSerial.begin(38400);                // 38400 : HC-05, 9600 : HM-10
  Serial.begin(9600);                     // Baud rate 9600 of Serial Monitor
  Serial.println("Enter AT commands : ");
}

void loop() {
  if (btATSerial.available())
    Serial.write(btATSerial.read());

  if (Serial.available())
    btATSerial.write(Serial.read());
}
```

위의 프로그램에서 AT 모드의 Baud rate를 HC-05와 HM-10에 맞게 변경시켜야 한다.

- AT 모드 Baud rate 38400인 경우 : HC-05

```
btATSerial.begin(38400);                     // 38400 : HC-05
```

- AT 모드 Baud rate 9600인 경우 : HM-10

```
btATSerial.begin(9600);                      // 9600 : HC-06 & HM-10
```

Master 설정을 위한 AT 명령어의 입력 순서는 다음과 같다. 1) AT를 입력하여 OK 문자 출력이 확인되면, 2) 공장 초기화를 수행하고, 3) Slave 연결 주소 설정 모드를 켜고, 4) Master로 설정하고, 5) 통신 모드를 위한 Baud rate를 9600으로 지정하고, 6) Slave 주소를 입력하여 연결한다. Slave 주소를 입력하는 방법은 다음 절에서 자세히 다룬다. 패스워드는 디폴트 패스워드를 사용하므로 별도로 지정하지 않는다. 아두이노 Uno 보드를 이용하여 블루투스 모듈 Master와 Slave를 연결하려면 Master와 Slave가 동일한 패스워드를 가져야 한다. 따라서, Master와 Slave 모두 디폴트 패스워드를 사용한다. HC-05의 디폴트 패스워드는 1234이고, HM-10의 디폴트 패스워드는 000000이다.

- HC-05 & HM-10

AT 명령어 입력 순서	HC-05(1-3번 모듈)	HM-10(1번 모듈)
준비	btATSerial.begin(38400) Both NL & CR	btATSerial.begin(9600) line ending 없음
1) AT (OK 확인)	AT	AT
2) 공장 초기화	AT+ORGL	AT+RENEW
3) Specified address	AT+CMODE=1	AT+IMME1
4) Master 설정	AT+ROLE=1	AT+ROLE1
5) 통신 모드 Baud rate 9600	AT+UART=9600,0,0	AT+BAUD0
6) Binding	AT+BIND=address	AT+CONaddress

7.3.2 두 대의 아두이노에서 통신하기

Master와 Slave 모두 동일한 회로와 스케치를 사용한다.

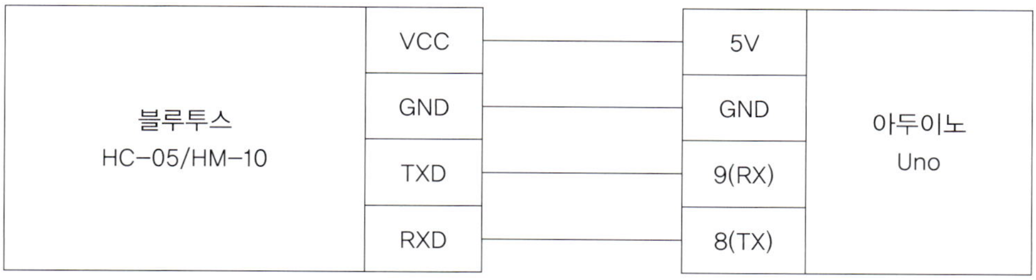


```
#include <SoftwareSerial.h>

SoftwareSerial btSerial(9, 8);                    // RX, TX

void setup() {
  btSerial.begin(9600);                           // 9600 : HC-05 & HM-10
  Serial.begin(9600);                             // Baud rate 9600 of Serial Monitor
  Serial.println("Enter AT commands : ");
}

void loop() {
  if (btSerial.available())
    Serial.write(btSerial.read());

  if (Serial.available())
    btSerial.write(Serial.read());
}
```

Master와 Slave에서 각각 시리얼 모니터를 열고, 시리얼 모니터 창에 글자를 입력하면 상대방의 시리얼 모니터 창에 출력되는 것을 알 수 있다.

만일 통신이 일어나지 않으면, Master와 Slave 블루투스 모듈의 LED 상태를 확인한다. 통신이 연결된 경우에는 HC-05의 경우에는 2초당 1회 점멸, HM-10의 경우에는 항상 켜져 있어야 한다. LED가 정상적인 통신모드 상태라면, 통신 모드의 Baud rate가 9600으로 일치하는지 확인한다. LED가 비정상적인 통신모드라면, 처음부터 모든 과정을 면밀히 살피면서 다시 점검한다.

7.3.3 두 대의 아두이노에서 Tact 스위치로 상대방 LED 제어하기

두 대의 아두이노 보드에 모두 Tact 스위치와 LED를 장착하고, 한 쪽은 Master로 다른 쪽은 Slave로 블루투스 통신을 연결한다. 아두이노 보드 A에서 Tact 스위치를 누르면 아두이노 보드 B의 LED가 켜지고, 아두이노 보드 B에서 Tact 스위치를 누르면 아두이노 보드 A의 LED가 켜지도록 제어한다. 아두이노 Uno 보드와 블루투스 모듈은 이전의 연결을 따르고, LED는 저항 220Ω을 직렬로 연결하여 13번 핀에, Tact 스위치는 2번 핀에 연결한다.

```
#include <SoftwareSerial.h>
const int pinLED = 13;
const int pinBtn = 2;
int receivedState = LOW;
SoftwareSerial btSerial(9, 8);   //RX, TX

void setup() {
  pinMode(pinLED, OUTPUT);
  pinMode(pinBtn, INPUT_PULLUP);
  btSerial.begin(9600);
  Serial.begin(9600);
}

void loop() {
  int stateBtn;
  if (btSerial.available()) {
```

```
    receivedState = btSerial.read();
  }
  digitalWrite(pinLED, receivedState);

  stateBtn = !digitalRead(pinBtn);
  btSerial.write(stateBtn);

  Serial.print("stateBtn = ");
  Serial.print(stateBtn);
  Serial.print(" : receivedState = ");
  Serial.println(receivedState);

  delay(100);
}
```

만일, 두 대의 아두이노 보드 사이에 통신 오류가 있으면, Master와 Slave 사이의 통신 모드 Baud rate가 일치하는지, 패스워드가 일치하는지를 AT 명령어를 이용하여 조사할 수 있다. 통신 모드 Baud rate는 9600이고, 패스워드는 디폴트 패스워드이다(디폴트 패스워드는 HC-05 1234, HM-10 000000). 두 대의 아두이노 보드를 Master와 Slave로 블루투스 통신을 연결시킬 때에는, Master와 Slave의 패스워드가 서로 동일하여야 한다.

AT 명령어	HC-05(1-3번 모듈)	HM-10(1번 모듈)
1) 통신 모드 Baud rate 확인	AT+UART	AT+BAUD?
반환 메시지	+UART:9600	OK+Get:0
2) 패스워드 확인	AT+PSWD	AT+PIN?
반환 메시지	+PSWD:1234	OK+Get:000000

아두이노 보드 A의 Tact 스위치를 누르면 아두이노 보드 B의 LED가 켜지고, 아두이노 보드 B의 Tact 스위치를 누르면 아두이노 보드 A의 LED가 켜진다.

예제 **7.1**

한 쪽 아두이노 Uno 보드에 온도 센서를 붙이고, 다른 쪽 아두이노 Uno 보드에 녹색 LED와 빨간색 LED, 그리고 액티브 부저를 붙인다. 온도 센서가 있는 쪽을 Slave로, LED와 액티브 부저가 있는 쪽을 Master로 하여 블루투스 통신으로 연결하라. Slave로부터 측정된 온도 값을 Master로 보내어, 온도가 30도 미만이면 녹색 LED를 켜고, 30도 이상이면 빨간색 LED와 액티브 부저를 켜라. Master의 시리얼 모니터에는 항상 현재의 온도 값을 출력하라. 상온에 있는 경우와 온도 센서를 손으로 잡아 30도 이상으로 올린 경우에 대하여 정상적으로 작동하는지 확인하라.

8

CHAPTER

외부 인터럽트

- 택트 스위치
- 로타리 엔코더
- 적외선 LED와 적외선 수신기

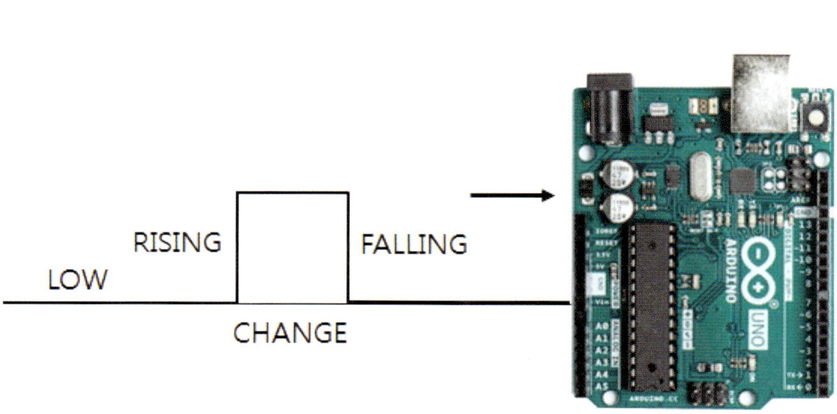

CHAPTER

8 외부 인터럽트

아두이노 스케치는 함수 setup()에서 초기 설정을 수행하고, 함수 loop()에서 제어 과정을 무한 반복 수행한다. 따라서 함수 loop()를 수행하는데 Δt만큼의 시간이 걸린다면 함수 loop()는 순차적으로 Δt, $2\Delta t$, $3\Delta t$, ...의 순간마다 반복 실행된다. 아두이노 스케치의 문제점은 임의의 순간에 원하는 함수를 실행시킬 수 없다는 점이다. 만일 함수 loop()를 사용하여 스위치를 누를 때 특정 함수를 실행시키려 한다면, 스위치를 누르는 순간에 바로 실행시키지 못하고, 스위치를 누른 채 함수 loop() 내에서 스위치가 눌려지면 수행되는 부분이 실행될 때까지 기다려야 한다.

이러한 문제점을 극복하기 위하여, 함수 loop() 대신 임의의 순간에 즉시 원하는 기능을 수행할 수 있는 해결책이 필요하다. 함수 loop()가 수행되는 중이더라도 특정 조건이 인식되면 함수 loop()를 잠시 중단하고 원하는 함수를 수행한 후 다시 함수 loop()의 나머지 부분을 수행하는 것을 인터럽트라 한다. 인터럽트에는 내부에서 시간을 설정하여 정해진 시간에 인터럽트를 수행하는 내부 인터럽트와 외부 입력 신호의 변화에 따라 인터럽트를 수행하는 외부 인터럽트가 있다.

아두이노 Uno 보드는 Interrupt 0과 Interrupt 1과 같이 2개의 외부 인터럽트를 지원하는데, Interrupt 0은 2번 핀에, Interrupt 1은 3번 핀에 적용된다.

```
Interrupt 0        : 2번 핀
Interrupt 1        : 3번 핀
```

- 인터럽트 핀(아두이노 Uno 보드)

```
Interrupt 0        : 2번 핀
Interrupt 1        : 3번 핀
```

- 설정 방법(함수 setup())

```
attachInterrupt(0 또는 1, ISR 함수, 모드);
```

- 모드 종류

```
FALLING, RISING, LOW, CHANGE 중 선택
```

• ISR(Interrupt Service Routine) 함수 : 외부 인터럽트 발생 순간, 실행되는 사용자 정의 함수

```
void myFunction() {                          // ISR function
   ⋮
}

void setup() {
   ⋮
  attachInterrupt(0, myFunction, RISING);    // Interrupt 0 : pin2
   ⋮
}

void loop() {
   ⋮
}
```

입력 신호에서 지정한 모드가 발생하면, loop()의 실행을 잠시 중단하고 ISR 함수를 실행한다. 인터럽트를 발생시키는 모드는 FALLING, RISING, LOW, CHANGE의 네 가지가 있다.

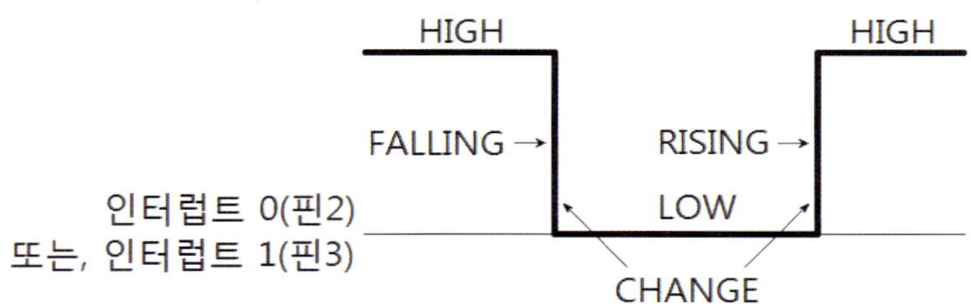

ISR 함수 내에서 저장하는 변수는 지역 변수가 아닌 전역 변수로 지정하여야 한다. 지역 변수는 함수 내에서 선언한 변수로써, 해당 함수가 실행되기 직전에 지역 변수 메모리를 새로 잡고 해당 함수가 실행된 직후에 지역 변수 메모리를 해제하므로, 해당 함수가 종료되면 저장된 값이 사라지고, 해당 함수가 다시 실행되면 지역 변수의 메모리 값이 새로 초기화된다. 전역 변수는 함수 외부에서 선언한 변수로써, 함수의 실행 여부와 상관없이 프로그램이 실행되는 동안 전역 변수 메모리를 유지하므로 어떤 함수 내에서도 항상 저장한 값을 갖고 있기 때문이다. 따라서 ISR 함수에서 저장되는 변수는 전역 변수로 선언하여야 한다.

지역 변수와 전역 변수가 저장되는 메모리의 차이점은, 지역 변수는 CPU 내부의 레지스터에 저장되는 반면, 전역 변수는 주 메모리인 SRAM에 저장된다. 레지스터는 CPU 내부의 임시작업용 메모리이므로 변수의 값을 저장하거나 읽는 속도가 매우 빠르지만, 주 메모리는 CPU 외부의 저장용 메모리

라서 변수를 저장하거나 읽는 속도가 매우 느리다. 아두이노 스케치 프로그램을 업로드하면 먼저 컴파일을 수행한 후 아두이노 보드로 업로드하는데, 컴파일러가 스케치 프로그램을 컴파일할 때 실행 속도를 향상시키기 위하여 여러 가지 최적화 과정을 거친다. 최적화 과정 중에 프로그램의 계산 순서나 흐름을 미리 파악하여, 하나의 함수가 실행되는 동안 함수 내부에서 사용되는 전역 변수들을 조사하여 해당 전역 변수가 값을 읽어들이기만 하고 새로 저장하지 않으면 주메모리에 있던 전역 변수 값을 레지스터로 임시로 복사해 두고 레지스터에 복사된 전역 변수 값을 빠른 속도로 읽어들일 수 있도록 한다. 이는 컴파일러의 최적화에서 매우 중요한 부분이다.

인터럽트가 언제 일어날지 스케치 프로그램으로부터 미리 알 수 없다. 외부 입력 핀에 해당 모드가 언제 발생할 지 스케치 프로그램의 계산 순서나 흐름으로부터 알 수 없기 때문이다. ISR 함수 내부에 새로 값을 저장하는 전역 변수들이 있다면, 컴파일러는 함수 loop()가 호출될 때 해당 전역 변수들의 값이 중간에 변경되지 않는다고 판단한다. 따라서, 함수 loop()가 호출되기 직전에 해당 전역 변수 값을 주 메모리로부터 레지스터로 복사하여 빠른 속도로 값을 읽어들이려고 시도한다. 만일 함수 loop()가 실행 중에 인터럽트가 발생하여 주 메모리의 해당 전역 변수 값이 바뀌었다면, ISR 함수가 종료된 후에 직전에 실행 중이던 함수loop()로 복귀하여 나머지 부분을 실행하려 할 때, 함수 loop()가 호출될 때 레지스터에 복사해 둔 값은 아직 바뀌지 않았으므로 문제가 발생한다. 이렇게 컴파일러 최적화와 인터럽트 ISR 함수의 전역 변수 저장이 충돌하는 문제를 해결하기 위하여 volatile을 사용한다. ISR 함수에서 값이 변경되는 전역 변수는 전역 변수를 선언할 때 앞에 volatile을 붙여 선언하면, 컴파일러가 최적화를 수행할 때, volatile로 선언된 전역변수는 주메모리에서 레지스터로 복사하지 않고 주메모리에서 값을 직접 읽어오도록 한다.

```
volatile int value = 0;                    // volatile 선언

void myFunction() {                        // ISR function
  ⋮
  value = …                                // ISR 함수 내부에서 값이 변경되는 전역 변수
  ⋮
}
```

ISR(Interrupt Service Routines) 함수는 입력 인자나 반환값이 없다. ISR 함수 내에서는 함수 delay()나 함수 millis()를 사용할 수 없다(함수 delayMicroseconds()는 사용 가능). ISR 함수 내에서 Serial 통신으로 오는 데이터를 읽으면 데이터 손실이 발생할 수 있다. ISR 함수는 시간이 오래 걸리는 복잡한 계산을 피하고 최대한 간단하게 작성하여야 한다.

인터럽트 갯수가 부족하면 아두이노 MEGA2560 보드를 사용하면 Interrupt 0~5까지 총 6개의 외부 인터럽트를 이용할 수 있다.

표 8.1 아두이노 Uno/MEGA2560 보드 별 외부 인터럽트

외부 인터럽트	Uno 핀	Mega2560 핀
Interrupt0	2	2
Interrupt1	3	3
Interrupt2		21
Interrupt3		20
Interrupt4		19
Interrupt5		18

8.1 Interrupt를 이용한 스위치

이제까지 배운 스위치는 버튼을 누를 때 바로 실행되지 않고, 버튼을 누른 후 함수 loop()에서 버튼이 눌려졌는지를 판단하는 부분이 실행될 때까지 계속 누르고있어야 한다. 누르자마자 즉시 작동하는 스위치를 구성하려면 외부 인터럽트를 이용하여야 한다.

`attachInterrupt(0, btnUp, FALLING)` : 인터럽트 0 발생 시 ISR 함수 호출
모드 FALLING,
ISR 함수 btnUp()

`attachInterrupt(1, btnDown, RISING)` : 인터럽트 1 발생 시 ISR 함수 호출
모드 RISING,
ISR 함수 btnDown()

회로보정을 한 PULLDOWN 스위치 회로에서, 스위치와 10kΩ 저항 사이의 단자를 인터럽트 0을 위하여 디지털 핀 D2에, 인터럽트 1을 위하여 디지털 핀 D3에 각각 연결한다.

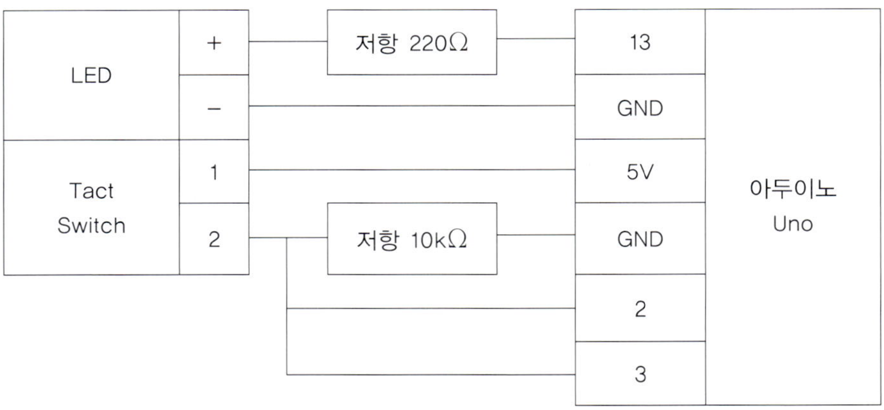

위의 핀 연결에 따른 회로도는 다음과 같다.

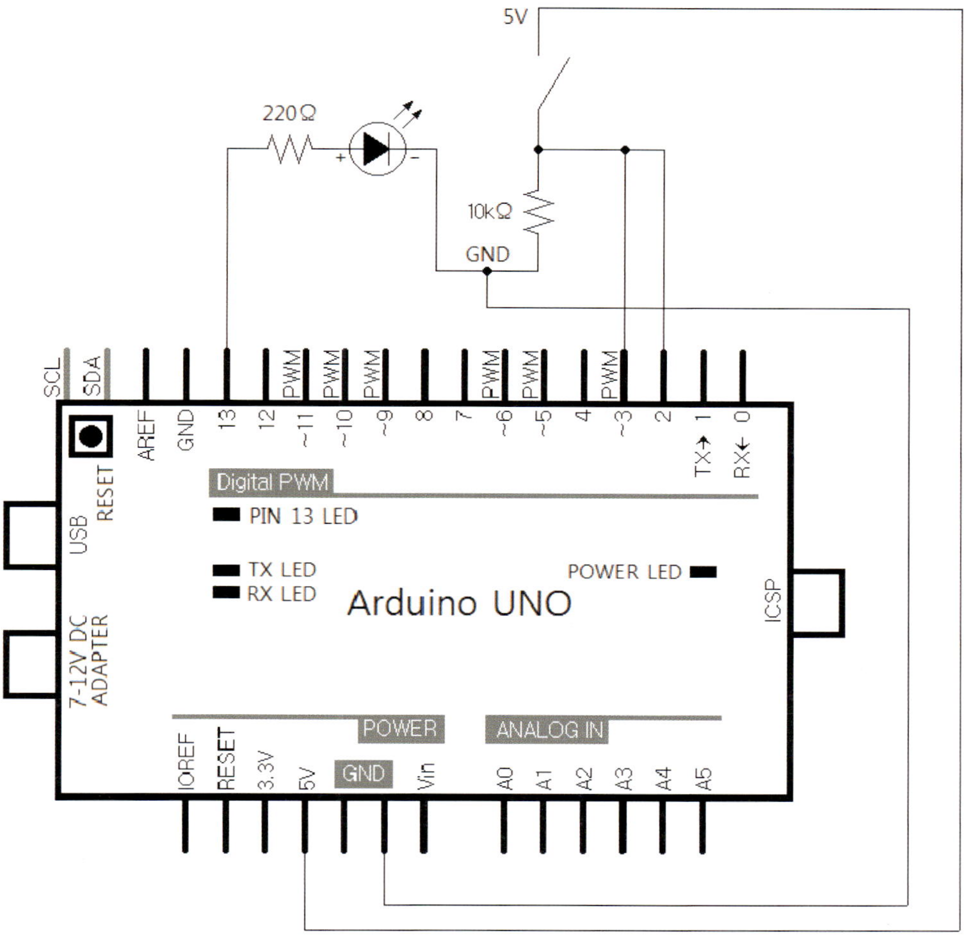

브레드보드의 상하 가로 결선의 GND와 5V를 아두이노에 각각 연결하여 활성화시킨다. LED의 – 단자를 브레드보드의 활성화된 GND에 연결하고, + 단자를 저항 220Ω와의 직렬 연결을 거쳐 13번 핀에 연결한다. 택 스위치의 한쪽 단자를 브레드보드의 활성화된 5V에 연결하고, 택 스위치의 나머지 단자를 저항 10kΩ과의 직렬 연결을 거쳐 브레드보드의 활성화된 GND에 연결한다. 택 스위치의 한쪽 단자와 저항의 한쪽 단자가 서로 만나는 세로 결선을 점퍼 케이블로 2번 핀과 3번 핀에 동시에 연결한다. Pulldown 스위치의 결선을 이용하여 2번 핀의 인터럽트 0과 3번 핀의 인터럽트 1을 이용하여 pulldown 스위치와 동일한 작동을 하게 할 것이다.

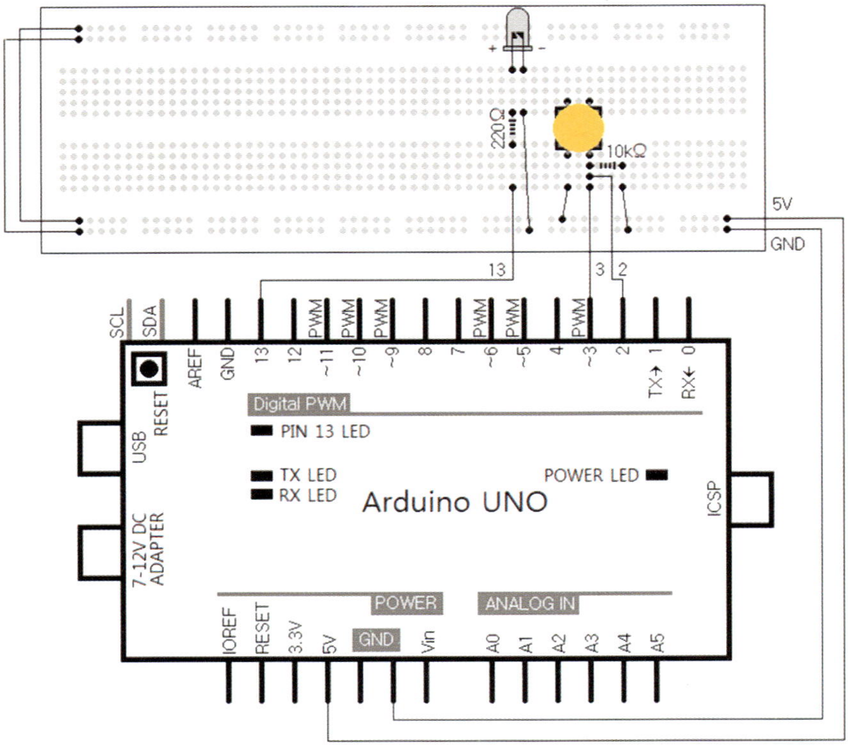

아두이노 IDE에 다음 프로그램을 입력한다.

```
const byte pinLED = 13;

void setup() {
  pinMode(pinLED, OUTPUT);
  attachInterrupt(0, btnUp, FALLING);
  attachInterrupt(1, btnDown, RISING);
}

void loop() {
  delay(1000);
}

void btnUp() {
  digitalWrite(pinLED, LOW);
}

void btnDown() {
  digitalWrite(pinLED, HIGH);
}
```

Pulldown 스위치의 입력 신호를 인터럽트0(디지털 핀 2번)과 인터럽트1(디지털 핀 3번)를 이용하여, 스위치를 눌러서 LOW에서 HIGH로 바뀌는 RISING 모드에서는 인터럽트 1번의 함수 btnDown()을 호출하여 LED를 점등시키고, 스위치를 놓는 순간 HIGH에서 LOW로 바뀌는 FALLING 모드에서는 인터럽트 0번의 함수 btnUp()을 호출하여 LED를 끈다. 인터럽트를 이용하였을 뿐이지, 스위치를 누르던 LED가 점등되고, 스위치를 놓으면 LED가 꺼진다.

위의 프로그램은 ISR 함수에서 LED를 켜거나 끄는 것을 알 수 있다. 하지만, 다음과 같이 ISR 함수 내에서는 변수 stateLED의 값만 변경시키고, LED를 켜고 끄는 것은 함수 loop()에서 실행할 수도 있다. ISR 함수는 loop()를 중단시키고 신속한 처리를 한 다음 loop()의 나머지 부분으로 되돌아가야 하므로, ISR 함수는 최대한 간단하게 작성하는 것이 바람직하다.

```
const byte pinLED = 13;
volatile int stateLED = LOW;

void setup() {
  pinMode(pinLED, OUTPUT);
  attachInterrupt(0, btnUp, FALLING);
  attachInterrupt(1, btnDown, RISING);
}

void loop() {
  digitalWrite(pinLED, stateLED);
  delay(1000);
}

void btnUp() {
  stateLED = LOW;
}

void btnDown() {
  stateLED = HIGH;
}
```

예제 **8.1**

Count 버튼과 Reset 버튼의 내장 Pullup 스위치 신호를 인터럽트 0과 1에 각각 입력시키고, 외부 인터럽트를 이용하여 Count 버튼을 누르는 횟수를 카운트하고, Reset 버튼을 누르면 카운트 횟수를 0으로 리셋하는 프로그램을 작성하라.

풀이

```
const byte pinBtnCount = 2;           // Int 0
const byte pinBtnReset = 3;           // Int 1

volatile int count = 0;

void ISR_Count() {
  count++;
}

void ISR_Reset() {
  count=0;
}

void setup() {
  pinMode(pinBtnCount, INPUT_PULLUP);
  pinMode(pinBtnReset, INPUT_PULLUP);
  Serial.begin(9600);

  attachInterrupt(0, ISR_Count, FALLING);
  attachInterrupt(1, ISR_Reset, FALLING);

  Serial.println(count);
}

void loop() {
  Serial.println(count);
  delay(100);
}
```

Pullup 스위치를 사용하므로, 택트 스위치를 누르지 않으면 켜져 있다가 택트 스위치를 누르는 순간 꺼진다. 즉, Pullup 스위치를 누르는 순간에는 FALLING 모드가 일어난다. 인터럽트 0에 FALLING 모드가 일어나는 순간, ISR 함수 ISR_Count()가 실행되면서 카운트를 증가시키고, 인터럽트 1에 FALLING 모드가 일어나는 순간, ISR 함수 ISR_Reset()이 실행되면서 카운트를 0으로 리셋시킨다.

8.1.1 Switch Debouncing

[예제 8.1]을 수행하면, Count 버튼을 한번 눌렀는데도 카운트가 여러 번 올라가고 Count 버튼을 눌렀다 떼는 순간에도 카운트가 올라간다. 이러한 이상 작동의 원인은 제2장 디지털 입력에서 다룬 바 있는 바운스 현상 때문으로, 바운스에 의한 진동에 인터럽트가 반응하기 때문이다.

(1) Software Debouncing

Bounce2 라이브러리는 외부 인터럽트에는 사용할 수 없다. 외부 인터럽트에서 Debouncing을 처리하려면, 가장 최근에 카운트 인터럽트가 일어난 순간부터 바운스 주기 BOUNCE_PERIOD가 경과할 때까지 인터럽트를 무시하는 것이다. 외부 인터럽트의 ISR 함수는 delay()나 millis()를 사용할 수 없으므로 대신 delayMicroseconds()나 micros()를 사용하여야 한다. 함수 micros()를 사용하여 μs 단위로 바운스 주기보다 긴 시간 간격의 인터럽트만 받아들인다. 하지만, 이 방법으로 어느 정도 개선은 되지만, 완전하게 디바운싱하지는 못한다.

```
#define BOUNCE_PERIOD 100000   // micro_second

const byte pinBtnCount = 2;   // Int 0
const byte pinBtnReset = 3;   // Int 1

volatile int count = 0;
volatile unsigned long lastTime = 0;

void ISR_Count() {
  if((long)(micros() - lastTime) > BOUNCE_PERIOD) {
    count++;
    lastTime = micros();
  }
}

void ISR_Reset() {
  count=0;
}

void setup() {
  pinMode(pinBtnCount, INPUT_PULLUP);
  pinMode(pinBtnReset, INPUT_PULLUP);
  Serial.begin(9600);
```

```
  attachInterrupt(0, ISR_Count, FALLING);
  attachInterrupt(1, ISR_Reset, FALLING);

  Serial.println(count);
}

void loop() {
  Serial.println(count);
  delay(100);

  if(micros()<lastTime) lastTime = micros();
}
```

(2) Hardware Debouncing

제2장에서와 같이 Capacitor를 스위치와 병렬로 연결하면 어느 정도 바운스 문제를 해결할 수 있다. 자세한 것은 제2장을 참조할 수 있다.

8.2 로타리 엔코더, KY-040

로타리 엔코더 KY-040은 15개의 톱니 홈을 가진 원판의 양 옆에 각각 1쌍의 스위치를 가지고 있다. 각 쌍의 스위치에서, 바깥쪽 스위치는 톱니 밑에 놓여 있어 톱니의 위치에 따라 접점이 붙었다 떨어졌다 하는 반면, 안쪽 스위치는 원판 아래에 있어서 항상 접점이 붙어 있다.

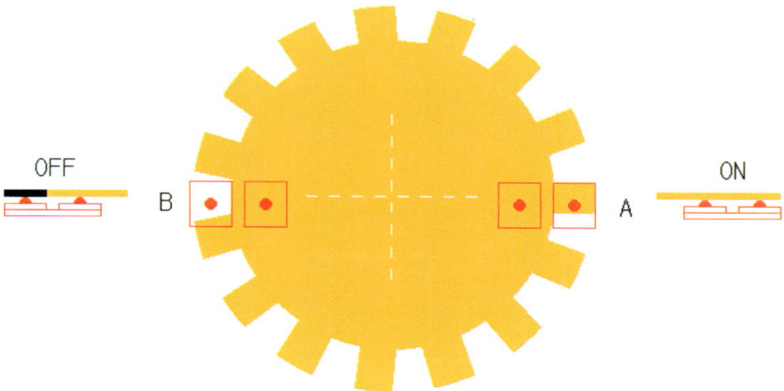

로타리 엔코더를 분해한 사진의 모습이다.

원의 중심의 바로 좌우에 A′과 B′을 두면, A′과 B′의 ON/OFF 스위치는 정반대로 움직이므로, 회전방향을 구별할 수 없어서 로타리 엔코더로 사용할 수 없다.

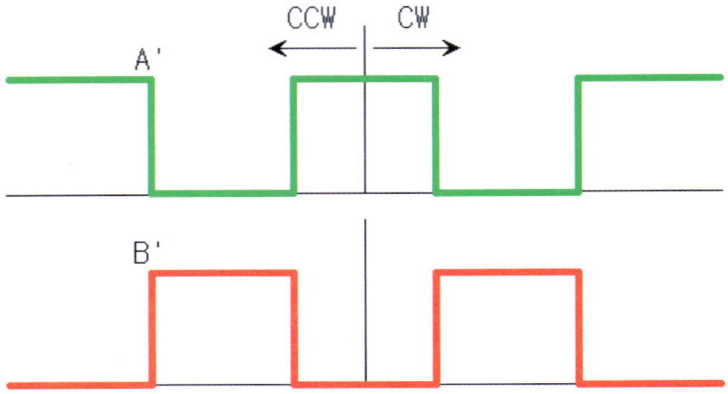

A와 B의 위치를 톱니의 1/4만큼 아랫방향에 위치시키면, 시계방향 회전에 대하여, A는 1/4 톱니만큼 신호가 느려지고, B는 1/4 톱니만큼 신호가 빨라지므로, 엔코더 신호로 사용할 수 있다. 로타리 엔코더 신호는 A가 RISING(LOW에서 HIGH로 바뀌는 순간)일 때, B가 LOW이면 시계방향 회전이고, B가 HIGH이면 반시계방향 회전이다.

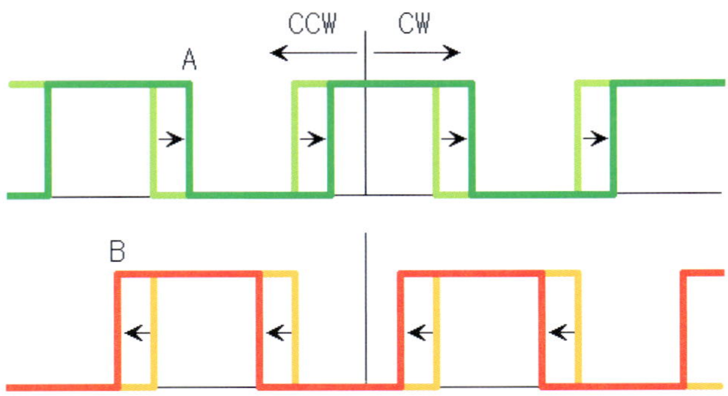

로타리 엔코더 모듈이 모습이다. CLK(A), DT(B), +와 GND와 같은 4개의 단자를 가지고 있다.

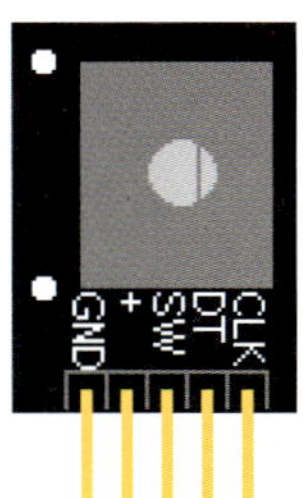

• 핀 연결

로타리 엔코더	아두이노 Uno
GND	GND
+	5V
SW	4
DT(B)	3
CLK(A)	2

• 회로도

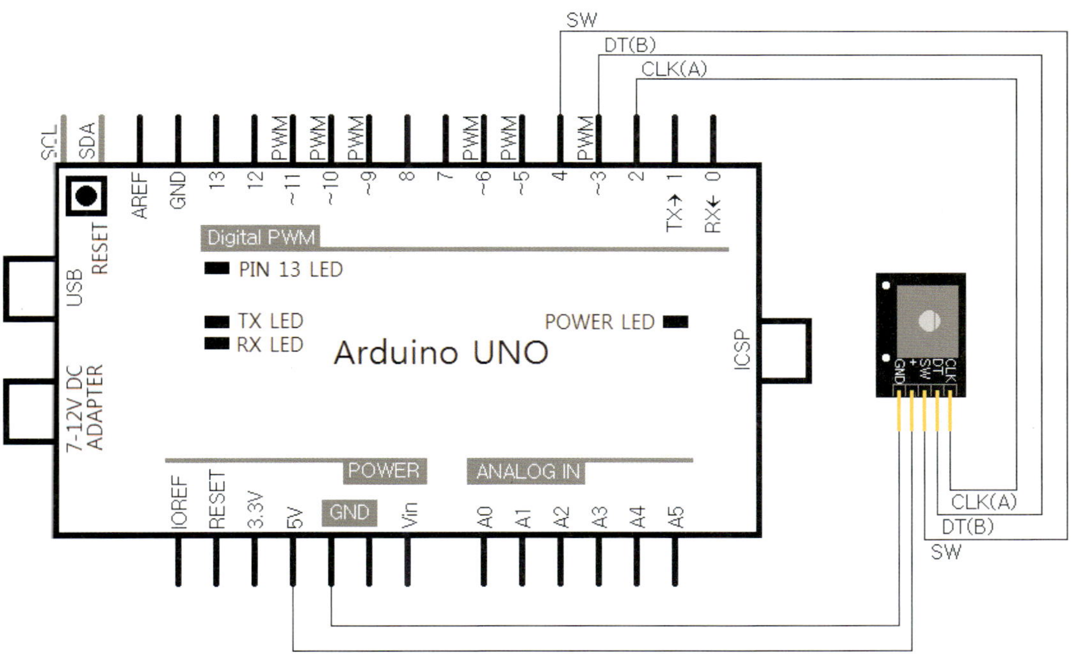

• 브레드보드

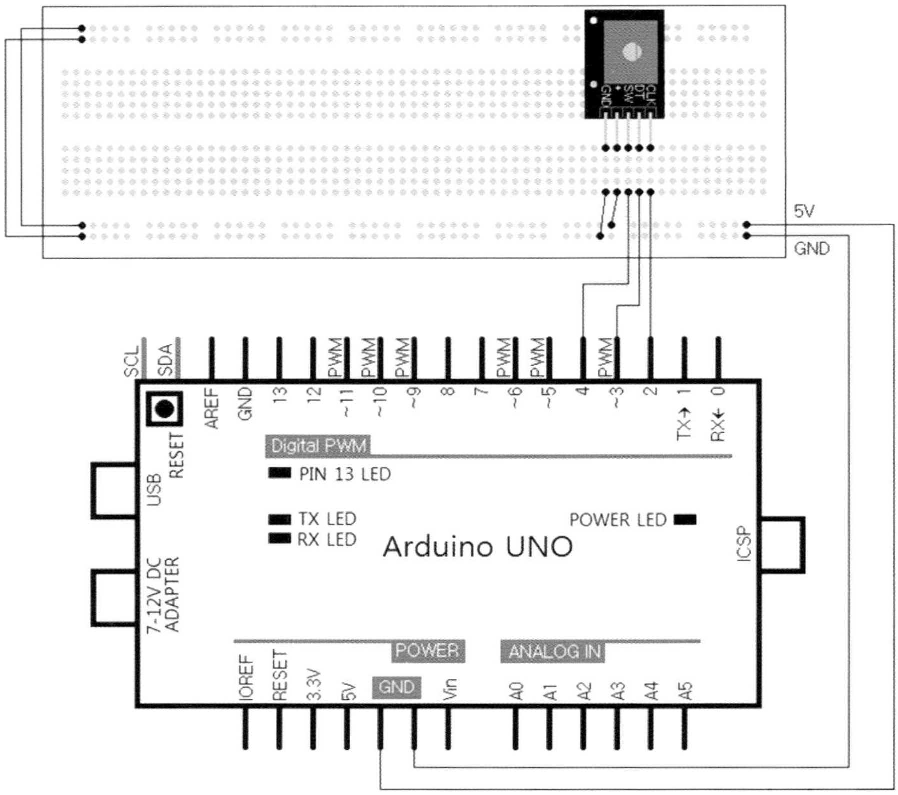


```
const byte pinCLK = 2;
const byte pinDT = 3;
const byte pinSW = 4;

volatile int encoderValue = 0;
int oldA = LOW;
int A = LOW;

void valueUP()
{
  int B;
  delayMicroseconds(2000);  //1000
  B = !digitalRead(pinDT);
```

```
  if(!digitalRead(pinCLK)){
    if(B == LOW) {
      encoderValue ++;
    }
    else {
      encoderValue --;
    }
    Serial.println(encoderValue);
  }
}

void setup() {
  pinMode(pinCLK, INPUT_PULLUP);
  pinMode(pinDT, INPUT_PULLUP);
  pinMode(pinSW, INPUT_PULLUP);

  attachInterrupt(0, valueUP, FALLING);
  Serial.begin(9600);
}

void loop() {
  if(!digitalRead(pinSW)) {
    encoderValue = 0;
  }
  Serial.println(encoderValue);
  delay(100);
}
```

위의 프로그램을 실행하면, 시리얼 모니터에 출력되고 있는 카운트가 로타리 엔코더의 회전 클릭 수와 일치하지 않는 것을 알 수 있다. 비록 ISR 함수에서 인터럽트가 발생하고 나서 2000μs까지 바운스가 다소 진정되도록 기다린 다음에 encoderValue를 계산하지만, Bouncing이 완전히 해결되지 않았기 때문이다.

예제

8.2

5개의 LED를 로타리 엔코더에 연결하여 로타리 엔코더의 회전방향에 따라 점등된 LED의 위치를 좌우로 이동할 수 있도록 회로를 구성하고 프로그램을 작성하라.

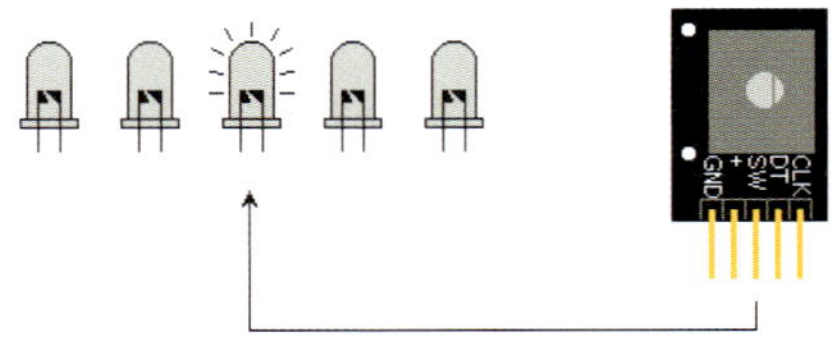

풀이

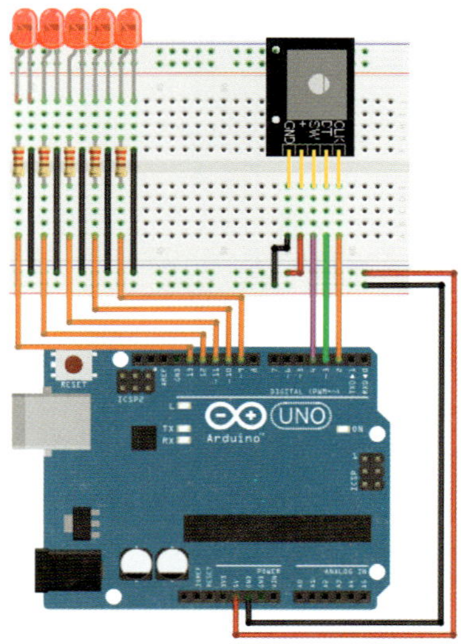

```
#define BOUNCE_PERIOD 1000 // micro_second

volatile int encoderValue = 2; //0~4
volatile unsigned long lastTime = 0;

// Rotary Encoder
const byte pinCLK = 2;
const byte pinDT = 3;
const byte pinSW = 4;
int oldA = LOW;
int A = LOW;

// 5 LEDs
#define NUM_LED 5
const byte pinLED[NUM_LED] = {13, 12, 11, 10, 9};

void valueUP() {
  if((long) (micros() - lastTime) > BOUNCE_PERIOD) {
    int B;
    B = digitalRead(pinDT);

    if(digitalRead(pinCLK)){
      if(B == LOW) {
        encoderValue ++;
      }
      else {
        encoderValue --;
      }
    }

    if (encoderValue < 0) encoderValue = 0;
    if (encoderValue > 4) encoderValue = 4;

    lastTime = micros();
  }
}

void setup() {
  pinMode(pinCLK, INPUT);
  pinMode(pinDT, INPUT);
  pinMode(pinSW, INPUT);
  attachInterrupt(0, valueUP, RISING);

  for (int i=0; i<NUM_LED; i++)
    pinMode(pinLED[i] , OUTPUT);
}

void loop() {
  int i, positionLED;

  positionLED = encoderValue; // 0~4

  for (i=0; i<positionLED; i++)
    digitalWrite(pinLED[i], LOW);
  digitalWrite(pinLED[positionLED], HIGH);
  for (i=positionLED+1; i<NUM_LED; i++)
    digitalWrite(pinLED[i], LOW);

  delay(100);

  if(micros()<lastTime) lastTime = micros();
}
```

8.3 적외선 LED와 수신기

파장 940nm 적외선(IR, Infrared Radiation)에서 작용하는 적외선 LED와 적외선 Photo Transister를 이용하여 인터럽트를 구현해 본다. 적외선 LED를 점등시키고 (가시광선 영역 밖이라서 눈으로는 잘 보이지 않는다) 적외선 수신기에 전원을 연결하여 서로 마주보도록 배치하면, 적외선 수신기에 적외선 LED의 적외선이 감지된다. 이 때 LED와 수신기 사이에 장애물이 나타나면 적외선 수신기의 신호가 끊어진다. 신호가 끊어지는 순간의 인터럽트를 이용하여 적색 LED와 액티브 부저를 이용한 경보 시스템을 구현해 본다. 경보 시스템의 설정과 해제를 위해 Tact 스위치를 사용한다.

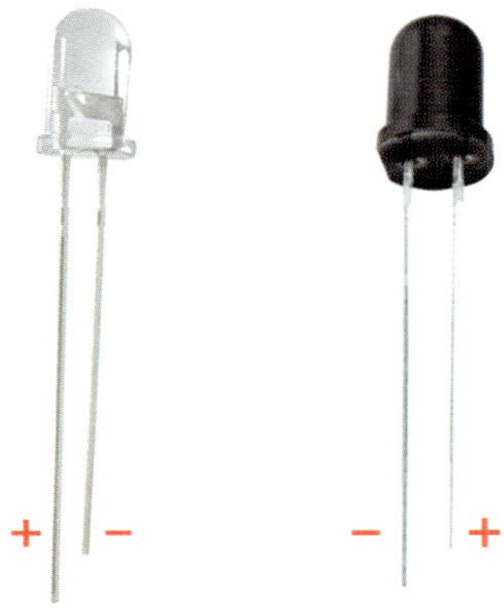

IR LED　　IR Photo Transister

적외선 LED는 일반 LED와 마찬가지로 긴 리드선이 + 단자이고, 짧은 리드선이 − 단자이다. 하지만, 적외선 수신기는 적외선 LED와 반대로 짧은 리드선이 + 단자이고, 긴 리드선이 − 단자이므로, 회로 연결에 주의하여야 한다.

회로 연결은 다음과 같다.

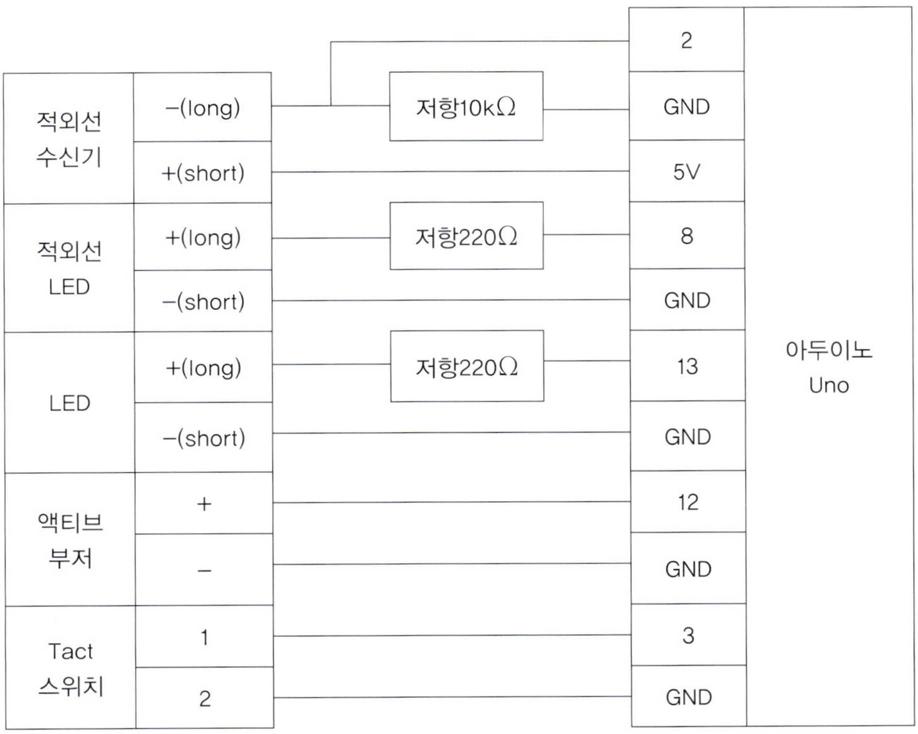

스케치 프로그램은 다음과 같다.

```
const byte pinIRLED = 8;
const byte pinIRRCV = 2;  // Interrupt 0         2번 핀 : int 0
const byte pinSW = 3;     // Interrupt 1         3번 핀 : int 1
const byte pinLED = 13;
const byte pinActiveBuzzer = 12;

volatile int state;        // volatile           volatile 전역 변수 선언

void IRDetect() {
  state = HIGH;                                  적외선 인터럽트 : state = HIGH
}

void switchControl() {
  state = !state;                                스위치 인터럽트 : state = !state
}

void setup() {
  pinMode(pinIRLED, OUTPUT);
  pinMode(pinIRRCV, INPUT);
  pinMode(pinSW, INPUT_PULLUP);                  내부 Pullup 스위치 설정
  pinMode(pinActiveBuzzer, OUTPUT);
  pinMode(pinLED, OUTPUT);

  attachInterrupt(0, IRDetect, CHANGE);          인터럽트 설정 int 0(핀2), ISR 함수
  attachInterrupt(1, switchControl, FALLING);    인터럽트 설정 int 1(핀3), ISR 함수
  state = LOW;                                   초기화 state = LOW
  digitalWrite(pinIRLED, HIGH);
}

void loop() {
  if (state == HIGH) {                           state=HIGH이면, 경고 발생
    digitalWrite(pinLED, HIGH);
    digitalWrite(pinActiveBuzzer, HIGH);
    delay(200);
    digitalWrite(pinLED, LOW);
    digitalWrite(pinActiveBuzzer, LOW);
  }
  delay(200);
}
```

예제

8.3

적외선 LED와 적외선 수신기를 이용하여, 장애물이 지나가는 횟수를 세는 계수기를 만들어라. Tact 버튼을 달아서 버튼을 누르면 계수를 영으로 리셋하는 기능을 부여하고, 센서에 감지되는 순간을 LED 점등으로 표시하라.

9

CHAPTER

DC 모터

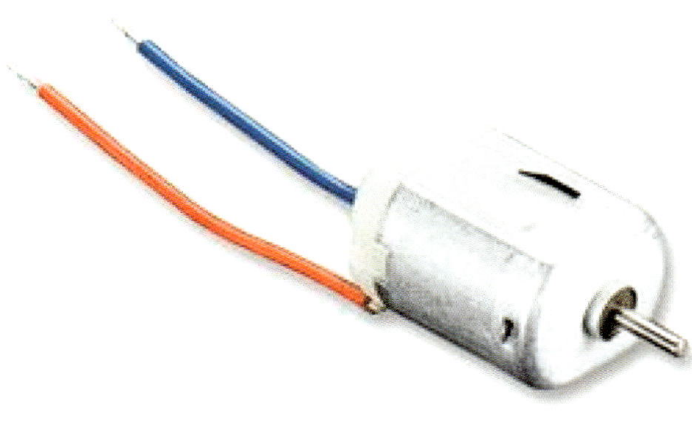

CHAPTER

9 DC 모터

DC 모터의 원리를 설명하는 두 개의 법칙이 있다. Ampere의 오른손 법칙과 Fleming의 왼손 법칙이 그 것이다.

Ampere의 오른손 법칙(오른나사 법칙) 전선에 전류가 흐르면, 전선 주위를 회전하는 자장이 발생한다. 이 때 자장의 회전 방향이 **오른손 법칙**(엄지 손가락을 전류 방향에 일치시키면, 주먹을 쥔 나머지 네 손가락의 방향이 자장의 회전 방향) 또는 **오른나사 법칙**(나사를 박을 때 나사가 들어가는 방향을 전류 방향에 일치시키면 나사가 회전하는 방향이 자장의 회전 방향)을 따른다.

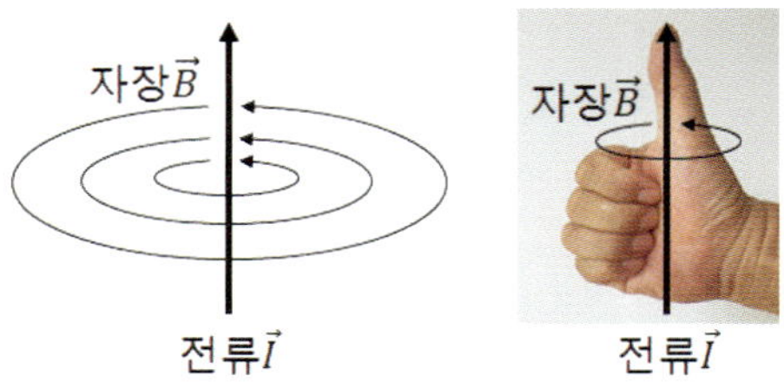

Fleming의 왼손 법칙 균일한 외부 자장 내에서 Ampere의 오른손 법칙을 적용시키면, 전선 주위를 회전하는 자장이 외부 자장과 같은 방향이면 자속이 더 강해지고, 반대방향이면 자속이 더 약해진다. 이 때 전선 주위의 회전하는 자장에 의하여 자속이 강한 쪽에서 약한 쪽으로 이동하려는 힘이 전선에 작용한다. 이를 Fleming의 왼손 법칙이라 하는데, 왼손의 엄지와 검지, 중지를 서로 직교하도록 펼치면, 엄지는 힘, 검지는 자장, 중지는 전류의 방향을 각각 가르킨다.

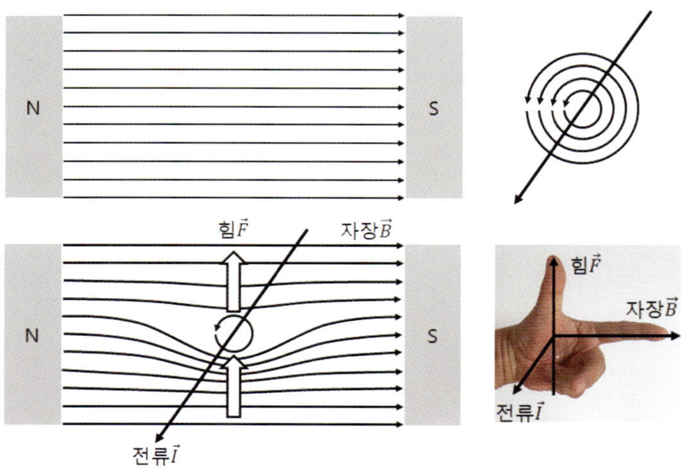

길이 l인 전선에 작용하는 힘 $\vec{F}$는 다음과 같다.

$$\frac{\vec{F}}{l} = \vec{I} \times \vec{B}$$

Ampere의 오른나사 법칙과 Fleming의 왼손 법칙으로 부터 힘을 받아 이동하는 전선을 연속적으로 회전시키려면, DC 모터의 브러쉬(Brush)와 정류자(Commutator)의 역할이 중요하다. 처음에는 A2에서 A3로 전기가 흘러 아래로 힘이 작용하고, B3에서 B2로 전기가 흘러 위로 힘이 작용하여 전기자(Armature)가 반시계 방향으로 회전한다. 180도 회전하면 브러쉬와 정류자를 통하여 전기의 흐름 방향이 바뀌어, A3에서 A2로 전기가 흘러 위로 힘이 작용하고, B2에서 B3로 전기가 흘러 아래로 힘이 작용하여 전기자(Armature)가 계속해서 반시계 방향으로 회전한다.

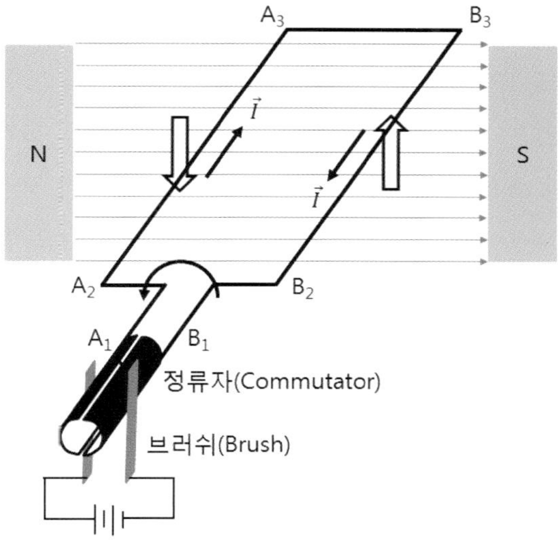

위의 예에서 90도 또는 270도 회전된 상태에서는 어느쪽에도 전기가 흐르지 않는다. 위의 예는 DC 모터의 회전을 설명하기 위한 예시이고, 실제로는 정류자를 2개보다 더 많은 수로 분할하여 어떤 경우에라도 균일한 회전이 가능하다.

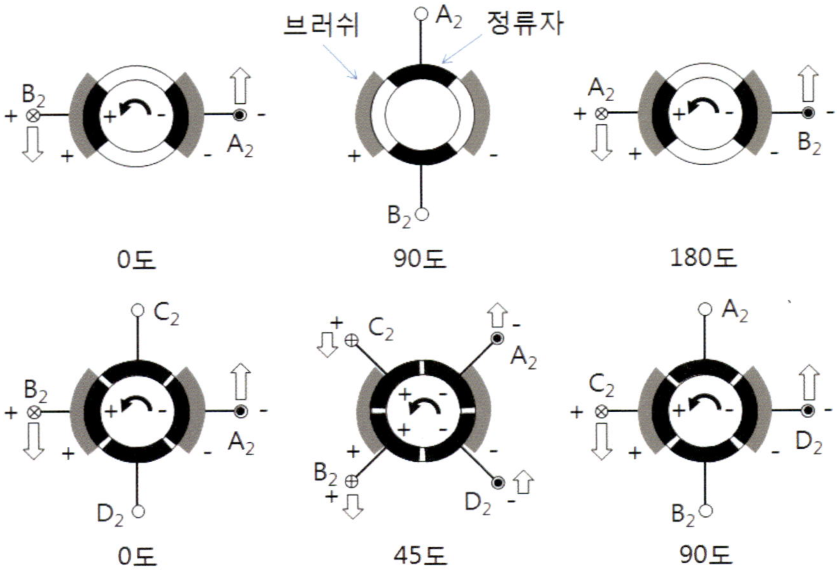

DC 모터의 특이한 현상 중에 하나는 역기전력(Back EMF)이다. 모터가 회전하면 원래 전류와 반대방향으로 역전류가 흘러 전류가 감소하는 효과가 있다. 이를 역기전력이라 한다. 모든 모터의 회전에는 역기전력이 작용하고 있으며, 역기전력은 모터의 회전수에 따라 증가한다. 하지만, 모터가 정지 상태에서 처음 회전하기 시작하거나 혹은 회전 중에 외부에서 갑자기 회전을 중지시키면 회전속도가 영이 되어 역기전력이 발생하지 않으므로 모터에 과도한 전류가 흘러 과도한 열이 발생하므로 모터의 권선이 탈 수 있다.

브러쉬를 사용하는 DC 모터는 브러쉬와 정류자 사이에서 접촉과 비접촉의 무수한 반복으로 작은 스파크가 일어나서 탄소 입자들이 달라 붙거나 브러쉬가 마찰에 의하여 손상되어, 수명을 단축시키는 단점이 있다. 이러한 단점을 극복하기 위하여 브러쉬를 사용하지 않는 BLDC(Brushless DC) 모터가 있다. BLDC 모터는 12장에서 다루기로 한다.

9.1 마이크로 DC 모터

마이크로 DC 모터는 정격 전압이 2-3.7V이다. DC 모터는 일반적으로 2개의 단자를 갖고 있으며, 빨간색 단자에는 VCC를 파란색 단자에는 GND를 연결한다. 마이크로 DC 모터의 전압을 높일수록 모터의 회전수가 증가한다. 마이크로 DC 모터는 소비전력이 작아서 아두이노 Uno 보드의 PWM 출력으로도 회전시킬 수 있는 장점이 있다.

9.1.1 마이크로 DC 모터

마이크로 DC 모터의 특성을 알아보기 위하여, 전원공급기로부터 전압을 변화시키면서, 전압에 따른 전류와 소비전력을 알아본다.

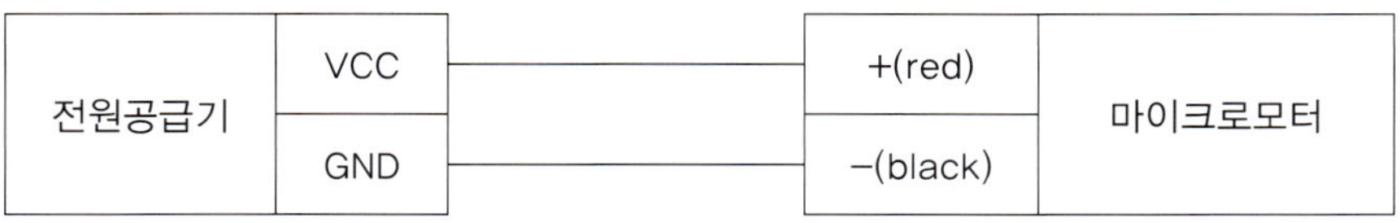

전원 공급기에 전압을 5V에서 0V로 감소하면서 마이크로 모터의 전류를 측정하여, 전압과 전류의 곱으로부터 소비전력을 측정하고, 모터의 회전수를 측정한다. 프로펠러가 없는 무부하 상태에서 전류를 측정하여 소비전력을 조사하고, 프로펠러가 있는 부하 상태에서 전류를 측정하여 소비전력을 조사한다.

V(V)	무부하(프로펠러 없음)		부하(프로펠러 있음)		
	I(mA)	W=V×I(mW)	I(mA)	W=V×I(mW)	rpm
5.0	40.7	203.5	-	-	14,000
4.5	33.3	149.9	-	-	12,500
4.0	31.3	125.2	189.2	756.8	11,800
3.7	30.1	111.4	168.0	621.6	11,100
3.5	27.5	96.3	152.9	535.2	10,750
3.0	24.0	72.0	129.0	387.0	9,800
2.5	21.6	54.0	108.5	271.3	8,800
2.0	18.5	37.0	83.3	166.6	7,800
1.5	14.7	22.1	58.5	87.8	6,400
1.0	-	-	-	-	-

정격 전압 2-3.7V 범위에서 마이크로 DC 모터를 회전시키면, 프로펠러없이 무부하 상태에서 37-111mA, 프로펠러를 장착한 부하 상태에서 83-621mA의 전류가 흐른다. 부하가 걸리면 모터 회전 속도가 떨어져서 역기전력이 감소하므로, 전류가 증가하기 때문이다. 아두이노 Uno 보드의 핀 하나당 20mA, 보드 전체는 200m까지 감당할 수 있으므로, 아두이노 Uno 보드로 마이크로 DC 모터를 직접 구동하는 것은 무리임을 알 수 있다. 아두이노 Uno 보드의 정격 전류를 초과하는 부하를 걸면 아두이노 보드에서 어떤 일이 일어날까?

9.1.2 아두이노 Uno 보드의 마이크로 DC 모터 제어

아두이노 PWM 아날로그 출력을 이용하여 마이크로 모터를 직접 구동시켜 본다. 마이크로 DC 모터를 구동하면서, PWM 핀의 전압과 전류, 전력을 측정하고, 5V 핀의 전압을 측정한다. 또한 마이크로 모터의 회전수도 측정한다.

아두이노 Uno 보드의 5번 PWM 핀에 마이크로 DC 모터의 빨간 색 단자에 연결하고, GND를 파란 색 단자에 연결한다.

스케치 프로그램은 다음과 같다.

```
const byte pinMotor = 5;                        // PWM

void setup() {
  Serial.begin(9600);
  Serial.println("Enter PWM level (0~255) : ");
}

void loop() {
  int value;

  if (Serial.available()) {
    value = Serial.parseInt();

    analogWrite(pinMotor, value);
    Serial.println(value);
  }
  delay(100);
}
```

여기서, parseInt()는 시리얼 모니터로부터 정수 값을 읽어 들이는 함수이다. 단, parseInt()를 사용하려면, 시리얼 모니터의 문장 끝 특수 옵션을 [line ending 없음]으로 설정하여야 한다.

프로펠러없는 무부하 상태에서 PWM 신호를 255, 204, 153, 102, 51, 0으로 감소하면서 PWM 핀의 전압과 전류를 측정하고, 아두이노 보드의 5V 핀에 미치는 영향을 조사한다.

PWM	무부하(프로펠러 없음)			
	전압$_{5V_Pin}$(V)	전압$_{PWM_Pin}$(V)	전류$_{PWM_Pin}$(A)	전력$_{PWM_Pin}$(W)
255	4.62	3.85	30.5	117.4
204	4.67	2.82	24.7	69.7
153	4.71	1.95	19.5	38.0
102	4.77	1.07	14.5	15.5
51	–	–	–	–
0	–	–	–	–

프로펠러를 장착한 부하상태에 대해서도 PWM 핀의 전압과 전류를 측정한다.

PWM	부하(프로펠러 있음)				
	전압$_{5V_Pin}$(V)	전압$_{PWM_Pin}$(V)	전류$_{PWM_Pin}$(A)	전력$_{PWM_Pin}$(W)	회전수(rpm)
255	3.98	1.5	74.5	111.7	6600
204	4.20	1.2	58.0	69.6	5800
153	4.38	0.9	42.0	37.8	4700
102	4.6	0.6	26.7	16.0	3400
51	–	–	–	–	–
0	–	–	–	–	–

아두이노 Uno 보드의 PWM 출력이 0(0V)과 51(1V)에서는 무부하 상태와 부하상태 모두 모터가 회전하지 않는다. 102(2V)에서는 모터가 회전하기 시작하지만, 모터가 연결된 PWM 핀에 2V가 출력되지 않고 무부하상태일 때 1.07V, 부하상태일 때 0.6V 밖에 나오지 않는다. PWM 핀에 흐르는 전류는 무부하 상태 14.5mA, 부하 상태 26.7mA이다. 핀 하나 당 정격 전류 20mA, 최대 전류 40mA를 크게 넘지 않았음에도 원하는 전압 2V가 나오지 않는다. PWM 출력을 153(3V), 204(4V), 255(5V)로 증가시킴에 따라 무부하 상태와 부하 상태의 PWM 핀 출력 전압이 원래 출력되어야 할 전압 3V, 4V, 5V보다 점점 더 떨어진다.

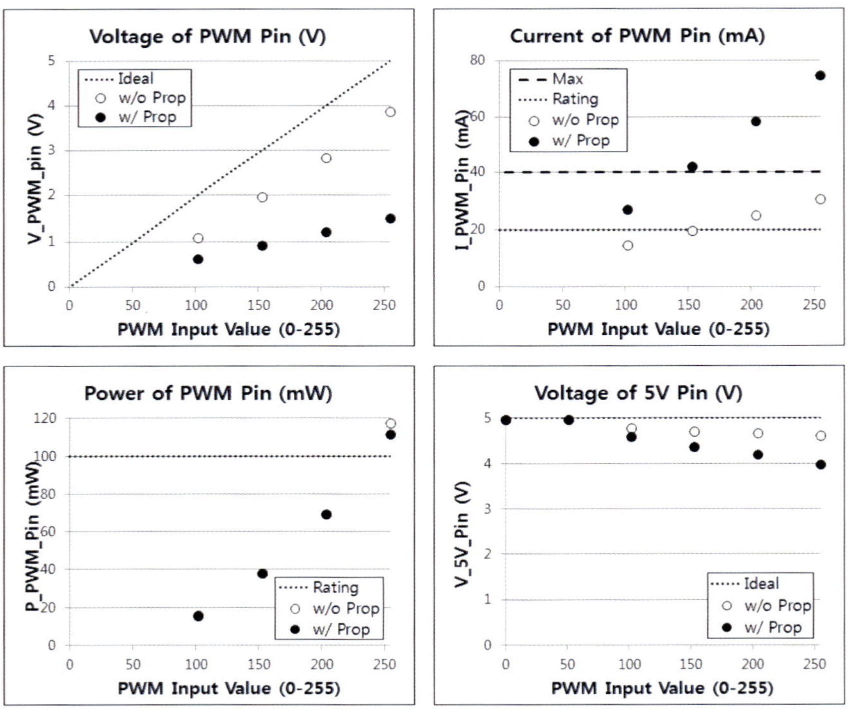

무부하 상태와 부하 상태의 소비전력을 살펴보면 그래프가 거의 겹쳐질만큼 동일한 것을 알 수 있다. 따라서, 무부하 상태와 부하 상태에서 PWM 핀에 원하는 전압이 출력되지 않는 이유는 정격 전력의 제한 때문인 것을 알 수 있다. PWM 신호 0-255에 대한 duty ratio 0-100%를 고려하면, HIGH 5V에서의 소비전력이 110mW를 초과하지 못하는 것을 알 수 있다.

PWM 핀의 전력이 duty ratio를 고려하여 HIGH(5V) 정격 전력 110mW에 도달하면, 아두이노 Uno 보드가 처리할 수 있는 전력이 부족하여 5V 핀의 전압도 강하하는 것을 알 수 있다. 5V 핀의 전압이 떨어지면, 센서의 기준값이 변하므로 센서 값에 오류가 발생하고, 다른 핀들의 디지털 IO에도 영향을 준다. 따라서, 아두이노 Uno 보드의 PWM 핀은 부하가 크지 않은 신호 처리를 위한 시그널 처리 용도로 사용하여야 하며, 모터나 전열기 등 부하가 큰 디바이스들을 구동하는 용도로 사용하면 안 된다는 것을 알 수 있다.

예제

9.1

시리얼 모니터로부터 0~5V 사이의 PWM 출력 전압 값을 입력받아, 마이크로 모터의 회전수를 제어하라.

```
float voltage;

if(Serial.available()) {
  voltage = Serial.parseFloat();
  ......
}
```

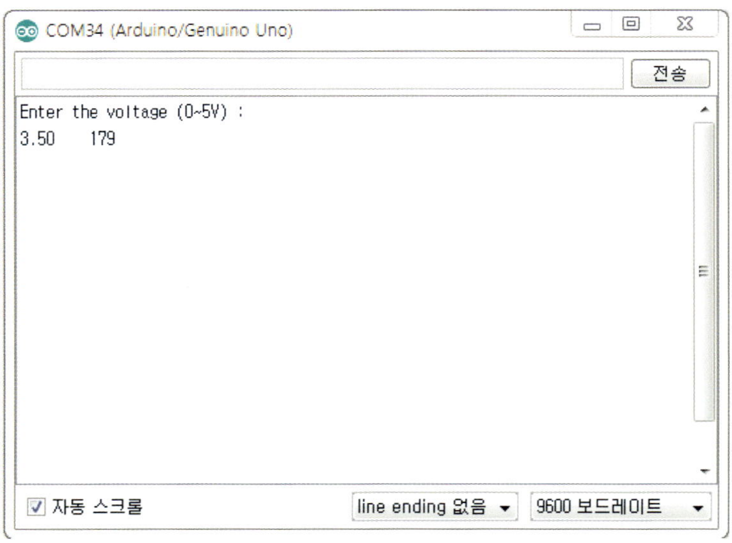

```
const byte pinMotor = 5;    // PWM

void setup() {
  Serial.begin(9600);
  Serial.println("Enter the voltage (0~5V) : ");
}

void loop() {
  int value = 0;
  float voltage;

  if(Serial.available()) {
    voltage = Serial.parseFloat();
    Serial.print(voltage); Serial.print(" \t");
    value = int(voltage/5.*255.+0.5);
    analogWrite(pinMotor, value);
    Serial.println(value);
  }
  delay(100);
}
```

여기서, parseFloat()는 시리얼 모니터로부터 실수 값을 읽어 들이는 함수이다. 단, parseFloat()를 사용하려면, 시리얼 모니터의 문장 끝 특수 옵션을 [line ending 없음]으로 설정하여야 한다.

예제

9.2

가변 저항을 조절하여 0~5V 사이의 PWM 출력 전압 값을 입력받아, 마이크로 모터의 회전수를 제어하라.

부품	핀	아두이노 핀	보드
가변 저항	GND	GND	아두이노 Uno
	S	A0	
	VCC	5V	
마이크로 DC 모터	+(red)	5(PWM)	
	−(blue)	GND	

```
int input, value;

input = analogRead(pinPot);
value = map(input, 0, 1023, 0, 255);
//value = input/1023.*255.;

analogWrite(pinMotor, value);
```

```
const byte pinMotor = 5;
const byte pinPot = A0;          // Potentiometer

void setup() {
  Serial.begin(9600);
}

void loop() {
  int input, value;

  input = analogRead(pinPot);
  value = map(input, 0, 1023, 0, 255);
  //value = input/1023.*255.;

  analogWrite(pinMotor, value);

  Serial.print("Ptn Input = ");
  Serial.print("\t");
```

```
  Serial.print(input);
  Serial.print("\t");
  Serial.print("PWM Output = ");
  Serial.print("\t");
  Serial.println(value);

  delay(100);
}
```

예제

9.3

가변 저항과 2개의 택트 스위치를 사용하여, 가변 저항의 입력에 따라 마이크로 모터의 회전수를 제어하고, 하나의 택트 스위치는 회전 방향을 변경하고, 나머지 택트 스위치는 비상 정지용으로 사용하라. 비상 정지용 버튼은 한번 누르면 정지하고, 한번 더 누르면 회전한다.

풀이

회전 방향을 변경하려면, 마이크로 DC 모터의 +/− 단자를 PWM/GND에 연결하지 말고, 두 개의 PWMA와 PWMB를 이용하여 PWMA/PWMB에 각각 연결한다. PWMA에 PWM 출력 값을 PWMB에 0(GND)를 각각 출력하면 정회전이고, PWMA에 0(GND)를 PWMB에 PWM 출력 값을 각각 출력하면 역회전이다.

```
const byte pinMotorF = 5;                    // PWM
const byte pinMotorR = 6;                    // PWM
const byte pinTactStop = 2;                  // Int 0
const byte pinTactDir = 3;                   // int 1
const byte pinPtn = A0;                      // Potentiometer

volatile bool isRun = false;
volatile bool isForward = true;

void ISR_Stop() {
  if(!digitalRead(pinTactStop)==LOW)
    isRun = !isRun;
}

void ISR_Dir() {
  if(!digitalRead(pinTactDir)==LOW)
    isForward = !isForward;
}
```

```
void setup() {
  pinMode(pinTactStop, INPUT_PULLUP);
  pinMode(pinTactDir, INPUT_PULLUP);
  attachInterrupt(0, ISR_Stop, CHANGE);
  attachInterrupt(1, ISR_Dir, CHANGE);
}

void loop() {
  int value;

  if (isRun) {
    value = analogRead(pinPtn)/1023.*255.;
    if (isForward) {
      analogWrite(pinMotorF, value);
      analogWrite(pinMotorR, 0);
    }
    else {
      analogWrite(pinMotorF, 0);
      analogWrite(pinMotorR, value);
    }
  }
  else {
    value = 0;
    if (isForward) {
      analogWrite(pinMotorF, value);
      analogWrite(pinMotorR, 0);
    }
    else {
      analogWrite(pinMotorF, 0);
      analogWrite(pinMotorR, value);
    }
  }
  delay(100);
}
```

예제

9.4

마이크로 DC 모터에 프로펠러를 장착하여 전압을 변경하면서 전압에 따른 RPM을 측정하라. RPM을 측정하는 방법은 적외선 LED와 적외선 수신기를 사용하여 외부 인터럽트로 구현하라.

```
#define REF_TIME_MS 1000   // in ms
#define NUMBLADE 2
const byte pinIRLED = 8;
const byte pinIRRCV = 2;    // Int 0
const byte pinSW = 3;       // Int 1
const byte pinLED = 13;
volatile int state;
volatile long count;    // volatile

void IRDetect() {
  count++;
}

void swDetect() {
  state = !state;
  digitalWrite(pinIRLED, state);
  digitalWrite(pinLED, state);
  if (state==HIGH) count = 0;
}

void setup() {
  pinMode(pinLED, OUTPUT);
  pinMode(pinIRLED, OUTPUT);
  pinMode(pinIRRCV, INPUT);
  pinMode(pinSW, INPUT_PULLUP);
  attachInterrupt(0, IRDetect, FALLING);
  attachInterrupt(1, swDetect, RISING);
  detachInterrupt(0);

  count = 0;
  state = LOW;
  digitalWrite(pinIRLED, state);
  digitalWrite(pinLED, state);
  Serial.begin(9600);
}

void loop() {
  long rps, rpm;

  if (state == LOW) return;

  count = 0;
  attachInterrupt(0, IRDetect, FALLING);
  delay(REF_TIME_MS);
  detachInterrupt(0);

  rps = count/(REF_TIME_MS/1000)/NUMBLADE;
  rpm = 60*rps;
  Serial.println(rpm);
}
```

아두이노 Uno 보드로 다른 센서 값들을 측정하고 있는 경우, 아도이노 Uno 보드의 전원으로 모터를 구동시키면 전압이 떨어지면서 센서 측정 값에 오차가 발생한다. 따라서, 센서 측정값을 읽어 들이고 있는 경우에는, 외부 전원으로 모터를 구동시켜야 한다.

9.2 드라이버를 이용한 DC 모터 제어

회전력이 강한 대용량 모터는 아두이노 PWM 핀의 출력만으로는 회전시킬 수 없다. 외부 전원을 이용하여 아두이노 PWM 핀의 출력을 증폭하여야 하는데 이를 DC 모터 드라이버라고 부른다.

모터는 엔코더 장착형 감속기어모터 RB35GM 21 TYPE(12V)를 사용한다.

모터 드라이버 L298N은 다양한 용도로 사용하기 위하여 DC 모터 속도 조절 이외에 스텝핑 모터 제어에도 사용할 수 있도록 설계되었다. 모터 드라이버 L298N은 두 개의 DC 모터를 제어할 수 있는데, 외부 전원을 VCC와 GND에 연결하고 ENA와 ENB에 각각 DC 모터의 회전수를 제어하기 위한 아두이노의 PWM 출력을 연결하면, OUT1과 OUT2로 ENA 신호에 따라 모터 A를 제어할 수 있고, OUT3과 OUT4로 ENB 신호에 따라 모터 B를 제어할 수 있다. IN1과 IN2는 모터 A의 회전방향을 제어하는데, 각각 HIGH/LOW 또는 LOW/HIGH를 입력한다. IN3와 IN4는 모터 B의 회전방향을 제어한다. IN3가 HIGH이면 IN4는 LOW를, IN3가 LOW이면 IN4는 HIGH를 입력하여 정회전 또는 역회전을 제어한다. 외부 전원을 사용할 때 주의사항은 모든 GND를 서로 연결시켜야 한다. 따라서, 아두이노 Uno 보드의 GND와 외부 전원의 GND를 서로 연결시켜야 한다.

입력신호 :
DI(방향) : 모터 A(IN1, IN2), 모터 B(IN3, IN4)
AI(속도) : 모터 A(ENA) , 모터 B(ENB)

	Motor A			Motor B		
	IN1	IN2	ENA	IN3	IN4	ENB
정방향	LOW	HIGH	0~255	LOW	HIGH	0~255
역방향	HIGH	LOW		HIGH	LOW	

출력신호 :
Voltage : 모터 A(OUT1, OUT2), 모터 B(OUT3, OUT4)

	Motor A		Motor B	
	OUT1	OUT2	OUT3	OUT4
정방향	GND	0~VCC	GND	0~VCC
역방향	0~VCC	GND	0~VCC	GND

여기서, 드라이버의 5V 단자는 아두이노 Uno 보드나 센서 등에 공급하기 위한 5V 전원을 제공한다.

회로 연결은 다음과 같다.

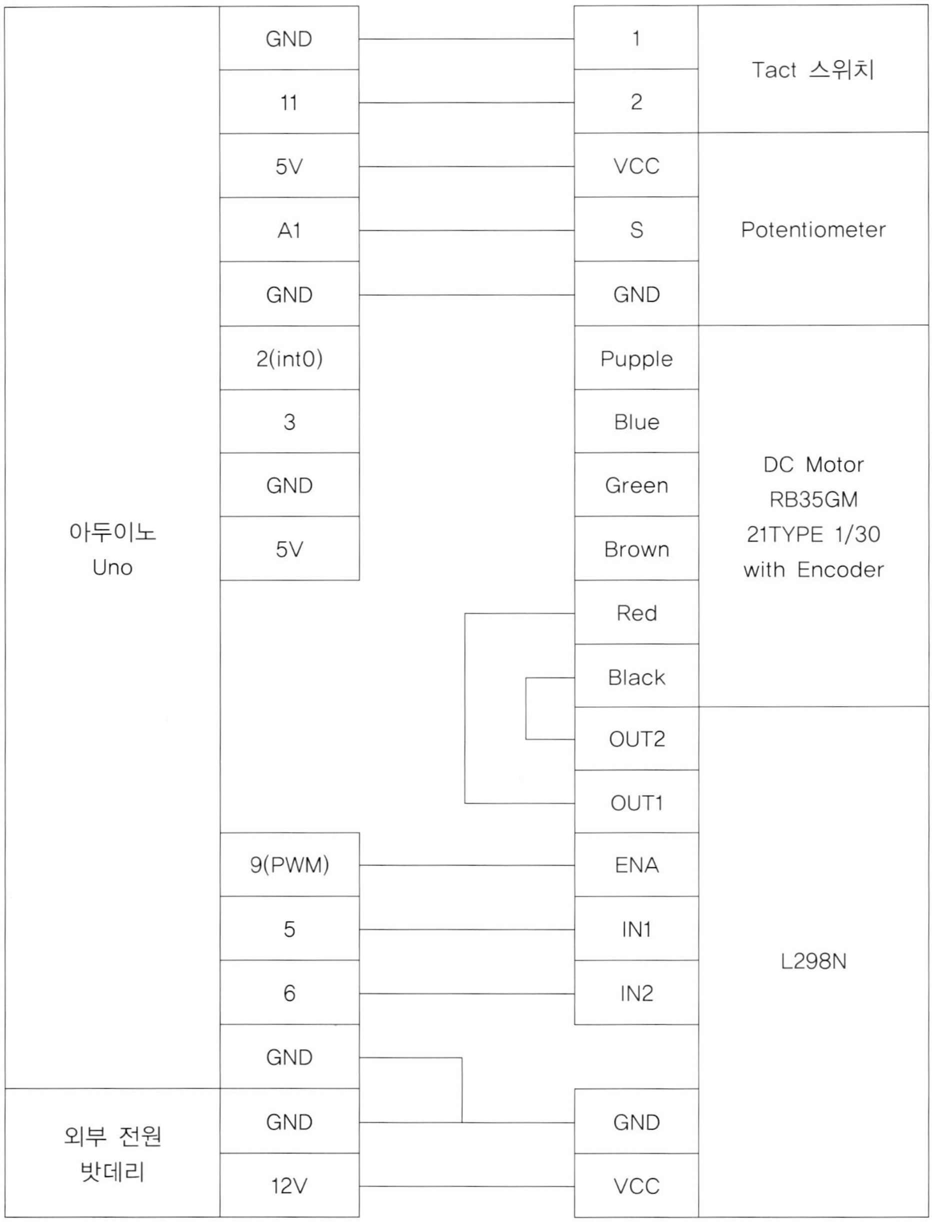

아두이노
Uno
GND
11
5V
A1
GND
2(int0)
3
GND
5V
9(PWM)
5
6
GND
외부 전원
밧데리
GND
12V
1
2
Tact 스위치
VCC
S
GND
Potentiometer
Pupple
Blue
Green
Brown
Red
Black
DC Motor
RB35GM
21TYPE 1/30
with Encoder
OUT2
OUT1
ENA
IN1
IN2
GND
VCC
L298N

스케치 프로그램은 다음과 같다.

```
const byte pinENA = 9;      //EN1 PWM
const byte pinIN1 = 5;      //IN1 digital output
const byte pinIN2 = 6;      //IN2 digital output
const byte pinBtn = 11;
const byte pinPtn = A1;

static boolean direction = true;

void setMotor(int speed, boolean direction) {
  analogWrite(pinENA, speed);
  digitalWrite(pinIN1, !direction);
  digitalWrite(pinIN2, direction);
}

void setup() {
  pinMode(pinIN1, OUTPUT);
  pinMode(pinIN2, OUTPUT);
  pinMode(pinBtn, INPUT_PULLUP);
}

void loop() {
  int speed = analogRead(pinPtn) / 4;
  if(!digitalRead(pinBtn) == HIGH) {
    direction = !direction;
  }
  setMotor(speed, direction);
}
```

예제 **9.5**

엔코더 장착형 감속기어모터 RB35GM 21 TYPE(12V)의 엔코더를 이용하여 모터의 회전수를 측정하라. Encoder에서 나오는 Pupple/Blue/Green/Brown에 2/3/GND/5V를 각각 연결한다. 2번 핀과 3번 핀은 내부 Pullup 스위치로 구성하고, 2번 핀에 외부 인터럽트 0를 선언한다.

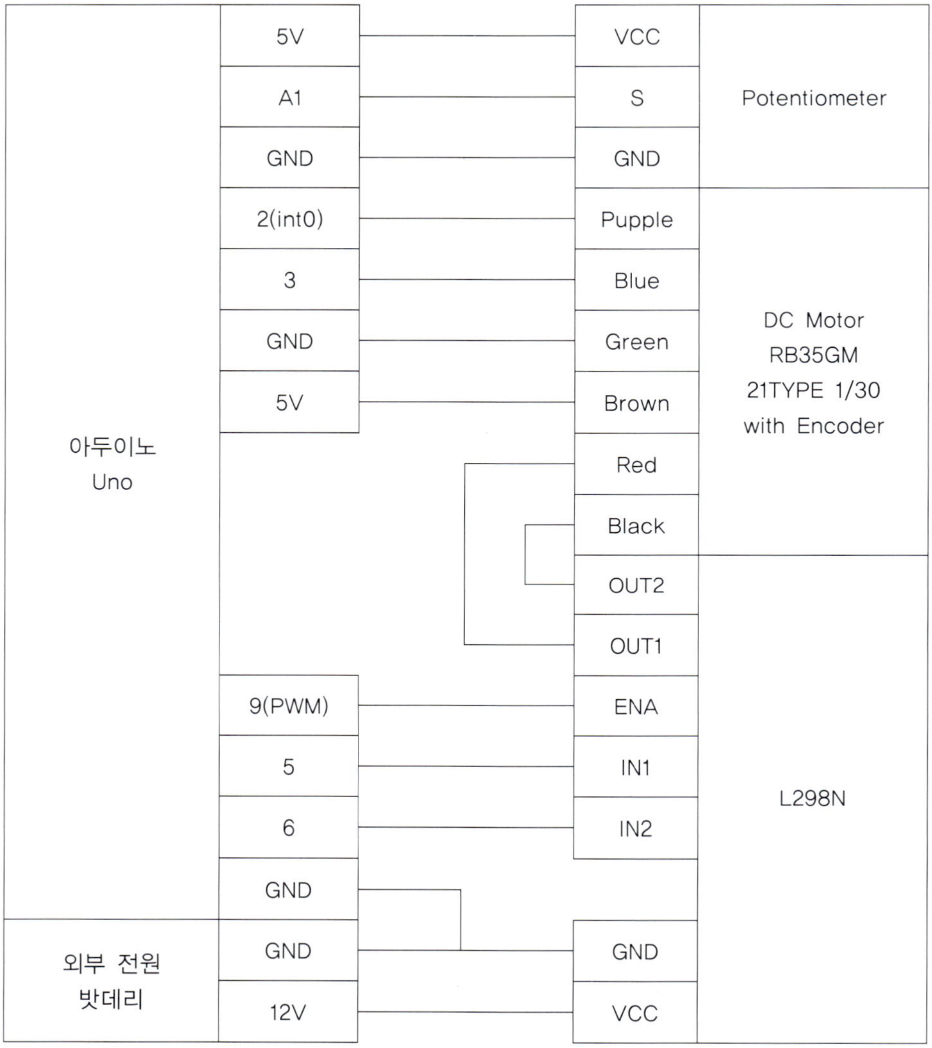


```
#define GEAR_RATIO 30
#define NUM_PULSE 13  // 26P/R
#define TIME_DELAY 100 // in ms
const byte pinA = 2;    // interrupt 0
const byte pinB = 3;
const byte pinENA = 9;   // PWM
const byte pinIN1 = 5;
```

```
const byte pinIN2 = 6;
const byte pinPtn = A1;
volatile int countA = 0;

void ISRcountA() {
  countA++;
}

void setup() {
  pinMode(pinA, INPUT_PULLUP);
  pinMode(pinB, INPUT_PULLUP);
  pinMode(pinIN1, OUTPUT);
  pinMode(pinIN2, OUTPUT);

  digitalWrite(pinIN1, HIGH);
  digitalWrite(pinIN2, LOW);
  countA = 0;
  Serial.begin(9600);
}

void loop() {
  int value, output;
  int lastCount;
  float rpm;

  value = analogRead(pinPtn);
  output = map(value, 0, 1023, 0, 255);
  analogWrite(pinENA, output);

  countA = 0;
  attachInterrupt(0, ISRcountA, FALLING);
  delay(100);
  detachInterrupt(0);

  rpm=60.*float(countA)*1000./TIME_DELAY/NUM_PULSE/GEAR_RATIO;

  lastCount = countA;
  countA = 0;

  Serial.print("rpm = ");
  Serial.println(rpm);
}
```

예제 9.6

안드로이드 폰에서 블루투스 연결을 통하여 DC 모터의 프로펠러 회전을 정방향과 역방향으로 제어하고 회전속도를 조절하는 회로를 구성하고 프로그램을 작성하라.

풀이

먼저, 안드로이드 폰에서 Bluetooth Controller 앱에 다음과 같은 단추를 만든다. 각 단추의 데이터 값은 정지 0, 감속 1, 가속 2, 반시계방향 3, 시계방향 4로 지정하였다.

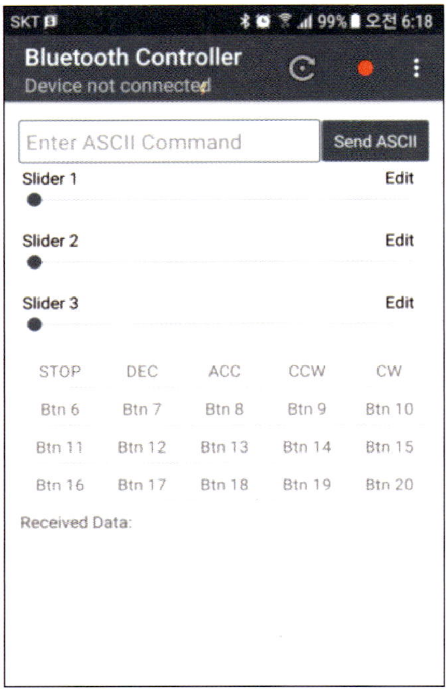

기능	버튼 이름	데이터 설정
정지	STOP	0
감속	DEC	1
가속	ACC	2
반시계방향	CCW	3
시계방향	CW	4

아두이노 보드에 블루투스와 모터 드라이버를 연결한 후, 프로그램을 작성하면 다음과 같다.

```
#include <SoftwareSerial.h>

const byte pinRX = 11;
const byte pinTX = 12;
SoftwareSerial btSerial(pinRX, pinTX);  // RX, TX

const byte pinENA = 9;    //EN1 PWM
const byte pinIN1 = 5;     //IN1 digital output
const byte pinIN2 = 6;     //IN2 digital output

int value = 0, direction = 1;
```

```
void setMotor(int val, int dir) {
  analogWrite(pinENA, val);
  digitalWrite(pinIN1, !dir);
  digitalWrite(pinIN2, dir);
}

void setup() {
  btSerial.begin(9600);

  pinMode(pinIN1, OUTPUT);
  pinMode(pinIN2, OUTPUT);
}

void loop() {
  int btValue;

  if (btSerial.available()) {
    btValue = btSerial.read() - '0';
    switch(btValue) {
      case 0:           // 정지
        value = 0;
      case 1:           // 감속
        value -= 10;
      case 2:           // 가속
        value += 10;
      case 3:           // CCW
        direction = -1;
      case 4:           // CW
        direction = 1;
    }
    value = constrain(value, 0, 255);
  }
  setMotor(value, direction);
  delay(1000);
}
```

10

CHAPTER

스테핑 모터

- 스테핑 모터(28BYJ-48)과 드라이버(ULN2003)

- 스테핑 모터(SST42D1100)과 드라이버(L298N)

CHAPTER

10 스테핑 모터

스테핑(Stepping) 모터는 스테퍼(Stepper) 또는 스텝(Step) 모터라고도 부르는데, 360도를 여러 스텝으로 나누어 스텝 단위로 각도를 제어하는 브러쉬리스 모터이다. 하지만, 단위 스텝의 각도가 충분히 세밀한 편이 아니라서, 직접적으로 각도를 제어하는 경우보다는 나사 피치를 이용하여 정밀 이송장치를 만드는데 주로 사용된다. 만일 360도를 200 스텝으로 제어하는 스테핑 모터를 가정하면, 단위 스텝 당 각도는 1.8도(=360/200) 밖에 되지 않아서 정밀한 각도 제어에는 다소 부족하지만, 피치가 1mm인 나사를 이용하면 0.005mm(=1/200) 정밀도의 이송장치를 만들 수 있다. 정밀 각도 제어가 필요한 경우에는, 기어 감속을 이용한다.

10.1 스테핑 모터의 원리

스테핑 모터는 외부에 다수의 전자석 고정자(stator)를, 내부에는 다수의 극을 가진 영구자석 회전자(rotor)를 갖고 있는데, 외부 전자석의 전류를 순차적으로 제어함으로써 브러쉬가 없음에도 불구하고 내부 영구 자석을 원하는 스텝만큼 회전시킬 수 있다. 스테핑 모터의 구성을 간단하게 설명하기 위하여, 2극(N/S) 영구자석 회전자와 4극(A/B/A′/B′) 전자석 고정자로 이루어진 스테핑 모터를 가정한다.

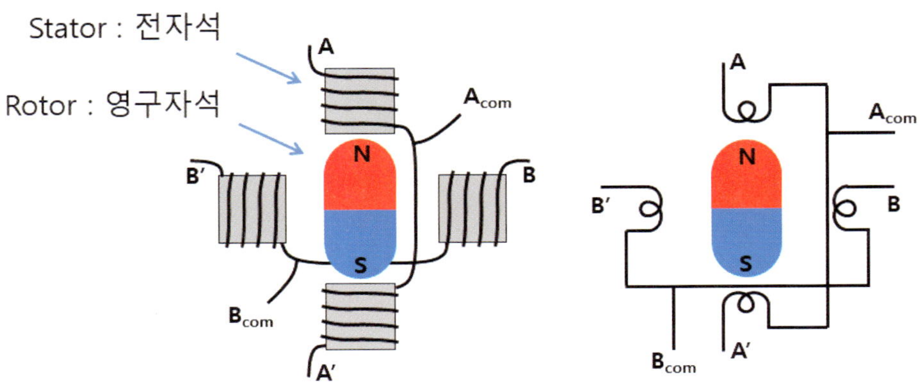

스테핑 모터의 작동원리를 살펴보기로 한다. 먼저, 공통 단자 A_{com}과 B_{com}을 GND에 연결시킨다.

다음과 같이 전자석 고정자 A/B/A′/B′에 순차적으로 전류를 흘린다.

① A에 전압을 가하여(나머지 단자 B, A′, B′은 GND),
12시 방향 고정자 전자석을 S극으로 만든다. ➜ 고정자 N극 12시 방향 정렬

② B에 전압을 가하여(나머지 단자 A, A′, B′은 GND),
03시 방향 고정자 전자석을 S극으로 만든다. ➜ 고정자 N극 03시 방향으로 90도 회전

③ A′에 전압을 가하여(나머지 단자 A, B, B′은 GND),
06시 방향 고정자 전자석을 S극으로 만든다. ➜ 고정자 N극 06시 방향으로 90도 회전

④ B′에 전압을 가하여(나머지 단자A, B, A′은 GND),
09시 방향 고정자 전자석을 S극으로 만든다. ➜ 고정자 N극 09시 방향으로 90도 회전

위의 1~4번 과정을 반복하면 영구자석이 계속 회전하며, 전자석의 신호 변경 주기를 조절함으로써 모터의 회전 속도를 조절할 수 있다. 여기서, 전자석의 극수와 영구자석의 극수를 변경하면, 스텝 당 회전 각도를 조절할 수 있다.

Loop	A	B	A′	B′
#0	1	0	0	0
#1	0	1	0	0
#2	0	0	1	0
#3	0	0	0	1

Loop	A	B	A′	B′
#0	1	0	0	0
#1	0	1	0	0
#2	0	0	1	0
#3	0	0	0	1

Loop	A	B	A′	B′
#0	1	0	0	0
#1	0	1	0	0
#2	0	0	1	0
#3	0	0	0	1

Loop	A	B	A′	B′
#0	1	0	0	0
#1	0	1	0	0
#2	0	0	1	0
#3	0	0	0	1

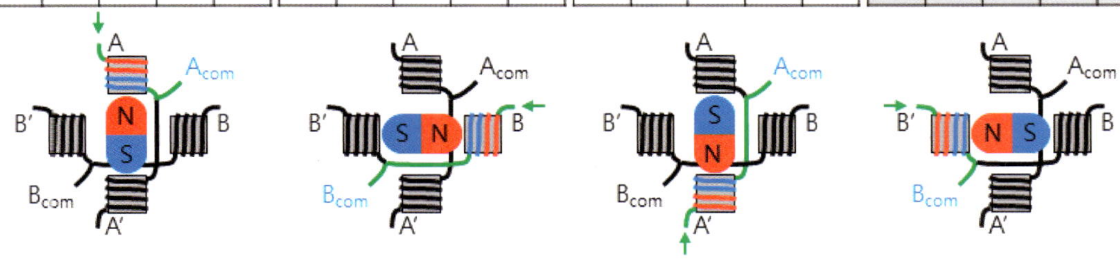

10.1.1 Unipolar / Bipolar

앞에서 본 바와 같이 전자석 고정자는 A−A′와 B−B′과 같이 쌍으로 이루어져 있는데, 전자석이 하나씩 따로 자화되는 것을 Unipolar라 하고, 한 쌍의 전자석이 동시에 자화되는 것을 Bipolar라 한다. 이를 구현하는 구체적인 방법은 Unipolar는 공통단자 A_{com}과 B_{com}을 GND에 연결하고 A−B−A′−B′에 순차적으로 전원을 공급하는 반면, Bipolar는 공통단자 A_{com}과 B_{com}을 GND에 연결하지 않고 개방하여 둔 채로 A−B−A′−B′에 순차적으로 전원을 공급한다. 따라서, Unipolar는 한번에 하나의 전자석에만 일정한 방향으로 자화가 일어나는 반면, Bipolar는 한 쌍의 전자석 두 개가 동시에 자화되고 자화 방향은 교대로 뒤바뀌는 것을 알 수 있다.

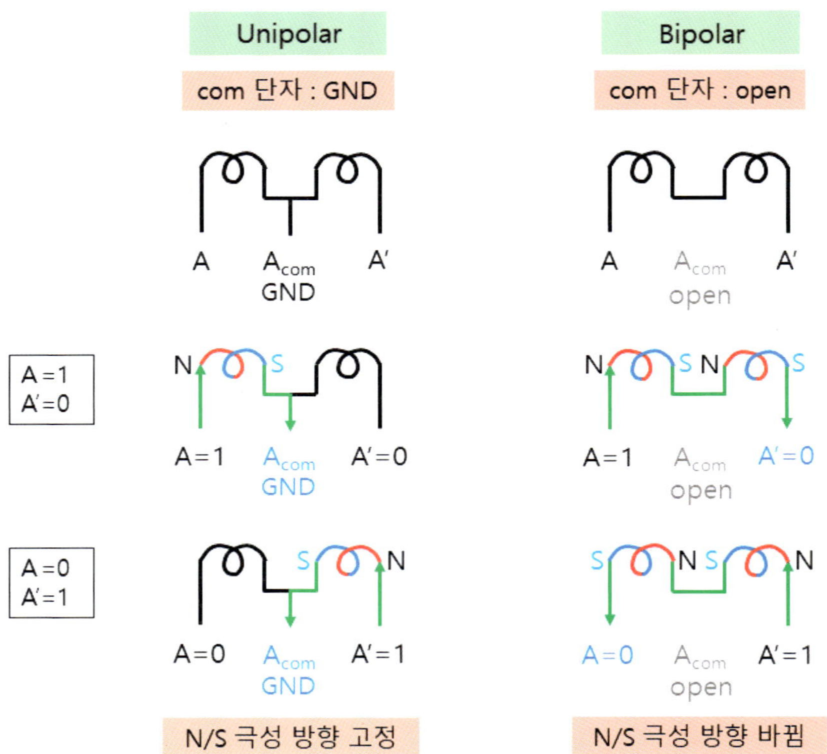

Unipolar

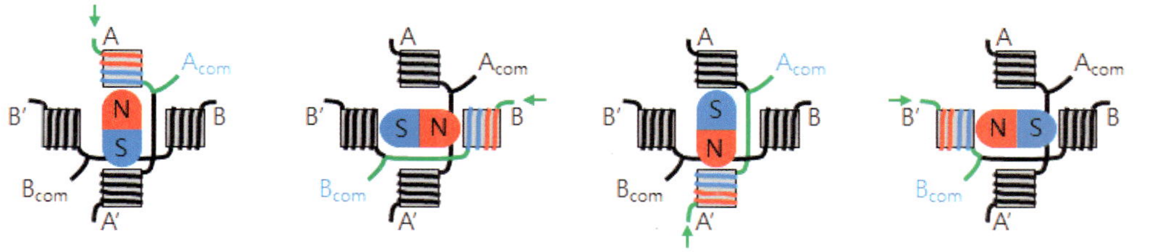

Loop	A	B	A'	B'
#0	1	0	0	0
#1	0	1	0	0
#2	0	0	1	0
#3	0	0	0	1

Loop	A	B	A'	B'
#0	1	0	0	0
#1	0	1	0	0
#2	0	0	1	0
#3	0	0	0	1

Loop	A	B	A'	B'
#0	1	0	0	0
#1	0	1	0	0
#2	0	0	1	0
#3	0	0	0	1

Loop	A	B	A'	B'
#0	1	0	0	0
#1	0	1	0	0
#2	0	0	1	0
#3	0	0	0	1

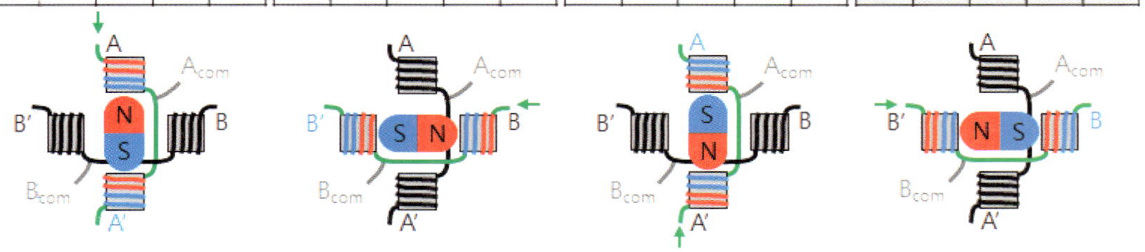

Bipolar

10.1.2 OnePhase / TwoPhase / Alternate

전자석 고정자 A–B–A′–B′에 전원을 공급하는 방식에 따라 OnePhase와 TwoPhase, Alternate로 구분할 수 있다. OnePhase는 한번에 하나의 전자석을 자화시키는 반면, TwoPhase는 항상 이웃한 두 전자석을 동시에 자화시킨다. Alternate는 OnePhase와 TwoPhase를 교대로 한 번씩 섞어서 사용한다. TwoPhase는 OnePhase 보다 토크가 더 강하고, Alternate는 OnePhase나 TwoPhase보다 한 스텝에 이동하는 각도가 절반 밖에 되지 않으므로 정밀도가 향상된다.

OnePhase
Standard

	A	B	A'	B'
#0	**1**	0	0	0
#1	0	**1**	0	0
#2	0	0	**1**	0
#3	0	0	0	**1**

TwoPhase
Strong

	A	B	A'	B'
#0	**1**	**1**	0	0
#1	0	**1**	**1**	0
#2	0	0	**1**	**1**
#3	**1**	0	0	**1**

Alternate
half step

	A	B	A'	B'
#0	**1**	0	0	0
#1	**1**	**1**	0	0
#2	0	**1**	0	0
#3	0	**1**	**1**	0
#4	0	0	**1**	0
#5	0	0	**1**	**1**
#6	0	0	0	**1**
#7	**1**	0	0	**1**

Unipolar에 대하여 OnePhase와 TwoPhase, Alternate를 구현하면, 각각 다음과 같다.

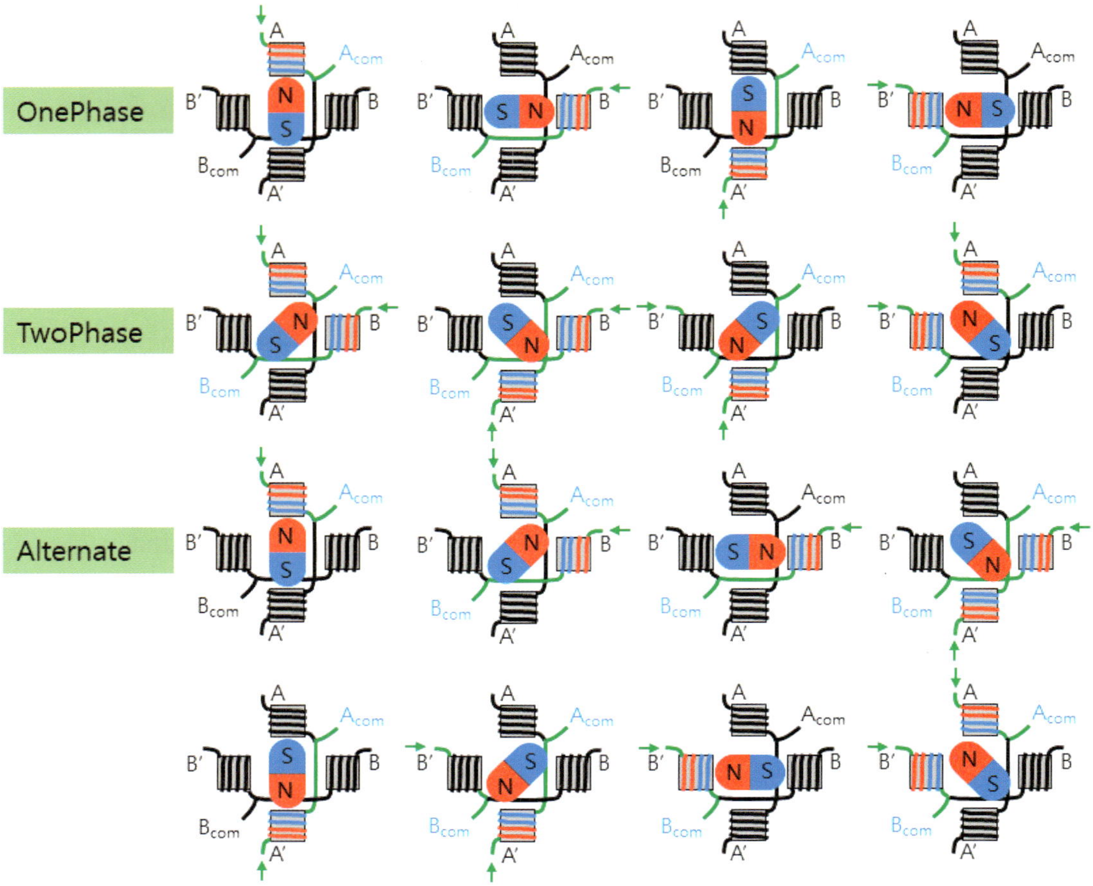

예제

10.1

Bipolar에 대하여 OnePhase와 TwoPhase, Alternate를 각각 구현하라.

10.1.3 스테핑 모터 속도 제어

스테핑 모터의 속도를 제어하려면, 각 스텝의 신호 주기를 짧게 하면 된다. 하지만, 신호 주기가 너무 빠르면 회전자가 회전 관성을 극복하지 못하여 외부 전자석 고정자의 극성 변화를 따라 가지 못하므로 회전자가 이탈한다. 또한, 부하가 너무 커도, 회전자의 회전 속도가 미처 따라가지 못해 회전자가 이탈한다. 따라서, 부하에 따라 최적의 회전 속도를 찾아서 스테핑 모터를 회전시켜야 한다.

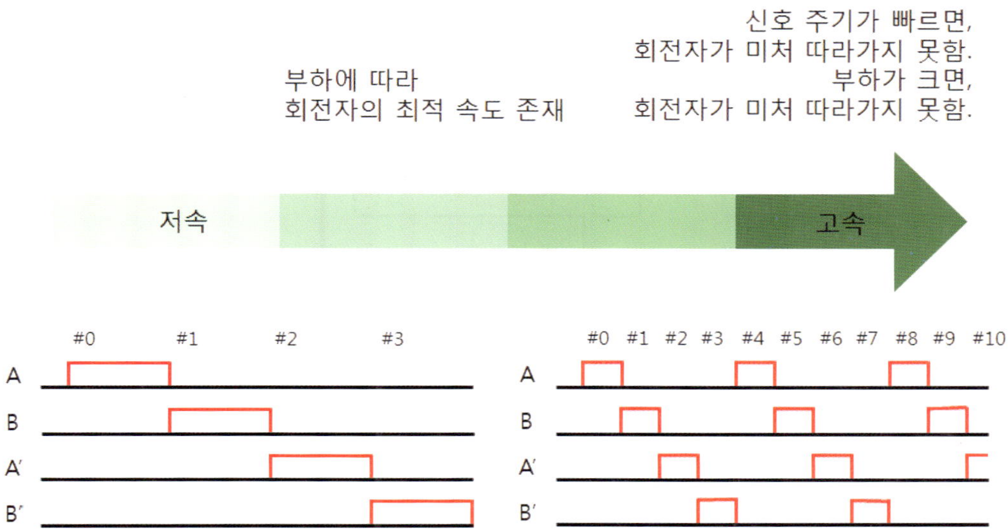

10.1.4 전자석 회전자 극수와 리드 수

전자석 고정자의 극수는 주로 4극 또는 8극으로 구성한다. 4극은 A-B-A′-B′으로, 8극은 A-B-A′-B′-A-B-A′-B′으로 각각 구성되어 있다.

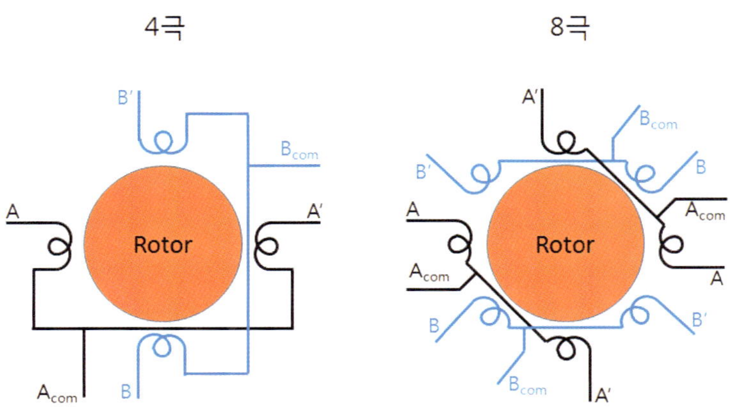

스테핑 모터를 제어하기 위한 리드 수는 5개(A, B, A′, B′, com), 6개(A, B, A′, B′, A_{com}, B_{com}) 또는 8개(A, $\overline{A}$, B, $\overline{B}$, A′, $\overline{A'}$, B′, $\overline{B'}$)를 자주 사용한다.

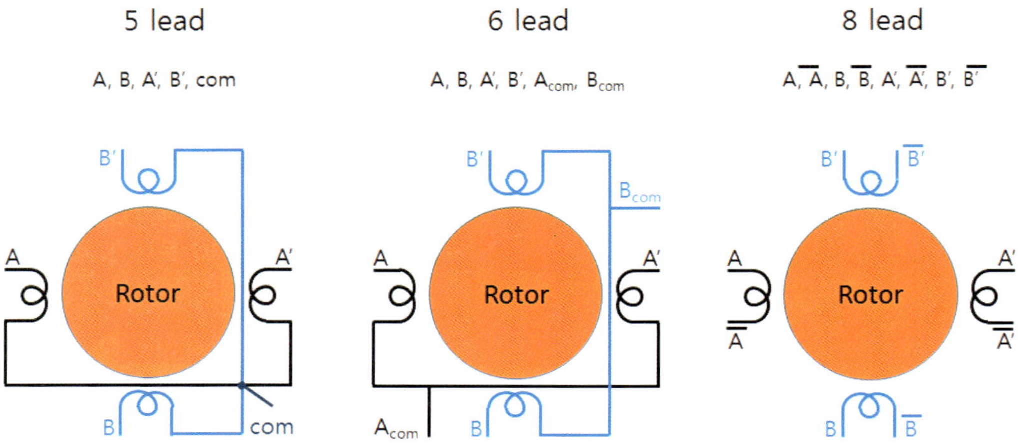

10.2 Stepper 라이브러리

아두이노 IDE는 스테핑 모터를 제어하기 위한 Stepper 라이브러리를 제공한다. 두 개의 단자 A와 A′을 사용하는 클래스와 네 개의 단자 A와 A′, B, B′을 사용하는 클래스가 있다. 통상적으로 스테핑 모터의 단자는 A, B, A′, B′의 순서로 다루는데, Stepper 라이브러리의 네 개짜리 단자를 사용하는 클래스는 A, A′, B, B′의 순서로 두 번째와 세 번 째 핀의 순서가 바뀌어 있는 것에 주의하여야 한다.

- Stepper 라이브러리

```
Stepper(STEPSPERREV pinA, pinAp)
Stepper(STEPSPERREV, pinA, pinAp, pinB, pinBp)
```

Stepper 라이브러리의 사용법은 다음과 같다.

```
#include <Stepper>

Stepper myStepper(STEPSPERREV, pinA, pinAp, pinB, pinBp);       // 핀 순서 주의

myStepper.setSpeed(rpm);                       // 회전속도 rpm 설정

myStepper.step(numsteps);                      // numsteps 스텝만큼 회전 이동

myStepper.step(-numsteps);                     // 역방향으로 numsteps 스텝만큼 회전 이동
```

10.3 스테핑 모터 28BYJ-48 & 드라이버 ULN2003

스테핑 모터 28BYJ-48은 5개의 단자를 가진 Unipolar 스테핑 모터로써, 외부전원을 공급하면 분당 15-30회전을 하지만, 아두이노 Uno 보드의 전원을 사용하면 분당 13회전을 넘기 어렵다. 정격 전류는 100-150mA이고, 정격 토크는 0.035Nm이다.

모터의 기어박스 뚜껑을 열면 1:64의 감속 기어가 보인다.

$$\frac{32}{9} \times \frac{22}{11} \times \frac{26}{9} \times \frac{31}{10} = 63.68 \cong 64$$

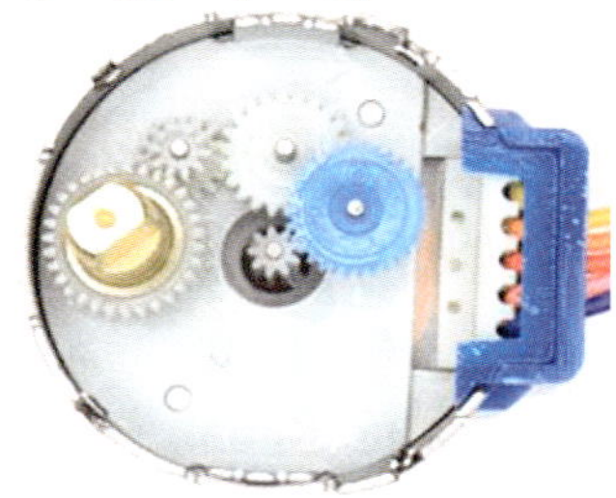

스테핑 모터 28BYJ-48은 일반적인 스테핑 모터와 달리, 원형 코일 #1의 양 끝에 단자 A(Blue)와 단자 A′(Yellow)을, 중앙에 공통 단자 A_{com}(Red)을 각각 연결하고, 상판과 하판에 각각 8개의 철심이 코일 안에서 서로 엇갈려 배치되어 있다. 원형 코일 #2의 양 끝에 단자 B(Pink)와 단자 B′(Orange)을, 중앙에 공통 단자 B_{com}(Red)을 각각 연결하고, 상판과 하판에 각각 8개의 철심이 코일 안에서 서로 엇갈려 배치되어 있다. #2의 상판과 하판에 서로 엇갈려 배치된 8개의 철심을 #1에 대하여 360/32도 각도만큼 시계방향으로 회전시켜 배치한다. #1의 공통단자 A_{com}(Red)과 #2의 공통단자 B_{com}(Red)을 서로 연결하여 단자 COM(Red)에 연결하면, 5개의 단자(A, A′, B, B′, COM)를 갖는 Unipolar 스테핑 모터를 구성한다.

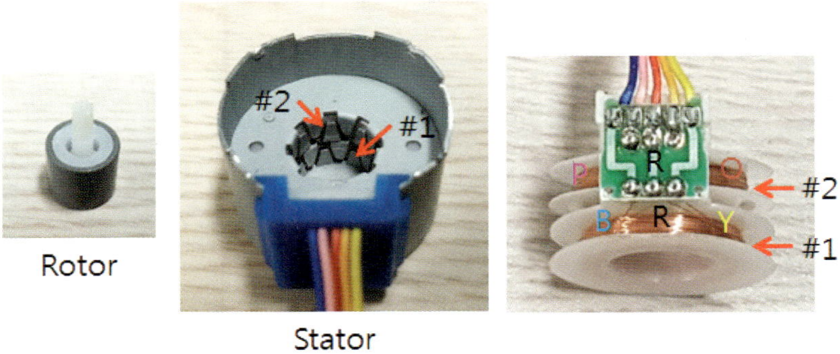

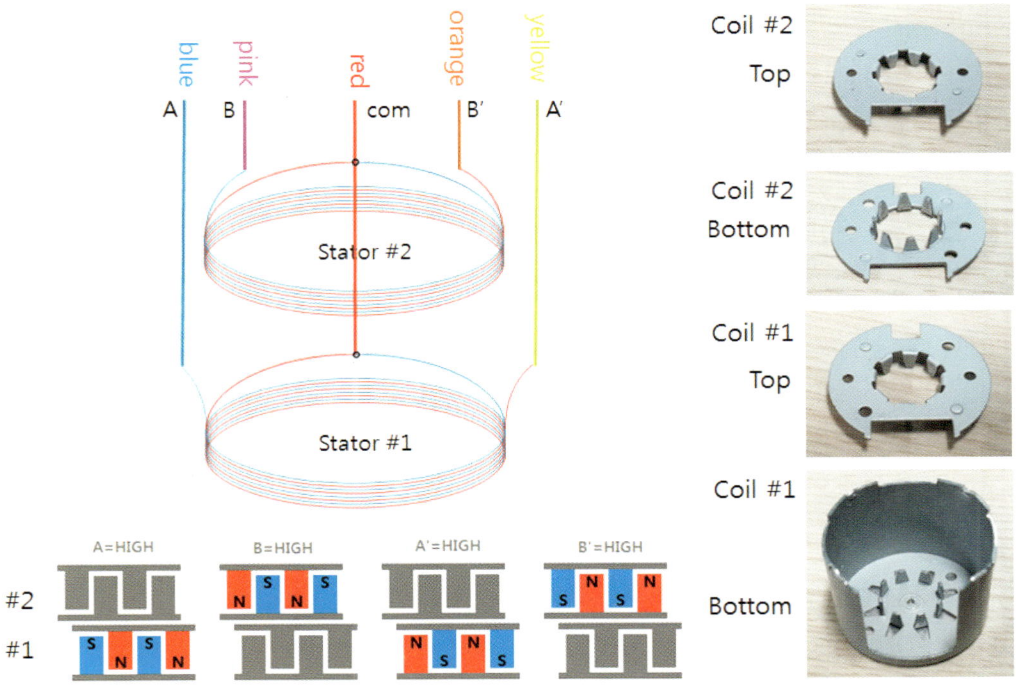

원형 코일 #1에 대하여 단자 A(Blue)에 전압을 인가하면 상판의 철심은 N극, 하판의 철심은 S극이 되고, 단자 A'(Yellow)에 전압을 인가하면 상판의 철심은 S극, 하판의 철심은 N극이 된다. 원형코일 #2에 대하여 단자 B(Pink)에 전압을 인가하면 상판의 철심은 N극, 하판의 철심은 S극이 되고, 단자 B′(Crange)에 전압을 가하면 상판의 철심은 S극, 하판의 철심은 N극이 된다.

A, B, A′, B′전압을 가하는 방법에 따라 OnePhase, TwoPhase, Alternate가 있다.

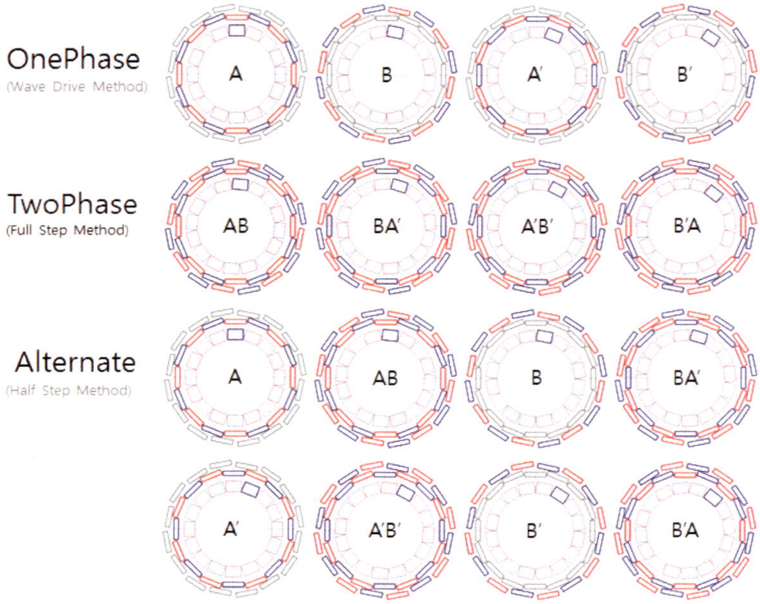

#	A	B	A′	B′
0	1	0	0	0
1	0	1	0	0
2	0	0	1	0
3	0	0	0	1

#	A	B	A′	B′
0	1	1	0	0
1	0	1	1	0
2	0	0	1	1
3	1	0	0	1

#	A	B	A′	B′
0	1	0	0	0
1	1	1	0	0
2	0	1	0	0
3	0	1	1	0
4	0	0	1	0
5	0	0	1	1
6	0	0	0	1
7	1	0	0	1

회전자의 영구자석은 한 행에 8개의 N극을, 다른 행에 8개의 S극을 서로 엇갈려 배치하면, OnePhase와 TwoPhase는 한 스텝에 1/2*360/16=360/32도만큼 회전하고, Alternate는 한 스텝에 360/64(OnePhase나 TwoPhase의 절반에 해당)만큼 회전한다. 감속기어비 1:64를 고려하면, 회전자의 360도 회전에 OnePhase/TwoPhase는 32*64=2048 스텝, Alternate는 64*64=4096 스텝을 갖는다. 따라서, OnePhase/TwoPhase에서 STEPSPERREV는 2048이다.

스테핑 모터는 총 5개의 리드선을 갖는데, 모터 드라이버에 소켓으로 연결한다. 드라이버는 4쌍의 전자석을 제어하기 위한 4개의 단자 IN1, IN2, IN3, IN4를 갖고 있고, 디지털 출력 핀 4개를 각각 연결하여 각 스텝 별로 전자기장을 제어한다. 모터를 회전시키는 전력은 드라이버 모듈의 + 단자와 - 단자를 통하여 공급되는데, 큰 소비전력을 요하는 경우 별도의 전원을 연결하고, - 단자를 아두이노의 GND에 연결하여 모든 GND를 하나로 서로 연결시켜야 한다. 28BYJ-48 스테핑 모터는 소비전력이 크지 않아 아두이노의 5V와 GND를 이용하여 전원을 공급할 수 있지만, 충분한 전력을 공급하기에는 부족하다. 아두이노 Uno 보드에서 스테핑 모터를 구동시키면, 5V 핀의 전압이 4.6V로 떨어진다. 스테핑 모터 드라이버에 대한 자세한 설명은 다음 절에서 다루기로 한다.

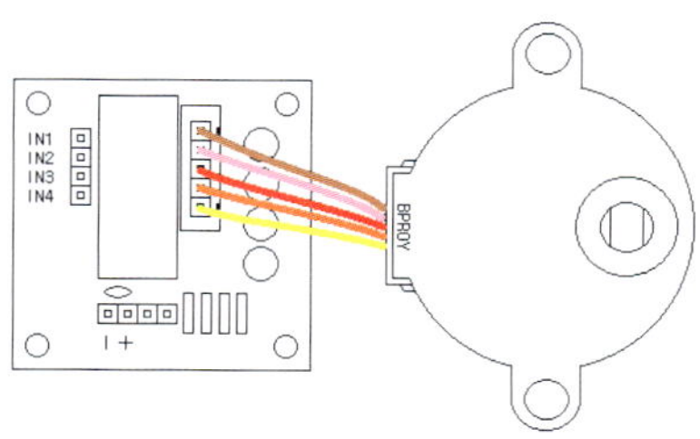

10.3.1 ULN2003 드라이버

ULN2003 드라이버는 두가지 종류가 있다. 첫 번째 종류로 Type A가 있다.

두 번째 종류로 Type B가 있다.

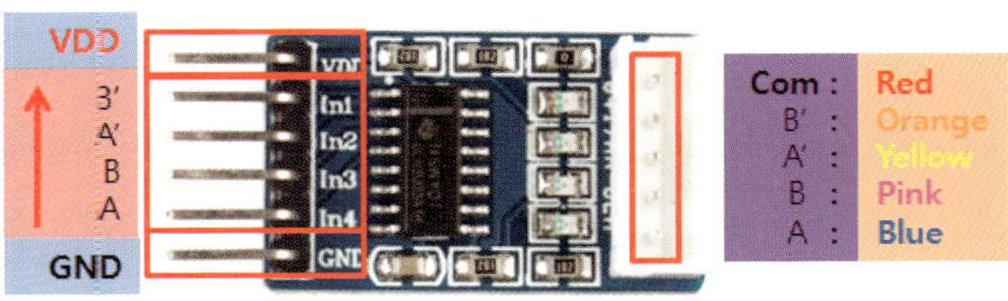

Type A는 드라이버의 In1, In2, In3, In4가 올바르게 표기되어 있지만, Type B는 In1, In2, In3, In4가 순서가 거꾸로 표기되어 있다. Type B를 사용할 때에는 In1, In2, In3, In4의 순서를 역순으로 사용하여야 된다.

10.3.2 드라이버 회로 연결 및 구동 스케치 프로그램

드라이버의 IN1, IN2, IN3, IN4에 디지털 출력 핀 2, 3, 4, 5번 핀을 각각 연결한다.

- 아두이노 내부 전원을 사용하는 경우

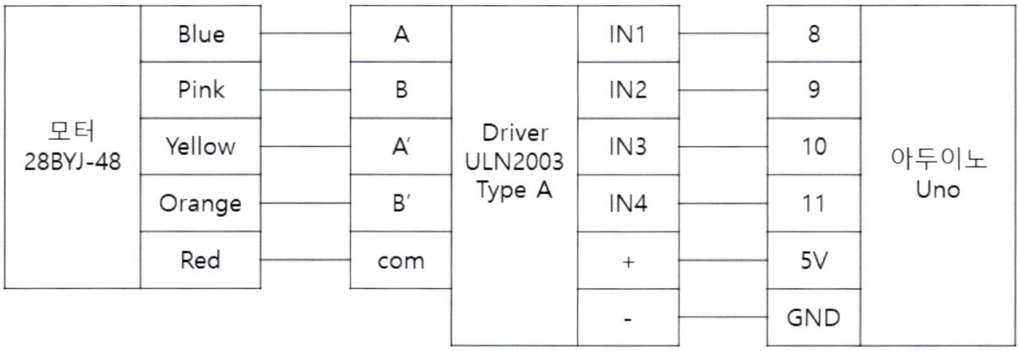

- 외부 전원을 사용하는 경우

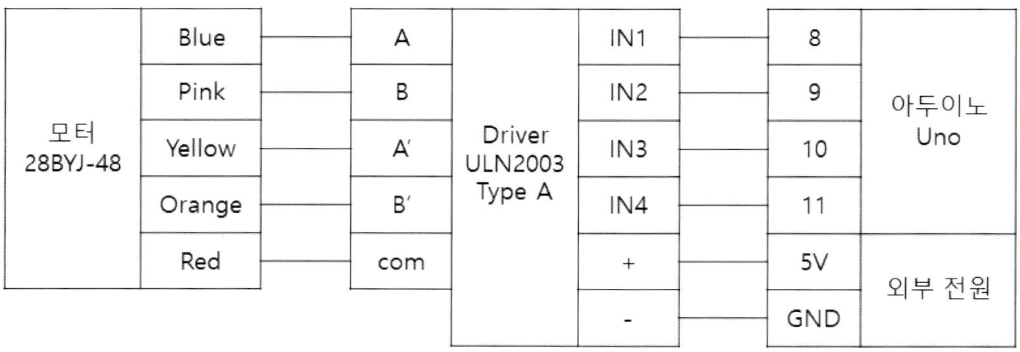

아두이노 내부 전원을 사용하면 전력이 모자라서, 스테핑 모터의 회전수가 감소하고, 아두이노 Uno 보드의 5V 핀의 전압이 4.4V로 떨어진다.

Stepper 라이브러리를 이용하여 스테핑 모터를 구동하는 스케치 프로그램 소스이다. 스테핑 모터가 시계방향으로 360도 회전 후 1초 간 정지하는 과정을 무한 반복한다.

```
#include <Stepper.h>
#define STEPSPERREV 2048                // StepsPerRev = 32 for 28BYJ-48
const byte pinIn1 = 8;                  // A
const byte pinIn2 = 9;                  // B
```

```
const byte pinIn3 = 10;                 // A'
const byte pinIn4 = 11;                 // B'

Stepper myStepper(STEPSPERREV, pinIn1, pinIn3, pinIn2, pinIn4); // A, Ap, B, Bp

int rpm = 8;                            // MAX 13 with Arduino Power

void setup() {
  myStepper.setSpeed(rpm);
}

void loop() {
  int numSteps = STEPSPERREV;           // One Revolution
  myStepper.step(numSteps);
  delay(1000);
}
```

Stepper 라이브러리를 사용할 때에는 스테핑모터객체를 선언할 때, 4개 단자의 순서에 주의하여야 한다. A, B, A′, B′의 순서가 아니고, A, A′, B, B′이다.

```
Stepper 스테핑모터객체(360도 스탭수, 단자 A, 단자 A′, 단자 B, 단자 B′);
```

스테핑 모터가 회전하고 있는 순간에 대하여, 구동 전압에 따른 최대 rpm과 전류를 측정해 보면 다음과 같다.

전원 종류	Vcc[V]	Max rpm	I(A)
아두이노	4.4	13	0.14
외부전원	5	15	0.16
	6	16	0.21
	7	18	0.24
	8	20	0.28
	9	21	0.32
	10	23	0.37
	11	25	0.41
	12	26	0.44

• 시계방향 무한 회전 스케치 프로그램 소스

```
#include <Stepper.h>
#define STEPSPERREV 2048 // StepsPerRev = 2048 for 28BYJ-48

const int pinIn1 = 8;
const int pinIn2 = 9;
const int pinIn3 = 10;
const int pinIn4 = 11;

Stepper myStepper(STEPSPERREV, pinIn1, pinIn3, pinIn2, pinIn4);

int rpm = 8;

void setup() {
  myStepper.setSpeed(rpm);
}

void loop() {
  myStepper.step(1);                    // + : CW
}
```

• 반시계방향 무한 회전 스케치 프로그램 소스

```
#include <Stepper.h>
#define STEPSPERREV 2048 // StepsPerRev = 2048 for 28BYJ-48

const int pinIn1 = 8;
const int pinIn2 = 9;
const int pinIn3 = 10;
const int pinIn4 = 11;

Stepper myStepper(STEPSPERREV, pinIn1, pinIn3, pinIn2, pinIn4);

int rpm = 8;

void setup() {
  myStepper.setSpeed(rpm);
}

void loop() {
  myStepper.step(-1);                   // - : CCW
}
```

예제 **10.2**

Tact 스위치를 이용하여 스테핑 모터의 회전 방향을 변경하고, 두 개의 LED를 연결하여 회전 방향을 표시하라.

Tact 버튼 : 내부 Pullup 스위치 사용, 인터럽트 0 사용

LED #1 : 12번 핀

LED #2 : 13번 핀

In1, In2, In3, In4 : 8, 9, 10, 11번 핀

```
#include <Stepper.h>

#define RPM 10

#define STEPSPERREV 2048

const int pinBtn = 2;      // internal PULLUP, Interrupt 0
const int pinLED_CW = 12;
const int pinLED_CCW = 13;

const int pinIn1 = 8;
const int pinIn2 = 9;
const int pinIn3 = 10;
const int pinIn4 = 11;

Stepper myStepper(STEPSPERREV, pinIn1, pinIn3, pinIn2, pinIn4);

boolean isCW;

void changeRotationDirection() {
  isCW = !isCW
  delay(10);   // delay for inertia
}

void setup() {
  pinMode(pinLED_CW, OUTPUT);
  pinMode(pinLED_CCW, OUTPUT);
  pinMode(pinBtn, INPUT_PULLUP);

  myStepper.setSpeed(RPM);
```

```
  attachInterrupt(0, changeRotationDirection, FALLING);

  isCW = true;
  digitalWrite(pinLED_CW, HIGH);
  digitalWrite(pinLED_CCW, LOW);
}

void loop() {
  if (isCW) {
    myStepper.step(1);
    digitalWrite(pinLED_CW, HIGH);
    digitalWrite(pinLED_CCW, LOW);
  }
  else {
    myStepper.step(-1);
    digitalWrite(pinLED_CW, LOW);
    digitalWrite(pinLED_CCW, HIGH);
  }
}
```

예제

10.3

Rotary Potentiometer의 입력 구간을 5등분하여 분당 회전수 rpm을 -10, -5, 0, 5, 10으로 각각 할당하여, 스테핑 모터의 회전속도와 방향을 제어하라.

가변 저항 : A0 핀

LED #1 : 12번 핀

LED #2 : 13번 핀

In1, In2, In3, In4 : 8, 9, 10, 11번 핀

```
#include <Stepper.h>

int rpm;       //10rpm, 5rpm, stop

#define STEPSPERREV 2048

const int pinPtn = A0;
const int pinLED_CW = 12;
const int pinLED_CCW = 13;
```

```
const int pinIn1 = 8;
const int pinIn2 = 9;
const int pinIn3 = 10;
const int pinIn4 = 11;

Stepper myStepper(STEPSPERREV, pinIn1, pinIn3, pinIn2, pinIn4);

int isCW;  //-1: CCW, 0:STOP, 1:CW

void setup() {
  pinMode(pinLED_CW, OUTPUT);
  pinMode(pinLED_CCW, OUTPUT);

  isCW = 0;
  digitalWrite(pinLED_CW, LOW);
  digitalWrite(pinLED_CCW, LOW);

  rpm = 0;
  myStepper.setSpeed(rpm);
}

void loop() {
  int value;

  value = map(analogRead(pinPtn), 0, 1023, 0, 4);

  if (value == 0) {
    rpm = 10;
    isCW = -1;  //CCW
    digitalWrite(pinLED_CW, LOW);
    digitalWrite(pinLED_CCW, HIGH);
  }
 else if (value == 1) {
    rpm = 5;
    isCW = -1;  //CCW
    digitalWrite(pinLED_CW, LOW);
    digitalWrite(pinLED_CCW, HIGH);
  }
```

```
  else if (value == 2) {
    rpm = 0;
    isCW = 0;  //STOP
    digitalWrite(pinLED_CW, LOW);
    digitalWrite(pinLED_CCW, LOW);
  }
  else if (value == 3) {
    rpm = 5;
    isCW = 1;  //CW
    digitalWrite(pinLED_CW, HIGH);
    digitalWrite(pinLED_CCW, LOW);
  }
  else {
    rpm = 10;
    isCW = 1;  //CW
    digitalWrite(pinLED_CW, HIGH);
    digitalWrite(pinLED_CCW, LOW);
  }

  myStepper.setSpeed(rpm);
  myStepper.step(isCW);
}
```

예제

10.4

가변 저항을 이용하여 -512에서 512의 범위에서 스테핑 모터의 스텝 위치를 변화시켜 각도를 제어하라.

```
setPosition = map(analogRead(pinPtn), 0, 1023, -STEPSPERREV/4, STEPSPERREV/4);
```

```
#include <Stepper.h>

#define RPM 10

#define STEPSPERREV 2048
const int pinPtn = A0;
const int pinLED_CW = 12;
const int pinLED_CCW = 13;

const int pinIn1 = 8;
const int pinIn2 = 9;
```

```
const int pinIn3 = 10;
const int pinIn4 = 11;

Stepper myStepper(STEPSPERREV, pinIn1, pinIn3, pinIn2, pinIn4);

int currentPosition, setPosition;

void setup() {
  pinMode(pinLED_CW, OUTPUT);
  pinMode(pinLED_CCW, OUTPUT);

  myStepper.setSpeed(RPM);

  digitalWrite(pinLED_CW, LOW);
  digitalWrite(pinLED_CCW, LOW);
  currentPosition = 0;
  setPosition = 0;
}

void loop() {
  setPosition = map(analogRead(pinPtn), 0, 1023, -STEPSPERREV/4, STEPSPERREV/4);

  if(currentPosition < setPosition) {
    digitalWrite(pinLED_CW, HIGH);
    digitalWrite(pinLED_CCW, LOW);
    currentPosition ++;
    myStepper.step(1);     // CW
  }
  if(currentPosition > setPosition) {
    digitalWrite(pinLED_CW, LOW);
    digitalWrite(pinLED_CCW, HIGH);
    currentPosition --;
    myStepper.step(-1);     // CCW
  }
  if(currentPosition == setPosition) {
    digitalWrite(pinLED_CW, LOW);
    digitalWrite(pinLED_CCW, LOW);
    myStepper.step(0);     // STOP
  }

  delay(100);
}
```

예제

10.5

시리얼 모니터로부터 회전 각도(deg)를 입력받아, 스테핑 모터 회전을 제어하라.

```
#include <Stepper.h>
#define STEPSPERREV 2048
const byte pinIn1 = 8;     // A
const byte pinIn2 = 9;     // B
const byte pinIn3 = 10;    // A'
const byte pinIn4 = 11;    // B'

Stepper myStepper(STEPSPERREV, pinIn1, pinIn3, pinIn2, pinIn4);

int rpm = 8;
bool isRotate = false;
int angle, currentAngle=0;  // in Degrees

void setup() {
  myStepper.setSpeed(rpm);
  Serial.begin(9600);
  Serial.print("Current Angle (degrees) = ");
  Serial.print(currentAngle);
  Serial.print(" \t");
  Serial.println("Enter the angle (degrees) : ");
}

void loop() {
  int numSteps;

  if (isRotate==true) {
    numSteps = (angle-currentAngle)/360.0*STEPSPERREV;
    myStepper.step(numSteps);
    currentAngle = angle;
    isRotate = false;

    Serial.print("Current Angle (degrees) = ");
    Serial.print(currentAngle);
    Serial.print(" \t");
    Serial.println("Enter the angle (degrees) : ");
  }
  delay(100);
}

void serialEvent() {
  while (Serial.available()) {
    angle = Serial.parseInt();
    if (angle != currentAngle)
      isRotate = true;
  }
}
```

여기서, parseInt()는 시리얼 모니터로부터 정수 값을 읽어 들이는 함수이다. 단, parseInt()를 사용하려면, 시리얼 모니터의 문장 끝 특수 옵션을 [line ending 없음]으로 설정하여야 한다.

10.4 스테핑 모터 SST42D1100 & 드라이버 L298N

스테핑 모터 SST42D1100은 마이크로 마우스 바퀴 구동에 널리 사용되는 시나노켄시사의 스테핑 모터이다. 360도를 200 스텝으로 회전하므로 step angle은 1.8°이고, holding torque는 1.9kg-cm 이다.

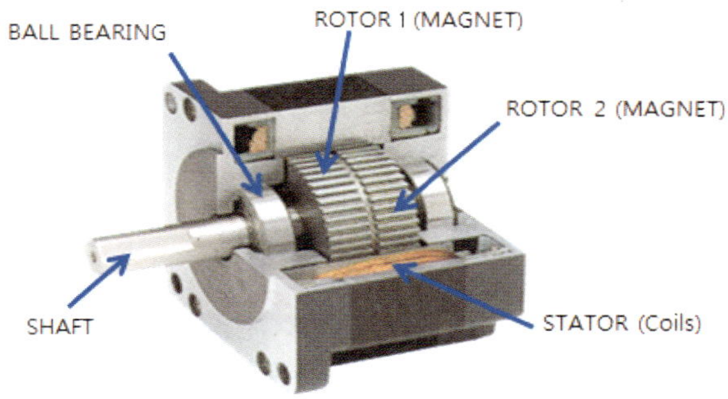

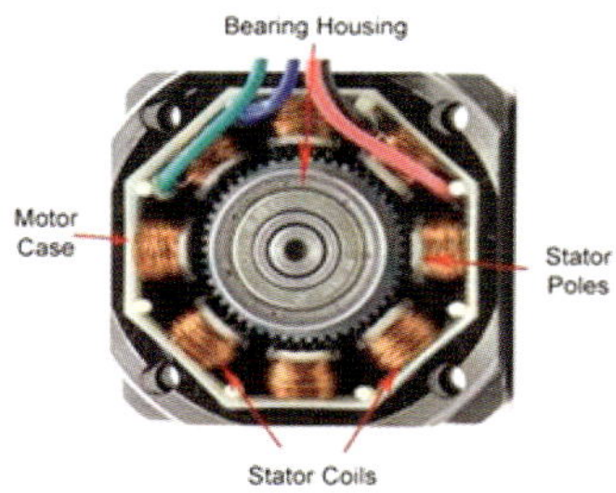

스테핑 모터 SST42D1100는 N-S 교대로 100극의 영구자석으로 된 회전자와, 8극(A-B-A′-B′-A-E-A′-B′)의 전자석으로 된 고정자, 6개의 리드(A-Brown, A_{com}-Black, A′-Orange, B-Red, B_{com}-White, B′-Yellow)를 갖고 있다.

스텝핑 모터 : SST42D1100
Stator : 전자석 8극
Rotor : 영구자석 100극
Lead : 6개

A	Brown
Acom	Black
A'	Orange
B	Red
Bcom	White
B'	Yellow

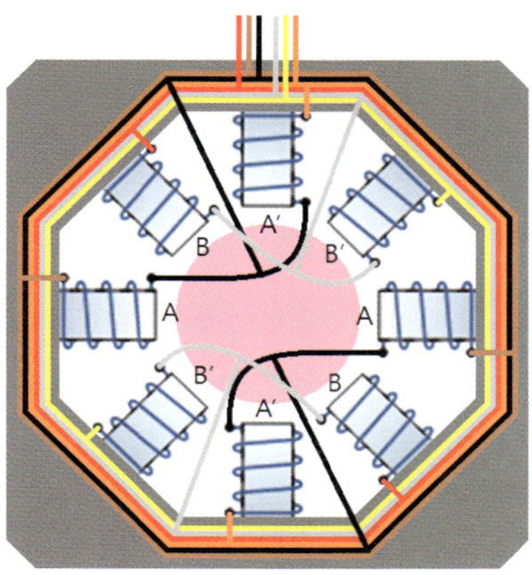

10.4.1 스테핑 모터 SST42D1100

스테핑 모터에서 각 리드의 역할은 색으로 구별하는데, 제조 업체의 모델마다 색이 조금씩 다르다. SST42D1100은 A-Brown, A_{com}-Black, A′-Orange, B-Red, B_{com}-White, B′-Yellow인 반면, KH42HM2-901은 일본 시나노켄시사의 SST42D1100를 copy한 인도네시아 제품으로 A-Black, A_{com}-Red, A′-Brown, B-Yellow, B_{com}-Blue, B′-Orange이다. 스테핑 모터의 제조업체나 모델마다 각 리드의 역할에 따른 색이 다르므로, 제조사의 홈페이지에서 Data Sheet를 다운로드하여 색에 따른 리드의 역할을 확인하여야 한다.

스텝핑 모터 : SST42D1100
Stator : 전자석 8극
Rotor : 영구자석 100극
Lead : 6개

A	Brown
Acom	Black
A'	Orange
B	Red
Bcom	White
B'	Yellow

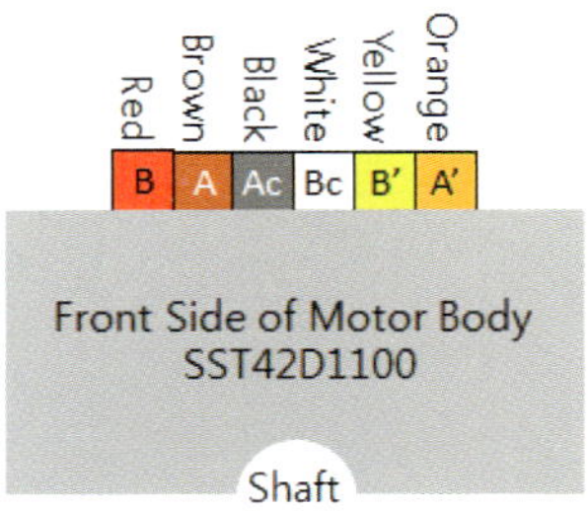

스텝핑 모터 : KH42HM2-901
Stator : 전자석 8극
Rotor : 영구자석 100극
Lead : 6개

A	Black
Acom	Red
A'	Brown
B	Yellow
Bcom	Blue
B'	Orange

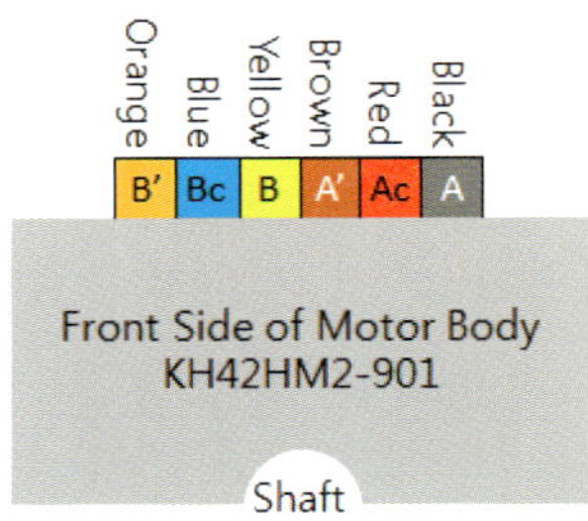

10.4.2 드라이버 L298N

드라이버 L298N으로 하나의 스테핑 모터를 구동할 수 있다. ENA와 ENB 핀은 사용하지 않고, Stepper 라이브러리의 스테핑 모터 객체를 선언할 때, IN1, IN2, IN3, IN4에 A, B, A′, B′에 해당하는 핀을 연결시키면, 이를 외부 전압 VCC로 증폭시켜 OUT1, OUT2, OUT3, OUT4에 A, B, A′, B′의 전압을 제공함으로써, 스테핑 모터의 회전을 제어할 수 있다.

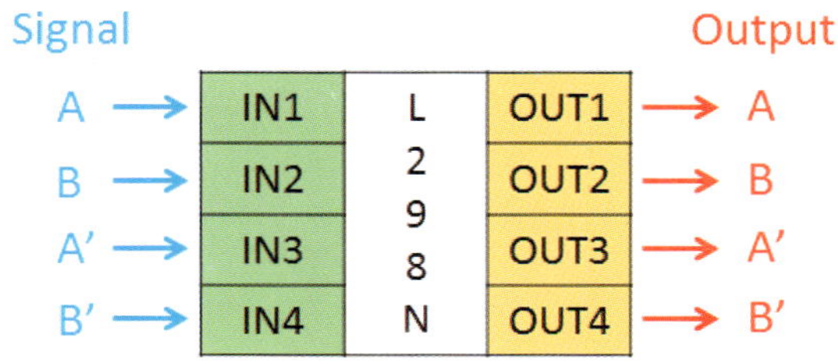

10.4.3 Unipolar : 스테핑 모터 SST42D1100

단자 A_{com}과 단자 B_{com}을 GND에 연결하면 Unipolar 방식이 된다.

Acom & Bcom : GND

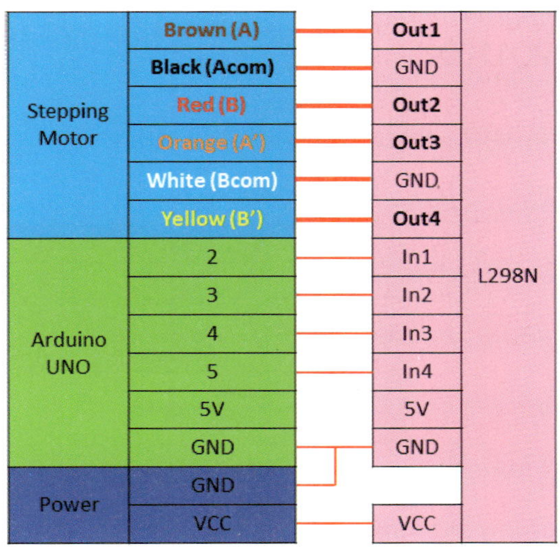

Brown	A	OUT1	In1
Red	B	OUT2	In2
Orange	A'	OUT3	In3
Yellow	B'	OUT4	In4
Black	Acom	GND	
White	Bcom		

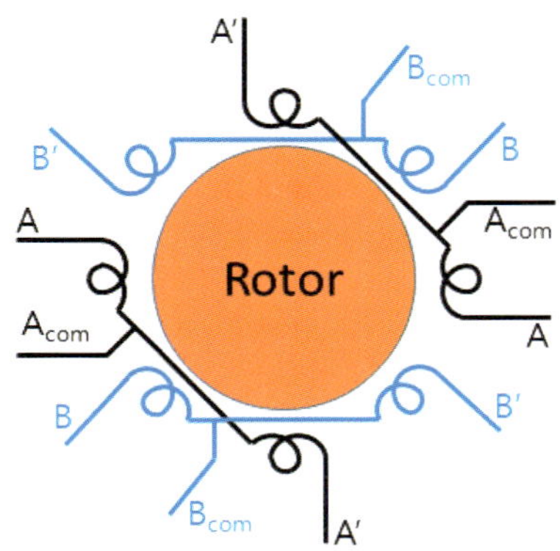

OnePhase는 매 스텝마다 하나의 전자석에만 HIGH를 공급하는 반면, TwoPhase는 매 스텝마다 이웃한 두 개의 전자석에 HIGH를 공급한다. Alternate는 OnePhase와 TwoPhase를 교대로 엇갈려 한 스텝씩 HIGH를 공급한다.

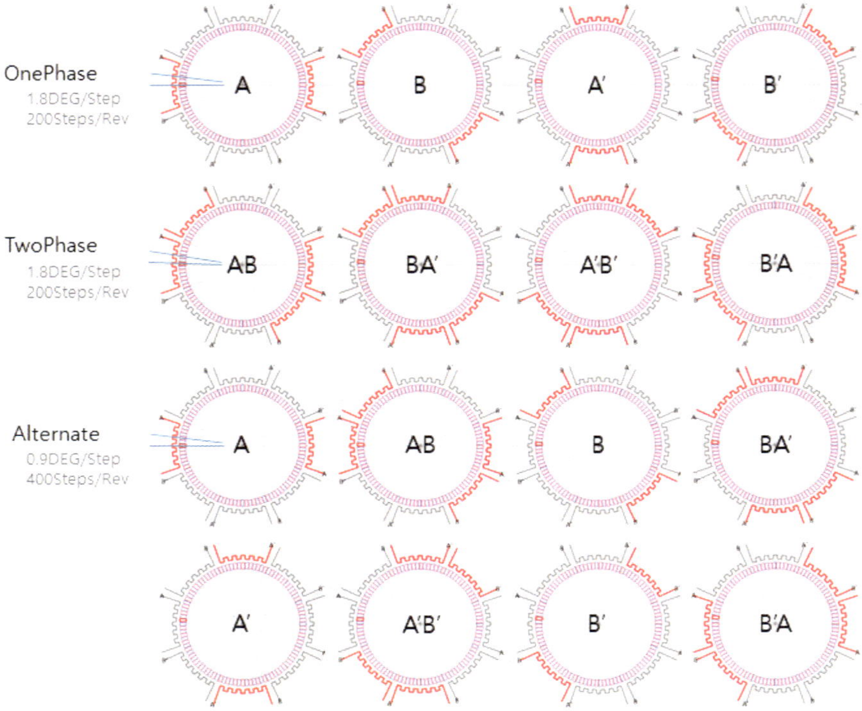

#	A	B	A′	B′
0	1	0	0	0
1	0	1	0	0
2	0	0	1	0
3	0	0	0	1

#	A	B	A′	B′
0	1	1	0	0
1	0	1	1	0
2	0	0	1	1
3	1	0	0	1

#	A	B	A′	B′
0	1	0	0	0
1	1	1	0	0
2	0	1	0	0
3	0	1	1	0
4	0	0	1	0
5	0	0	1	1
6	0	0	0	1
7	1	0	0	1

10.4.4 Bipolar : 스테핑 모터 SST42D1100

단자 A_{com}과 단자 B_{com}을 연결하지 않고 open으로 두면 Bipolar 방식이 된다.

Acom & Bcom : OPEN

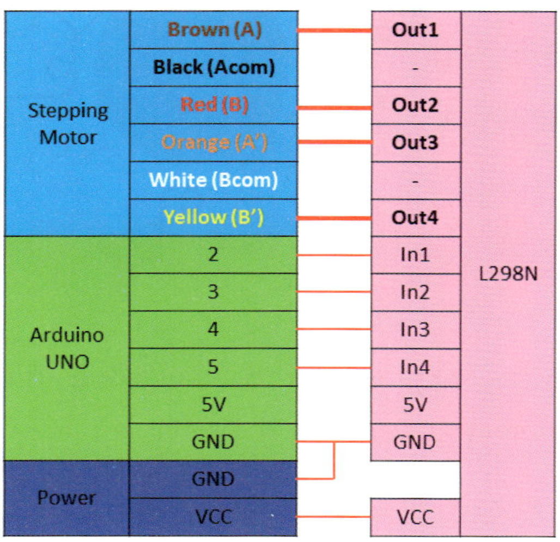

Brown	A	OUT1	In1
Red	B	OUT2	In2
Orange	A′	OUT3	In3
Yellow	B′	OUT4	In4
Black	Acom	open	
White	Bcom		

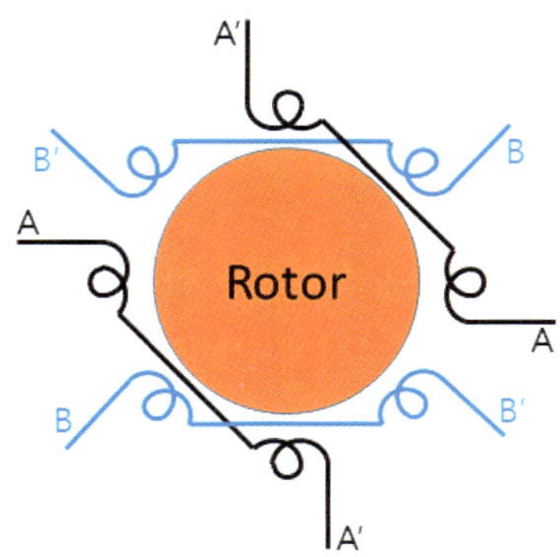

OnePhase는 매 스텝마다 하나의 전자석에만 HIGH를 공급하는 반면, TwoPhase는 매 스텝마다 이웃한 두 개의 전자석에 HIGH를 공급한다. Alternate는 OnePhase와 TwoPhase를 교대로 엇갈려 한 스텝씩 HIGH를 공급한다.

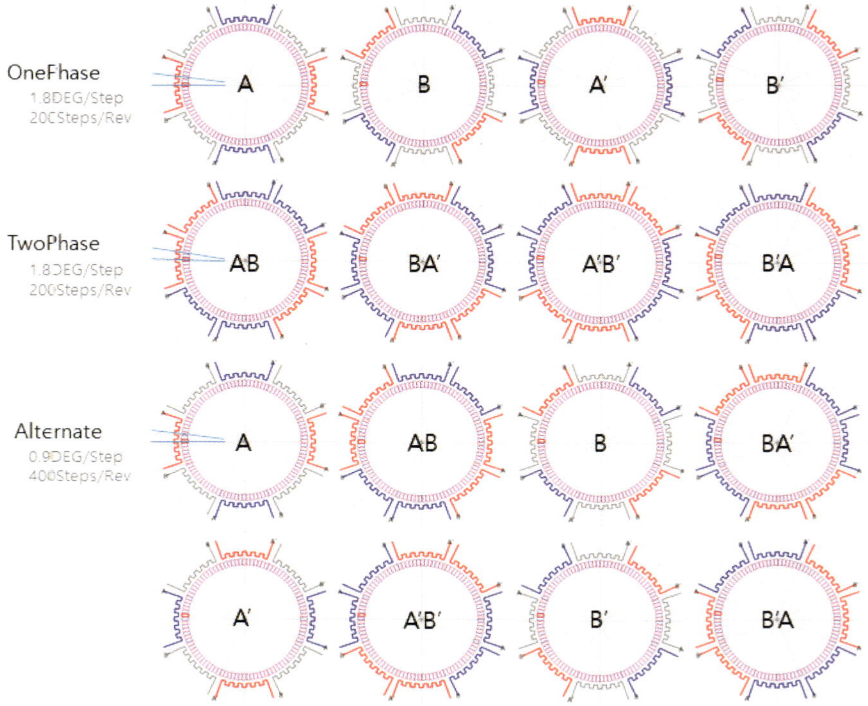

#	A	B	A'	B'
0	1	0	0	0
1	0	1	0	0
2	0	0	1	0
3	0	0	0	1

#	A	B	A'	B'
0	1	1	0	0
1	0	1	1	0
2	0	0	1	1
3	1	0	0	1

#	A	B	A'	B'
0	1	0	0	0
1	1	1	0	0
2	0	1	0	0
3	0	1	1	0
4	0	0	1	0
5	0	0	1	1
6	0	0	0	1
7	1	0	0	1

10.4.5 Stepper 라이브러리를 이용한 스테핑 모터 구동

Unipolardhk Bipolar를 구동시키기 위한 스케치 프로그램 소스는 다음과 같다.

```
#include <Stepper.h>
#define STEPSPERREV 200

const byte pinIn1 = 2;     //A
const byte pinIn2 = 3;     //B
const byte pinIn3 = 4;     //A'
const byte pinIn4 = 5;     //B'

Stepper myStepper(STEPSPERREV, pinIn1, pinIn3, pinIn2, pinIn4);
```

```
int rpm=8;

void setup()
{
  myStepper.setSpeed(rpm);
}

void loop()
{
  myStepper.step(STEPSPERREV);
  delay(1000);
}
```

A_{com}과 B_{com}을 GND에 연결하면 Unipolar로, 연결하지 않고 open으로 두면 Bipolar로 구동된다.

무부하 상태에서 전원 공급기 전압의 변화에 따른 최대 rpm과, 최대 rpm에서 모터가 회전하는 동안의 전류 I(A)는 다음과 같다.

(무부하 상태)

Vcc[V]	Max rpm	I(A)
4.3	42	0.11
4.5	68	0.17
5	102	0.29
6	186	0.58
7	217	0.75
8	227	0.85
9	244	0.96
10	255	1.05
11	272	1.2
12	283	1.3

11 CHAPTER

서보 모터

- SG90, Servo 라이브러리

CHAPTER 11

서보 모터

서보 모터는 0도에서 180도까지의 각도를 제어하는 모터이다. 통상적으로 RC 비행기나 RC 보트, RC 자동차 등을 다룰 때, 조종 수단(RC 비행기의 러더나 엘리베이터, RC 자동차의 조향장치)을 제어할 목적으로 사용하거나, 로봇의 관절에 사용한다. 서보 모터는 두 종류가 있는데, 0도에서 180도 사이에서 각도를 제어하는 표준 서보 모터 외에 360도 무제한으로 회전하는 연속 회전 서보 모터도 있다. 서보 모터를 선택할 때에는 표준형인지 연속 회전형인지 잘 살펴야 한다.

11.1 서보 모터(Servo Motor)와 RC 신호

DC 모터나 스텝핑 모터가 드라이버의 도움으로 모터를 제어하는데 비하여, 서보 모터는 모터 내부에 제어용 드라이버를 자체적으로 내장하고 있다. 서보 모터는 Vcc, Gnd, Signal, 3개의 wire를 가지고 있다. Gnd는 GROUND를, Vcc는 구동 전압을 각각 가해주고, Signal에는 서보 모터의 각도 제어를 위한 RC 신호를 입력한다.

RC 신호는 50Hz의 주파수로 이루어진 펄스인데, 펄스의 폭(전압이 5V인 시간)이 최소 1ms에서 최대 2ms의 범위를 갖는다. RC 신호에서 펄스의 주기 20ms는 별로 중요하지 않지만, 펄스 폭의 크기(1~2ms)는 매우 중요한 값이다.

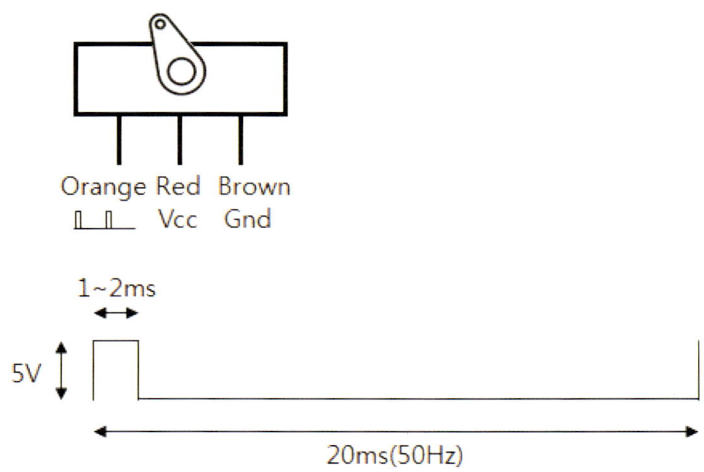

펄스 폭이 1500μs(1.5ms)이면 서보 모터의 각도가 90도를 가리키고, 펄스 폭에 따라 0도에서 180도까지 회전한다. 하지만, 제조사마다 펄스 폭의 범위가 조금씩 다르므로, 서보 모터 SG90의 각도를 정확하게 알아 둘 필요가 있다. 로봇의 관절처럼 큰 힘이 필요한 서보 모터는 별도의 외부 전원으로 5V를 공급하여야 한다. 단, 별도의 외부 전원을 사용할 때에는 모든 Gnd는 서로 연결시켜야 한다.

11.2 Function Generator를 이용한 서보 모터 제어

함수 발생기(Function Generator)를 사용하여 주기 20ms(50Hz) 펄스를 만들고, 펄스의 폭을 600~2400μs 범위에서 변화시키면서, 서보 모터 SG90의 각도 변화를 알아본다.

함수 발생기의 CHA에서 [pulse]를 선택하고, [Frequency]=50Hz, [Amplitude]=5Vpp, [Offset]=2.5Vp, [impedence]를 두 번 누르면 [duty]가 나타나는데, [duty]=10%를 맞추어, 펄스 폭 2ms의 펄스를 만들고, 오실로스코프의 Ch1으로 연결하여 [Auto]를 선택하고, 수직 수평 방향의 [position]과 [scale]을 맞추어, 함수 발생기의 펄스 파형을 확인한다.

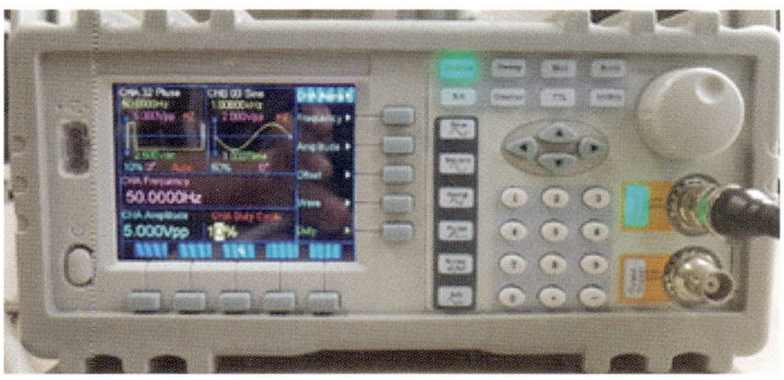

함수 발생기

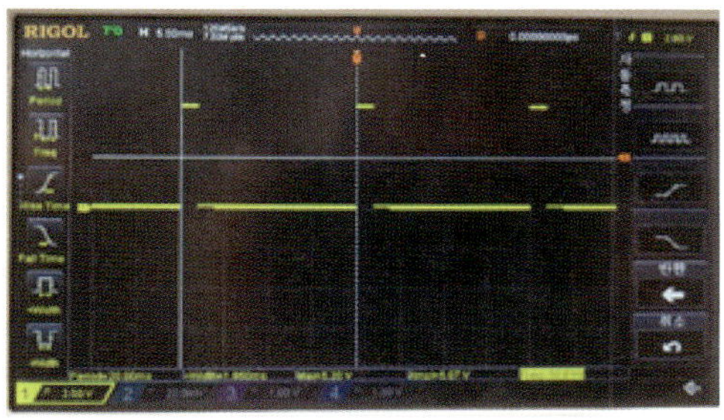

오실로스코프

함수 발생기의 신호를 서보 모터 SG90의 오렌지색 Signal 선에 연결하고, Gnd를 고동색 Gnd 선에 연결한다. 전원 공급기의 Ch1에 5V를 맞추어, Vcc를 서보 모터 SG90의 빨간색 Vcc에 연결하고, Gnd를 고동색 Gnd 선에 함께 물려 준다. 여기서, 모든 Gnd는 함께 연결시켜야 한다는 것을 기억하여야 한다.

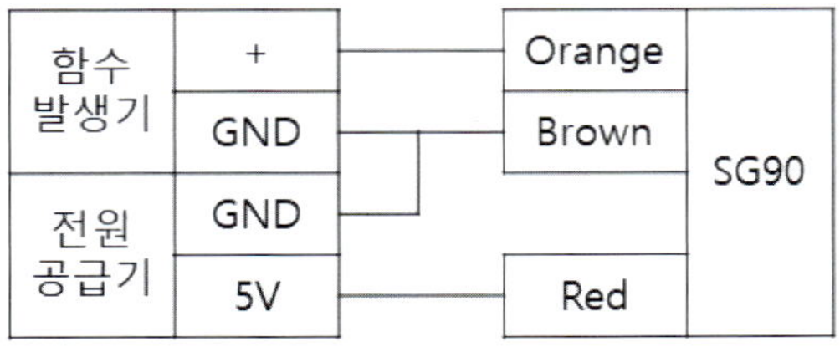

함수 발생기의 [duty]를 5%(1ms)에서부터 10%(2ms)까지 변화시키면, 반시계방향으로 90도 밖에 회전하지 않는다. SG90의 각도를 모두 다 사용하기 위하여, [duty]를 보다 넓은 범위에서 조사해보면, 2%일 때는 진동이 발생하여 사용하기 곤란하고 3%부터 12%까지 작동하며 13%에서는 반응하지 않는다. 따라서 반시계방향으로 0도 3%(600μs)에서 180도 12%(2400μs)까지 사용할 수 있으며, 90도는 7.5%(1500μs)임을 알 수 있다.

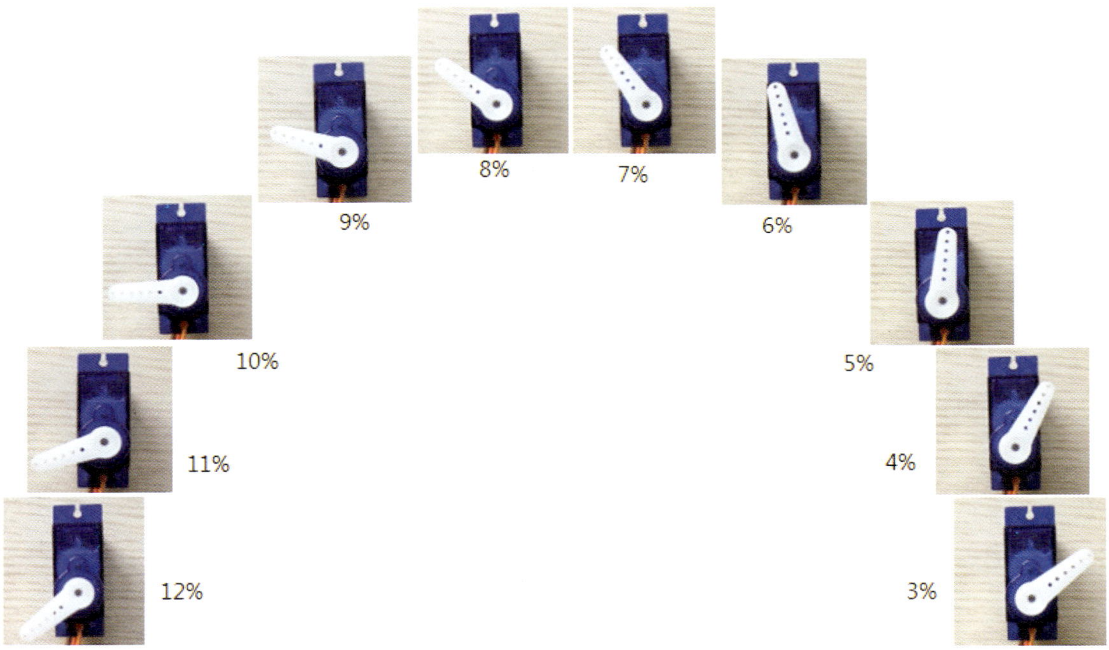

11.3 Servo 라이브러리를 이용한 서보 모터 제어

내부 라이브러리 Servo를 사용하면 50Hz의 펄스인 RC 신호를 쉽게 만들 수 있으므로, 서보 모터를 제어할 수 있다. Servo 라이브러리는 최대 12개까지의 서보 모터를 독립적으로 제어할 수 있다. Servo 라이브러리는 다음과 같은 사용법을 갖는다.

```
#include <Servo.h>                              // Servo 라이브러리 포함
Servo 서보객체;                                   // Servo 객체 생성
void setup() {
  ⋮
  서보객체.attach(핀번호);                          // RC 신호 출력 핀 지정
  ⋮
}
void loop() {
  ⋮
  서브객체.write(각도 0~180);                       // Angle 지정
  서브객체.writeMicroseconds(Duty 600~2400us)      // Duty 지정
  ⋮
}
```

Servo 라이브러리의 서보객체는 다음과 같은 함수를 갖는다.

```
attach()
   서보객체.attach(pin) : RC 신호를 출력할 핀
   서보객체.attach(pin, min, max) : RC 출력 핀과, duty의 min & max 지정
        pin : PWM 9 & 10을 포함한 어떤 pin에도 연결 가능
        min : 0도에 해당하는 펄스 duty(μs), 디폴트는 600μs
        max : 180도에 해당하는 펄스 duty(μs), 디폴트는 2400μs
write()
   서보객체.write(angle) : 0-180의 각도를 지정하여 RC 신호 출력
        angle : 서보 모터에 출력할 각도. 0~180도
writeMicroseconds()
   서보객체.writeMicroseconds() : min & max 사이의 duty를 직접 출력
```

Servo 라이브러리를 사용할 때의 가장 큰 주의 사항은 Servo 라이브러리가 RC 신호를 만들기 위하여 Timer1을 사용하므로, 기존의 Timer1을 사용하는 PWM 아날로그 출력 핀 9번과 10번은 더 이상 PWM 출력을 위하여 analogaWrite() 함수를 사용할 수 없다는 점이다. Timer1으로 12개의 서보객체를 만들어 각각의 서보 모터를 제어할 수 있다.

아두이노 Uno 보드의 9번 핀에 서보 모터 SG90의 오렌지색 단자를 연결하고, 5V에 빨간색 단자를, Gnd에 고동색 단자를 연결한다. Timer1에 연결된 9번 핀과 10번 핀을 PWM 출력으로 사용할 수 없기 때문에, 어차피 놀고 있는 핀 9번을 RC 신호 출력 핀으로 사용하였지만, RC 신호 출력은 9번 핀이나 10번 핀이 아닌 다른 핀을 사용해도 상관없다.

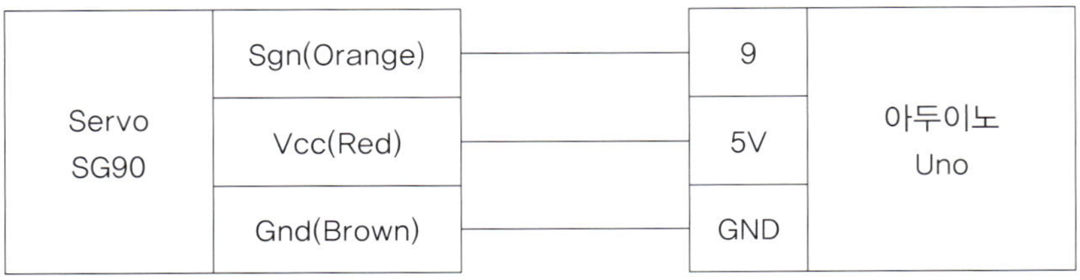


```
#include <Servo.h>

const byte pinServo = 9;

Servo myServo;

void setup() {
  myServo.attach(pinServo);
}

void loop() {
  int angle;

  for(angle=0; angle<=180; angle+=20) {
    myServo.write(angle);     // write angle (0~180)
    delay(1000);
  }
}
```

위의 스케치 프로그램을 업로드하여 Angle이 0도일 때와 180도 일 때의 각도를 조사하면, 함수 발생기로 얻은 결과와 동일한 결과를 얻는다. 반시계방향으로 0도부터 180도까지 angle 값에 따라 회전한 것을 알 수 있다.

9번 핀의 RC 신호를 오실로스코프로 살펴보면, 0도일 때 Period=20.05ms, Width=0.600ms, Max=5.76V, Ampl=5.72V, Freq=49.9Hz이고, 180일 때 Period=20.05ms, Width=2.400ms, Max=5.44V, Ampl=4.92V, Freq=49.9Hz이다.

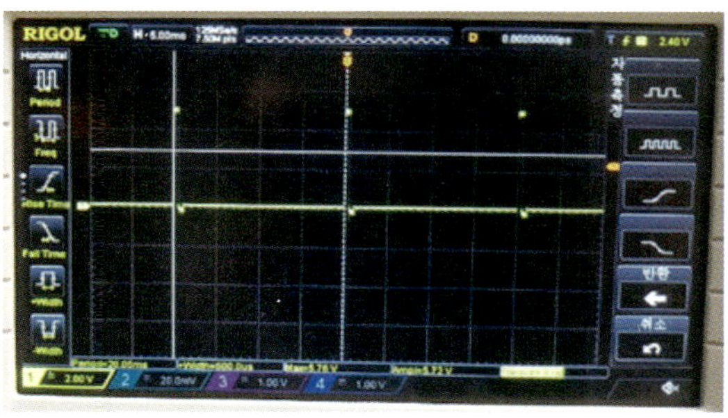

0도(600μs)

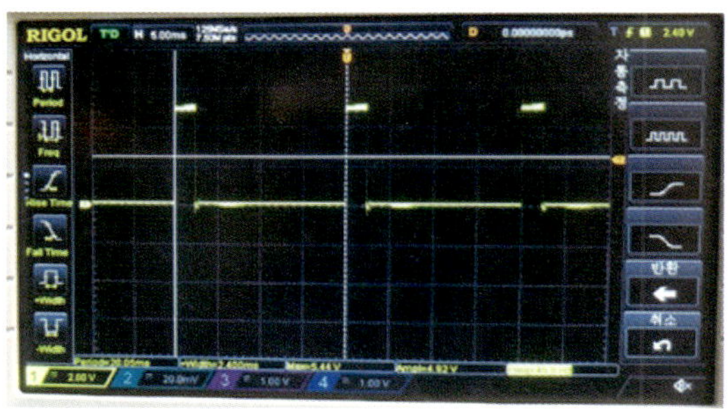

180도(2400μs)

앞의 함수 발생기로 실험한 결과와 동일한 결과를 얻었다.

Angle(도)	Period(ms)	Width(ms)	Max(V)	Ampl(V)	Freq(Hz)
0	20.05	0.600	5.76	5.72	49.9
20	20.05	0.800	5.60	4.56	49.9
40	20.05	1.000	5.68	4.91	49.9
60	20.05	1.200	5.52	4.92	49.9
80	20.05	1.400	5.44	4.90	49.9
100	20.05	1.600	5.36	4.92	49.9
120	20.05	1.800	5.44	4.93	49.9
140	20.05	2.000	5.52	4.92	49.9
160	20.05	2.200	5.44	4.91	49.9
180	20.05	2.400	5.44	4.92	49.9

이론적인 RC 신호와 실제 RC 신호의 차이를 분석하면, RC 신호는 원래 20ms(50Hz)의 주기를 갖는데, 이는 다소 부정확해도 된다. 펄스의 폭(duty)은 이론적으로 1ms에서 2ms가 제어 범위의 최소와 최대인데, 실제 서보 모터에서는 0.6ms에서 2.4ms가 제어 범위의 최소 및 최대이다.

	실제 RC 신호	비고
주기	20.05ms(49.9Hz)	오차 중요하지 않음
펄스 폭(duty) : 0도	0.6ms	
펄스 폭(duty) : 90도	1.5ms	
펄스 폭(duty) : 180도	2.4ms	

11.4 Servo 라이브러리 사용 시, 주의 사항

Servc 라이브러리는 아두이노 Uno 보드의 Timer1을 사용하는데, Timer1으로 12개의 서보 객체를 만들 수 있다. 즉, 12개의 서보 모터를 독립적으로 제어할 수 있다. 하지만, Timer1을 사용하므로, Timer1에 연결된 PWM 9번 핀과 10번 핀을 사용할 수 없다. Servo 라이브러리를 사용하면, 충돌이 일어나서 PWM 9번/10번 핀의 analogWrite()를 사용할 수 없다.

```
Servo 라이브러리 :
    아두이노 Uno 보드 :
        Timer1(PWM 9/10)              : 서보 모터 1-12번째까지 사용 가능
        PWM 9번/10번 핀               : analogWrite(9번/10번 핀, 0-255) 사용 못함
    아두이노 MEGA2560 보드 :
        Timer5(PWM 44/45/46)          : 서보 모터 1-12번째까지 사용 가능
        Timer1(PWM 11/12)             : 서보 모터 13-24번째까지 사용 가능
        Timer3(PWM 2/3/5)             : 서보 모터 25-36번째까지 사용 가능
        Timer4(PWM 6/7/8)             : 서보 모터 37-48번째까지 사용 가능
```

예제 11.1

Rotary Potentiometer를 사용하여, 0도에서 180도까지 서보 모터를 제어하라.

- 핀 연결

부품	핀	아두이노 핀	보드
가변 저항	+	5V	아두이노 Uno
	sgn	A0	
	−	GND	
서보 모터 SG90	Sgn(Orange)	9	
	Vcc(Red)	5V	
	Gnd(Brown)	GND	

• 스케치 프로그램 소스(using Angle 0~180)

```
#include <Servo.h>

#define MIN_ANGLE 0
#define MAX_ANGLE 180

const byte pinServo = 9;
const byte pinPtn = A0;

Servo myServo;

void setup() {
  myServo.attach(pinServo);
  Serial.begin(9600);
}

void loop() {
  int value, angle;

  value = analogRead(pinPtn);
  angle = map(value, 0, 1023, MIN_ANGLE, MAX_ANGLE);
  myServo.write(angle);

  Serial.print(value);
  Serial.print(" : ");
  Serial.println(angle);

  delay(10);
}
```

서보 라이브러리를 사용하면, Timer1을 이용하는 9번/10번 PWM 핀의 analogWrite() 기능을 사용할 수 없지만, 9/10번 핀을 디지털 IO 핀으로서 사용하는 것은 가능하다. 아두이노 Uno 보드의 디지털 IO 핀을 서보 모터에 연결하는 디지털 출력으로 사용할 수 있다.

Angle 0~180도 대신 Duty 600~2400μs를 이용하여 다음과 같이 서보 모터를 제어할 수 있다.

- 스케치 프로그램 소스(using Duty 600~2400us)

```
#include <Servo.h>

#define MIN_DUTY 600
#define MAX_DUTY 2400

const byte pinServo = 9;
const byte pinPtn = A0;

Servo myServo;

void setup() {
  myServo.attach(pinServo);
  Serial.begin(9600);
}

void loop() {
  int value, duty;

  value = analogRead(pinPtn);
  duty = map(value, 0, 1023, MIN_DUTY, MAX_DUTY);
  myServo.writeMicroseconds(duty);

  Serial.print(value);
  Serial.print(" : ");
  Serial.println(duty);

  delay(10);
}
```

예제 11.2
두 개의 서보 모터가 서로 반대 방향으로 0도부터 180도까지 반복하여 회전하도록 하라.

- 핀 연결

서보 모터	핀		아두이노 핀	아두이노
서보 모터 SG90 A	Sgn(Orange)	—	9	아두이노 Uno
	Vcc(Red)	—	5V	
	Gnd(Brown)	—	GND	
서보 모터 SG90 B	Sgn(Orange)	—	10	
	Vcc(Red)	—	5V	
	Gnd(Brown)	—	GND	

- 스케치 프로그램 소스

```
#include <Servo.h>

const byte pinServoA = 9;
const byte pinServoB = 10;

Servo myServoA, myServoB;

void setup() {
  myServoA.attach(pinServoA);
  myServoB.attach(pinServoB);
  Serial.begin(9600);
}

void loop() {
  int angleA, angleB;

  for (angleA=0; angleA<=180; angleA+=10) {
    angleB = 180-angleA;
    myServoA.write(angleA);
    myServoB.write(angleB);
    delay(100);
  }
}
```

11.5 50Hz RC 신호와 서보 모터

표준 RC 신호는 주기 20ms(50Hz)의 펄스 신호로써, 1000–2000μs 범위의 펄스 폭(duty)의 변화로 주변 RC 디바이스들의 최소–최대 범위를 제어한다. Servo 라이브러리를 이용하여, 표준 RC 신호 범위(1000–2000μs)를 서보 모터의 각도로 표현하면, 각도 변화가 40–140도 밖에 되지 않는다. 표준 RC 신호를 사용하면, 1500μs일 때 90도 중앙을 의미하고, 좌우로 1000μs일 때 40도, 2000μs일 때 140도를 의미한다. 표준 RC 신호로는 중앙의 90도를 기준으로 ±50도까지 40–140도 범위를 제어할 수 있다.

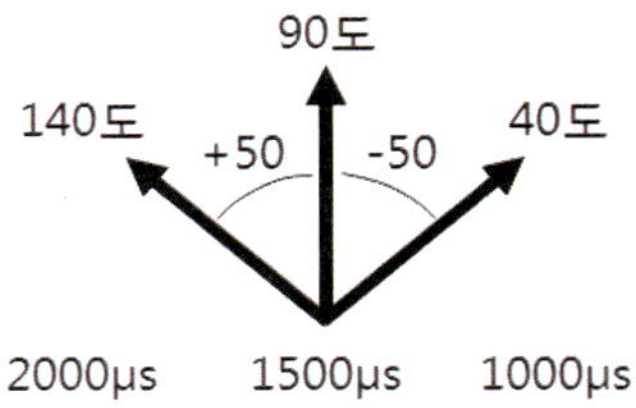


```
myServo.write(40~90~140);
myServo.writeMicroseconds(1000~1500~2000);
```

서보 모터는 0–180도 각도 범위를 갖도록 자체 드라이버를 내장하고 있다. Servo 라이브러리를 이용하여 0–180도의 모터 각도를 RC 신호의 펄스 폭(duty)으로 표현하면, 펄스 폭이 600–2400μs로 표준 RC 신호의 범위를 벗어난다. 모터 각도를 사용하면, 90도일 때 중앙에서 1500μs이고, 좌우로 0도일 때 600μs, 180도일 때 2400μs이다. 각도로는 중앙의 90도를 기준으로 ±90도까지 0–180도 범위를 제어할 수 있지만, 표준 RC 신호의 펄스 폭의 범위를 벗어나 펄스 폭이 600–2400μs가 된다.

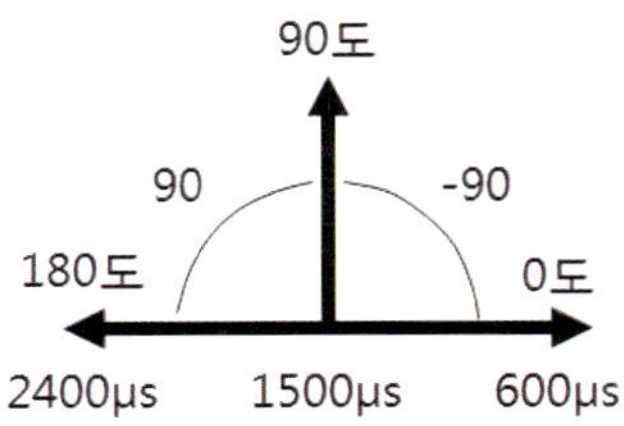


```
myServo.write(0~90~180);
myServo.writeMicroseconds(600~1500~2400);
```

표준 RC 신호 범위와 서보 모터 작동 범위는 다음과 같은 관계를 갖는다.

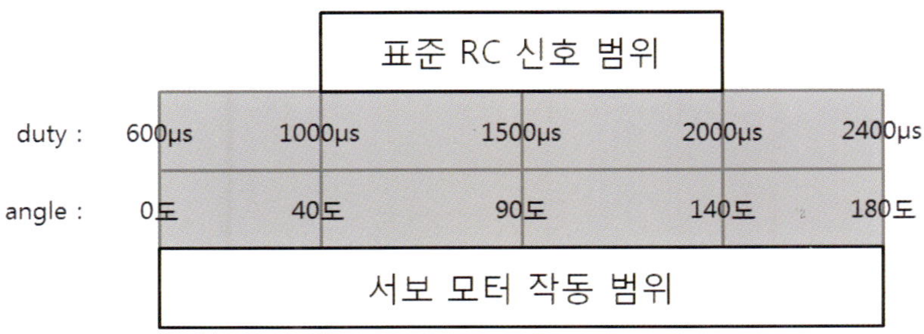

12

CHAPTER

BLDC 모터

CHAPTER

12 BLDC 모터

12.1 BLDC 모터

DC 모터는 브러쉬와 정류자의 마찰과 스파크 문제로 수명이 짧은 문제점을 가지고 있다. 이러한 문제점을 해결하기 위하여 개발된 DC 모터를 Brushless DC 모터라 하고, 약칭으로 BLDC 모터라 한다.

BLDC 모터의 원리를 설명하기 위하여 간단한 구조의 BLDC 모터를 살펴 본다. 외부에 전자석으로 된 3개의 고정자 U, V, W가 있고, 내부에는 영구자석으로 된 회전자가 있다고 가정한다. 고정자 전자식 사이에는 Hall 센서 HA, HB, HC가 있다. Hall 센서는 작은 코일로 만들어져 있는데, 주변에 자장이 움직이면 코일에 유도 전류가 흐른다. N극 또는 S극이 가까이 다가오면 유도 전류의 방향으로 어떤 극의 자석이 다가오는지 알 수 있다.

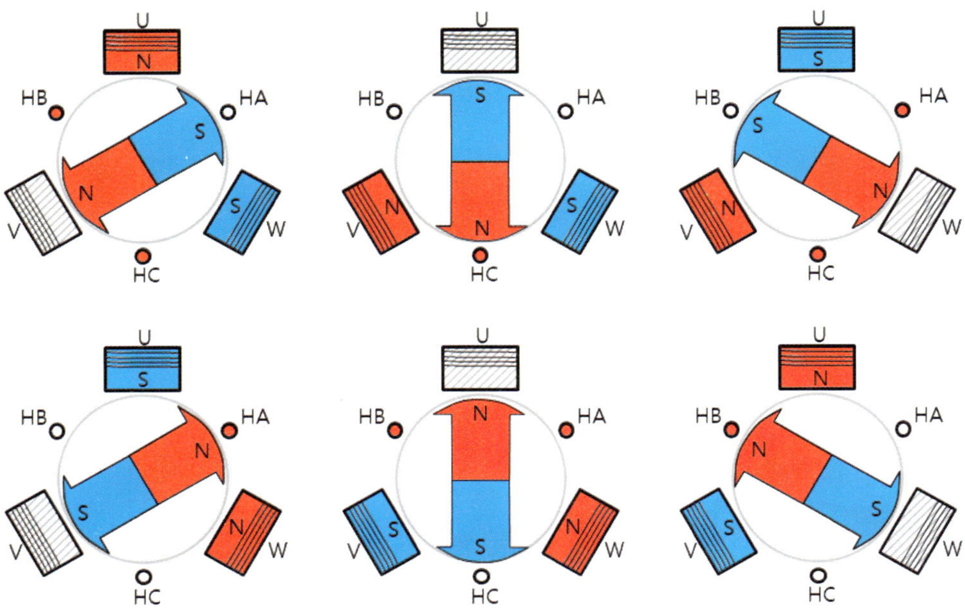

전자석 U, V, W는 N극이면 + 전압, S극이면 − 전압, 자장이 걸리지 않으면 0 전압이라 가정하고, Hall 센서 HA, HB, HC는 N극이 가까이 있으면 1이라 가정하면, 위의 과정을 다음과 같은 표로 나타낼 수 있다.

	#1	#2	#3	#4	#5	#6
U	+	0	−	−	0	+
V	0	+	+	0	−	−
W	−	−	0	+	+	0
HA	0	0	1	1	1	0
HB	1	0	0	0	1	1
HC	1	1	1	0	0	0

위의 표에서, Hall 센서 HA, HB, HC로부터 전자석 U, V, W의 전압을 결정할 수 있다.

```
전자석 U : HA→U→HB
          HA<HB : U=+
          HA=HB : U=0
          HA>HB : U=-
전자석 V : HB→V→HC
          HB<HC : V=+
          HB=HC : V=0
          HB>HC : V=-
전자석 W : HC→W→HA
          HC<HA : W=+
          HC=HA : W=0
          HC>HA : W=-
```

Hall 센서의 신호로부터 전자석 고정자 U, V, W의 신호를 만들어 낼 수 있다.

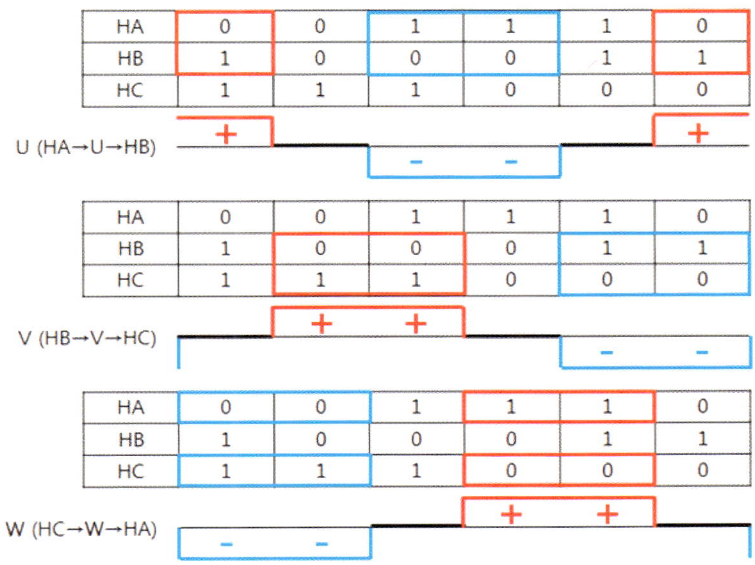

고속 회전하는 드론용 BLDC 모터의 경우에는 Hall 센서없는 BLDC 모터를 사용하는데, Hall 센서 대신 전자석 고정자 U, V, W의 전류를 측정하면 고속 회전하는 회전자 영구자석 N극의 위치에 따라 충분한 세기의 역기전력(back EMF)이 발생하므로 Hall 센서가 없어도 영구자석의 위치를 알 수 있다. 따라서, Hall 센서없이 회전자의 회전 속도에 맞춰 전자석 고정자 U, V, W에 적절한 파형을 발생시킬 수 있다. 하지만, 시내주행 시 저속 회전하는 전기자동차용 BLDC 모터의 경우에는 역기전력이 매우 약해서 Hall 센서를 사용한다.

Hall 센서를 사용하지 않는 BLDC 모터는 3개의 단자를 갖고 있다. 3개의 단자는 전자석 고정자 U, V, W에 연결된 단자들이다. 모터의 회전 방향을 바꾸려면, 3개 단자 중 2개를 바꾸면 된다. 아래에 보이는 BLDC 모터는 Sensorless BLDC 모터로 드론 등의 RC 비행체에 주로 사용되며, 고속 회전에 의한 발열을 냉각시키기 위하여 모터의 회전자와 고정자의 위치를 변경하여, 모터 외부를 회전시킨다.

12.2 ESC(Electronic Speed Controller)

Hall 센서의 신호 또는 전자석 고정자의 역기전력 신호를 측정하여, 영구자석의 위치를 파악하여 회전속도에 따라 전자석 고정자 U, V, W에 파형을 발생시키는 장치를 ESC (Electronic Speed Controller)라 한다.

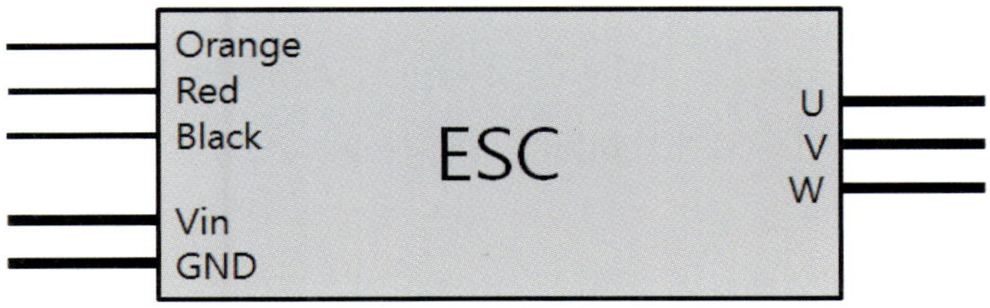

외부 전원을 GND와 Vin에 연결한다. Vin은 ESC의 데이터 시트를 보고 결정하여야 한다. 대부분 RC 모터는 셀당 3.7V인 LiPo 밧데리를 사용하므로, 두 셀을 직렬로 연결한 2S는 7.4V, 세 셀을 직렬로 연결한 3S는 11.1V인데, ESC의 용량에 따라 적절한 전압을 입력하여야 한다. ESC는 12A, 20A, 30A, 40A, 50A 등의 규격이 있는데, 제어할 모터의 정격 전류와 최대 전류를 기준으로 ESC의 규격을 정하여야 한다.

오렌지색 단자에 1000-2000μs 범위의 표준 RC 신호를 입력하고, 검은색 단자에 GND를 연결한다. 빨간색 단자에는 5V가 출력되는데, 아두이노 Uno 보드의 Vin에 전원을 공급하는데 사용할 수 있다. 일부 ESC 모델은 빨간색의 5V 단자가 없는 경우도 있다. 모든 GND는 가급적 함께 연결시키도록 한다.

모터에 전류 파형을 공급하는 세 개의 단자 U, V, W는 BLDC 모터의 3개의 단자에 각각 연결시킨다. 임의의 두 개를 바꿔 연결하면 모터의 회전 방향이 바뀐다.

12.3 BLDC 모터 제어

12.3.1 함수 발생기를 이용한 BLDC 모터 제어

BLDC 모터를 구동하는 ESC는 표준 RC 신호를 통하여 제어된다. 함수 발생기(Function Generator)를 사용하여 주기 20ms(50Hz)의 펄스를 만들고, 펄스의 폭을 1000–2000μs 범위에서 변화시키면서, BLDC 모터를 구동시킨다.

함수 발생기의 CHA에서 [pulse]를 선택하고, [Frequency]=50Hz, [Amplitude]=5Vpp, [Offset]=2.5Vpp, [impedence]를 두 번 누르면 [duty]가 나타나는데, [duty]를 5%, 6%, 7%, 8%, 9%, 10%로 변화시키면서, 오실로스코프로 함수 발생기의 펄스 파형을 확인한다.

함수 발생기의 신호를 ESC의 오렌지색 단자에, GND를 검은색 단자에 각각 연결하고, ESC의 전압 파형 출력 단자 3개를 BLDC 모터에 연결시킨다. BLDC 모터는 속도가 빠르고 토크가 강하며 외부가 회전하여 급작스럽게 회전하면 위험하므로, 모든 준비가 완료될 때까지 외부 전원은 연결하지 않고 둔다.

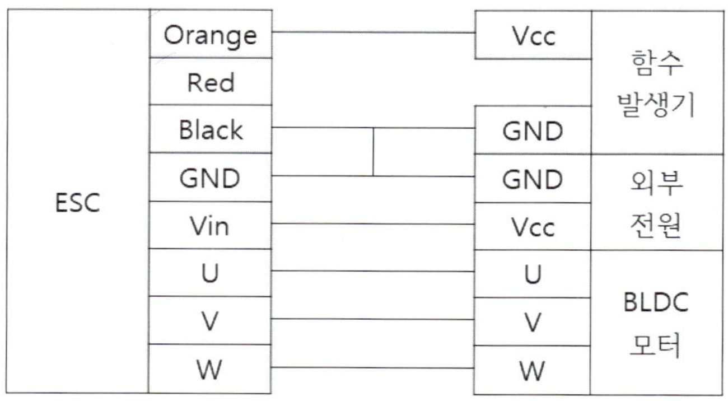

갑작스럽게 모터가 회전하는 것을 방지하기 위하여 [duty]=5%(1000μs)에 맞추고, 밧데리나 전원 공급기로부터 ESC 스펙에 맞는 외부 전원의 Vin과 GND를 연결한다. BLDC 모터에 전원이 공급되면 소리가 난다. BLDC 모터는 회전속도가 빠르고 토크가 강하므로 조심하여 [duty]를 6%(1200μs), 7%(1400μs), 8%(1600μs), 9%(1800μs), 10%(2000μs)로 증가시키면서 BLDC 모터의 회전속도를 변화를 살펴본다.

```
[duty]          :  5%(1000μs)      : 모터 정지
                :  6%(1200μs)      : 모터 회전 시작
                :  7%(1400μs)      : 모터 회전 약함
                :  8%(1600μs)      : 모터 회전 보통
                :  9%(1800μs)      : 모터 회전 강함
                : 10%(2000μs)      : 모터 회전 최대
```

4%(300μs)나 11%(2200μs)와 같이 표준 RC 신호 범위(1000–2000μs)를 벗어나면, 모터가 회전하지 않고 정지한다. (이는 ESC가 정상적으로 표준 RC 신호 범위 1000–2000μs로 캘리브레이션되어 있을 경우이다. ESC 캘리브레이션은 다음 절에서 기술할 것이다)

12.3.2 아두이노를 이용한 BLDC 모터 제어

아두이노 Uno 보드에서 Servo 라이브러리를 이용하여 RC 신호를 만들어, ESC를 통하여 BLDC 모터를 구동시킨다. 회로 연결은 다음과 같다.

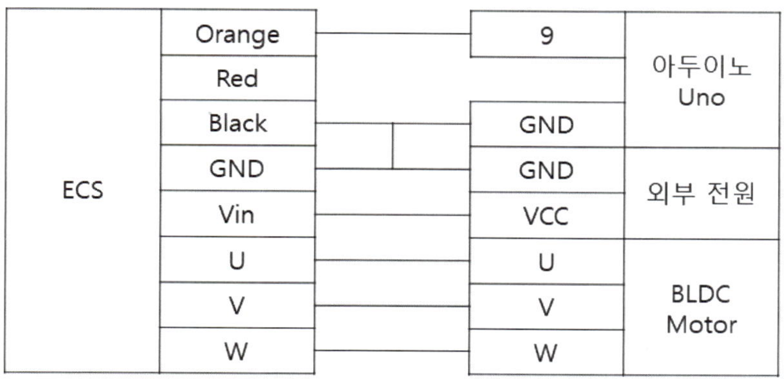

서보객체의 write() 함수를 사용하여 각도로 BLDC 모터를 구동시키면, 표준 RC 신호 범위 1000–2000μs의 펄스 파형을 만드는데 불편하다. 각도로 제어하면 40~140도로 제어해야 하기 때문이다. 각도로 제어하는 스케치 프로그램은 다음과 같다.

```
#include <Servo.h>
Servo myESC;
const byte pinESC = 9;
int angle = 40;
```

```
void setup() {
  myESC.attach(pinESC);
  myESC.write(angle);
  Serial.begin(9600);
  Serial.println("Enter angle value (40~140, Start at 40) : ");
}

void loop() {
  if (Serial.available()) {
    angle = Serial.parseInt();
    Serial.println(angle);
    myESC.write(angle);      // write angle (40~140)
  }
  delay(1000);
}
```

여기서, parseInt()는 시리얼 모니터로부터 정수 값을 읽어 들이는 함수이다. 단, parseInt()를 사용하려면, 시리얼 모니터의 문장 끝 특수 옵션을 [line ending 없음]으로 설정하여야 한다.
프로그램을 시작할 때 BLDC 모터가 갑자기 회전하는 것을 방지하기 위하여, 전역 변수 angle을 40도(1000μs)로 초기화시킨다. 각도 40도(1000μs)와 50도(1100μs)에서는 모터가 회전하지 않는다. 각도 60도(1200μs)부터 모터가 회전하기 시작한다. 각도를 140도(2000μs)까지 점진적으로 증가시키면서, BLDC 모터의 회전 상태를 관찰한다. 각도를 140도(2000μs)보다 크게 입력하면 ESC가 모터의 회전을 중단시킨다.

서보객체의 writeMicroseconds() 함수를 사용하여 RC 신호의 펄스 폭(duty)로 BLDC 모터를 구동시키면, 표준 RC 신호 범위 1000-2000μs의 펄스 파형을 만드는데 편리하다. 펄스 폭(duty)로 제어하는 스케치 프로그램은 다음과 같다.

```
#include <Servo.h>
Servo myESC;
const byte pinESC = 9;

int pulseWidth = 1000;   // in microseconds

void setup() {
  myESC.attach(pinESC, 1000, 2000);
  Serial.setTimeout(50);
```

```
  myESC.writeMicroseconds(pulseWidth);
  Serial.begin(9600);
}

void loop() {
  myESC.writeMicroseconds(pulseWidth);
  Serial.println(pulseWidth);
  delay(100);
}

void serialEvent() {
  while (Serial.available()) {
    pulseWidth = Serial.parseInt();
  }
}
```

여기서, parseInt()는 시리얼 모니터로부터 정수 값을 읽어 들이는 함수이다. 단, parseInt()를 사용하려면, 시리얼 모니터의 문장 끝 특수 옵션을 [line ending 없음]으로 설정하여야 한다.

모터가 갑자기 회전하면 위험하므로, 펄스 폭(duty)을 전역변수로 설정하여 1000μs로 초기화한다. 1000μs나 1100μs에서는 모터가 회전하기 않고, 1200μs부터 돌기 시작한다. 2000μs까지 점진적으로 증가시키면서 모터의 회전 상태를 관찰한다. 2000μs보다 큰 값을 입력하면 ESC가 모터의 구동을 중지시킨다.

12.4 ESC 캘리브레이션

각 제조사 별로 구체적인 캘리브레이션 방법이 다를 수 있으므로, 데이터시트를 확인한 후 캘리브레이션을 수행하여야 한다. EMAX Simonk 시리즈의 ESC를 기준으로, 캘리브레이션 방법은 다음과 같다.

1. ESC에 최대 펄스 폭 2000μs를 입력하고, 밧데리 전원을 연결한다.
2. 모터에 비프음이 연속 2회 울리면, ESC에 최소 펄스 폭 1000μs를 입력한다.
   비프음은 1회, 2회, 3회, 4회, 1회, ...와 같이 반복되므로, 연속 2회 순간을 놓치면 다음 연속 2회 순간이 돌아올 때까지 기다린다.
3. 정상적으로 캘리브레이션에 성공하면, 모터에서 짧게 한번 비프음이 들린다.
4. 캘리브레이션에 성공했으면, 밧데리를 빼고 연결을 해제한다.
5. 캘리브레이션에 실패했으면, 밧데리를 빼고, ESC와 아드이노의 전원을 끊고 처음부터 다시 시작한다.

ESC는 항상 최소 펄스 폭인 1000μs에서 시작하여야 한다. 만일 2000μs를 가하면서 전원을 넣으면, 캘리브레이션 모드로 들어간다. 1500μs와 같이 모터가 회전할 수 있는 펄스 폭으로 전원을 넣으면 갑작스럽게 모터가 회전하여 위험할 수 있다. 모터를 구동시킬 때에는 항상1000μs로 시작하고, ESC를 캘리브레이션할 때에는 2000μs로 시작하도록 한다.

캘리브레이션용 스케치는 다음과 같다. 초기치가 2000μs이고, 전원을 넣은 후 두 번의 비프음이 들리면 1000μs를 입력한다.

```
#include <Servo.h>
#define MAX_PULSE_WIDTH 2000
#define MIN_PULSE_WIDTH 1000
Servo myESC;
const byte pinESC = 9;
int pulseWidth = MAX_PULSE_WIDTH;   // in microseconds

void setup() {
  Serial.begin(9600);
  myESC.attach(pinESC , MIN_PULSE_WIDTH, MAX_PULSE_WIDTH);
  myESC.writeMicroseconds(MAX_PULSE_WIDTH);
```

```
  Serial.println("Sending minimum output");
  delay(2000);
}

void loop() {
  myESC.writeMicroseconds(pulseWidth);
  Serial.println(pulseWidth);
}

void serialEvent() {
  while (Serial.available()) {
    pulseWidth = Serial.parseInt();
  }
}
```

여기서, parseInt()는 시리얼 모니터로부터 정수 값을 읽어 들이는 함수이다. 단, parseInt()를 사용하려면, 시리얼 모니터의 문장 끝 특수 옵션을 [line ending 없음]으로 설정하여야 한다.

예제 **12.1**

가변 저항을 조절하여, BLDC 모터 회전 속도를 제어하라. 단, 가변 저항이 임의의 위치에서 모터가 회전을 시작하면 위험하므로, 초기 구동 시에 BLDC 모터를 Arming하는 과정을 추가하라. 가변저항을 min 위치에서 1초 이상, max 위치에서 1초 이상, 다시 min 위치에서 1초 이상 정지하면, BLDC 모터의 Arming이 완료되도록 하라. Arming이 완료되면 가변 저항으로 BLDC 모터 회전이 조절되도록 하라.

풀이

```
#include <Servo.h>
const byte pinPtn = A0;
const byte pinESC = 9;
const byte pinLED = 13;   // Built-In LED

Servo esc;
int duty = 1000;
bool isArmed = false;

void signalLED(int pin, int isTurnOn) {
  digitalWrite(pin, isTurnOn);
}
```

```
void arming() {
  static int state=0;
  int value;
  value = analogRead(pinPtn);
  duty = map(value, 0, 1023, 1000, 2000);
  if (duty < 1050 && state == 0) {
    delay(500);
    value = analogRead(pinPtn);
    duty = map(value, 0, 1023, 1000, 2000);
    if (duty < 1050) state = 1;
  }
  else if (duty > 1950 && state == 1) {
    delay(500);
    value = analogRead(pinPtn);
    duty = map(value, 0, 1023, 1000, 2000);
    if (duty > 1950) state = 2;
  }
  else if (duty < 1050 && state == 2) {
    delay(500);
    value = analogRead(pinPtn);
    duty = map(value, 0, 1023, 1000, 2000);
    if (duty < 1050) state = 3;
  }
  if (state == 3) {
    isArmed = true;
    duty = 1000;
    esc.writeMicroseconds(duty);
    delay(100);
  }
}
```

```
void setup() {
  esc.attach(pinESC);
  esc.writeMicroseconds(1000);
  isArmed = false;
  pinMode(pinLED, OUTPUT);
  Serial.begin(9600);
}
```

```
void loop() {
  int value;
  if (isArmed == false) {
    arming();
  Serial.print("Not Armed : ");
  }
  else {
    value = analogRead(pinPtn);
    duty = map(value, 0, 1023, 1000, 2000);
    esc.writeMicroseconds(duty);
    delay(1);
  Serial.print("Armed : ");
  }
  signalLED(pinLED, isArmed);
  Serial.print(isArmed); Serial.print(" \t");
  Serial.print(value); Serial.print(" \t");
  Serial.println(duty);
}
```

부록

APPENDIX

A RC Car

목표	RC Car를 아두이노 Uno 보드로 제어하도록 개조
조종	안드로이드 스마트폰 앱 2ch BT Button V3
통신	블루투스 HC-06/HC-05
제어	Servo 모터, BLDC 모터

A.1 준비물

RC 카 (mini-shark, 1/18 scale, Toymix사) 1개, 아두이노 Uno 보드 1개, 블루투스 (HC-06/HC-05) 1개, 170핀 브레드보드 1개

RC 카는 Toymix(askaracing)사의 1/18 scale mini-shark monster truck RTR을 사용한다. 내부 부품에서 RC 수신기는 제거한다.

- RC Car 내부 부품 형상

- RC 신호 범위

RC 카 서보 모터	Left : 60도	Center : 90도	Right : 120도
RC 카 ESC	Rew : 1200μs	Stop : 1500μs	Forw : 1800μs

A.2 Android 기반 조종앱(2ch BT Controller)

안드로이드 기반의 스마트폰 앱을 Play 스토어에서 검색하여, 2ch BT Button V3 또는 2ch BT Controller V3를 다운로드 받는다.

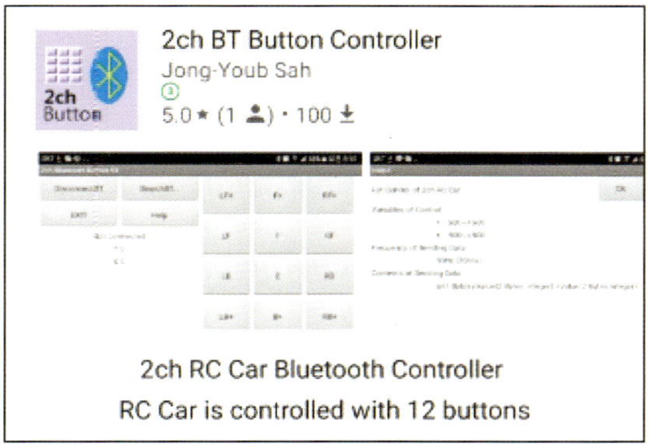

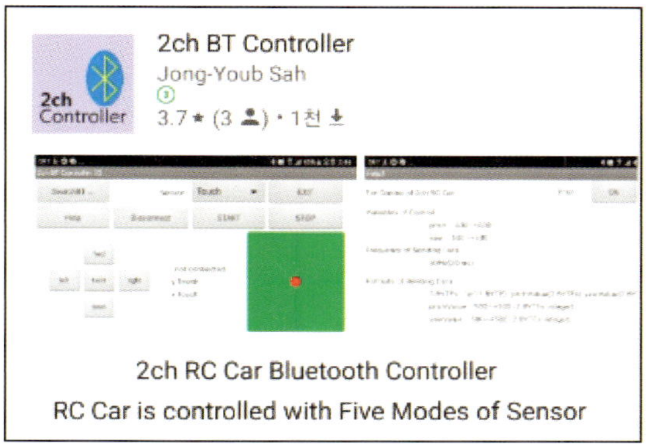

- 2ch BT Button V3 앱

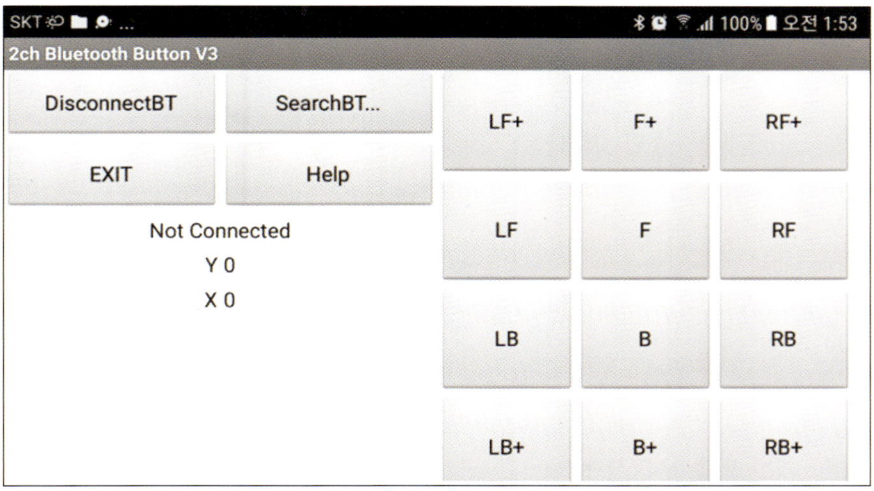

• 2ch BT Controller V3 앱

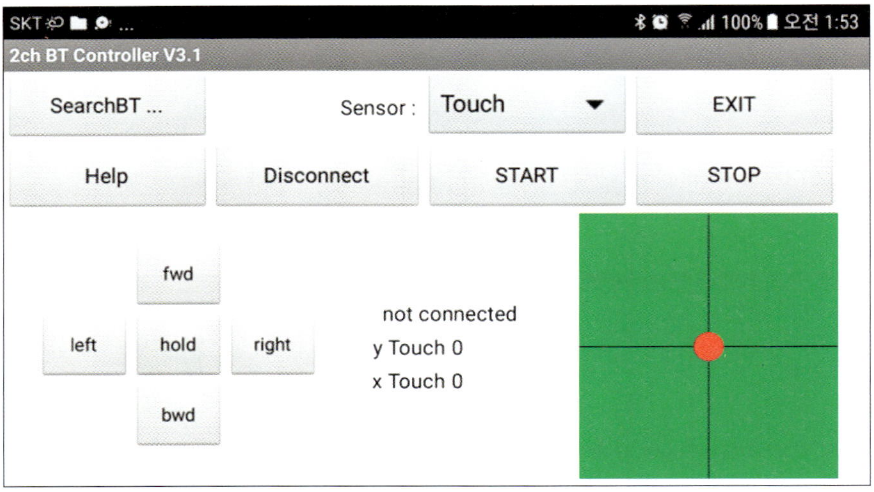

블루투스 통신을 통하여 첫문자 '@'에 y축 전후진 −500~500 범위를 2 Byte 문자, x축 좌우회전 −500~500 범위의 2 Byte 문자, 총 5 Bytes의 조종 신호를 내보낸다.

5 Bytes : '@' + y축 좌표(−500~500) 2 Byte 정수 + x축 좌표(−500~500) 2 Byte 정수

A.3 블루투스 셋팅

• 회로 연결도

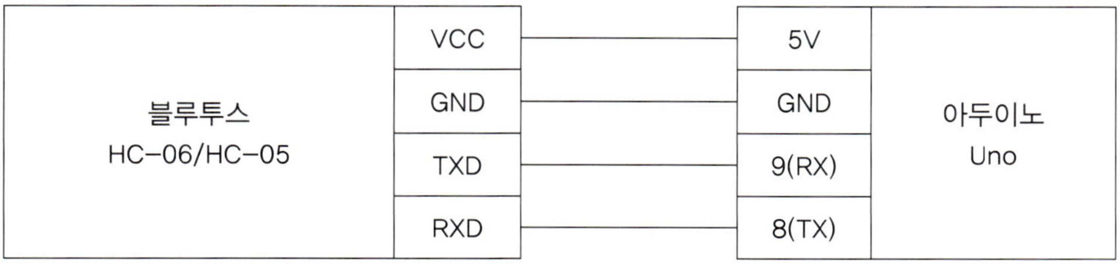

• AT 명령어 입력용 스케치 프로그램 소스

```
#include <SoftwareSerial.h>

SoftwareSerial btATSerial(9, 8);          // RX, TX

void setup() {
  btATSerial.begin(9600);                 // 9600 : HC-06 38400 : HC-05
  Serial.begin(9600);                     // Baud rate 9600 of Serial Monitor
  Serial.println("Enter AT commands : ");
}

voic loop() {
  if (btATSerial.available())
    Serial.write(btATSerial.read());

  if (Serial.available())
    btATSerial.write(Serial.read());
}
```

주의사항 HC-06 : **btATSerial.begin(9600);**

HC-05 : **btATSerial.begin(38400);**

• AT 명령어 입력

AT 명령어 입력 순서	HC-06	HC-05
준비	btATSerial.begin(9600) line ending 없음	btATSerial.begin(38400) Both NL & CR
1) AT (OK 확인)	AT	AT
2) 공장 초기화		AT+ORGL
3) 이름 지정	AT+NAME□□□□	AT+NAME=□□□□
4) 통신 모드 Baud rate 9600	AT+BAUD4	AT+UART=9600,0,0
5) 디폴트 패스워드 지정	AT+PIN1234	

A.4 RC 카 개조

- 회로 연결도

부품	선	핀	보드
서보 모터	Orange	10	아두이노 Uno
	Red	5V	
	Brown	GND	
ESC	White	9	
	Red	5V	
	Black	GND	
HC-06 / HC-05	RXD	3(TX)	
	TXD	2(RX)	
	GND	GND	
	VCC	5V	

- 회로 연결 RC 카

• 스케치 프로그램 소스

```
#include <SoftwareSerial.h>
#include <Servo.h>

union {
  int intValue;
  byte byteValue[sizeof(int)];
} intUnion;                              //union 사용.

int pinServo = 10;
int pinMotor = 9;

SoftwareSerial btSerial(2, 3);           //(RX, TX)
Servo servoSteering;
Servo servoThrust;

int steering;                            //0~127
int thrust;                              //-255~255 (- : backward, + : forward)

void receive() {
  int x_value, y_value;

  while(btSerial.available()>=5) {
    if (btSerial.read()=='@') {
      for (int16_t i=0; i<2; i++) {intUnion.byteValue[i]=btSerial.read(); }
      y_value = intUnion.intValue;
      for (int16_t i=0; i<2; i++) {intUnion.byteValue[i]=btSerial.read(); }
      x_value = intUnion.intValue;

      // steering : Left(60)-Center(90)-Right(120)
      steering = map(x_value, -500, 500, 60, 120);        // angle

      // thrust : rew(1200)-stop(1500)-forw(1800)
      thrust = map(y_value, -500, 500, 1200, 1800);       // duty

      return;
    }
  }
}

void setup() {
  servoSteering.attach(pinServo);
  servoThrust.attach(pinMotor);

  btSerial.begin(9600);

  Serial.begin(9600);
}

void loop() {
  receive();
  servoSteering.write(steering);         //angle of steering : 60-90-120
  delay(10);

  servoThrust.writeMicroseconds(thrust); //duty of thrust : 1200-1350-1500-1650-1800
  delay(10);
}
```

A.5 RC 카 운전

① RC카의 속도가 빠르기 때문에, 충격에 대비하여 170핀 브레드보드와 아두이노 Uno 보드, 블루투스 모듈 등을 RC 카 내부에 고무줄을 이용하여 잘 고정시킨다.

② 모터와 기어를 보호하기 위하여 전진 중에 급작스러운 후진은 불가능하다.
전진 중에 처음 후진을 누르면 정지 기능을 수행하고, 정지된 이후에 한번 더 후진을 누르면 후진한다.

③ 조향장치는 조향장치를 좌 또는 우로 돌리면서 전진 또는 후진해야만 방향이 전환된다.

④ 블루투스 통신 거리는 10m 이내이다.

APPENDIX B Two Wheeled Self Balancing Robot

B.1 준비물

아두이노 MEGA2560 1개,
모터 드라이버 쉴드 Keyes L298P 1개,
Bluetooth HC-06 1개,
밧데리(건전지????) ??????,
Bracket 2개,
Support (??mm) 1개,
Wheel(직경 ??mm) 2개,
Jumber Cable (Male-Male) ??개,
USB 케이블 1개
DC 모터 2개
6DOF (3 Axis Gyro, 3 Axis Acc) MPU6050 GY-521 1개
Base Plate (1???×1???) 2개
Support (???mm) 2개
Coupling 1개
Jumper Cable (Female-Female) ??개
케이블타이(??mm) ??개

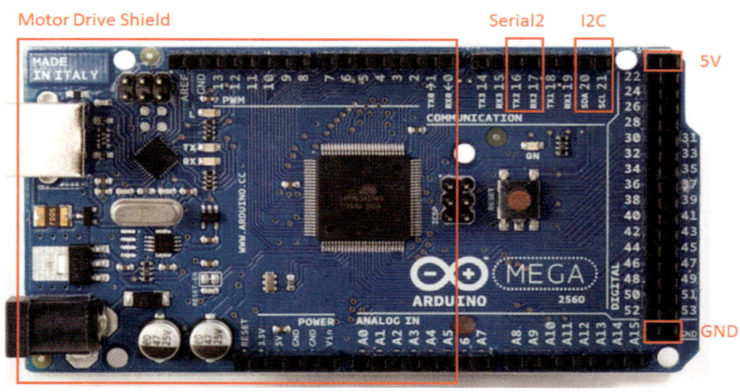

Internal Pin Interface :

Interface	Description
4	Active Buzzer
9(PWM)	Servo
10(PWM)	MA (10(PWM) : Speed Control)
12(DO)	(12(DO) : Direction Control (HIGH-CCW, LOW-CW))
11(PWM)	MB (11(PWM) : Speed Control)
13(DO)	(13(DO) : Direction Control (HIGH-CCW, LOW-CW))

B.2 Android 기반 조종앱(2ch Controller)

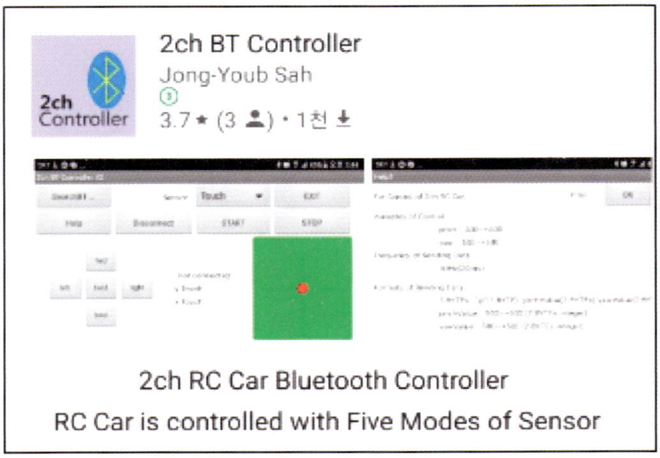

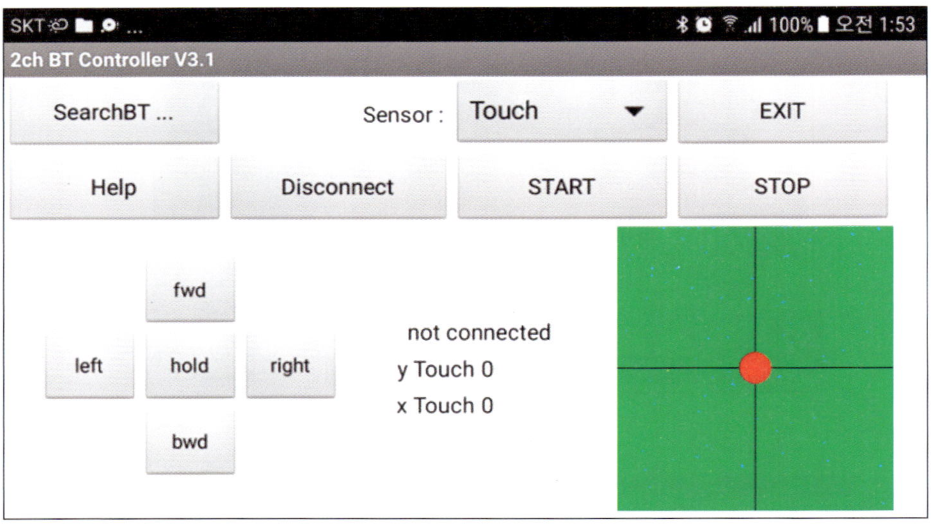

B.3 Motor Test

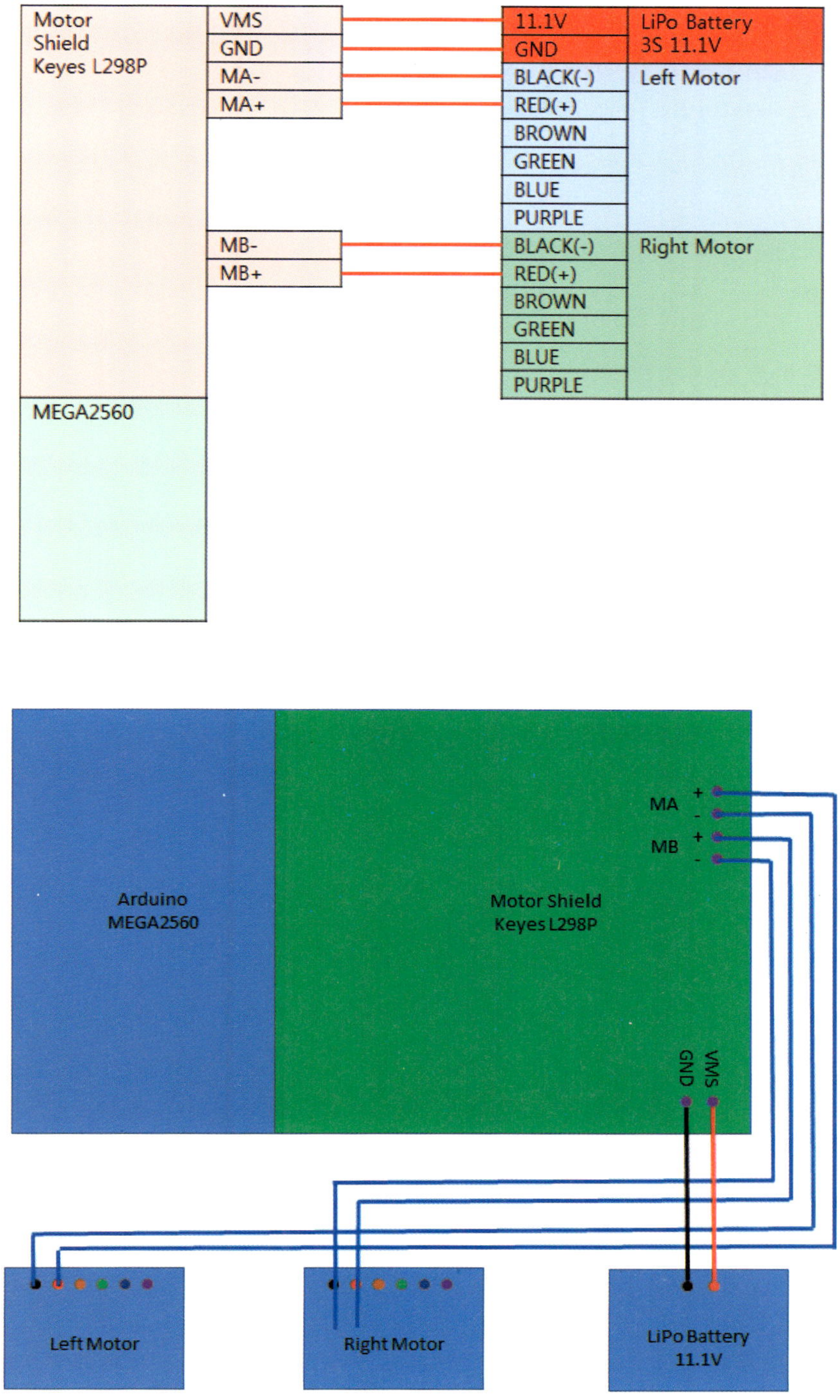

모터 테스트의 회로도

TestMotor

```
// Motor Control Pins
const byte pinLMotor1=10;  //PWM for MotorA (Left)
const byte pinLMotor2=12;  //DO for MotorA (Left) : LOW - CW(reward), HIGH - CCW(forward)
const byte pinRMotor1=11;  //PWM for MotorB (Right)
const byte pinRMotor2=13;  //DO for MotorB (Right) : LOW - CW(forward), HIGH - CCW(reward)

void motion() {
  int value;

  value = 100;                  //0~255

  //Left Motor
  analogWrite(pinLMotor1,value);
  digitalWrite(pinLMotor2,HIGH);  //CCW

  //Right Motor
  analogWrite(pinRMotor1,value);
  digitalWrite(pinRMotor2,LOW);   //CW
}

void setup() {
  pinMode(pinLMotor2,OUTPUT);
  pinMode(pinRMotor2,OUTPUT);

  Serial.begin(115200);

  delay(1000);
}

void loop() {
  motion();
}
```

B.4 Bluetooth Setting

HC-06 FC-114

SettingBluetooth

```
//     HC-05        :      MEGA2560
//     STATE     xxxxx    -
//       RX      <===>    D16 (TX2)
//       TX      <===>    D17 (RX2)
//      GND   <===>    GND
//      VCC    <===>    5V
//       EN     xxxxx    -

void setup() {
  Serial.begin(9600);
  Serial.println("Enter AT commands:");
  Serial2.begin(38400);    // AT Command Mode BAUD
}

void loop() {
  if (Serial2.available())
    Serial.write(Serial2.read());

  if (Serial.available())
    Serial2.write(Serial.read());
}
```

AT	Test(OK 확인!!!)
AT+ORGL	Reset to factory defaults
AT+NAME	이름 확인
AT+NAME=BT123456	이름 설정 : 예)BT123456
AT+ROLE=0	Set mode to SLAVE
AT+UART=9600,0,0	BAUD RATE 설정(통신모드)

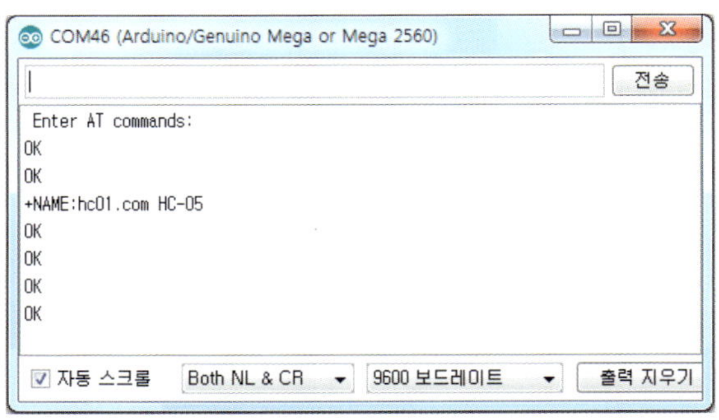

B.5 Bluetooth Test

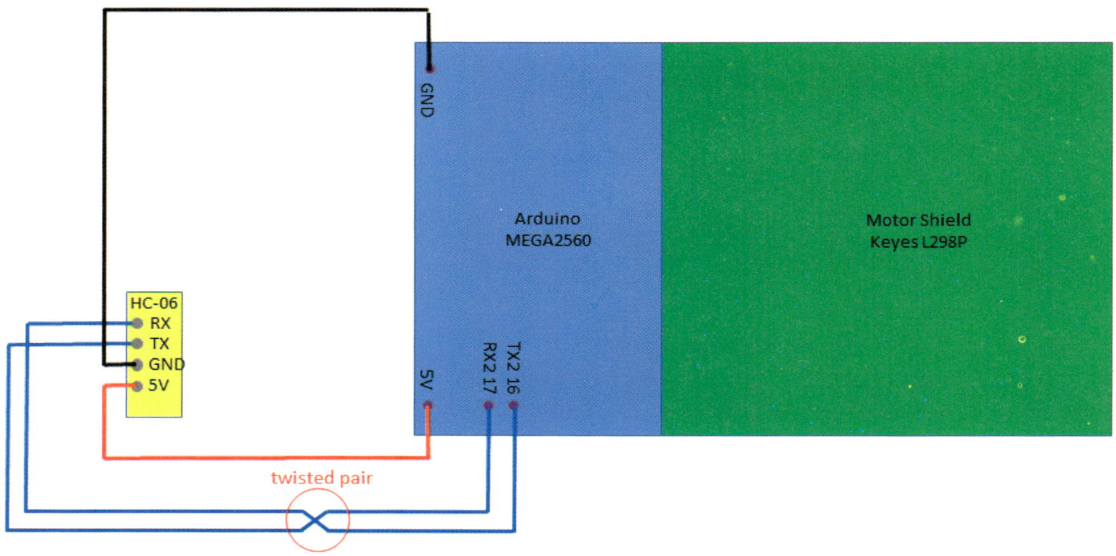

TestBluetooth

```
union {
  int intValue
  byte byteValue[sizeof(int)];
} intUnion          //union 사용.

void Bluetooth() { //Receiving the refrence input from the tranmitter via the Bluetooth
  int ydat, xdat

  while(Serial2.available()>=5) {
    if (Serial2.read()=='@') {
      for (int16_t i=0; i<2; i++) {intUnion.byteValue[i]=Serial2.read(); }
      ydat = intUnion.intValue
      Serial.print(ydat); Serial.print(" \t");
      for (int16_t i=0; i<2; i++) {intUnion.byteValue[i]=Serial2.read(); }
      xdat = intUnion.intValue
      Serial.println(xdat);
    }
  }
}

void setup() {
  Serial2.begin(9600);
  Serial2.flush();

  Serial.begin(115200);
}

void loop() {
    Bluetooth();
}
```

B.6 MPU6050 Test

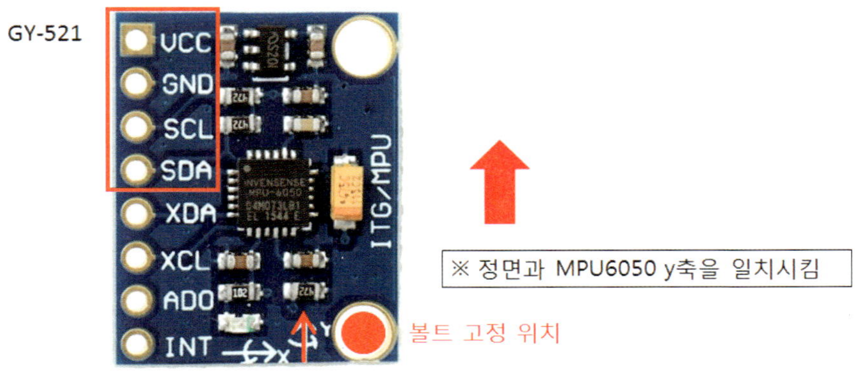

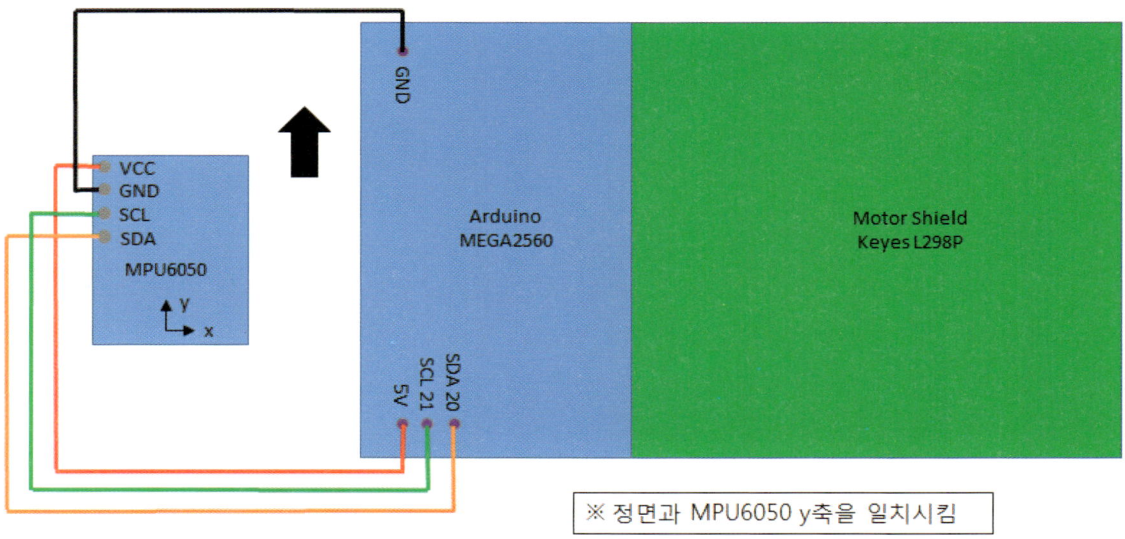

TestMPU6050

```
#include <Wire.h>

#define GYRO_GAIN 131.          // MPU6050: 16bit for -250 ~ +250 degree (65536/500)
#define DT 5

int accX, accY, accZ, gyroX, gyroY, gyroZ;
unsigned long currentTime_us, previousTime_us;
byte i2cData[14];
float A=0.96, filteredAngleOld=0, filteredAngle, angle;
float dt=(DT)/1000.0, fc=120.0 ;      //filtered data, sampling time, cutoff freq.
float alpha=dt/((1/(2*PI*fc)  )+dt); //LPF for the gyrosensor

float currentAngle;                  //+90(face up) ~ -90(face down)

float getAngle() {
  while (i2cRead(0x3B, i2cData, 14));
  accX = ((i2cData[0] << 8) | i2cData[1]);
  accY = ((i2cData[2] << 8) | i2cData[3]);
  accZ = ((i2cData[4] << 8) | i2cData[5]);
  gyroX = (i2cData[8] << 8) | i2cData[9];
  gyroY = (i2cData[10] << 8) | i2cData[11];
  gyroZ = (i2cData[12] << 8) | i2cData[13];

  currentTime_us = micros();
  float dt = (float)(currentTime_us - previousTime_us) / 1000000.0;      //in sec
  previousTime_us = micros();
  float accAngle=atan2(accY,accZ)*180.0/PI;      //in degree, -180~180

  float gyroAngle=(gyroX*dt)/GYRO_GAIN + filteredAngleOld;
  filteredAngle=A*gyroAngle+(1-A)*accAngle;
  filteredAngleOld=filteredAngle;

  angle=(1-alpha)*angle+alpha*filteredAngle;
  return angle;
}

void setup() {
  Wire.begin();
  while (i2cWrite(0x6B, 0x01, true));

  Serial.begin(115200);
}
```

```
void loop() {
  currentAngle=getAngle();                          //+90(face up) ~ -90(face down)
  Serial.println(currentAngle);

  delay(10);
}
```

I2C

```
/* Copyright (C) 2012 Kristian Lauszus, TKJ Electronics. All rights reserved.

 This software may be distributed and modified under the terms of the GNU
 General Public License version 2 (GPL2) as published by the Free Software
 Foundation and appearing in the file GPL2.TXT included in the packaging of
 this file. Please note that GPL2 Section 2[b] requires that all works based
 on this software must also be made publicly available under the terms of
 the GPL2 ("Copyleft").

 Contact information
 -------------------

 Kristian Lauszus, TKJ Electronics
 Web      :  http://www.tkjelectronics.com
 e-mail   :  kristianl@tkjelectronics.com
 */

const uint8_t IMUAddress = 0x68; // AD0 is logic low on the PCB
const uint16_t I2C_TIMEOUT = 1000; // Used to check for errors in I2C communication

uint8_t i2cWrite(uint8_t registerAddress, uint8_t data, bool sendStop) {
  return i2cWrite(registerAddress, &data, 1, sendStop); // Returns 0 on success
}

uint8_t i2cWrite(uint8_t registerAddress, uint8_t *data, uint8_t length, bool sendStop) {
  Wire.beginTransmission(IMUAddress);
  Wire.write(registerAddress);
  Wire.write(data, length);
  uint8_t rcode = Wire.endTransmission(sendStop); // Returns 0 on success
  if (rcode) {
    Serial.print(F("i2cWrite failed: "));
```

```
    Serial.println(rcode);
  }
  return rcode; // See: http://arduino.cc/en/Reference/WireEndTransmission
}

uint8_t i2cRead(uint8_t registerAddress, uint8_t *data, uint8_t nbytes) {
  uint32_t timeOutTimer;
  Wire.beginTransmission(IMUAddress);
  Wire.write(registerAddress);
  uint8_t rcode = Wire.endTransmission(false); // Don't release the bus
  if (rcode) {
    Serial.print(F("i2cRead failed: "));
    Serial.println(rcode);
    return rcode; // See: http://arduino.cc/en/Reference/WireEndTransmission
  }
  Wire.requestFrom(IMUAddress, nbytes, (uint8_t)true);
  for (uint8_t i = 0; i < nbytes; i++) {
    if (Wire.available())
      data[i] = Wire.read();
    else {
      timeOutTimer = micros();
      while (((micros() - timeOutTimer) < I2C_TIMEOUT) && !Wire.available());
      if (Wire.available())
        data[i] = Wire.read();
      else {
        Serial.println(F("i2cRead timeout"));
        return 5; // This error value is not already taken by endTransmission
      }
    }
  }
  return 0; // Success
}
```

B.7 Two Wheeled Self Balancing Robot 조립

Motor Shield Keyes L298P	VMS	11.1V	LiPo Battery 3S 11.1V
	GND	GND	
	MA-	BLACK(-)	Left Motor
	MA+	RED(+)	
		BROWN	
		GREEN	
		BLUE	
		PURPLE	
	MB-	BLACK(-)	Right Motor
	MB+	RED(+)	
		BROWN	
		GREEN	
		BLUE	
		PURPLE	
MEGA2560	17(RX2)	RX	Bluetooth HC-06
	16(TX2)	TX	
		GND	
		5V	
	5V	VCC	MPU6050
	GND	GND	
	21(SCL)	SCL	
	20(SDA)	SDA	

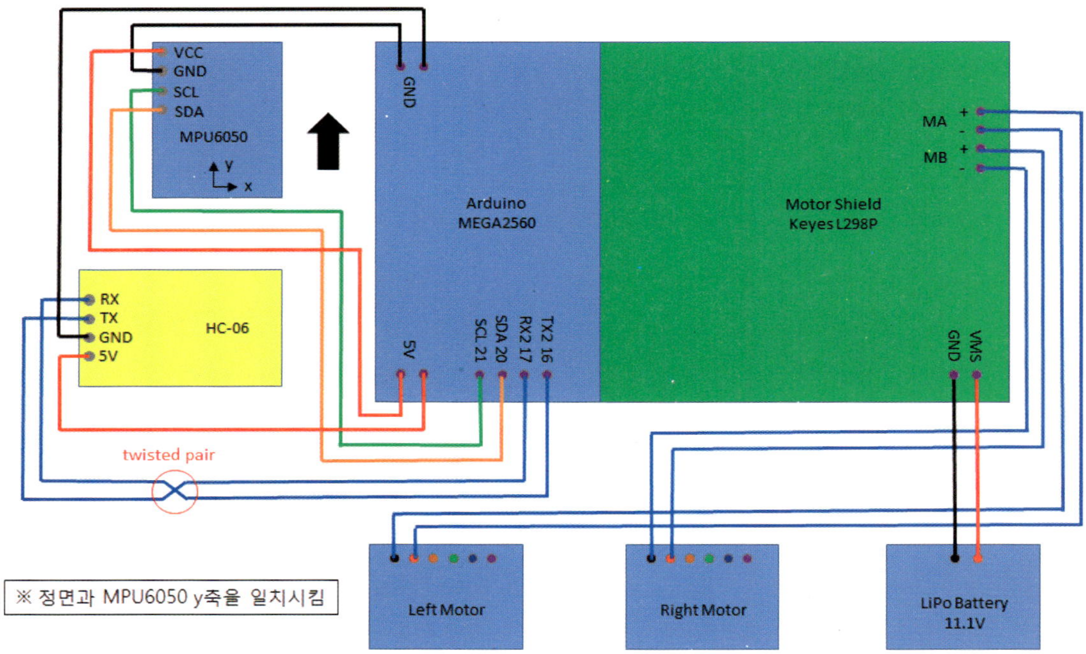

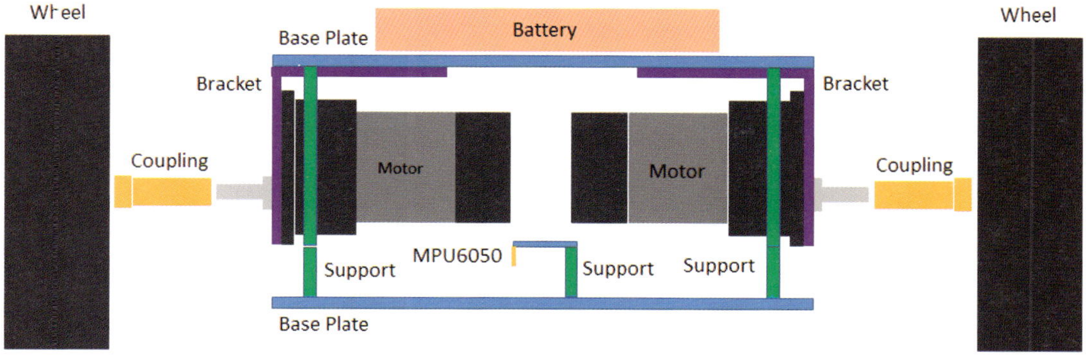

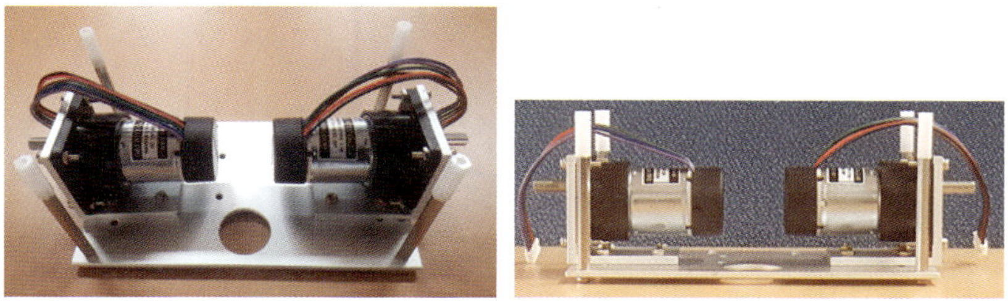

상판과 브라켓, 모터결합

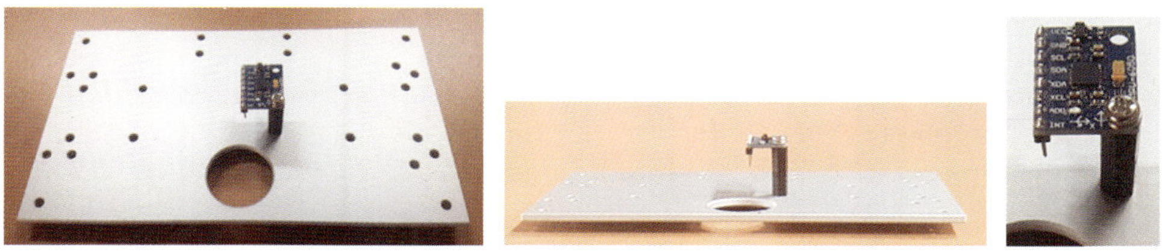

하판과 MPU6050결합

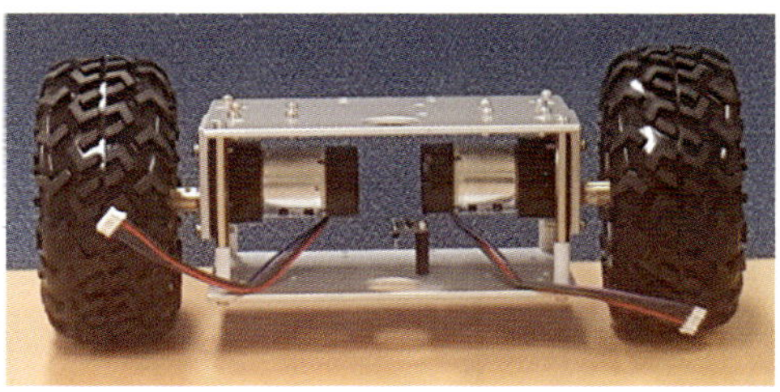

상판과 하판의 결합

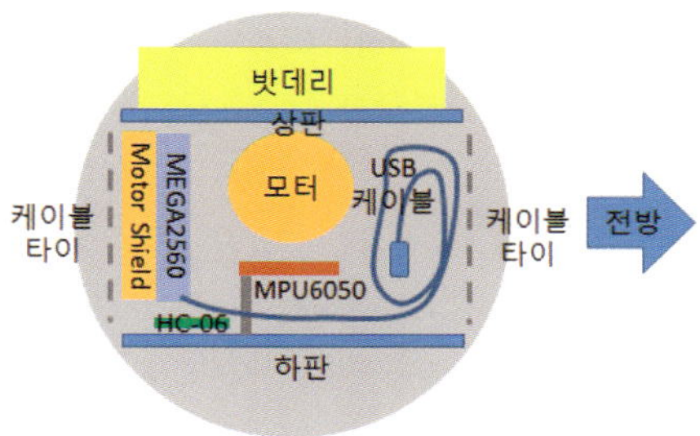

완성품 : 측면 모습

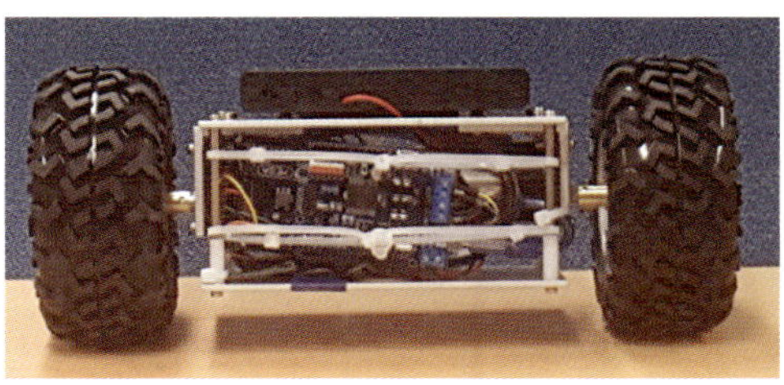

완성품 : 후면 모습

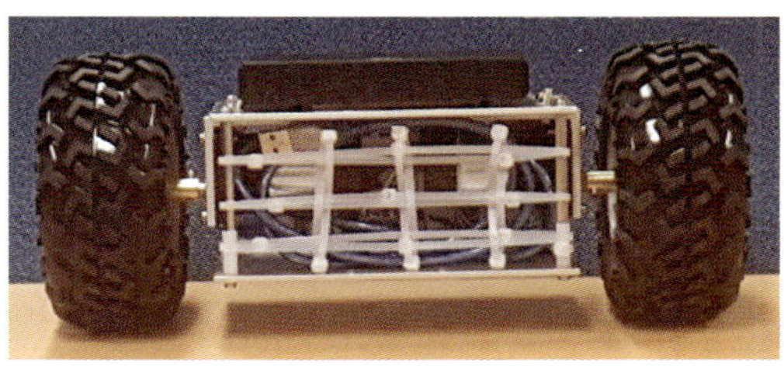

완성품 : 전면 모습

B.8 Two Wheeled Self Balancing Robot 프로그래밍

```
#include "Wire.h"

float Kpg = 17., Kig = 10, Kdg = 0.3;          //PID gain

#define OFFSET_ANGLE 0   // Angle(in DEG) Measured by Slantly-Mounted-MPU6050 When Standing Upright

#define GYRO_GAIN 131.        // MPU6050: 16bit for -250 ~ +250 degree (65536/500)
#define MAX_INC_ANGLE 60      // in DEG
#define MAX_TARGET_ANGLE 12   // in DEG
#define MAX_YAW_VALUE 130     // 130 between 0~255

union {
  int intValue
  byte byteValue[sizeof(int)];
} intUnion                    //union 사용.

// Motor Control Pins
const byte pinLMotor1=10;     //PWM for motorA (Left)
const byte pinLMotor2=12      //DO  for MotorA (Left) : LOW - CW(reward), HIGH - CCW(forward)
const byte pinRMotor1=11;     //PWM for MotorB (Right)
const byte pinRMotor2=13;     //DO  for MotorB (Right) : LOW - CW(reward), HIGH - CCW(forward)

int accX, accY, accZ, gyroX, gyroY, gyroZ
unsigned long currentTime_us, previousTime_us
byte i2cData[14];
float A=0.96, filteredAngleOld=0, filteredAngle, angle;

unsigned long previousTime_ms
float targetAngle=0.0;        //targetAngle: balancing angle to be maintained   (60)
int yawValue                  //0~255

float measuredAngle, output, errorOld=0, integralErrorOld=0;

#define DT 5
float dt=(DT)/1000.0, fc=120.0 ;          //filtered data, sampling time, cutoff freq.
float alpha=dt/((1/(2*PI*fc)  )+dt);      //LPF for the gyrosensor
float fcPID=4.0;                          //Cutoff frequency [Hz] for the derivative gain
float alphaPID=dt/((1/(2*PI*fcPID))+dt);  //LPF the derivative gain

// ===========================================================
// data format of Bluetooth Data Communication
// ============================================
```

```
// '@' & (int) ydat & (int) xdat : 5(=1+2+2) BYTEs
//   : -500 < ydat < 500 (pitching)
//   : -500 < xdat < 500 (yawing)
// ==========================================================
// targetAngle : face up : +MAX_TARGET_ANGLE, face down : -MAX_TARGET_ANGLE (:MAX_TARGET_ANGLE=8[deg])
// yawValue   : +MAX_YAW_VALUE ~ -MAX_YAW_VALUE (:MAX_YAW_VALUE=130)
void Bluetooth() {      //Receiving the refrence input from the tranmitter via the Bluetooth
  int ydat, xdat

  while(Serial2.available()>=5) {
    if (Serial2.read()=='@') {
      for (int16_t i=0; i<2; i++) {intUnion.byteValue[i]=Serial2.read(); }
      ydat = intUnion.intValue
      //Serial.print(ydat); Serial.print(" \t");
      targetAngle = -(((float) ydat)/500.0)*MAX_TARGET_ANGLE; // face up : +, face down : -
      for (int16_t i=0; i<2; i++) {intUnion.byteValue[i]=Serial2.read(); }
      xdat = intUnion.intValue
      //Serial.println(xdat);
      yawValue = map(xdat, -500, 500, -MAX_YAW_VALUE, MAX_YAW_VALUE);
    }
  }
}
```

```
void motion() {                 //Move the balancing machine upon request from the arduino
  int motorL, motorR

  if (abs(measuredAngle)<MAX_INC_ANGLE) {      //MAX_INC_ANGLE = 60[deg]
    output=PID3(targetAngle, measuredAngle - OFFSET_ANGLE);
    output=constrain(output, -255,255);
    //Serial.print(measuredAngle); Serial.print(" \t"); Serial.println(output);

    if(output>=0) {
      motorL=constrain(output+yawValue, -255, 255);
      motorR=constrain(output-yawValue, -255, 255);
    }
    else {
      motorL=constrain(output-yawValue, -255, 255);
      motorR=constrain(output+yawValue, -255, 255);
    }
    //Serial.print(motorL); Serial.print(" \t"); Serial.println(motorR);

analogWrite(pinLMotor1, abs(motorL));

    if(motorL>0) digitalWrite(pinLMotor2, HIGH);
    else       digitalWrite(pinLMotor2, LOW);
```

```
    analogWrite(pinRMotor1, abs(motorR));
    if(motorR>0) digitalWrite(pinRMotor2, LOW);
    else       digitalWrite(pinRMotor2, HIGH);
  }
  else {
    analogWrite(pinLMotor1,0);
    digitalWrite(pinLMotor2, HIGH);
    analogWrite(pinRMotor1,0);
    digitalWrite(pinRMotor2, LOW);
  }
}

// ==========================================
// getAngle()
//===========
// Return :
//   angle : face up = 90, face down = -90
// ==========================================
float getAngle() {
  while (i2cRead(0x3B, i2cData, 14));
  accX = ((i2cData[0] << 8) | i2cData[1]);
  accY = ((i2cData[2] << 8) | i2cData[3]);
  accZ = ((i2cData[4] << 8) | i2cData[5]);
  gyroX = (i2cData[8] << 8) | i2cData[9];
  gyroY = (i2cData[10] << 8) | i2cData[11];
  gyroZ = (i2cData[12] << 8) | i2cData[13];

  currentTime_us = micros();
  float dt_us = (float)(currentTime_us - previousTime_us);     //in us(microsecond)
  previousTime_us = currentTime_us;
  float accAngle=atan2(accY,accZ)*180.0/PI;                    //in degree, +180~-180

  float gyroAngle=(gyroX*dt_us/1000000.0)/GYRO_GAIN + filteredAngleOld;
  filteredAngle=A*gyroAngle+(1-A)*accAngle;
  filteredAngleOld=filteredAngle;

  angle=(1-alpha)*angle+alpha*filteredAngle;
  return angle;
}
```

```
// ===========================================================================================
// PID3(float target, float measured) :
// ====================================
// face down : target = 0, measured < 0 => error > 0 => output > 0 => forward rotation
// face up   : target = 0, measured > 0 => error < 0 => output < 0 => reward rotation
// Parameters :
```

```
//   target, measured : +90(face up) ~ -90(face down)
// Return :
//   output : PWM for motor control, + for forward movement, - for reward movement
// ==========================================================================================
float PID3(float target, float measured) {             //PID Control w.r.t. Gyro sensor
  float error=target-measured;                   //face up : error < 0, face down : error > 0
  unsigned long currentTime_ms=millis();
  unsigned long dt_ms=currentTime_ms-previousTime_ms          //in milliseconds

  float pOutput=constrain(Kpg*error,-350.0,350.0);

  float dOutput = constrain(Kdg*((error-errorOld)/dt_ms)*1000, -350.0, 350.0);

  float integralError = integralErrorOld + error*dt_ms/1000;
  float iOutput = constrain(Kig*integralError, -330.0, 330.0);

  float output=pOutput+iOutput+dOutput;

  errorOld=error;
  integralErrorOld=integralError;
  previousTime_ms=currentTime_ms;
  return output;
}

void setup() {
  pinMode(pinLMotor2,OUTPUT);
  pinMode(pinRMotor2,OUTPUT);

  Wire.begin();
  while (i2cWrite(0x6B, 0x01, true));

  Serial.begin(115200);

  Serial2.begin(9600);
  Serial2.flush();

  delay(1000);
}

void loop() {
  Bluetooth();

  measuredAngle=getAngle();                          //face up = +90, face down = -90
//Serial.println(measuredAngle);

  motion();
}
```

APPENDIX

C 아두이노 스케치

C.1 아두이노 스케치 함수

- 프로그램 구조

  setup() : 처음 한번 실행, 또는 reset 시 실행

  loop() : 매번 반복 실행, loop() 내부에 여러가지 실행문을 넣음.

- 디지털 입출력

  pinMode() :

  digitalRead() :

  digitalWrite() :

- 아날로그 입출력

  analogReference() :

  analogRead() :

  analogWrite() : - PWM

- 응용 입출력

  tone() :

  noTone() :

  shiftOut() :

  shiftIn() :

  pulseIn() :

- 시간 함수

  delay() :

  delayMicroseconds() :

  millis() :

  micros() :

- 인터럽트

  attachInterrupt() :

  detachInterrupt() :

```
interrupts() :
nointerrupts() :
```

- Serial 통신

```
Serial.begin() :
Serial.end() :
Serial.print() :
Serial.println() :
Serial.available() :
Serial.read() :
Serial.write() :
Serial.parseInt() :
Serial.parseFloat() :
Serial.peek() :
```

C.2 아두이노 스케치 문법 요약

(1) 대문자 소문자 구별

C/C++은 대문자와 소문자를 구별하여 사용하여야 한다.

(2) 함수 블럭 : 실행 단위

- 반환형(예 void)과 함수명(예 setup) 다음에 { 으로 시작해서 } 으로 마침.
  함수 블럭은 여러 개를 나열할 수 있다.

```
void setup() {
  ⋮
}
void loop() {
  ⋮
}
```

(3) 설명문(주석)

- 한 줄 설명문 : //로 시작

```
void setup() {
  // put your setup code here, to run once :
  ⋮
}
```

- 여러줄 설명문 : /*로 시작하여 */로 마침

```
void setup() {
  /* put your setup code here,
     to run once : */
  ⋮
}
```

(4) 세미콜론 ;

실행문 뒤에 세미콜론 ; 을 붙여야 한다.

- 실행문;

```
const byte pinLED = 13;
pinMode(pinLED, OUTPUT);
```

(5) 변수 및 상수 선언

❑ 데이터 타입 :

```
void          : (없음)
boolean       : 1비트 논리값 (0~1, 또는 false~true, 또는 LOW~HIGH)
byte          : 8비트 양의 정수 (0~255)
int           : 16비트 정수 (-32768~32767)
long          : 32비트 정수 (-2147483648~2147483647)
float         : 32비트 실수
double        : 64비트 실수
string        : 문자열
```

❑ 데이터 선언 :

```
int stateLED;
int value, temperature, humidity;
```

❑ 변수 선언과 값 지정 : 변수 선언과 함께 변수 값 입력

```
int num = 8;
float duty = T*value/255;
for(int i=0; i<256; i++) {
   ⋮
}
```

❑ const 상수 선언과 값 지정 : 상수 선언과 함께 상수 값 입력, 상수 값 변경 불가.

```
const byte pinLED = 13;
```

❑ 배열 상수 선언과 값 지정

```
const byte pins[8] = {13,12,11,10,9,8,7,6};
// pins[0]는 13, ..., pins[7]은 6, 총 8개의 배열 상수 값 지정
```

❑ 2차원 배열 상수 선언과 값 지정

```
const byte marks[11][8] = {
  {HIGH, HIGH, HIGH, HIGH, HIGH, HIGH, LOW, LOW},     // 0
  {LOW, HIGH, HIGH, LOW, LOW, LOW, LOW, LOW},         // 1
  {HIGH, HIGH, LOW, HIGH, HIGH, LOW, HIGH, LOW},      // 2
  {HIGH, HIGH, HIGH, HIGH, LOW, LOW, HIGH, LOW},      // 3
  {LOW, HIGH, HIGH, LOW, LOW, HIGH, HIGH, LOW},       // 4
  {HIGH, LOW, HIGH, HIGH, LOW, HIGH, HIGH, LOW},      // 5
```

```
  {HIGH, LOW, HIGH, HIGH, HIGH, HIGH, HIGH, LOW},     // 6
  {HIGH, HIGH, HIGH, LOW, LOW, LOW, LOW, LOW},        // 7
  {HIGH, HIGH, HIGH, HIGH, HIGH, HIGH, HIGH, LOW},    // 8
  {HIGH, HIGH, HIGH, HIGH, LOW, HIGH, HIGH, LOW},     // 9
  {LOW, LOW, LOW, LOW, LOW, LOW, LOW, LOW}            // OFF
};
// marks[0][0], ..., marks[0][7], ...marks[10][0], ..., marks[10][7] 순차적 지정
```

❑ local 데이터 선언 : 해당 함수 블럭 내에서만 사용 가능

```
void loop() {
  int i;
   ⋮
}
```

❑ global 데이터 선언 : 아래의 모든 함수 블럭에서 사용 가능

```
int stateLED;
void setup() {
   ⋮
}
void loop() {
   ⋮
}
```

❑ static 변수 선언 – 매번 호출될 때마다 직전 호출 시의 값을 저장하여 유지

```
static int oldMin;
void setup() {
   ⋮
}
void loop() {
   ⋮
}
```

(6) C++ 클래스 객체 선언

클래스는 멤버 함수와 멤버 데이터를 결합한 구조체 타입

❑ C++ 클래스 객체 선언 : 객체는 클래스의 인스턴스

```
dht DHT;        // 클래스 dht의 객체 DHT 선언 (:클래스는 헤더 파일 dht.h 내 선언)
```

```
// 예: int stateLED와 마찬가지로 dht DHT 선언 사용
// int는 데이터 타입, stateLED는 int의 인스턴스(실제 메모리 상에 형성되는 변수)
// int는 데이터만을 가지고 있음
// dht는 클래스 타입, DHT는 클래스 dht의 인스턴스(메모리 상에 형성되는 객체)
// dht는 멤버 데이터와 멤버 함수를 가지고 있음
```

❑ 객체 멤버 함수 호출

```
value = DHT.read11(pinDHT);
```

❑ 객체 멤버 데이터 호출

```
temperature = DHT.temperature;
```

(7) 전처리기

컴파일 전에 미리 선행해서 처리하는 작업

#으로 시작

문장 뒤에 ;를 붙이지 않음

❑ include 문 : 파일 dht.h를 콤파일 전에 미리 붙여 넣기 함

```
#include <dht.h>
```

❑ define 문 : BEAT_TIME을 컴파일 전에 400으로 바꿔치기 함

```
#define BEAT_TIME 400
```

(8) 산술 연산자

❑ = : 대입 연산자 (값을 지정하여 입력함)

```
const byte pinLED = 13;
int num = 8;
```

❑ + : 덧셈 연산자 (덧셈 계산을 수행함)

```
tempLM35 = tempLM35 + 100*voltageLM35;
```

❑ - : 뺄셈 연산자 (뺄셈 계산을 수행함)

```
tempTherm = tempTherm - 273.15;
```

❑ * : 곱셈 연산자 (곱셈 계산을 수행함)

```
long n = time*freq;
```

❑ / : 나눗셈 연산자 (나눗셈 계산을 수행함)

```
distance = (duration/2)/28.5;
```

- % : 나머지 연산자 (정수 나눗셈의 나머지 계산을 수행함)

```
if(min % MIN_INTERVAL == 0 && oldMin != min) {
  ⋮
}
```

(9) 비교 연산자

- == : 같다

```
if (stateBtn==HIGH)
  toggleLED = !toggleLED;
```

- != : 다르다

```
if(min % MIN_INTERVAL == 0 && oldMin != min) {
  ⋮
}
```

- > : 크다

```
if (Serial.available() > 0 ) {
  ⋮
}
```

- < : 작다

```
for (int i=0; i<n; i++) {
  ⋮
}
```

- >= : 크거나 같다

```
if (distance >= 200 || distance <= 0) {
  ⋮
}
```

- <= : 작거나 같다

```
if (distance >= 200 || distance <= 0) {
  ⋮
}
```

(10) 논리 연산자

❑ && : AND

```
if(min % MIN_INTERVAL == 0 && oldMin != min) {
   ⋮
}
```

❑ || : OR

```
if (distance >= 200 || distance <= 0) {
   ⋮
}
```

❑ ! : NOT

```
if (stateBtn==HIGH)
  toggleLED = !toggleLED;
```

(11) 복합 연산자

❑ ++ : 증가 연산자

```
for (int i=0; i<n; i++) {
   ⋮
}
```

❑ -- : 감소 연산자

```
for (i=NUM_LED-1; i>=0; i--) {
   ⋮
}
```

❑ += : 덧셈 대입 연산자

```
for (int i=0; i<256; i+=5) {          // i=i+5와 동일한 약식 표현
   ⋮
}
```

❑ -= : 뺄셈 대입 연산자

```
for(int i=255; i>=0; i-=5) {          // i=i-5와 동일한 약식 표현
   ⋮
}
```

❑ *= : 곱셈 대입 연산자

예 `value = value * scale;` ➜ `value *= scale;` 로 줄여서 표현

- /= : 나눗셈 대입 연산자

```
tempLM35 /= count;
// tempLM35 = tempLM35 / count와 동일한 약식 표현
```

(12) 제어문

- if 조건문 : if(조건절) 실행문; 조건절이 참이면 실행문 실행

```
if (조건절) 실행문;              // 단일 실행문

if (조건절) {                    // 복수 실행문 { }로 묶음
  실행문1;
  실행문2;
   ⋮
}

if (stateBtn==HIGH)             // 조건절이 참이면, 실행
  toggleLED = !toggleLED;

if (btSerial.available())       // 값이 영이 아니면 실행
  Serial.write(btSerial.read());

if(value == DHTLIB_OK) {
  temperature = DHT.temperature;
  humidity = DHT.humidity;
  delay(1000);
}
```

- if else 복합 조건문 : if(조건절) 실행문 else 실행문; 참이면 앞, 거짓이면 뒤 실행문

```
if (stateLED == '1')
  digitalWrite(pinLED, HIGH);
else
  digitalWrite(pinLED, LOW);

if (btValue == 0) {             // 정지
   ⋮
}
else if (btValue == 1) {        // 감속
   ⋮
```

```
}
else if (btValue == 2) {        // 가속
  ⋮
}
else if (btValue == 3) {        //CCW
  ⋮
}
else if (btValue == 4) {        //CW
  ⋮
}
```

❑ for 문 : 반복문 : for(변수=시작값; 조건절; 변수 증감) 실행문;

```
for(변수=시작값; 조건절; 변수 증감)
  실행문;

for(변수=시작값; 조건절; 변수 증감) {
  실행문1;
  실행문2;
  ⋮
}

for (int i=0; i<8; i++)
  pinMode(pins[i], OUTPUT);

for (int i=0; i<n; i++) {
  digitalWrite(pin, HIGH);
  delayMicroseconds(T/2);
  digitalWrite(pin, LOW);
  delayMicroseconds(T/2);
}
```

❑ switch case 문

```
switch (변수) {
  case 0:                         // 변수가 0일 때, 실행
         ⋮
         break;
  case 1:                         // 변수가 1일 때, 실행
```

```
            ⋮
            break;
    case 2:                     // 변수가 2일 때, 실행
            ⋮
            break;
    case 3:                     // 변수가 3일 때, 실행
            ⋮
            break;
    case 4:                     // 변수가 4일 때, 실행
            ⋮
            break;
    case default:               // 이외의 경우, 실행
            ⋮
}
```

❑ while 반복문 : while(조건절) 실행문; 조건절 판단 후, 실행함.

```
while(조건절)
  실행문;

while(조건절) {
  실행문1;
  실행문2;
   ⋮
}
```

❑ do while 반복문 : do 실행문; while(조건절); 일단 실행 후, 조건절 판단함.

```
do
  실행문;
while(조건절);

do {
  실행문1;
  실행문2;
   ⋮
} while(조건절);
```

❑ break 중단문

```
while(조건문) {
  실행문1;
  실행문2;
  if(조건문) break;
   ⋮
}

for(변수=시작값; 조건문; 변수 증감) {
  실행문1;
  실행문2;
  if(조건문) break;            // 반복문 블럭의 복수 실행문 중단 후 반복문 종료
   ⋮
}
```

❑ continue 문

```
for(변수=시작값; 조건문; 변수 증감) {
  실행문1;
  실행문2;
  if(조건문) continue;         // 반복문 블럭의 복수 실행문 중단 후 반복문 계속
   ⋮
}
```

❑ return 반환문 : 변수반환형 함수명(인수) {... return 변수;}, 함수 종료와 반환값 반환

```
void loop() {                           // 함수 반환형 없음
   ⋮
  if(조건문) return;                    // 반환값 없음
   ⋮
}

int myFunction(int arg1, int arg2) {  // 정수 반환형 함수
   ⋮
  if(조건문) return 정수 또는 정수형 변수;  // 정수 반환
   ⋮
}
```

❑ goto 점프문 :

```
void loop() {
  ⋮
  label:
  ⋮
  if(조건문) goto label;          // 점프할 곳의 라벨 이름은 임의로 지정 가능
  ⋮
}
```

(13) 산술 함수

❑ min() : 최소값 계산

❑ max() : 최대값 계산

❑ abs() : 절대값 계산

❑ constrain() : 변수 영역 구속 범위 계산

❑ map() : 변수 영역 변환 계산

❑ pow() : 지수승 계산

❑ sqrt() : 제곱근 계산

❑ sin() : 사인 계산

❑ cos() : 코사인 계산

❑ tan() : 탄젠트 계산

❑ randomSeed() : 난수 시드 발생

❑ random() : 난수 발생

(14) 아두이노 IDE 함수

❑ setup() : 아두이노 IDE를 실행하거나 리셋 버튼을 누를 때, 처음 한번 실행되는 함수.
setup() 함수 내에서 초기 설정을 입력하는데 사용.

❑ loop() : 아두이노 IDE가 무한반복으로 호출하는 함수.
센서 값을 읽어서 경우에 따라 디지털 또는 아날로그 출력을 수행

❑ pinMode() : 디지털 핀의 입력 또는 출력 여부 설정, setup() 내에서 설정

```
  syntax
pinMode(pin, mode);
  parameters
```

```
pin : the digital pin to set
mode : either INPUT, OUTPUT, or INPUT_PULLUP
```

- digitalWrite() : 디지털 신호 출력

```
  syntax
digitalWrite(pin, value);
  parameter
pin : the digital pin to write
value : either HIGH or LOW
```

- digitalRead() : 디지털 신호 입력, HIGH or LOW

```
  syntax
boolean value = digitalRead(pin);
  parameter
pin : the digital pin to read
```

- analogReference() : 아날로그 기준전압 변경

```
  syntax
analogReference(type);
  parameter
type : which type of reference to use
     (DEFAULT/INTERNAL/INTERNAL1V1/INTERNAL2V56/EXTERNAL)
```

- analogRead() : 아날로그 신호 입력 (0~1023), 입력 처리에 걸리는 시간은 100 ms

```
  syntax
int value = analogRead(pin);
  parameter
pin : the analog input pin to read from
```

- analogWrite() : 아날로그 신호 출력, PWM 단자 활용

```
  syntax
analogWrite(pin, value);
  parameters
pin : the pin to write to
value : the duty cycle, between 0 (always off) and 255 (always on)
```

❑ tone() : square wave 발생, 패시브 부저 등의 디지털 출력에 이용

syntax

```
tone(pin, frequency);
tone(pin, frequency, duration);
```

parameters

pin : the pin on which to generate the tone

frequency : the frequency of the tone in Hz

duration : the duration of the tone in milliseconds (optionnal)

❑ noTone() : 함수 tone()을 중지시킬 때 사용

syntax

```
noTone(pin);
```

parameter

pin : the pin on which to stop generating the tone

❑ shiftOut() : 1 byte의 8 bit를 1 bit씩 잘라내어 8개의 디지털 출력 신호로 내보냄.
적은 숫자의 디지털 핀으로 많은 숫자의 디지털 핀을 제어하는 방법.

syntax

```
shiftOut(pinData, pinClock, bitOrder, value);
```

parameters

pinData : the pin on which to output each bit of a byte

pinClock : the pin to toggle
once the pinData has been set to the correct value.

bitOrder : either LSBFIRST or MSBFIRST

value : the byte data to shift out

❑ shiftIn() : shiftOut과 반대로 8개 bit의 디지털 입력을 하나의 byte 값으로 변경

syntax

```
byte incoming = shiftIn(pinData, pinClock, bitOrder);
```

parameters

pinData : the pin on which to input each bit

pinClock : the pin to toggle to signal a read from pinData

bitOrder : either LSBFIRST or MSBFIRST

❑ pulseIn() : HIGH 또는 LOW로 유지된 시간 출력

```
  syntax
unsigned long length = pulseIn(pin, value);
unsigned long length = pulseIn(pin, value, timeout);
  Parameters
pin : pin number
value : either LOW or HIGH
      (HIGH이면, 기다리다 RISING에서 시작하여, FALLING에서 종료된 시간)
      (사용 추천 구간 : 10us~3min, 너무 길면 오차 증가)
timeout (optional)
     : the number of microseconds to wait for the pulse to start,
     : default timeout is 10^6 us (=1s)
  Returns
length of pulse (in microseconds) or 0 if waiting over timeout
```

❑ millis() : 아두이노 프로그램이 실행된 이후 경과된 시간을 ms로 반환

```
  Syntax
unsigned long time = millis();
  Returns
number of milliseconds since the program started
go back to zero if overflow after approximately 50 days
```

❑ micros() : 아두이노 프로그램이 실행된 이후 경과된 시간을 ms로 반환

```
  Syntax
unsigned long micros();
  Returns
number of microseconds since the program started
go back to zero if overflow after approximately 70 minutes
```

❑ delay() : 지정된 시간(ms)만큼 프로그램 실행 정지

```
  Syntax
delay(ms);
  Parameters
ms : the number of milliseconds to pause
```

❑ delayMicroseconds() : 지정된 시간(us)만큼 프로그램 실행 정지

Syntax

```
delayMicroseconds(us);
```

Parameters

us : the number of microseconds to pause

❑ attachInterrupt() : 인터럽트 핀에 인터럽트 설정

Syntax

```
attachInterrupt(interrupt, ISR, mode)
```

Parameters

interrupt : the number of interrupt (0 or 1 in Arduino UNO board)
: 아두이노 UNO 보드에서는 0은 2번핀, 1은 3번핀

❑ detachInterrupt() : 인터럽트 핀에 인터럽트 해제

Syntax

```
dettachInterrupt(interrupt);
```

Parameters

interrupt : the number of interrupt (0 or 1 in Arduino UNO board)

❑ Serial.begin() : 시리얼 통신 설정 함수

Syntax

```
Serial.begin(baudrate);
Serial.begin(baudrate, config);
```

Parameters

baudrate : baud rate (data speed in bits per second)

config : sets data, parity, and stop bits (optional). default is SERIAL_8N1

❑ Serial.available() : 시리얼 통신을 통하여 전달된 데이터들의 byte 수

❑ Serial.read() : 시리얼 통신을 통하여 전달된 데이터의 첫번 byte 읽음.
읽어들일 데이터가 없으면 -1 반환

❑ Serial.print() : 시리얼 포트에 문자 혹은 데이터 값을 출력

Syntax

```
Serial.print(value);
Serial.print(value, format);
```

Parameter

value : the value to print - any data type

format : specifies the format in the case of number

❑ Serial.println() : 시리얼 포트에 문자 혹은 데이터 값을 출력하고, 줄바꾸기.

Serial.print() 함수의 출력 뒤에 개행문자 ₩n을 붙여서 출력

Syntax

```
Serial.println(value);
Serial.println(value, format);
```

Parameter

value : the value to print - any data type

format : specifies the format in the case of number

APPENDIX

D 기타 센서 예제

D.1 시계 모듈 RTC DS1302

RTC(Real Time Clock) 모듈은 시간을 저장하고, 시간에 대한 정보를 제공한다. 아두이노 UNO 보드가 시간에 대한 정보를 처리하려면, 일단 RTC 모듈에 현재 시간을 셋팅하여야 하며, 셋팅된 시간은 수은 전지를 빼거나 밧데리의 전력이 떨어지기 전까지는 지워지지 않는다.

DS1302 모듈은 VCC, GND, CLK, DAT, RST과 같이 총 5개의 리드 선이 있는데, VCC와 GND는 각각 5V와 GND, RST와 DAT와 CLK의 3개 리드 선은 디지털 입출력 핀에 연결한다. DS1302모듈은 DS1302.zip 파일을 이용하여 외부 라이브러리로 추가 등록하여 사용하여야 한다.

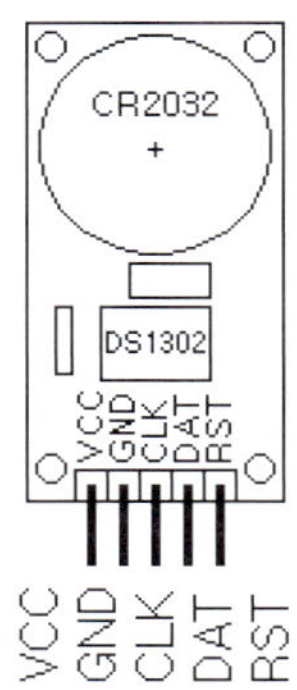

DS1302 라이브러를 이용하여 개체를 생성 할 때 CLK, DAT, RST 핀 정보를 입력시킨다.

```
DS1302 rtc(pinRST, pinDAT, pinCLK);
```

- 핀 연결

RTC 모듈 DS1302	VCC	⇔	5V	아두이노 UNO
	GND	⇔	GND	
	CLK	⇔	2	
	DAT	⇔	3	
	RST	⇔	4	

- 회로도

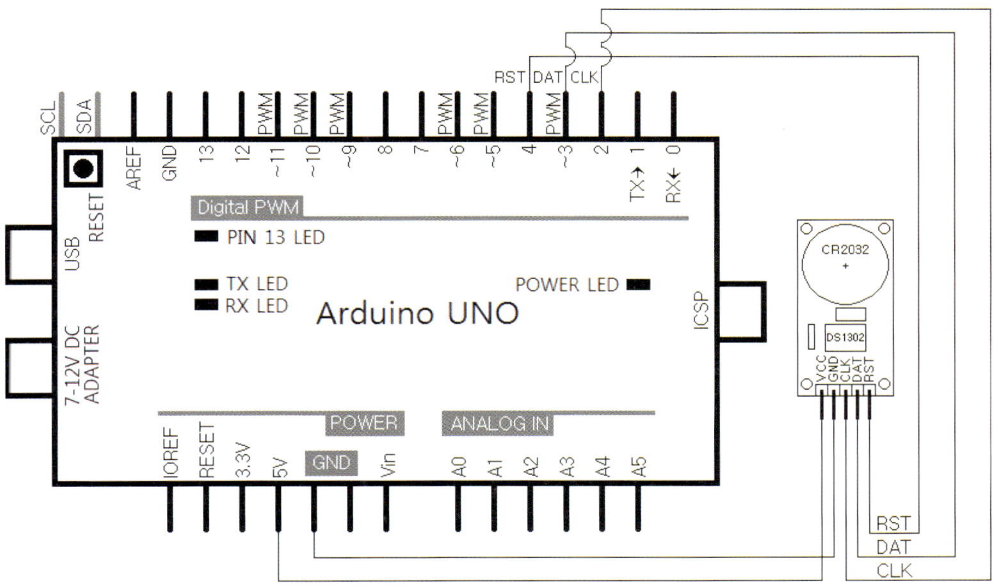

- 브레드보드 뷰

• 프로그램 – 시간 설정

```
#include <DS1302.h>
const int pinCLK = 2;
const int pinDAT = 3;
const int pinRST = 4;
DS1302 rtc(pinRST, pinDAT, pinCLK);

void setup() {
  rtc.halt(true);
  rtc.writeProtect(false);
}

void loop() {
  rtc.setDate(28,7,2015);   //2015년7월28일
  rtc.setDOW(TUESDAY);      //화요일
  rtc.setTime(23,13,0);     //23시13분0초
  rtc.halt(false);
  rtc.writeProtect(true);
}
```

시간 설정은 처음 한번만 수행하면 된다. 수은전지를 빼거나, 수은전지의 전원이 다 되기 전까지는 설정된 시간이 유지된다.

• 프로그램 – 시간 확인

```
#include <DS1302.h>
const int pinCLK = 2;
const int pinDAT = 3;
const int pinRST = 4;
DS1302 rtc(pinRST, pinDAT, pinCLK);

void setup() {
  Serial.begin(9600);
}

void loop() {
  Serial.print("current time is ");
  Serial.print(rtc.getDOWStr());
  Serial.print(" ");
  Serial.print(rtc.getDateStr());
  Serial.print(" ");
  Serial.println(rtc.getTimeStr());
  delay(1000);
}
```

특정한 시간에 어떤 역할을 수행시킬 때, 시간을 입력받는 도구로 사용할 수 있다. 예를 들면 매일 저녁 6시에 전원을 켜고 매일 아침 7시에 전원을 끄는 가로등을 제어하거나 계절 별로 제어 시간을 변경할 수도 있다. 혹은 정해진 날짜와 시간에 센서로 측정한 값을 출력하여 저장할 수도 있다. 주의 사항은 RTC 모듈에서 시간을 읽을 때, 최소 2초 이상의 간격으로 시간을 읽는 것이 바람직하다.

D.2 7-Segment

7-Segment 디스플레이 SH5161AS는 COMMON_CATHODE 방식으로 0~9까지의 숫자를 표현하는데, A~G까지 7개의 세그먼트를 사용한다. 10개의 단자를 갖고 있으며, 좌측 하단에서부터 좌측 상단으로 반시계 방향으로 1, 2, 3, ..., 9, 10의 단자 번호를 매긴다. 7개의 세그먼트는 다음과 같이 각 세그먼트를 A, B, C, ..., F, G로 표시하고, 우측 하단의 점은 DP로 표시한다.

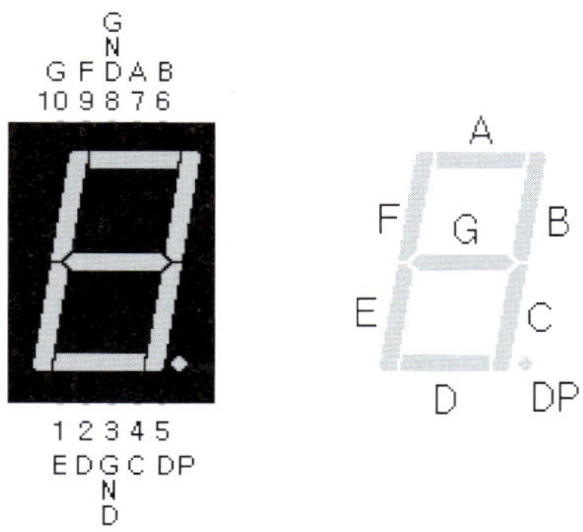

다음은 COMMON_CATHODE 타입의 7-세그먼트의 결선이다.

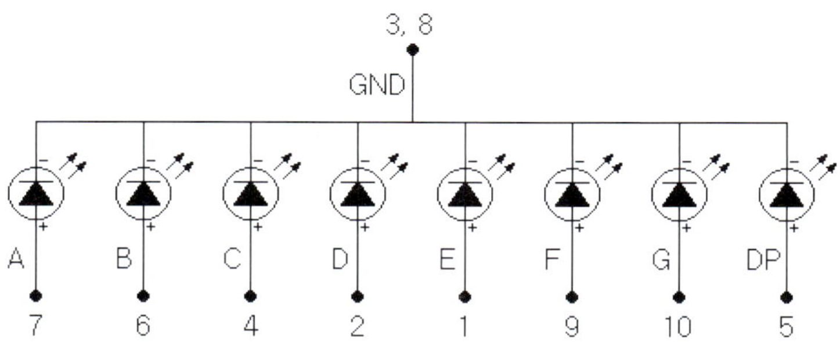

7-세그먼트의 1~10까지 총 10개의 단자를 다음과 같이 아두이노에 연결시킨다.

7-Segment			아두이노 UNO
	1	⇔	9
	2	⇔	10
	3	⇔	GND
	4	⇔	11
	5	⇔	6
	6	⇔	12
	7	⇔	13
	8	⇔	GND
	9	⇔	8
	10	⇔	7

7-세그먼트의 단자 번호로 비교하면, 위의 연결이 다소 복잡해 보이지만, 각 단자 번호에 지정된 세그먼트를 기준으로 다시 정렬하면, 다음과 같이 단순한 연결인 것을 알 수 있다.

7-Segment				아두이노 UNO
	A	7	⇔	13
	B	6	⇔	12
	C	4	⇔	11
	D	2	⇔	10
	E	1	⇔	9
	F	9	⇔	8
	G	10	⇔	7
	DP	5	⇔	6
	GND	3	⇔	GND
	GND	8	⇔	GND

위의 핀 연결에 따른 회로도는 다음과 같다.

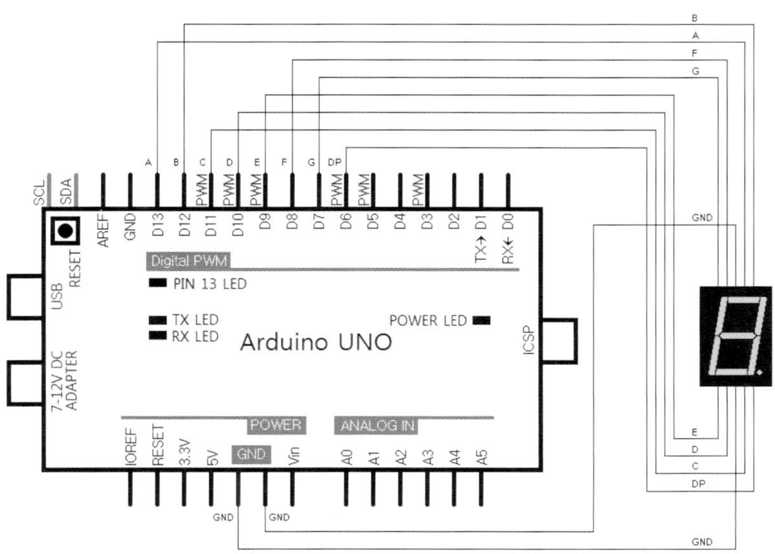

브레드보드의 상하 가로 결선의 GND를 아두이노에 연결하여 활성화시킨다. 브레드보드에 7-세그먼트를 장착하고, 3번과 8번 핀을 브레드보드의 GNP에 연결시킨다. 3번과 8번을 제외한 나머지 8개의 단자는 6번에서 13번까지 회로도를 따라서 아두이노의 각각의 디지털 출력 핀에 연결한다.

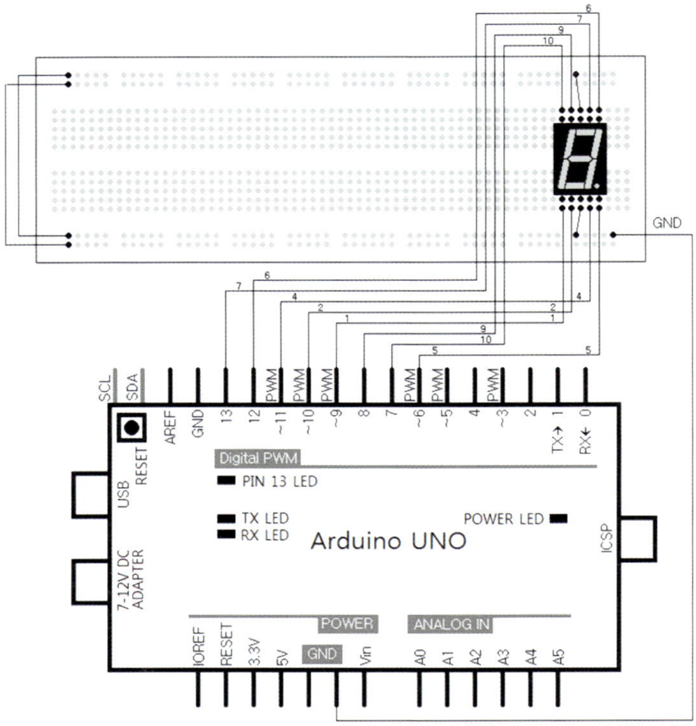

Fritzing 프로그램을 이용하여, 브레드보드에 7-세그먼트를 삽입한 후, 점퍼 케이블로 아두이노 UNO 보드에 연결한 모습이다.

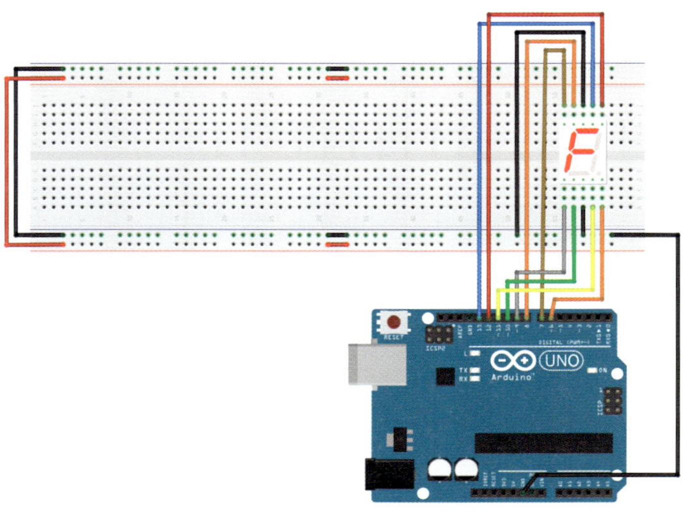

아두이노 IDE에 다음 프로그램을 입력한다.

```
const int OFF = 10;
// A, B, C, D, E, F, G, DP
const byte pins[8]={13, 12, 11, 10, 9, 8, 7, 6};
// 0 1 2 3 4 5 6 7 8 9
const byte marks[11][8] = {
//  A     B     C     D     E     F     G     DP
  {HIGH, HIGH, HIGH, HIGH, HIGH, HIGH,  LOW,  LOW},       // 0
  { LOW, HIGH, HIGH,  LOW,  LOW,  LOW,  LOW,  LOW},       // 1
  {HIGH, HIGH,  LOW, HIGH, HIGH,  LOW, HIGH,  LOW},       // 2
  {HIGH, HIGH, HIGH, HIGH,  LOW,  LOW, HIGH,  LOW},       // 3
  { LOW, HIGH, HIGH,  LOW,  LOW, HIGH, HIGH,  LOW},       // 4
  {HIGH,  LOW, HIGH, HIGH,  LOW, HIGH, HIGH,  LOW},       // 5
  {HIGH,  LOW, HIGH, HIGH, HIGH, HIGH, HIGH,  LOW},       // 6
  {HIGH, HIGH, HIGH,  LOW,  LOW,  LOW,  LOW,  LOW},       // 7
  {HIGH, HIGH, HIGH, HIGH, HIGH, HIGH, HIGH,  LOW},       // 8
  {HIGH, HIGH, HIGH, HIGH,  LOW, HIGH, HIGH,  LOW},       // 9
  { LOW,  LOW,  LOW,  LOW,  LOW,  LOW,  LOW,  LOW} // OFF
};

void setup() {
  Serial.begin(9600);
  for (int i=0; i<8; i++)
    pinMode(pins[i], OUTPUT);
}

void loop() {
  int value = Serial.read();
  value = value - '0';
  if (value < 0 or value > 9) value = OFF;
  displayDigit(value);
  delay(1000);
}

void displayDigit(int value) {
  for (int i = 0; i<7; i++) {
    digitalWrite(pins[i], marks[value][i]);
  }
}
```

아두이노의 각 핀의 출력을 제어함으로써, 7-세그먼트를 제어한다. 예를 들어, 숫자 0을 표시해 보자. GND는 제대로 연결되어 있다고 가정한다. A, B, C, D, E, F 세그먼트에 해당하는 13, 12, 11, 10, 9, 8번 핀에 HIGH 신호를 출력하면, A, B, C, D, E, F 세그먼트가 ON된다. 반면에 G와 DP 세그먼트에 해당하는 7, 6번 핀에 LOW 신호를 출력하면, G와 DP 세그먼트는 OFF 된다. 따라서, 7-세그먼트에서 0이 표시된다.

핀 번호	13	12	11	10	9	8	7	6
출력 신호	HIGH	HIGH	HIGH	HIGH	HIGH	HIGH	LOW	LOW
세그먼트	A	B	C	D	E	F	G	DP
점등	ON	ON	ON	ON	ON	ON	OFF	OFF
표시 숫자								

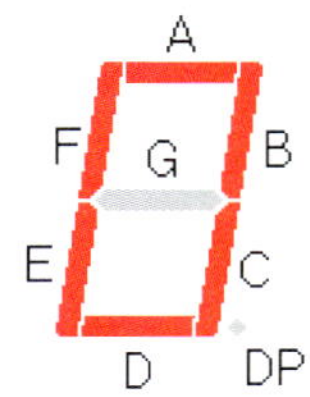

D.3 4-Digit 7-Segment

4 Digit 7 Segment 디스플레이 모듈 SH5461AS는 COMMON_ANODE 방식과 COMMON_CATHODE 방식이 있는데, 본 예제에서 사용하는 모듈은 COMMON_CATHODE 방식이다.

- 부품

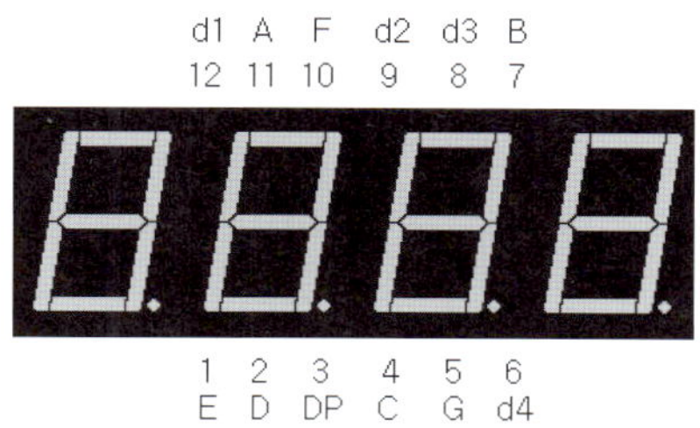

- 연결 핀

4-Digit 7-Segment	1 (segment E)	⇔	10	아두이노 UNO
	2 (segment D)	⇔	9	
	3 (segment DP)	⇔	13	
	4 (segment C)	⇔	8	
	5 (segment G)	⇔	12	
	6 (digit 4)	⇔	A5	
	7 (segment B)	⇔	7	
	8 (digit 3)	⇔	A4	
	9 (digit 2)	⇔	A3	
	10 (segment F)	⇔	11	
	11 (segment A)	⇔	6	
	12 (digit 1)	⇔	A2	

세그먼트와 디지트 순서로 핀을 표현하면,

4-Digit 7-Segment	11 (segment A)	⇔	6	아두이노 UNO
	7 (segment B)	⇔	7	
	4 (segment C)	⇔	8	
	2 (segment D)	⇔	9	
	1 (segment E)	⇔	10	
	10 (segment F)	⇔	11	
	5 (segment G)	⇔	12	
	3 (segment DP)	⇔	13	
	12 (digit 1)	⇔	A2	
	9 (digit 2)	⇔	A3	
	8 (digit 3)	⇔	A4	
	6 (digit 4)	⇔	A5	

• 회로도

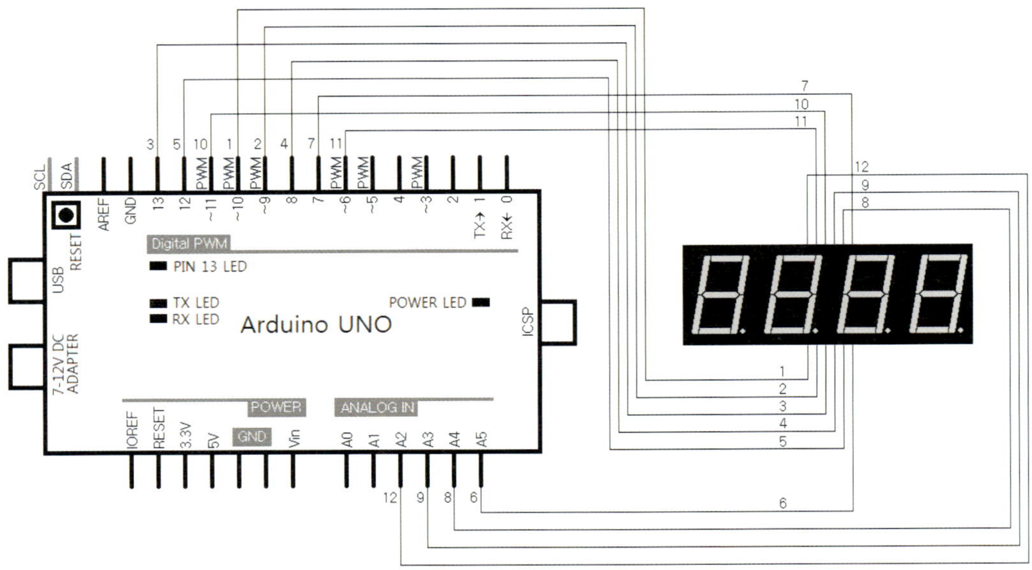
Arduino UNO
Digital PWM
PIN 13 LED
TX LED
RX LED
POWER LED
ICSP
USB
RESET
7-12V DC ADAPTER
SCL
SDA
AREF
GND
POWER
ANALOG IN
IOREF
RESET
3.3V
5V
GND
Vin
A0
A1
A2
A3
A4
A5

• 브레드보드 뷰

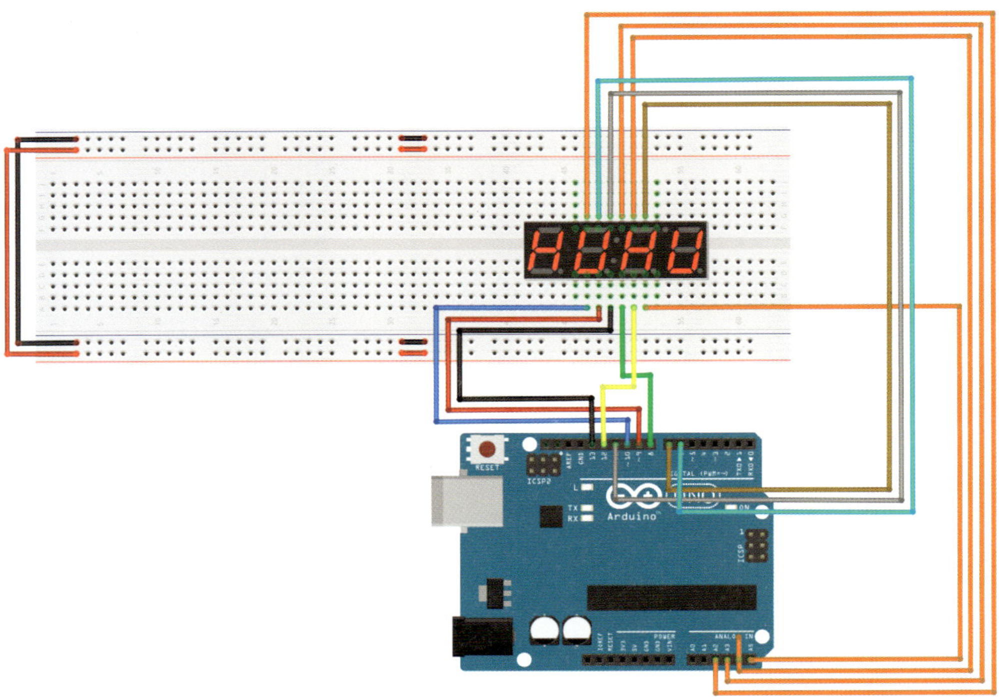

• 프로그램

```
#include <SevSeg.h>
SevSeg sevseg;

void setup() {
  byte numDigits = 4;
  byte pinDigits[]={A2, A3, A4, A5};
  byte pinSegs[]={6, 7, 8, 9, 10, 11, 12, 13};

  sevseg.begin(COMMON_CATHODE, numDigits, pinDigits, pinSegs);
  sevseg.setBrightness(100);
}

void loop() {
  static unsigned long timer = millis();
  static int deciSeconds = 0;

  if (millis() >= timer) {
    deciSeconds++; // 100 milliSeconds is equal to 1 deciSecond
    timer += 100;
    if (deciSeconds == 10000) {     // Reset to 0 after counting for 1000 seconds.
      deciSeconds=0;
    }
    sevseg.setNumber(deciSeconds, 1);
  }

  sevseg.refreshDisplay();        // Must run repeatedly
}
```

D.4 8×8 도트 매트릭스 모듈

8×8 도트 매트릭스 모듈 SH1388ASR은 8×8 총 64개의 LED로 이루어진 디스플레이 모듈이다. 16개의 단자를 가지고 있다.

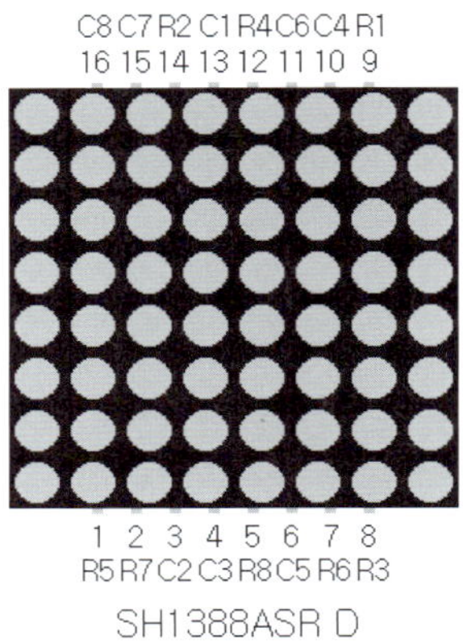

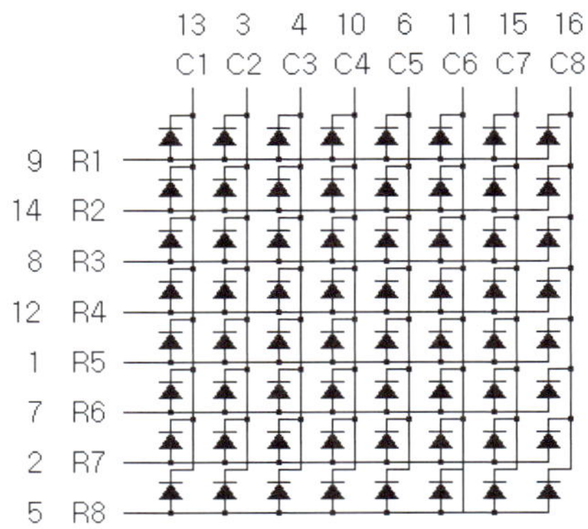

디지털 핀 2~13번, 아날로그 핀 A0~A3번을 다음과 같이 연결한다.

8×8 Dot Matrix 모듈				아두이노 UNO 보드
	1 (R5)	⇔	5	
	2 (R7)	⇔	4	
	3 (C2)	⇔	3	
	4 (C3)	⇔	2	
	5 (R8)	⇔	A0	
	6 (C5)	⇔	A1	
	7 (R6)	⇔	A2	
	8 (R3)	⇔	A3	
	9 (R1)	⇔	13	
	10 (C4)	⇔	12	
	11 (C6)	⇔	11	
	12 (R4)	⇔	10	
	13 (C1)	⇔	9	
	14 (R2)	⇔	8	
	15 (C7)	⇔	7	
	16 (C8)	⇔	6	

R1, …, R8, C1, …, C8 순서로 정리하여 표현하면

8×8 Dot Matrix 모듈				아두이노 UNO 보드
	9 (R1)	⇔	13	
	14 (R2)	⇔	8	
	8 (R3)	⇔	A3	
	12 (R4)	⇔	10	
	1 (R5)	⇔	5	
	7 (R6)	⇔	A2	
	2 (R7)	⇔	4	
	5 (R8)	⇔	A0	
	13 (C1)	⇔	9	
	3 (C2)	⇔	3	
	4 (C3)	⇔	2	
	10 (C4)	⇔	12	
	6 (C5)	⇔	A1	
	11 (C6)	⇔	11	
	15 (C7)	⇔	7	
	16 (C8)	⇔	6	

- 회로도

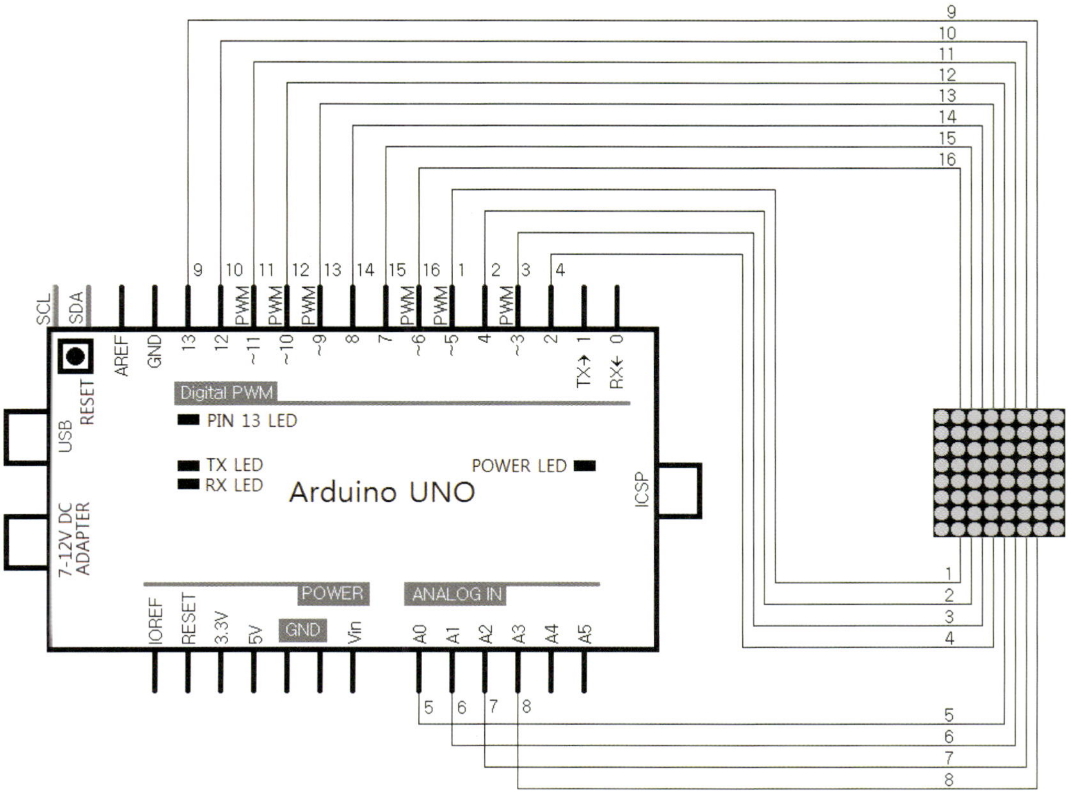

• 브레드보드 뷰

• 프로그램

문자 스크롤을 위해 FrequencyTimer2.h 라이브러리 필요 :

사이트 : http://www.pjrc.com/teensy/td_libs_FrequencyTimer2.html

```
#include <FrequencyTimer2.h>

#define SPACE { \
    {0, 0, 0, 0, 0, 0, 0, 0},  \
    {0, 0, 0, 0, 0, 0, 0, 0}, \
    {0, 0, 0, 0, 0, 0, 0, 0}, \
    {0, 0, 0, 0, 0, 0, 0, 0}, \
    {0, 0, 0, 0, 0, 0, 0, 0}, \
    {0, 0, 0, 0, 0, 0, 0, 0}, \
    {0, 0, 0, 0, 0, 0, 0, 0}, \
    {0, 0, 0, 0, 0, 0, 0, 0} \
}

#define H { \
    {0, 1, 0, 0, 0, 0, 1, 0}, \
    {0, 1, 0, 0, 0, 0, 1, 0}, \
    {0, 1, 0, 0, 0, 0, 1, 0}, \
    {0, 1, 1, 1, 1, 1, 1, 0}, \
```

```
    {0, 1, 0, 0, 0, 0, 1, 0}, \
    {0, 1, 0, 0, 0, 0, 1, 0}, \
    {0, 1, 0, 0, 0, 0, 1, 0}, \
    {0, 1, 0, 0, 0, 0, 1, 0}  \
}

#define E  { \
    {0, 1, 1, 1, 1, 1, 1, 0}, \
    {0, 1, 0, 0, 0, 0, 0, 0}, \
    {0, 1, 0, 0, 0, 0, 0, 0}, \
    {0, 1, 1, 1, 1, 1, 1, 0}, \
    {0, 1, 0, 0, 0, 0, 0, 0}, \
    {0, 1, 0, 0, 0, 0, 0, 0}, \
    {0, 1, 0, 0, 0, 0, 0, 0}, \
    {0, 1, 1, 1, 1, 1, 1, 0}  \
}

#define L { \
    {0, 1, 0, 0, 0, 0, 0, 0}, \
    {0, 1, 0, 0, 0, 0, 0, 0}, \
    {0, 1, 0, 0, 0, 0, 0, 0}, \
    {0, 1, 0, 0, 0, 0, 0, 0}, \
    {0, 1, 0, 0, 0, 0, 0, 0}, \
    {0, 1, 0, 0, 0, 0, 0, 0}, \
    {0, 1, 0, 0, 0, 0, 0, 0}, \
    {0, 1, 1, 1, 1, 1, 1, 0}  \
}

#define O { \
    {0, 0, 0, 1, 1, 0, 0, 0}, \
    {0, 0, 1, 0, 0, 1, 0, 0}, \
    {0, 1, 0, 0, 0, 0, 1, 0}, \
    {0, 1, 0, 0, 0, 0, 1, 0}, \
    {0, 1, 0, 0, 0, 0, 1, 0}, \
    {0, 1, 0, 0, 0, 0, 1, 0}, \
    {0, 0, 1, 0, 0, 1, 0, 0}, \
    {0, 0, 0, 1, 1, 0, 0, 0}  \
}

byte col = 0;
byte leds[8][8];
```

```
// pin[xx] on led matrix connected to nn on Arduino (-1 is dummy to make array start at pos 1)
int pins[17]= {-1, 5, 4, 3, 2, 14, 15, 16, 17, 13, 12, 11, 10, 9, 8, 7, 6};


// 아래의 코드는 위에서 보았던 내부 핀 순서를 참조합니다.


// col[xx] of leds = pin yy on led matrix
// 행 8 개 순서대로 지정합니다.
//
int cols[8] = {pins[13], pins[3], pins[4], pins[10], pins[06],pins[11], pins[15], pins[16]};

// row[xx] of leds = pin yy on led matrix
// 열 8 개 순서대로 지정해줍니다.
int rows[8] = {pins[9], pins[14], pins[8], pins[12], pins[1],pins[7], pins[2], pins[5]};

const int numPatterns = 6;
byte patterns[numPatterns][8][8] = {
  H,E,L,L,O,SPACE
};

int pattern = 0;

void setup() {
  // sets the pins as output
  for (int i = 1; i <= 16; i++) {
    pinMode(pins[i], OUTPUT);
  }

  // set up cols and rows
  for (int i = 1; i <= 8; i++) {
    digitalWrite(cols[i - 1], !LOW);
  }

  for (int i = 1; i <= 8; i++) {
    digitalWrite(rows[i - 1], !LOW);
  }

  clearLeds();

  // Turn off toggling of pin 11
```

```
  FrequencyTimer2::disable();
  // Set refresh rate (interrupt timeout period)
  FrequencyTimer2::setPeriod(2000);
  // Set interrupt routine to be called
  FrequencyTimer2::setOnOverflow(display);

  setPattern(pattern);
}

void loop() {
    pattern = ++pattern % numPatterns;
    slidePattern(pattern, 100);
}

void clearLeds() {
  // Clear display array
  for (int i = 0; i < 8; i++) {
    for (int j = 0; j < 8; j++) {
      leds[i][j] = 0;
    }
  }
}

void setPattern(int pattern) {
  for (int i = 0; i < 8; i++) {
    for (int j = 0; j < 8; j++) {
      leds[i][j] = patterns[pattern][i][j];
    }
  }
}

void slidePattern(int pattern, int del) {
  for (int l = 0; l < 8; l++) {
    for (int i = 0; i < 7; i++) {
      for (int j = 0; j < 8; j++) {
        leds[j][i] = leds[j][i+1];
      }
    }
    for (int j = 0; j < 8; j++) {
      leds[j][7] = patterns[pattern][j][0 + l];
    }
    delay(del);
  }
}
```

```
// Interrupt routine
void display() {
  digitalWrite(cols[col], !LOW);          // Turn whole previous column off
  col++;
  if (col == 8) {
    col = 0;
  }
  for (int row = 0; row < 8; row++) {
    if (leds[col][7 - row] == 1) {
      digitalWrite(rows[row], !LOW);      // Turn on this led
    }
    else {
      digitalWrite(rows[row], !HIGH);     // Turn off this led
    }
  }
  digitalWrite(cols[col], !HIGH); // Turn whole column on at once (for equal lighting times)
}
```

D.5 LCD 1602와 I2C 인터페이스 모듈

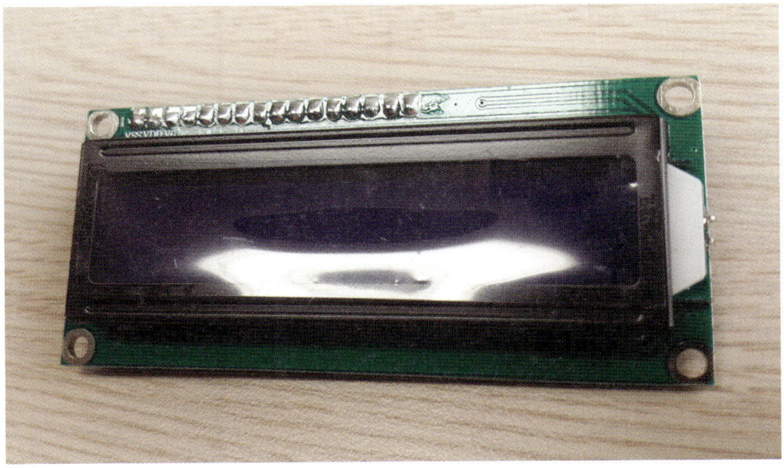

LCD 1602 모듈을 I2C 변환 모듈 위에 납땜하여 일체화된 모듈을 사용한다. I2C 변환 모듈은 아두이노 내부의 wire 라이브러리를 이용하여 I2C 통신으로 받은 데이터를 LCD 1602 모듈에 보내어 문자를 표시하는 모듈이다. I2C 모듈은 4개의 리드 선을 갖는데, GND와 VCC, 그리고 I2C 통신을 위한 SDA와 SCL, 총 4개의 단자를 갖는다. GND는 아두이노 보드의 GND에, VCC는 5V에 각각 연결하고, SDA와 SCL은 각각 아날로그 핀 A4와 A5에 연결한다. 또는 SDA와 SCL은 아두이노 보드의 AREF 단자 옆의 첫번 칸에 SDA, 그 다음 옆 칸에 SCL을 각각 연결하여도 된다.

- 핀 연결

LCD 1602 + I2C 인터페이스 모듈				
LCD 1602 + I2C 인터페이스 모듈	GND	⇔	GND	아두이노 UNO
	VCC	⇔	5V	
	SDA	⇔	A4	
	SCL	⇔	A5	

• 회로도

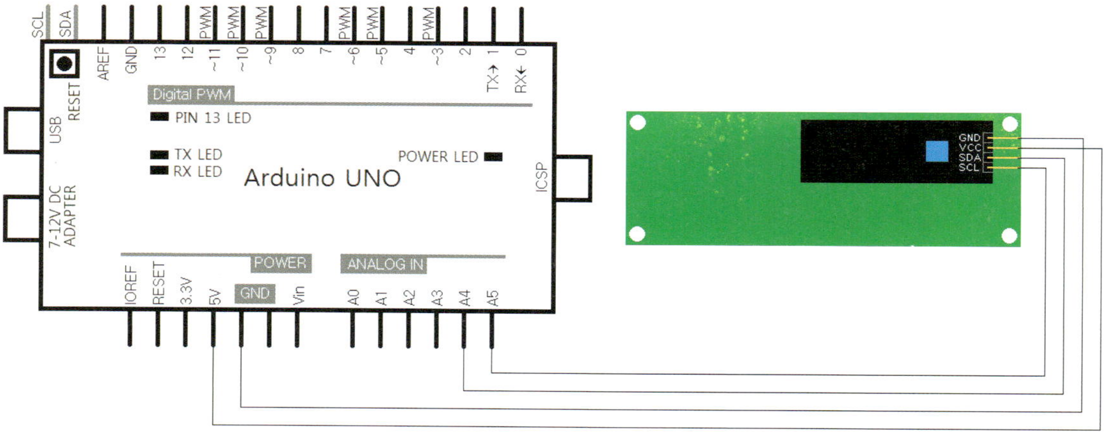
Arduino UNO
Digital PWM
PIN 13 LED
TX LED
RX LED
POWER LED
POWER
ANALOG IN
GND
VCC
SDA
SCL

• 브레드보드 뷰

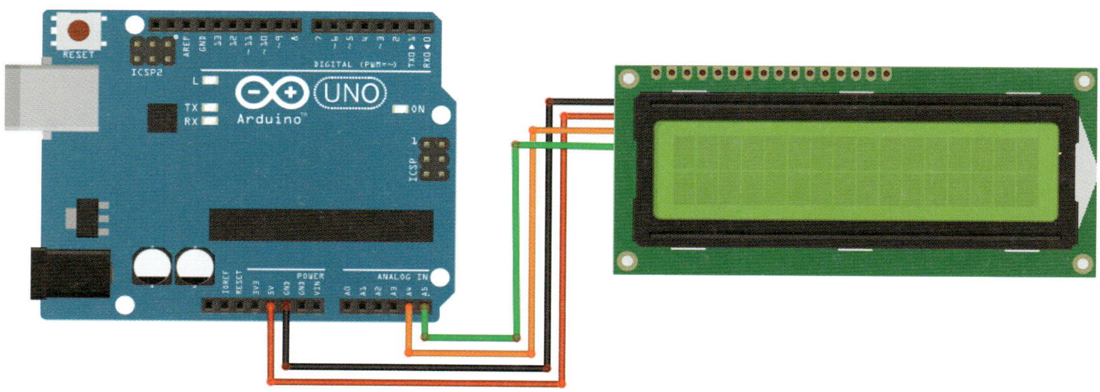

• 프로그램

먼저 I2C 통신을 위하여 IDE 내부의 wire 라이브러리를 포함시키고, LCD 1602 모듈을 위하여 외부 라이브러리 LiquidCrystal_12C를 압축파일 LiquidCrystal_12C.zip으로부터 포함시킨다.

```
#include <Wire.h>
#include <LiquidCrystal_I2C.h>

LiquidCrystal_I2C lcd(0x27,16,2);

void setup() {
  Serial.begin(9600);
  lcd.init();
  lcd.backlight();
}

void loop() {
  String text;
  if (Serial.available()) {
    delay(100);   // wait a little for complete comm.
    lcd.clear();
    while(Serial.available()) {
      text += (char) Serial.read();
    }
    if (text) lcd.print(text);
  }
}
```

D.6 OLED 128×64 디스플레이(I2C 통신)

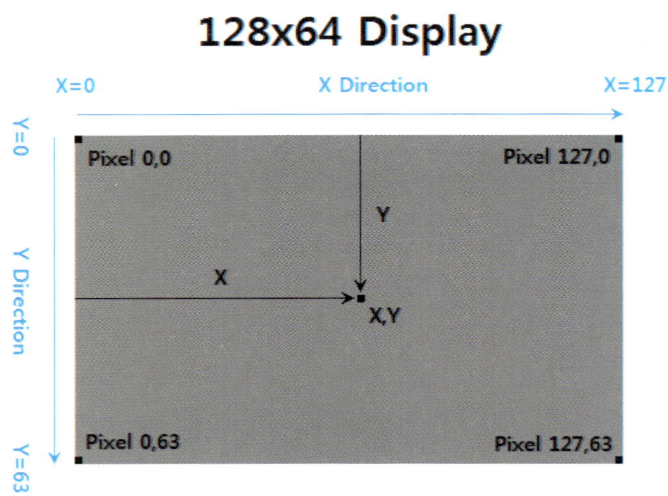

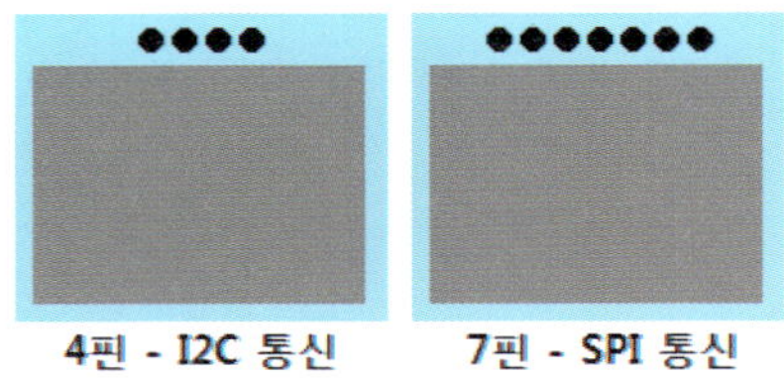

통신 방법 :
- 4 핀 : I2C
- 7 핀 : SPI

4핀 I2C　　7핀 SPI

앞면

뒷면

- SSD1306 128×64 Display용 라이브러리

① GFX

- 메모리 사용량 많음
- 속도 빠름

② U8g2

- 메모리를 적게 사용할 수 있음
- 속도 느림
- 아두이노 디버거용으로 적합
- U8×8lib 라이브러리를 포함하고 있음

③ U8×8lib

- U8g2에 포함되어 있음
- 메모리 사용량이 가장 적음
- 속도 느림

U8g2 라이브러리는 사이트 https://github.com/olikraus/u8g2에서 다운로드 받을 수 있다. 또는 라이브러리 매니저에서 U8g2를 검색해도 설치할 수 있다.

- 내부 예제 GraphicsTest 열기

아두이노 IDE 메뉴에서 [파일] > [예제] > [U8g2] > [GraphicsTest]를 선택하면, I2C 통신 개체 선언문 앞의 //를 삭제

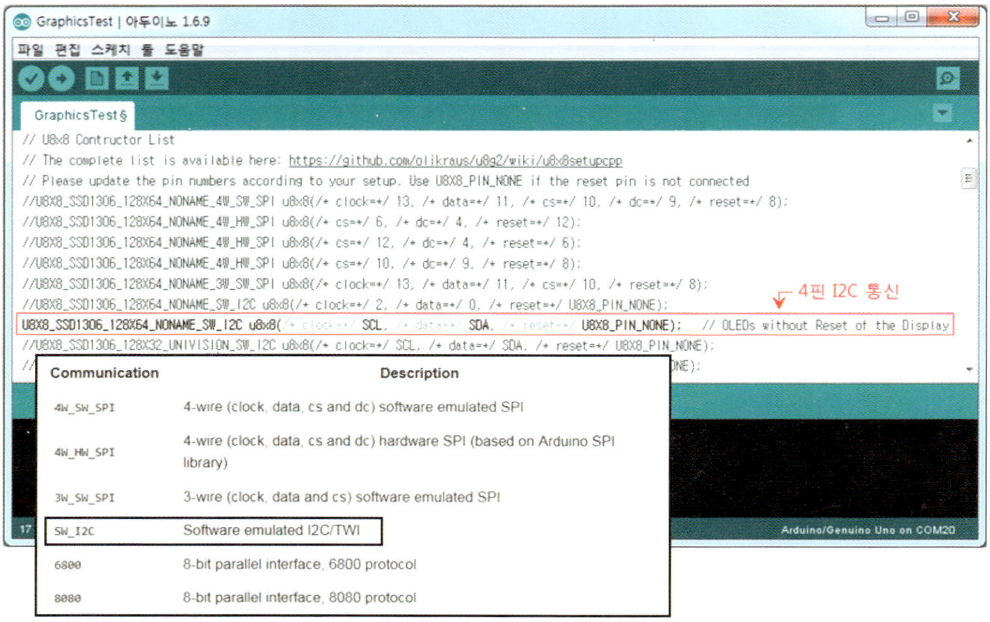


```
#include <U8x8lib.h>
U8X8_SSD1306_128X64_NONAME_SW_I2C u8x8(SCL, SDA, U8X8_PIN_NONE);

void setup(void)
{
  u8x8.begin();
}

void pre(void)
{
  u8x8.setFont(u8x8_font_amstrad_cpc_extended_f);
  u8x8.clear();

  u8x8.inverse();
  u8x8.print(" U8x8 Library ");
  u8x8.setFont(u8x8_font_chroma48medium8_r);
  u8x8.noInverse();
  u8x8.setCursor(0,1);
}
```

```
void draw_bar(uint8_t c, uint8_t is_inverse)
{
  uint8_t r;
  u8x8.setInverseFont(is_inverse);
  for( r = 0; r < u8x8.getRows(); r++ )
  {
    u8x8.setCursor(c, r);
    u8x8.print(" ");
  }
}

void draw_ascii_row(uint8_t r, int start)
{
  int a;
  uint8_t c;
  for( c = 0; c < u8x8.getCols(); c++ )
  {
    u8x8.setCursor(c,r);
    a = start + c;
    if ( a <= 255 )
      u8x8.write(a);
  }
}

void loop(void)
{
  int i
  uint8_t c, r, d;
  pre();
  u8x8.print("github.com/");
  u8x8.setCursor(0,2);
  u8x8.print("olikraus/u8g2");
  delay(2000);
  u8x8.setCursor(0,3);
  u8x8.print("Tile size:");
  u8x8.print((int)u8x8.getCols());
  u8x8.print("x");
  u8x8.print((int)u8x8.getRows());
  delay(2000);
  pre();

for( i = 19; i > 0; i-- )
  {
    u8x8.setCursor(3,2);
    u8x8.print(i);
```

```
    u8x8.print("  ");
    delay(200);
  }

  draw_bar(0, 1);
  for( c = 1; c < u8x8.getCols(); c++ )
  {
    draw_bar(c, 1);
    draw_bar(c-1, 0);
    delay(50);
  }
  draw_bar(u8x8.getCols()-1, 0);

  pre();
  u8x8.setFont(u8x8_font_amstrad_cpc_extended_f);
  for( d = 0; d < 8; d ++ )
  {
    for( r = 1; r < u8x8.getRows(); r++ )
    {
      draw_ascii_row(r, (r-1+d)*u8x8.getCols() + 32);
    }
    delay(1000);
  }

draw_bar(u8x8.getCols()-1, 1);
  for( c = u8x8.getCols()-1; c > 0; c--)
  {
    draw_bar(c-1, 1);
    draw_bar(c, 0);
    delay(50);
  }
  draw_bar(0, 0);
}
```

• 내쿠 예제 HelloWorld 열기

아두이노 IDE 메뉴에서 [파일] > [예제] > [U8g2] > [u8x8] > [HelloWorld]를 선택하면, I2C 통신 개체 선언문 앞의 //를 삭제

```
#include <U8x8lib.h>

U8X8_SSD1306_128X64_NONAME_SW_I2C u8x8(SCL, SDA, U8X8_PIN_NONE);

void setup(void)
{
  u8x8.begin();
  u8x8.setPowerSave(0);
}

void loop(void)
{
  u8x8.setFont(u8x8_font_chroma48medium8_r);
  u8x8.drawString(0,1,"Hello World!");
}
```

예제

D.1

Tact Switch를 누르면 LED를 ON, 떼면 LED를 OFF 시켜라. 현재 상태를 OLED 디스플레이에 "Switch : Up 또는 Down", "LED : ON 또는 OFF"로 각각 출력하라. 스위치는 내장 Pullup 스위치를 이용하라. U8x8lib 라이브러리를 사용하라.

```
#include <U8x8lib.h>
U8X8_SSD1306_128X64_NONAME_SW_I2C u8x8(SCL, SDA, U8X8_PIN_NONE);

u8x8.begin();
u8x8.setPowerSave(0);
u8x8.setFont(u8x8_font_chroma48medium8_r);

oldStateBtn = stateBtn
stateBtn = !digitalRead(pinBtn);
if (oldStateBtn != stateBtn) u8x8.clear();

if (stateBtn == HIGH) {
  u8x8.drawString(0, 1, "Switch : Down");
  u8x8.drawString(0, 3, "LED : ON");
}
```

예제

D.2

LM35 센서로부터 측정된 온도 값을 U8x8lib 라이브러리를 사용하여 OLED 디스플레이에 출력하라.

```
#include <U8x8lib.h>

U8X8_SSD1306_128X64_NONAME_SW_I2C u8x8(SCL, SDA, U8X8_PIN_NONE);

u8x8.begin();
u8x8.setPowerSave(0);

u8x8.setFont(u8x8_font_chroma48medium8_r);
u8x8.drawString(0,1,"Temperature[C]:");
u8x8.setCursor(0,3);
u8x8.print(temperature);
```

D.7 8비트 시프트 레지스터, 74HC595

8비트 시프트 레지스터 74HC595는 디지털 신호 8개를 순차적으로 모아 한번에 8개의 디지털 신호로 너보내는 부품으로, 디지털 신호로 제어해야 할 갯수가 많을 때 사용하는 부품이다. 16개의 리디선이 있고, 이를 제어하기 위하여 3개의 디지털 핀이 필요하며, 8개의 디지털 신호를 출력으로 내보낼 수 있다.

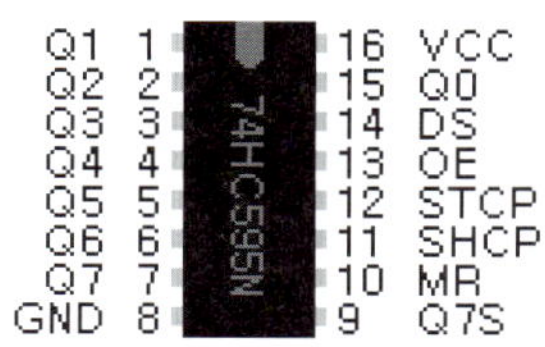

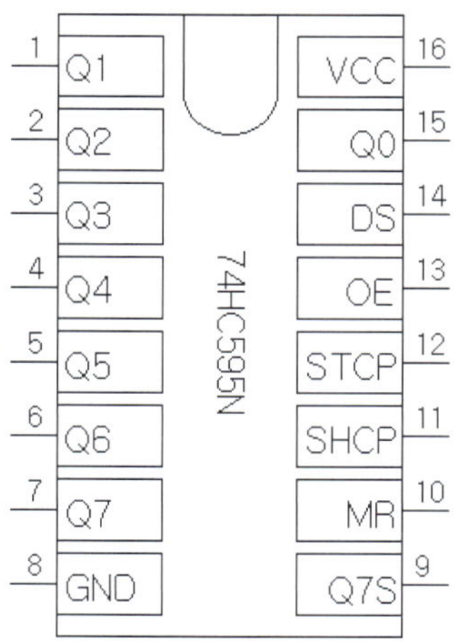

- 핀 연결

Shift Register 74HC595			아두이노 UNO
	1(Q1)	⇔ 저항220Ω ⇔ (+)LED(−) ⇔	GND
	2(Q2)	⇔ 저항220Ω ⇔ (+)LED(−) ⇔	GND
	3(Q3)	⇔ 저항220Ω ⇔ (+)LED(−) ⇔	GND
	4(Q4)	⇔ 저항220Ω ⇔ (+)LED(−) ⇔	GND
	5(Q5)	⇔ 저항220Ω ⇔ (+)LED(−) ⇔	GND
	6(Q6)	⇔ 저항220Ω ⇔ (+)LED(−) ⇔	GND
	7(Q7)	⇔ 저항220Ω ⇔ (+)LED(−) ⇔	GND
	8(GND)	⇔	GND
	9(Q7S)		
	10(MR)	⇔	5V
	11(SH_CP)	⇔	12
	12(ST_CP)	⇔	8
		↳ 0.1μF ⇔	GND
	13(OE)	⇔	GND
	14(DS)	⇔	11
	15(Q0)	⇔ 저항220Ω ⇔ (+)LED(−) ⇔	
	16(VCC)	⇔	5V

12번 단자 ST_CP를 8번 핀에만 연결해도 작동하지만, Latch 신호를 줄 때 파형이 흔들려 깜빡거릴 수 있으므로, 캐패시터 0.1μF을 통하여 GND에 병렬 연결해주면 더 안전하다.

- 회로도

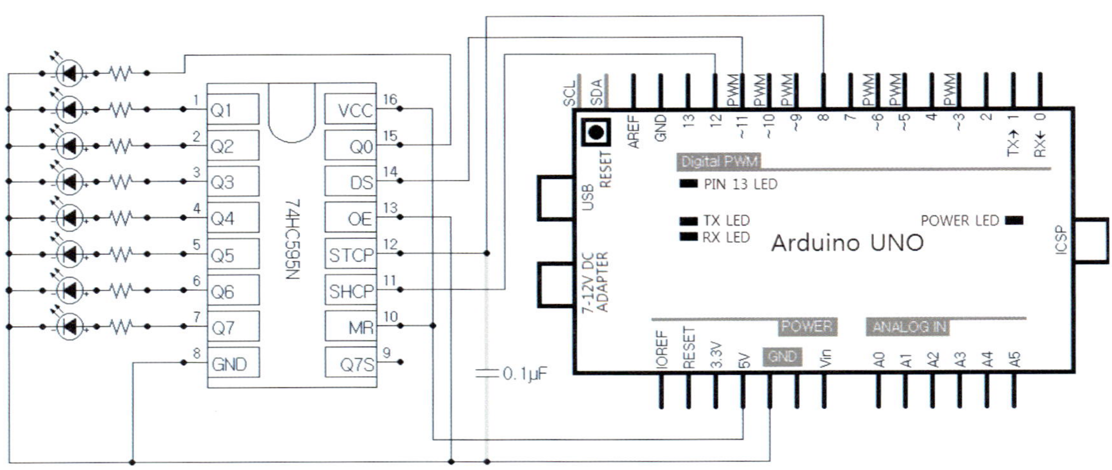

• 브레드보드 뷰

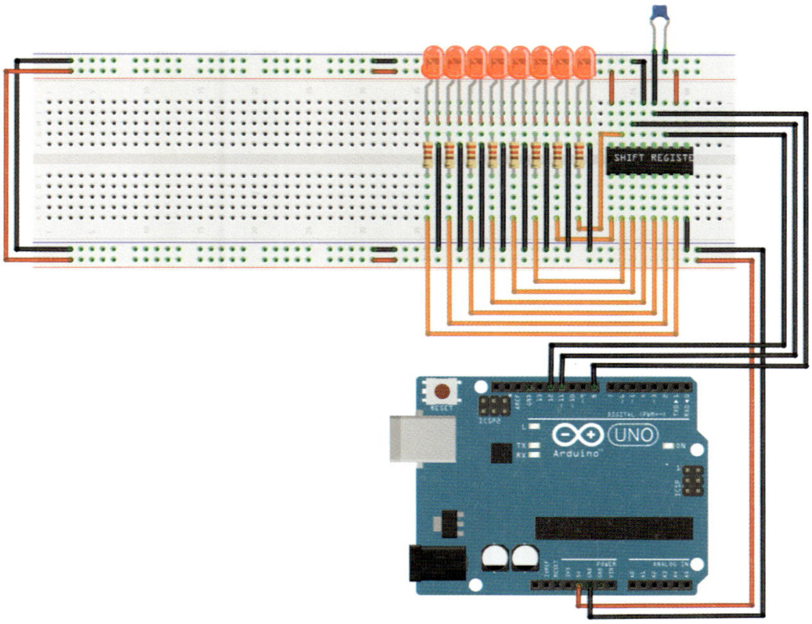

• 프로그램

```
const byte pinLatch = 8;                    //latch(ST_CP)
const byte pinClock = 12;                   //clock(SH_CP)
const byte pinData = 11;                    //data(DS)

void setup() {
   pinMode(pinLatch, OUTPUT);
   pinMode(pinData, OUTPUT);
   pinMode(pinClock, OUTPUT);

   digitalWrite(pinClock, LOW);
}

void loop()
{
  for (int i=0; i<256; i++) {
   digitalWrite(pinLatch, LOW);
   shiftOut(pinData, pinClock, LSBFIRST, i);
   digitalWrite(pinLatch, HIGH);
   delay(100);
  }
}
```

D.8 Tilt 스위치(SW-520D)

기울기 센서 스위치 SW-520D 는 바로 서 있으면 ON 상태이고, 90도 정도 기울어지면 OFF 상태가 된다. 두 개의 단자가 있는데, 극성의 구분은 없다. 내부에 두 개의 구슬이 들어 있어서, 구슬의 위치에 따라 스위치의 ON/OFF가 결정된다.

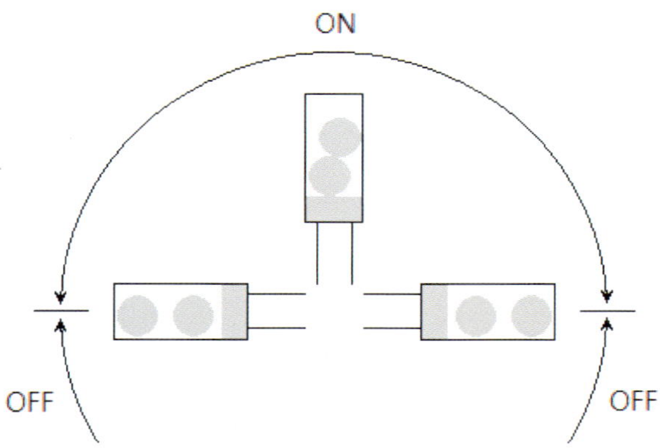

- 핀 연결

부품	핀				핀	보드
Tilt 스위치 SW520-D	1		⇔		5V	아두이노 UNO
	2	⇔	저항 10kΩ	⇔	GND	
		↳			2	
LED	−		⇔		GND	
	+	⇔	저항 220Ω	⇔	13	

GND 쪽에 저항 10kΩ을 붙여 PULLDOWN 스위치를 구성하고, 스위치에 의하여 디지털 핀 13번에 LED 램프를 점멸시킨다.

● 회로도

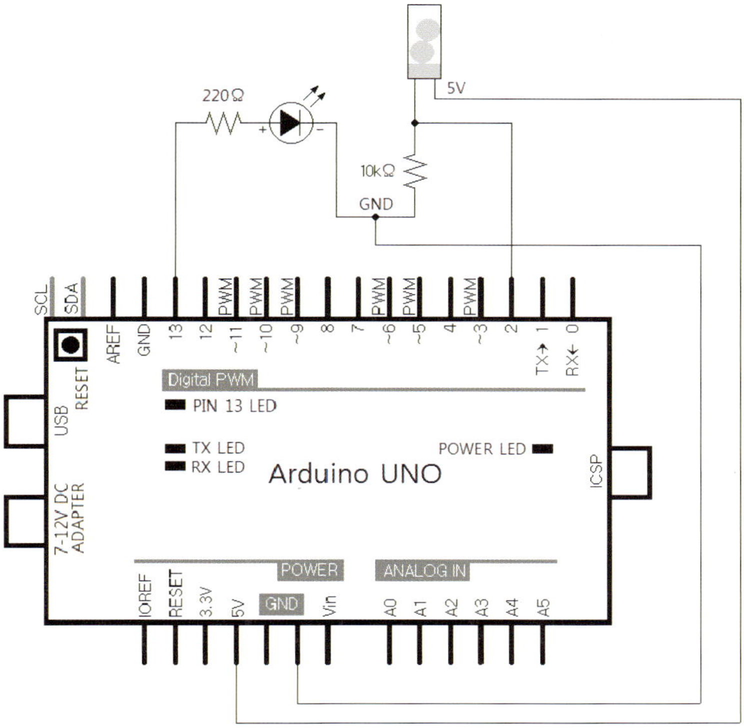
220Ω
5V
10kΩ
GND
SCL
SDA
AREF
GND
13
12
PWM ~11
PWM ~10
PWM ~9
8
7
PWM ~6
PWM ~5
4
PWM ~3
2
TX→ 1
RX← 0
RESET
USB
7-12V DC ADAPTER
Digital PWM
PIN 13 LED
TX LED
RX LED
Arduino UNO
POWER LED
ICSP
POWER
ANALOG IN
IOREF
RESET
3.3V
5V
GND
Vin
A0
A1
A2
A3
A4
A5

● 브레드보드 뷰

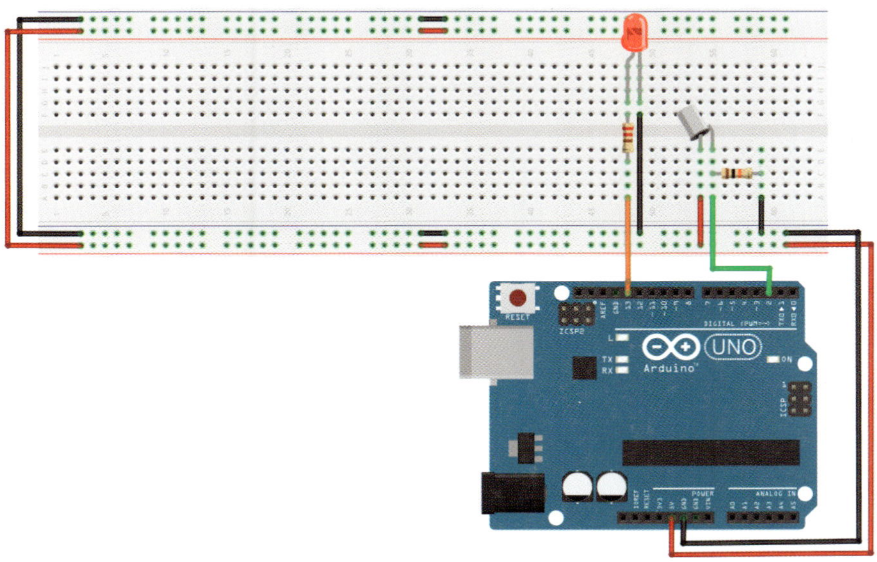

• 프로그램

```
const int pinLED = 13;
const int pinTiltSW = 2;
int stateTiltSW = 0;

void setup() {
  pinMode(pinLED, OUTPUT);
  pinMode(pinTiltSW, INPUT);
}

void loop() {
  stateTiltSW = digitalRead(pinTiltSW);

  if (stateTiltSW == HIGH)
    digitalWrite(pinLED, HIGH);
  else
    digitalWrite(pinLED, LOW);
  delay(1000);
}
```

D.9 Joystick 모듈

조이스틱 모듈은 조이스틱의 x, y축 방향의 움직임을 각각의 아날로그 신호로 받을 수 있을 뿐만 아니라 z축 방향 누름을 디지털 신호로 받을 수 있다.

- 핀 연결

XY 조이스틱 모듈				아두이노 UNO
	GND	⇔	GND	
	5V	⇔	5V	
	VRX	⇔	A0	
	VRY	⇔	A1	
	SW	⇔	2	

- 회로도

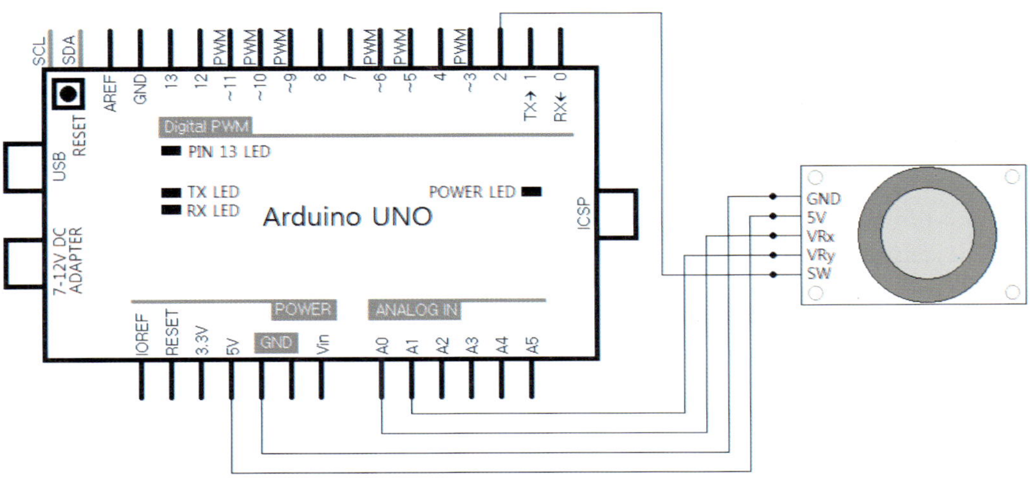

• 브레드보드 뷰

• 프로그램

```
const int pinX = A0;
const int pinY = A1;
const int pinBtn = 2;

int posX = 0, posY = 0, stateBtn = 0;

void setup() {
  Serial.begin(9600);
  pinMode(pinBtn, INPUT_PULLUP);
}

void loop() {
  posX = analogRead(pinX);
  posY = analogRead(pinY);
  stateBtn = !digitalRead(pinBtn);

  Serial.print("X: ");
  Serial.print(posX);
  Serial.print(", Y: ");
  Serial.print(posY);
  Serial.print(", Btn: ");
  Serial.println(stateBtn);
  delay(100);
}
```

x축 고장. 작동안함. y축과 BTN은 작동

D.10 4×4 키패드 모듈

4×4 키패드 모듈은 8개의 핀을 갖고 있다. 1, 2, 3, ..., 8번 핀은 각각 R0, R1, R2, R3, C0, C1, C2, C3에 해당한다. 여기서, C는 column, R은 row이다.

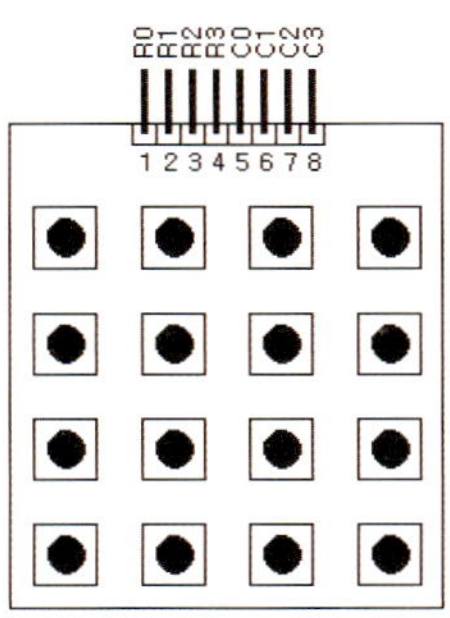

	col 0	col 1	col 2	col 3
row 0	1	2	3	A
row 1	4	5	6	B
row 2	7	8	9	C
row 3	*	0	#	D

- 핀 연결

4×4 키패드				아두이노 UNO
4×4 키패드	R0	⇔	9	아두이노 UNO
	R1	⇔	8	
	R2	⇔	7	
	R3	⇔	6	
	C0	⇔	5	
	C1	⇔	4	
	C2	⇔	3	
	C3	⇔	2	

• 회로도

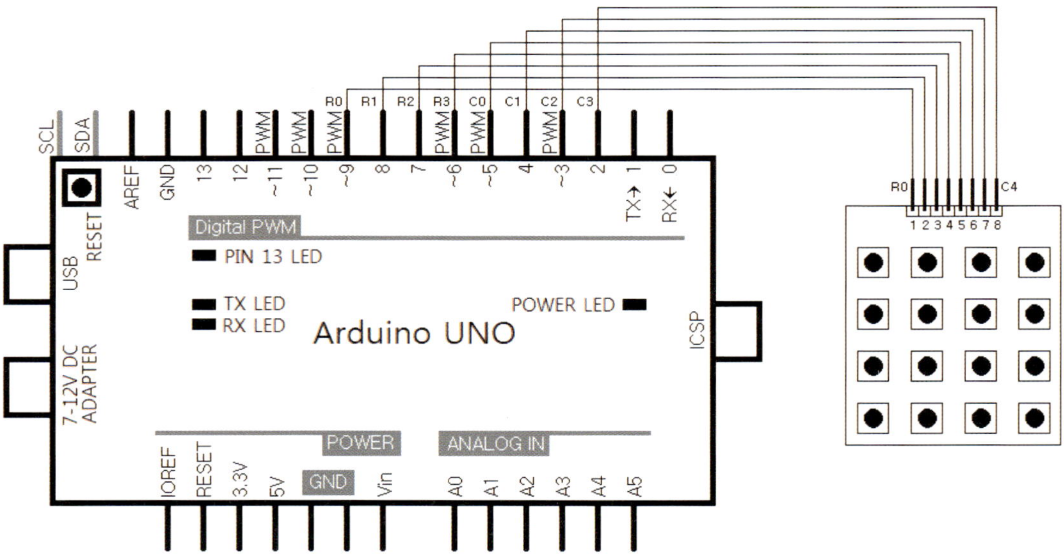
R0
R1
R2
R3
C0
C1
C2
C3
SCL
SDA
AREF
GND
13
12
~11
~10
~9
8
7
~6
~5
4
~3
2
TX→ 1
RX← 0
RESET
USB
7-12V DC ADAPTER
Digital PWM
PIN 13 LED
TX LED
RX LED
POWER LED
Arduino UNO
ICSP
POWER
ANALOG IN
IOREF
RESET
3.3V
5V
GND
Vin
A0
A1
A2
A3
A4
A5
C4
1 2 3 4 5 6 7 8

• 브레드보드 뷰

RESET
ICSP2
DIGITAL (PWM=~)
UNO
Arduino
TX
RX
ON
ICSP
POWER
ANALOG IN
1 2 3 4 5 6 7 8

• 프로그램

```
#include <Keypad.h>
const int numRows = 4;
const int numCols = 4;
byte pinRows[numRows] = {9, 8, 7, 6};
byte pinCols[numCols] = {5, 4, 3, 2};
char keymap[numRows][numCols] = {
  {'1', '2', '3', 'A'},
  {'4', '5', '6', 'B'},
  {'7', '8', '9', 'C'},
  {'*', '0', '#', 'D'}
};
Keypad pad=Keypad(makeKeymap(keymap), pinRows, pinCols, numRows, numCols);

void setup() {
  Serial.begin(9600);
}

void loop() {
  char ch = pad.getKey();
  if (ch != NO_KEY) Serial.print(ch);
}
```

D.11 인체 감지 센서 모듈, HC-SR501 PIR

인체 감지 센서 (Pyroelectric (Passive) Infrared motion sensor)는 인체나 동물에서 나오는 파장 10μm의 적외선을 감지한다. trigger mode는 점퍼 스위치에 의하여 L과 H를 택할 수 있는데, L은 unrepeatable이고, H는 repeatable이다. delay time은 반응시간지연으로 반시계방향에서 시계방향으로 조절하여 0.5~200초까지 조절할 수 있고, distance는 반시계방향에서 시계방향으로 3~7m까지 조절할 수 있다. 3개의 리드 선 중에 VCC는 5V, S는 디지털 입력 핀(예 2)에 각각 연결하고, 나머지 하나는 GND이다.

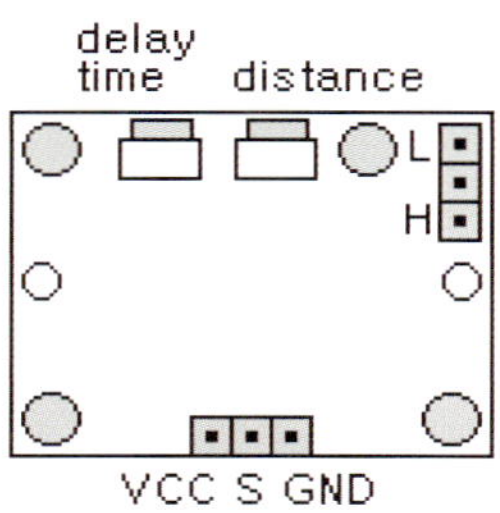

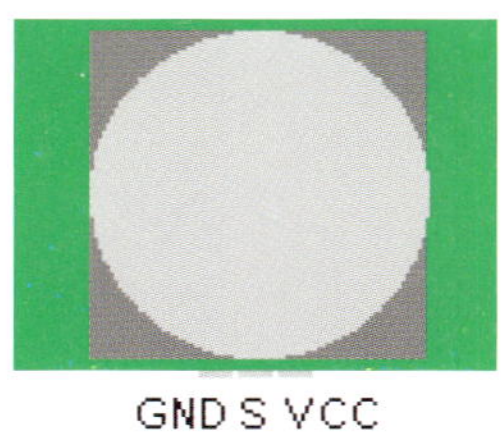

• 핀 연결

4×4 키패드	GND	⇔	GND	아두이노 UNO
	OUT	⇔	2	
	5V	⇔	5V	

• 회로도

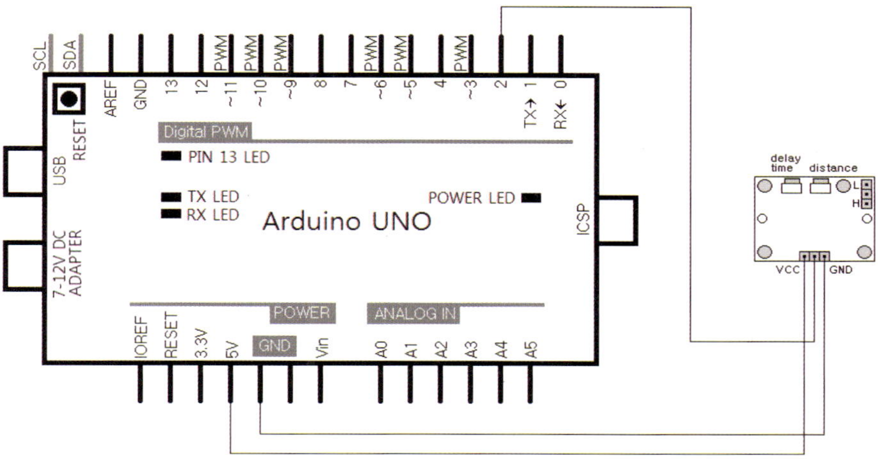

• 브레드보드 뷰

• 프로그램

```
const byte pinPIR = A0;

void setup() {
  Serial.begin(9600);
}

void loop() {
  int value = analogRead(pinPIR);
  delay(100);
  Serial.println(value);
  delay(1000);
}
```

D.12 수위 센서

물높이 측정 센서는 물의 높이에 따라 전류의 변화량을 측정하여 수위를 측정하는 센서이다. −와 +, S의 세 개의 단자를 가지고 있다. 단자 −와 +는 각각 아두이노 보드의 GND와 5V에 연결하고, S는 아날로그 입력 단자에 연결하여야 한다.

- 핀 연결

수위 센서	−	⇔	GND	아두이노 UNO
	+	⇔	5V	
	S	⇔	A0	

- 회로도

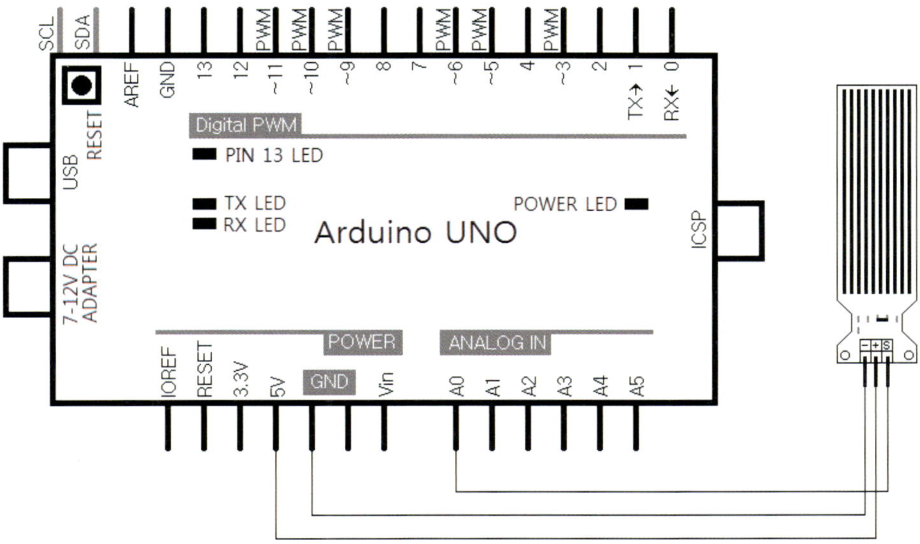
SCL
SDA
AREF
GND
13
12
PWM ~11
PWM ~10
PWM ~9
8
7
PWM ~6
PWM ~5
4
PWM ~3
2
TX→ 1
RX← 0
RESET
USB
7-12V DC ADAPTER
Digital PWM
PIN 13 LED
TX LED
RX LED
POWER LED
Arduino UNO
ICSP
POWER
ANALOG IN
IOREF
RESET
3.3V
5V
GND
Vin
A0
A1
A2
A3
A4
A5
−
+
S

- 브레드보드 뷰

RESET
ICSP2
DIGITAL (PWM=~)
L
TX
RX
UNO
Arduino
ON
ICSP
POWER
ANALOG IN
−
+
S

• 프로그램

```
const int pinLevel = A0;

void setup() {
  Serial.begin(9600);
}

void loop() {
  int value;

  value = analogRead(pinLevel);
  delay(1000);
  Serial.print("Level sensor value : ");
  Serial.println(value);
}
```

• 데이터

불안정하고 지연시간이 길다. 안정화되는데, 5~10분 정도 걸린다. 물이 빠지면 오차 더 크다.

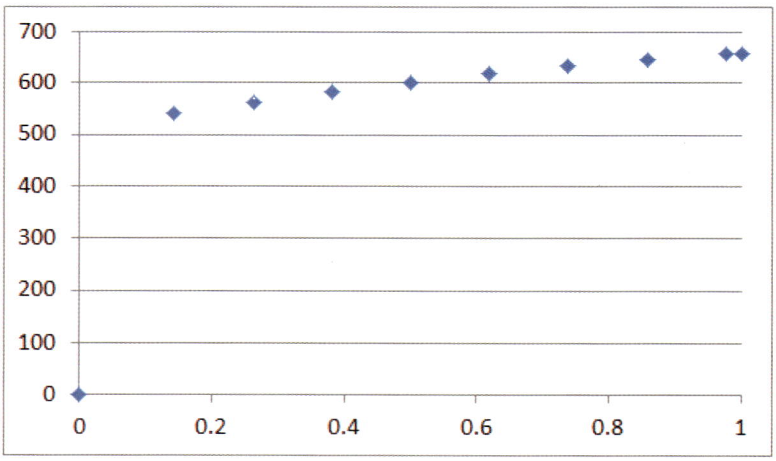

D.13 사운드 센서 모듈

사운드 감지 센서 모듈은 주변 소음의 크기와 최소 소음 및 최대 소음에 따라, 센서의 소음 측정값의 범위를 조절하여야 하므로, 모듈 위에 가변 저항을 가지고 있다. 가변 저항을 조절하여 주변 소음에 대하여 500 정도의 측정값을 갖도록 가변 저항을 조절한다. 사운드 감지 센서 모듈은 아날로그 핀, GND, 5V, 디지털 핀에 대한 4개의 리드 선을 가지고 있다.

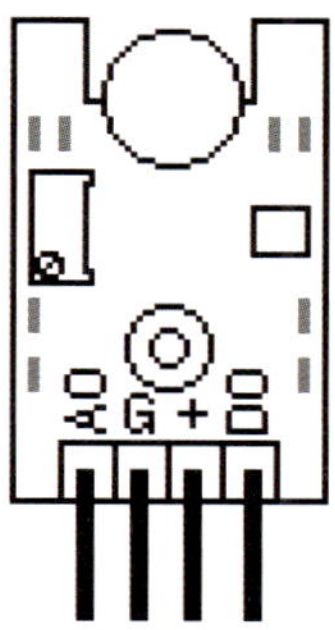

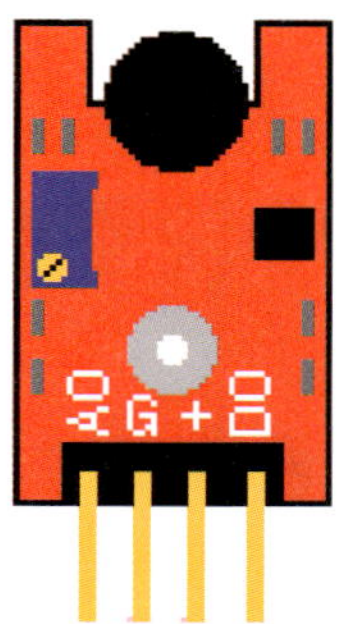

- 핀 연결

사운드 센서 모듈	A0	⇔	A0	아두이노 UNO
	G	⇔	GND	
	+	⇔	5V	
	D0	⇔	2	

• 회로도

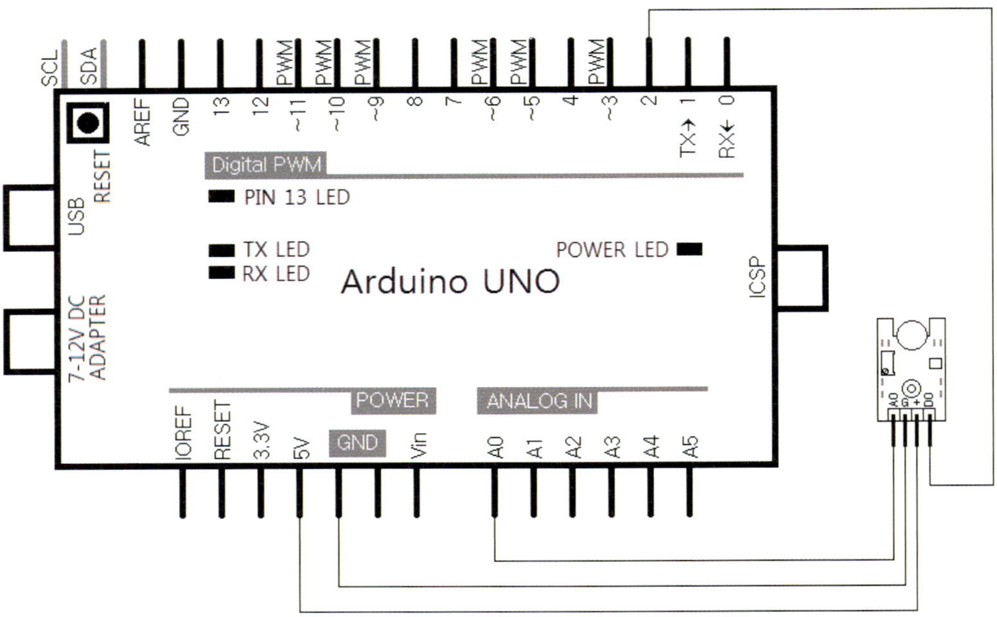

• 브레드보드 뷰

• 프로그램

```
const int pinASound = A0;
const int pinDSound = 2;

void setup() {
  Serial.begin(9600);
  pinMode(pinDSound, INPUT);
}

void loop() {
  int valueA = analogRead(pinASound);
  int valueD = digitalRead(pinDSound);
  Serial.print("Anolog = ");
  Serial.print(valueA);
  Serial.print(", Digital = ");
  Serial.println(valueD);
  delay(200);
}
```

D.14 Flame 센서(Phototransister YG1006)

불꽃 감지 센서는 적외선 LED로써, 트랜지스터 NPN 방식의 포토 트랜지스토의 외부에 가시광선 필터를 씌운 것이다. 주로 화염에서 760nm~1100nm 파장의 적외선을 검출하는데 사용된다.

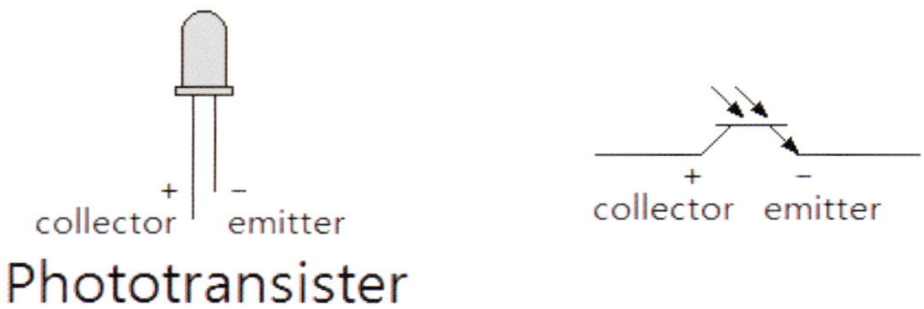

- 핀 연결

Flame 센서	+		⇔		5V	아두이노 UNO
	−	⇔	저항 10kΩ	⇔	GND	
		↳			A0	

• 회로도

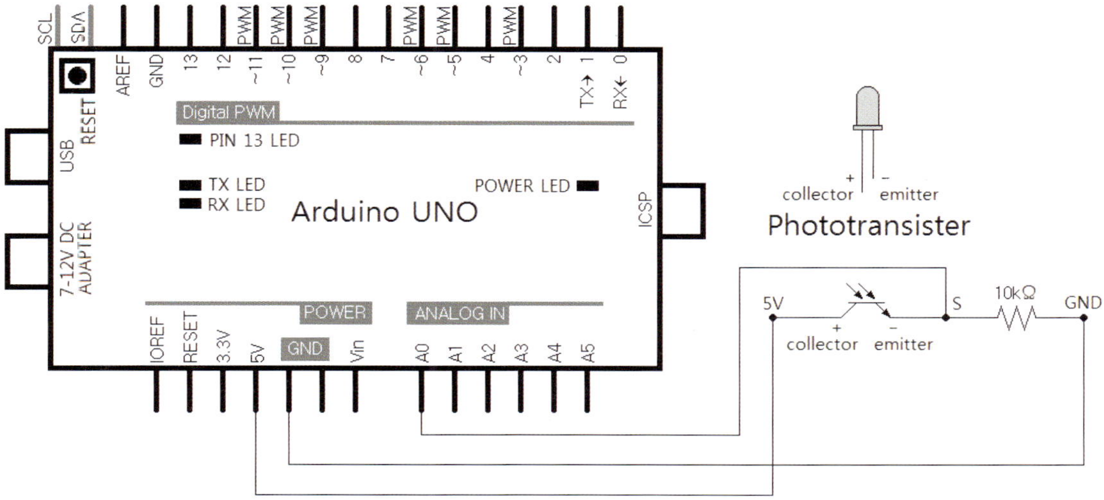

SCL
SDA
AREF
GND
13
12
PWM ~11
PWM ~10
PWM ~9
8
7
PWM ~6
PWM ~5
4
PWM ~3
2
TX→ 1
RX← 0
RESET
USB
7-12V DC ADAPTER
Digital PWM
PIN 13 LED
TX LED
RX LED
Arduino UNO
POWER LED
ICSP
POWER
ANALOG IN
IOREF
RESET
3.3V
5V
GND
Vin
A0
A1
A2
A3
A4
A5
+ collector
- emitter
Phototransister
5V
S
10kΩ
GND
+ collector
- emitter

• 브레드보드 뷰

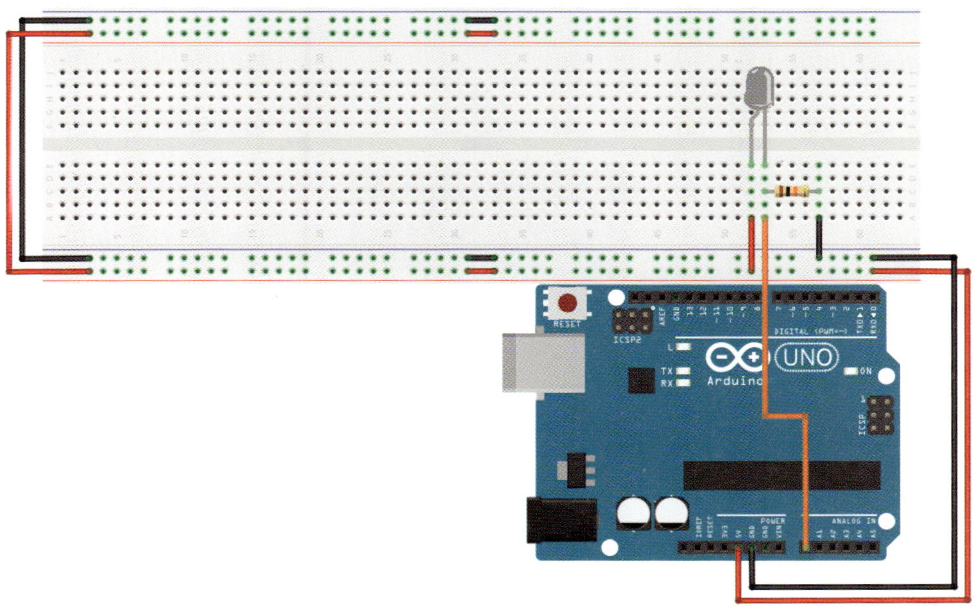

• 프로그램

```
const int pinFlame = A0;

void setup() {
  Serial.begin(9600);
}

void loop() {
  int s;

  s = analogRead(pinFlame);
  Serial.println(s);
  delay(1000);
}
```

flame 센서를 바로 사용하는 것은 신호가 너무 약하다. 라이터 불에는 바로 앞에서조차 100을 넘지 않는다. 가스 레인지 불에는 적외선 영역이 달라서인지 거의 신호가 검출되지 않는다. 만일 대형 화재가 발생한 경우라면 적외선의 양이 많아서 감지할 수 있을지 알 수 없다. 제대로 증폭하여 측정하기 위해서는 불꽃 센서 자체를 바로 사용하는 것보다 불꽃 센서 모듈을 사용하는 것이 증폭된 신호를 얻을 수 있어서 보다 유리하다.

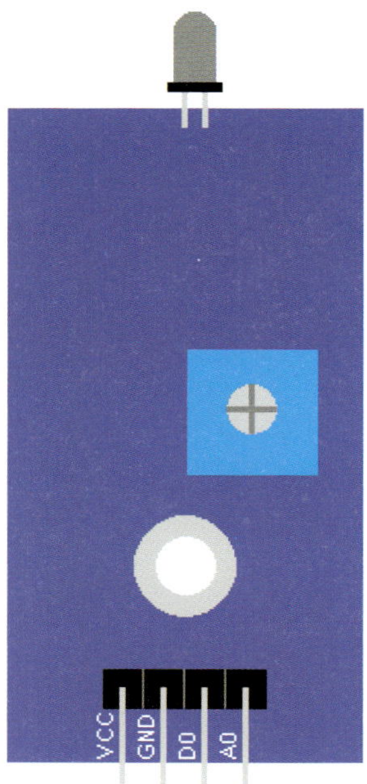

D.15 압력 센서

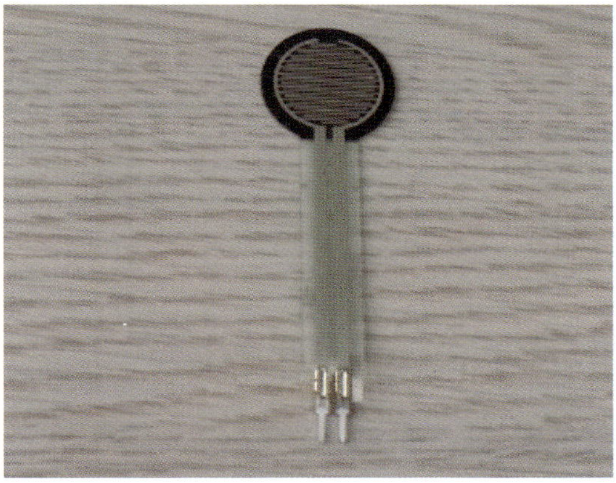

- FSR 압력 센서

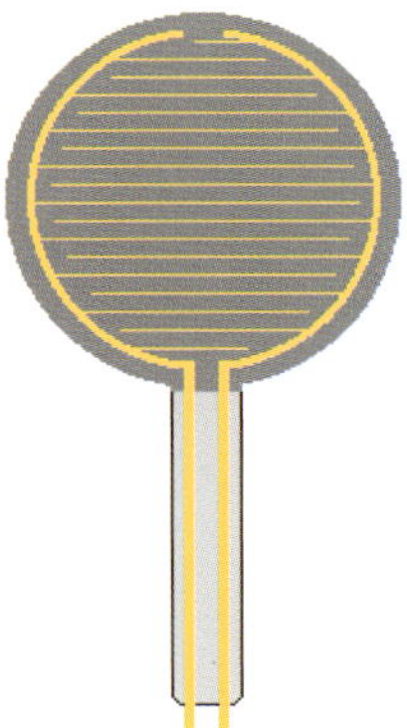

- 핀 연결

압력 센서 FSR	핀				아두이노 UNO
	2		⇔	5V	
	1	⇔	저항 10kΩ	⇔ GND	
		⇘		A0	

• 회로도

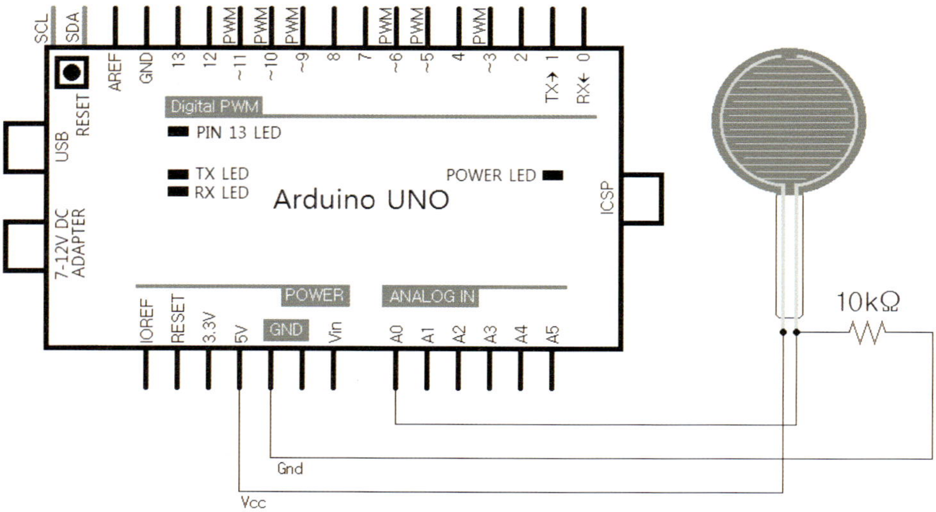

• 브레드보드

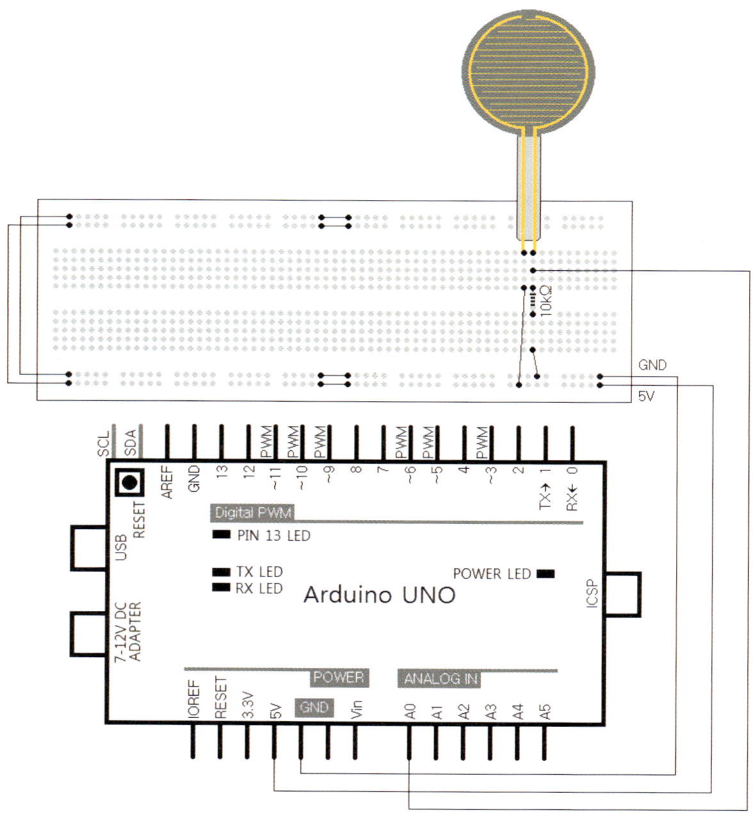

• 브레드보드 뷰

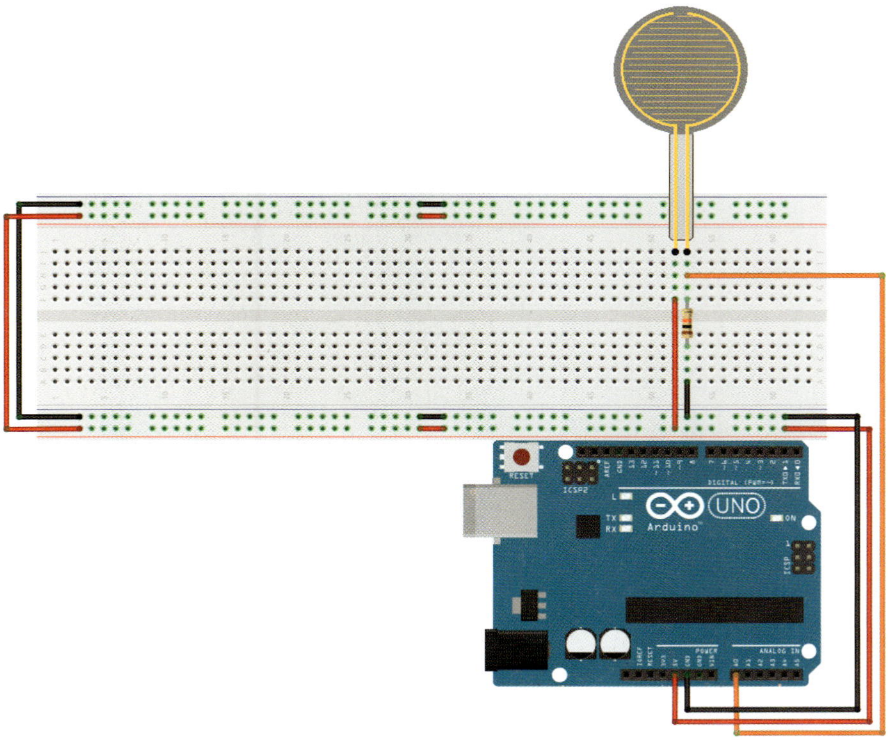

• 프로그램

```
const byte pinFSR = A0;

void setup() {
  Serial.begin(9600);
}

void loop() {
  int value = analogRead(pinFSR);
  Serial.println(value);
  delay(500);
}
```

D.16 리모콘 적외선 수신기

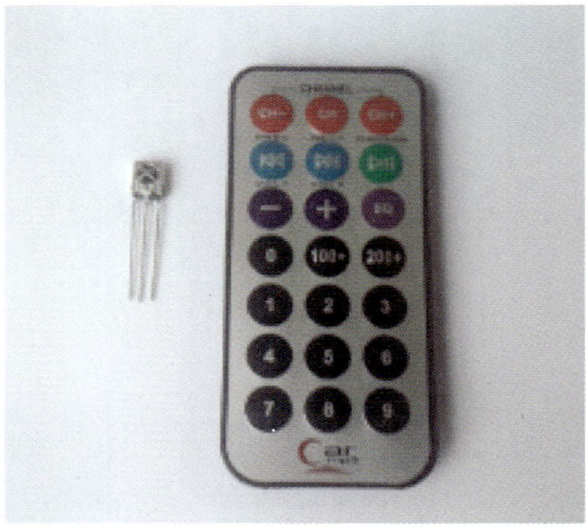

리모콘의 신호를 받는 적외선 수신기는 3개의 핀을 가지고 있다.

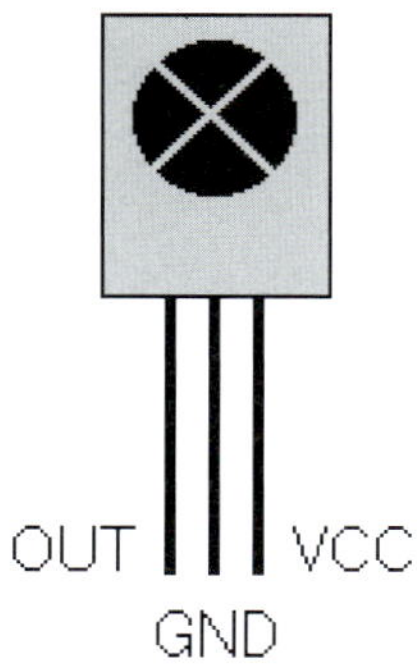

- 핀 연결

리모콘 적외선 센서	VCC	⇔	5V	아두이노 UNO
	GND	⇔	GND	
	OUT	⇔	11	

• 회로도

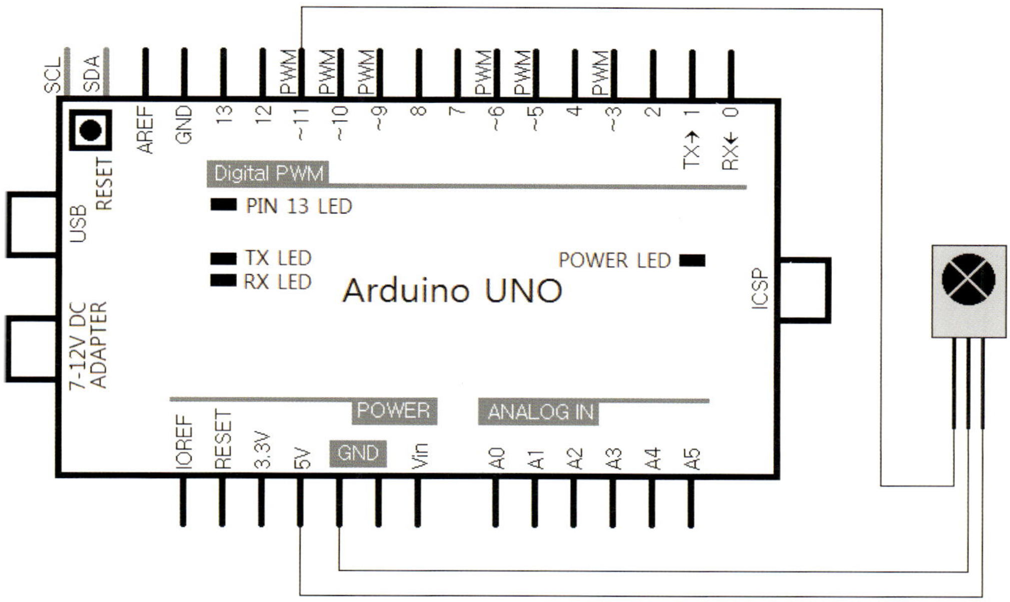
SCL
SDA
AREF
GND
13
12
~11
~10
~9
8
7
~6
~5
4
~3
2
1
0
PWM
PWM
PWM
PWM
PWM
PWM
TX→
RX←
RESET
USB
Digital PWM
PIN 13 LED
TX LED
RX LED
POWER LED
Arduino UNO
ICSP
7-12V DC ADAPTER
POWER
ANALOG IN
IOREF
RESET
3.3V
5V
GND
Vin
A0
A1
A2
A3
A4
A5

• 브레드보드 뷰

- 프로그램

리모콘 적외선 수신기를 사용하기 위하여, 압축 파일 Arduino-IRremote-master.zip을 다음 사이트에서 다운로드 받아, 외부 라이브러리를 등록한다.

다운로드 : http://github.com/shirriff/Arduino-IRremote

설치하고자 하는 IRremote.h 파일의 외부 라이브러리 이름이 내부 라이브러리의 IRremote와 동일한 이름을 가지고 있어서 충돌이 일어난다. IRremote 내부 라이브러리는 로봇 IR용으로써, 리모콘 적외선 수신기를 사용하려면, 아두이노 IDE가 설치된 디렉토리(C:₩Program Files₩Arduino ₩libraries 내의 RobotIRremote 디렉토리를 임시로 이름을 변경해두어야 한다(예 RobotIRremote 디렉토리 이름을 MoveRobotIRremote 디렉토리로 변경해 둔다).

```
#include <IRremote.h>
#include <IRremoteInt.h>
const byte pinIRrecv = 11;
decode_results result;
IRrecv irrecv(pinIRrecv);

void dump(decode_results *res) {
  int count = res->rawlen;

  if (res->decode_type == UNKNOWN) Serial.print("Unknown encoding");
  else if (res->decode_type == NEC) Serial.print("NEC");
  else if (res->decode_type == SONY) Serial.print("SONY");
  else if (res->decode_type == RC5) Serial.print("RC5");
  else if (res->decode_type == RC6) Serial.print("RC6");
  else if (res->decode_type == PANASONIC) {
    Serial.print("Decoded PANASONIC - Address: ");
    Serial.print(res->panasonicAddress, HEX);
    Serial.print(" Value: ");
  }
  else if (res->decode_type == LG) Serial.print("LG");
  else if (res->decode_type == JVC) Serial.print("JVC");

  Serial.print(res->value, HEX);
  Serial.print("(");
  Serial.print(res->bits, DEC);
  Serial.println(" bits)");
  Serial.print("Raw (");
```

```
  Serial.print(count, DEC);
  Serial.print("): ");

  for (int i=0; i < count; i++) {
    if (i%2 == 1)
      Serial.print(res->rawbuf[i]*USECPERTICK, DEC);
    else
      Serial.print(- (int) res->rawbuf[i]*USECPERTICK, DEC);
    Serial.print(" ");
  }
  Serial.println("");
}

void setup() {
  Serial.begin(9600);
  irrecv.enableIRIn();
}

void loop() {
  if(irrecv.decode(&result)) {
    if (result.bits > 0) dump(&result);
    irrecv.resume();
  }
}
```

D.17 서미스터(Thermister) 온도 센서

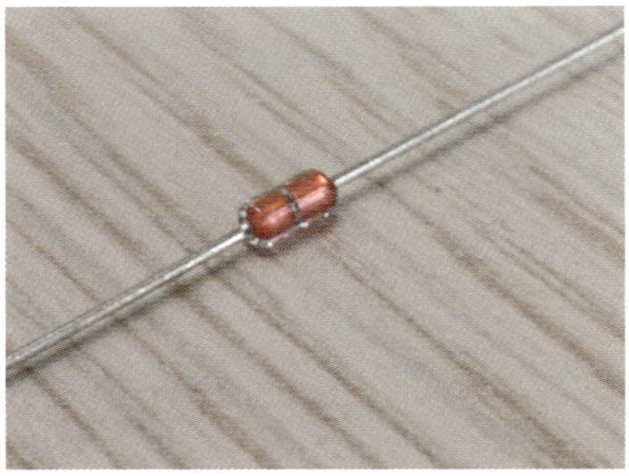

R25 = 47kOhm

- 서미스터 온도계 MF58 Thermist NTC 500 ohm : 측정범위 -40~250C

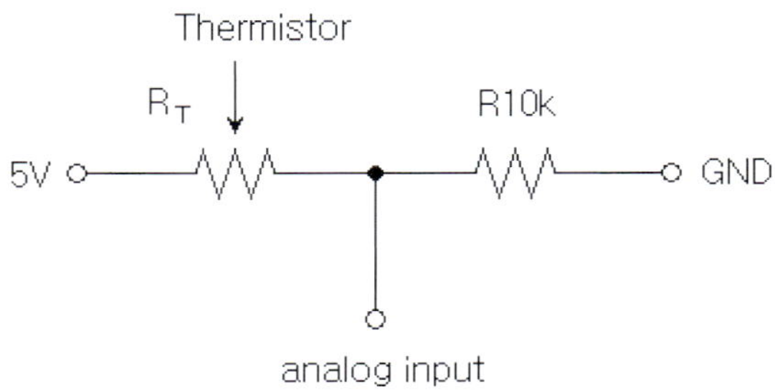

아날로그 입력의 값을 s_{in}이라 하면, (: $s_{in} = 0 \sim 1023$)

$$\frac{10K\Omega}{10K\Omega + R_T} = \frac{s_{in}}{1023}$$

서미스터의 저항 값은

$$R_T = 10K\Omega\left(\frac{1023}{s_{in}} - 1\right)\ [K\Omega]$$

슈테인하트-하트 보간식을 이용하여, 온도를 계산할 수 있다.

$$\frac{1}{T} = A + B\ln(R_T) + C\ln(R_T)^3 \qquad (:\ T[K],\ R_T[\Omega])$$

서미스터의 종류에 따른 슈테인하트-하트 계수가 다음에 주어져 있다. 이 예는 Cantherm 사의 제품 스펙에 따른 것으로, 생산회사에 따라 다른 것은 물론 동일한 종류의 서미스터라 하더라도 계수가 조금씩 다를 수 있으므로, 정확한 온도를 측정하고 싶다면, 계수를 새로 보정하여야 한다.

	3kΩ	5kΩ	10kΩ	50kΩ
A	0.00109434	0.00095981	0.00087779	0.00075576
B	0.00026851	0.00026689	0.00025314	0.0002326
C	2.1419E-07	1.9598E-07	1.8519E-07	6.4443E-08

- Thermistor 온도 계산 : Steinhart-Hart 방법

$$\frac{1}{T} = A + B\ln(R) + C\ln(R)^3 \qquad (\because\ T[K],\ R[\Omega])$$

계수 A, B, C는 세가지 온도에서 저항을 측정하여, 다음과 같이 결정할 수 있다. 일반적으로 25℃, 50℃, 85℃를 주로 사용한다.

$$\begin{bmatrix} 1 & \ln(R_1) & \ln(R_1)^3 \\ 1 & \ln(R_2) & \ln(R_2)^3 \\ 1 & \ln(R_3) & \ln(R_3)^3 \end{bmatrix} \begin{Bmatrix} A \\ B \\ C \end{Bmatrix} = \begin{Bmatrix} 1/T_1 \\ 1/T_2 \\ 1/T_3 \end{Bmatrix}$$

서미스터는 온도-저항 특성이 제품마다 조금씩 달라서, 정확한 온도를 측정하고자 한다면, 직접 세가지 온도에서 저항을 측정하여 슈테인하트-하트 계수를 정확하게 보정하여야 한다. 정확하게 계수를 보정하면, 온도의 오차는 0.02℃ 이내이다.

- Thermistor의 온도-저항 특성(Cantherm社)

(출처 : http://www.cantherm.com/index.php/rt-characteristics)

T°C	3kΩ	5kΩ	10kΩ	50kΩ
−30	31.7	52.84	111.3	908.3
−25	24.75	41.19	86.39	667.6
−20	19.46	32.44	67.74	494.4
−15	15.41	25.65	53.39	370.3
−10	12.29	20.48	42.45	280.3
−5	9.864	16.43	33.89	214.1
0	7.974	13.29	27.28	164.8
5	6.486	10.8	22.05	127.9
10	5.303	8.839	17.96	99.98
15	4.362	7.266	14.68	78.79
20	3.608	6.013	12.09	62.55
25	3	5	10	50
30	2.507	4.179	8.313	40.24
35	2.106	3.508	6.941	32.58
40	1.777	2.962	5.828	26.56
45	1.507	2.51	4.912	21.78
50	1.283	2.138	4.161	17.94
55	1.096	1.826	3.537	14.86
60	0.9408	1.568	3.021	12.38
65	0.8106	1.351	2.589	10.36
70	0.7014	1.169	2.229	8.717
75	0.609	1.014	1.924	7.364
80	0.5303	0.8838	1.669	6.248
85	0.4634	0.7725	1.451	5.324
90	0.4064	0.6774	1.266	4.555
95	0.3578	0.5963	1.108	3.912
100	0.316	0.5267	0.9735	3.372
105	0.2798	0.4656	0.8574	2.917
110	0.2478	0.413	0.7579	2.533

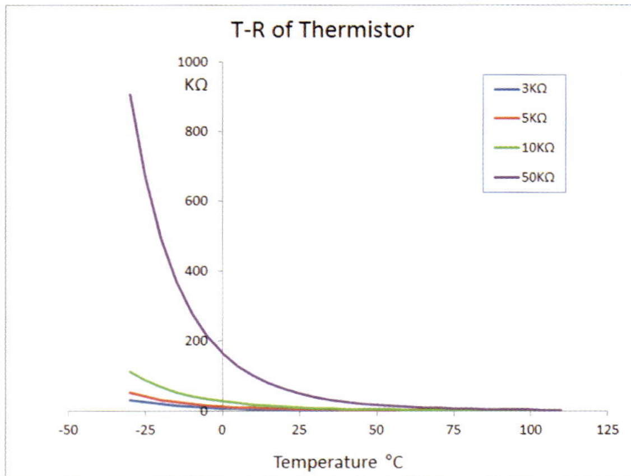

- Steinhart-Hart 계수

	3kΩ	5kΩ	10kΩ	50kΩ
A	0.00109434	0.00095981	0.00087779	0.00075576
B	0.00026851	0.00026689	0.00025314	0.0002326
C	2.1419E-07	1.9598E-07	1.8519E-07	6.4443E-08

- 핀 연결

서미스터						
	1		⇔		5V	
서미스터	2	⇔	저항 10kΩ	⇔	GND	아두이노 UNO
		↳			A0	

• 회로도

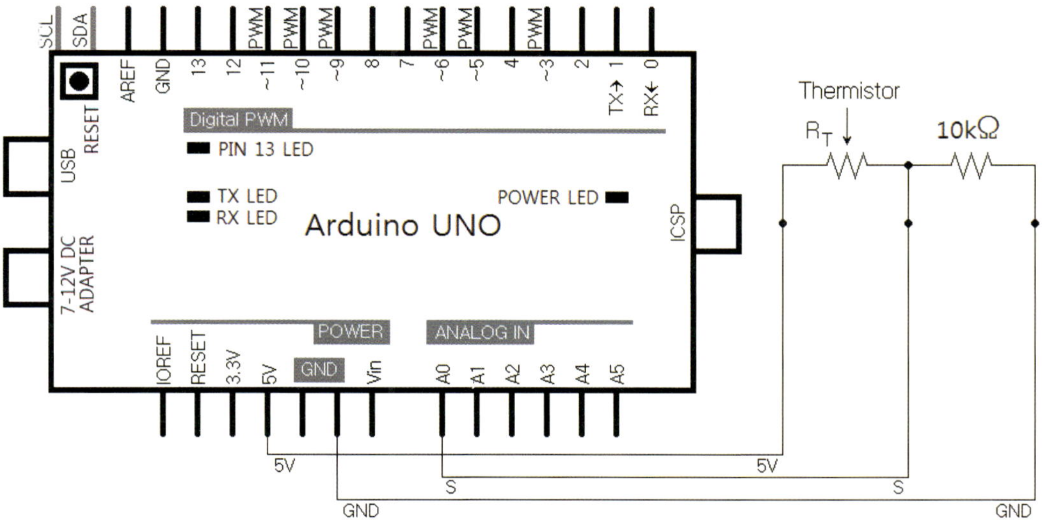
Arduino UNO
Thermistor
R_T
10kΩ
5V
S
GND

• 브레드보드

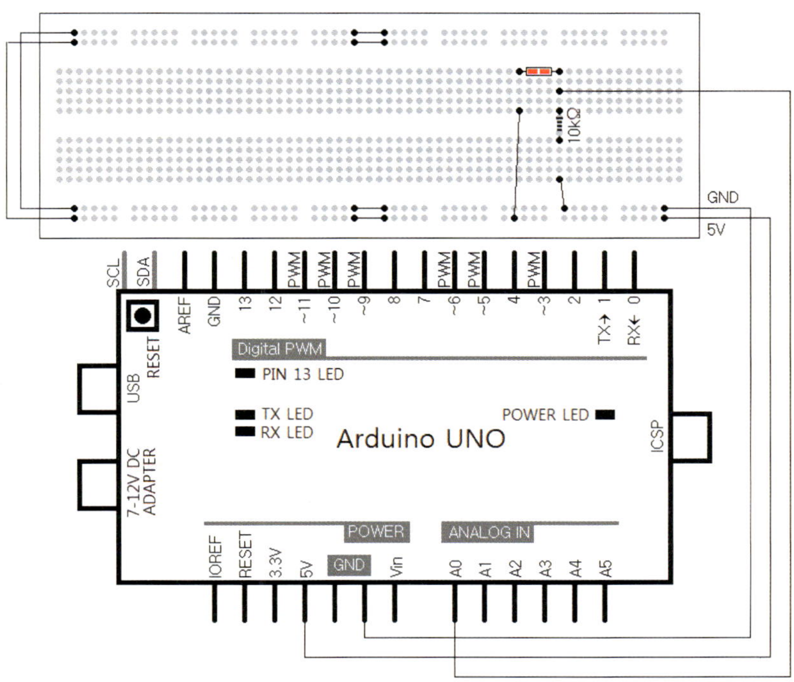
10kΩ
GND
5V
Arduino UNO

- 브레드보드 뷰

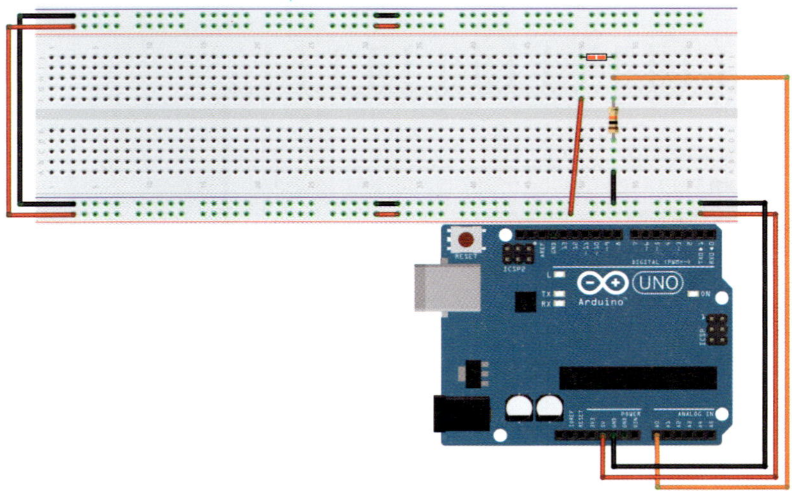

프로그램은 다음과 같이 작성한다.

```
// Steinhart-Hart coeff : MF58 50k Thermistor, Cantherm Inc.
#define A 0.000755756
#define B 0.000232596
#define C 6.44431E-8

const byte pinTherm = A0;

void setup() {
  Serial.begin(9600);
}

void loop() {
  float valueTherm = analogRead(pinTherm);
  float tempTherm = log(10000*((1023/(valueTherm)-1)));   //자연로그 밑수 e
  tempTherm = 1/(A+(B+(C*tempTherm*tempTherm))*tempTherm);
  tempTherm = tempTherm - 273.15;

  Serial.print(tempTherm);
  Serial.println("C");
  delay(1000);
}
```

본 예제에 사용한 서미스터는 25℃ 근처에서 대략 50kΩ의 저항을 가지고 있어서, Cantherm 사의 MF58 50k의 자료를 이용하여 슈테인하트-하트 계수들을 구하여 계산하였다. 보다 정확한 온도를 원한다면, 25℃, 50℃, 85℃에서 서미스터의 저항을 각각 측정하여 계수들을 새로 보정하여야 한다.

D.18 온습도 센서 DHT11

온습도 센서 DHT11에서 온도와 습도를 측정하여 디지털 신호로 받는다. 대부분의 센서는 아날로그 입력으로 측정값을 받는 반면, 온습도 센서인 DHT11은 디지털 입력으로 측정값을 받는다. 디지털 입력 핀을 이용하여 센서 모듈에서 온도와 습도를 측정하여 측정값을 디지털 신호로 받을 때, 외부 라이브러리 DHT11을 이용한다.

DHT11 센서는 실내 온도와 습도 측정용으로 사용되며, 온도는 측정범위 0~50C, 오차범위 ±2C, 습도는 측정범위 20~90%, 오차범위 ±5%이다. DHT11 센서는 4개의 단자를 갖는데, 2번 데이터 핀과 통신을 하기 위해서는 저항 $10k\Omega$를 이용하여 Pullup 회로를 구성하여야 하는 번거로움이 있으므로, PCB 기판에 Pullup 회로를 장착한 모듈 형태로 공급되기도 한다. 아래 그림에서 왼쪽은 DHT11 센서를, 오른쪽은 DHT11 센서 모듈을 보여준다. 본 예제에서는 DHT11 센서 모듈을 사용하기로 한다.

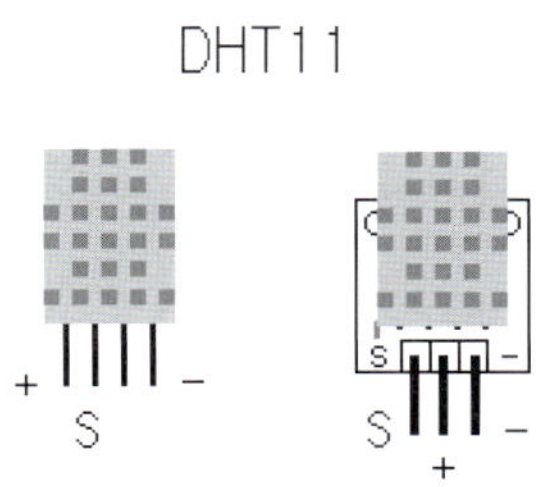

온습도 측정용 센서 DHT11 모듈의 − 와 + 단자는 각각 아두이노의 GND와 5V에 연결하고, 센서 측정값을 받기 위한 s 단자는 디지털 핀 2번에 연결한다.

온습도 센서 모듈 DHT11 모듈	단자		아두이노 핀	아두이노 UNO
	+	⇔	5V	
	−	⇔	GND	
	s	⇔	2	

위의 핀 연결에 따른 회로도는 다음과 같다.

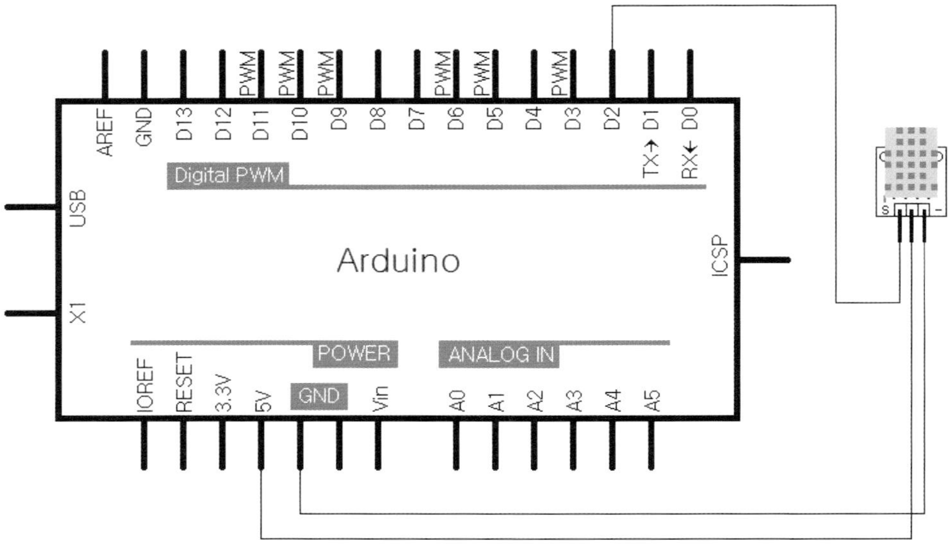

온습도 센서 DHT11 모듈의 - 단자와 + 단자를 아두이노 보드의 GND와 5V에 각각 연결하고, DHT11 모듈의 s 단자를 2번 핀에 연결한다.

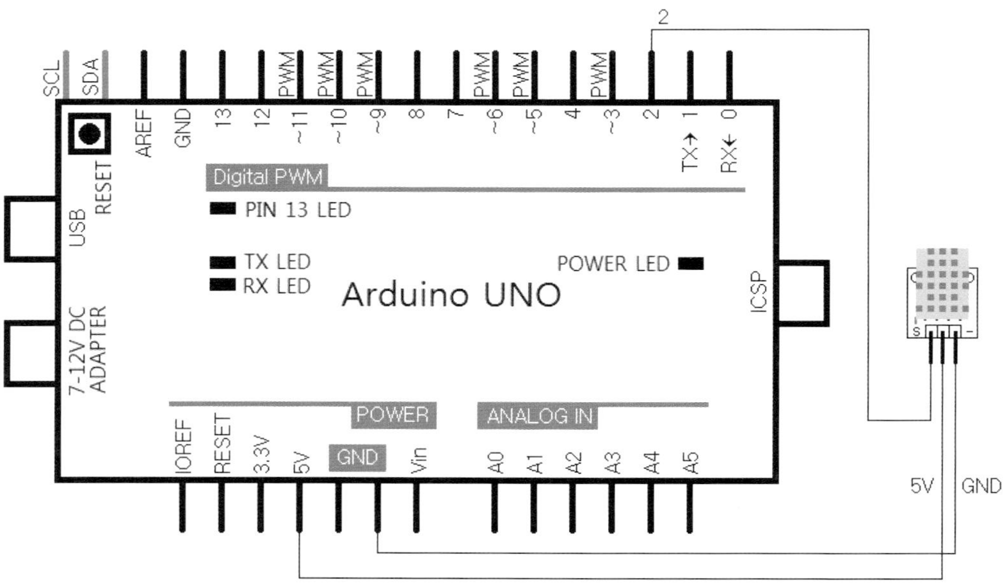

Fritzing 프로그램을 이용하여, 온습도 센서 DHT11 모듈을 아두이노에 연결한 모습이다.

온습도 센서 DHT11 모듈은 외부 라이브러리 DHT를 사용하므로, 다음 사이트에서 arduino-master.zip 파일을 다운로드 받아서 압축을 푼다.

https://github.com/RobTillaart/Arduino

arduinc-master.zip에는 모든 파일이 다 들어 있어서, 그 중에서 DHTlib 라이브러리만 필요하므로 하위 디렉토리 [libraries] > [DHTlib]를 Arduino 프로그램이 설치된 디렉토리의 하위 디렉토리 libraries 밑으로 이동시킨다.

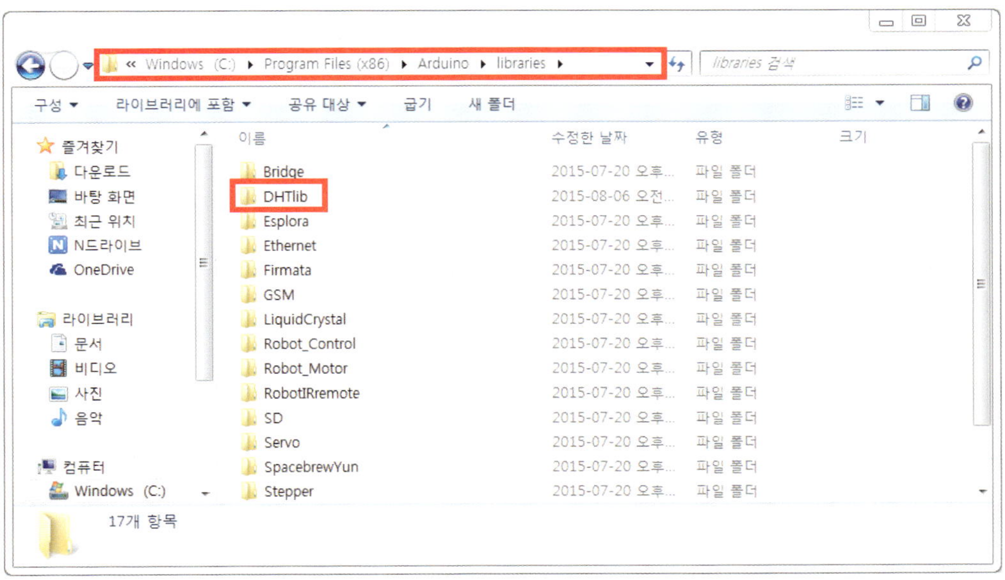

디렉토리를 이동한 후, [스케치] > [Include Library] > [DHTlib]를 선택하면, DHT 라이브러리가 아두이노 IDE에 로드되고, 프로그램 첫 줄에 #include 〈dht.h〉가 자동으로 삽입된다. 외부에서 사용자가 직접 추가한 라이브러리는 [Include Library] 메뉴의 아랫 부분에 추가로 표시된다.

DHTlib 라이브러리를 이용하여 다음과 같이 온습도 측정 프로그램을 작성할 수 있다.

```
#include <dht.h>
const byte pinDHT = 2;
dht DHT;

void setup() {
  Serial.begin(9600);
}

void loop() {
  int value, temperature, humidity;

  value = DHT.read11(pinDHT);
  if(value == DHTLIB_OK) {
    temperature = DHT.temperature;
    humidity = DHT.humidity;
    delay(1000);
  }

  Serial.print("T = ");
  Serial.print(temperature);
  Serial.print(", h = ");
  Serial.println(humidity);
}
```

APPENDIX

E MATLAB SIMULINK

E.1 Simulink Support Package for Arduino Hardware 설치

http://www.matlabinuse.com/Arduino_with_MATLAB

http://kr.mathworks.com/hardware-support/arduino-matlab.html

메뉴 [리소스] > [애드온] > [Get Hardware Support Packages]를 선택하면, Support Package Installer 창이 열린다.

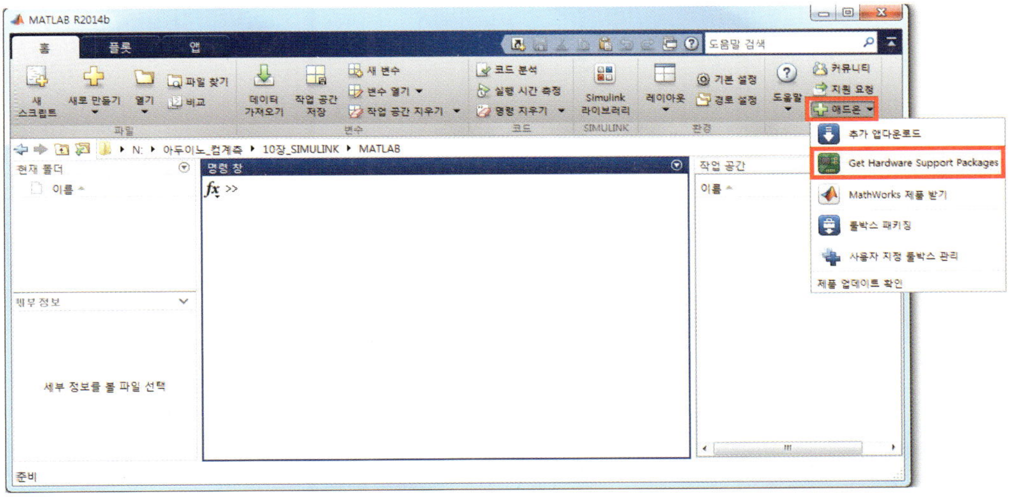

[Install from Internet]를 선택하고 [Next 〉] 버튼을 누른다.

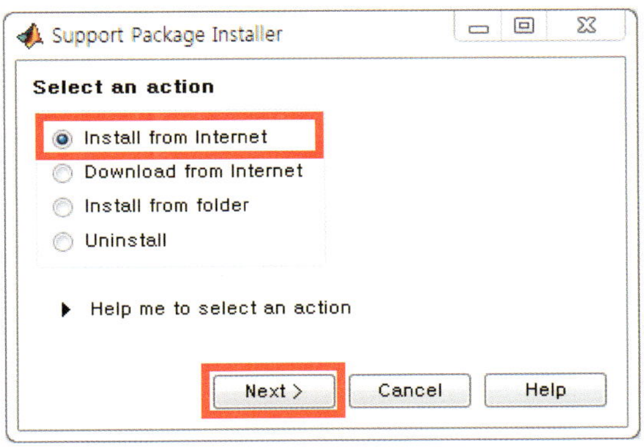

좌측 창에서 [Arduino]를 선택하고, 우측 창에서 [install]을 선택한다. [NEXT 〉]를 누른다.

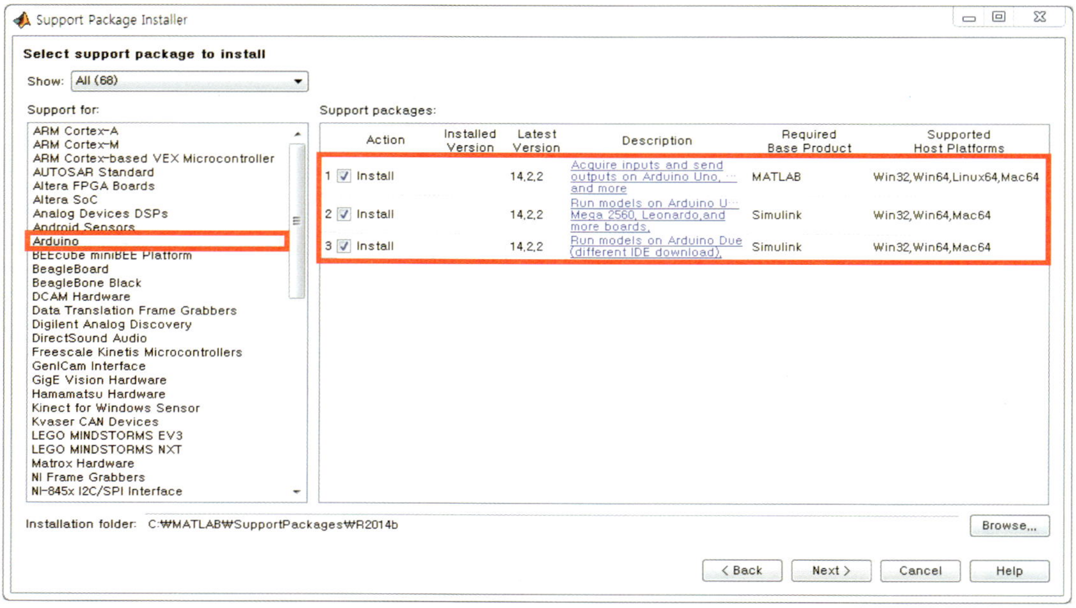

MathWorks 계정을 만들고, 로그인하여, 프로그램을 설치한다.

프로그램 설치가 완료되면, MATLAB을 실행시키고, [Simulink 라이브러리] 버튼을 누른다.

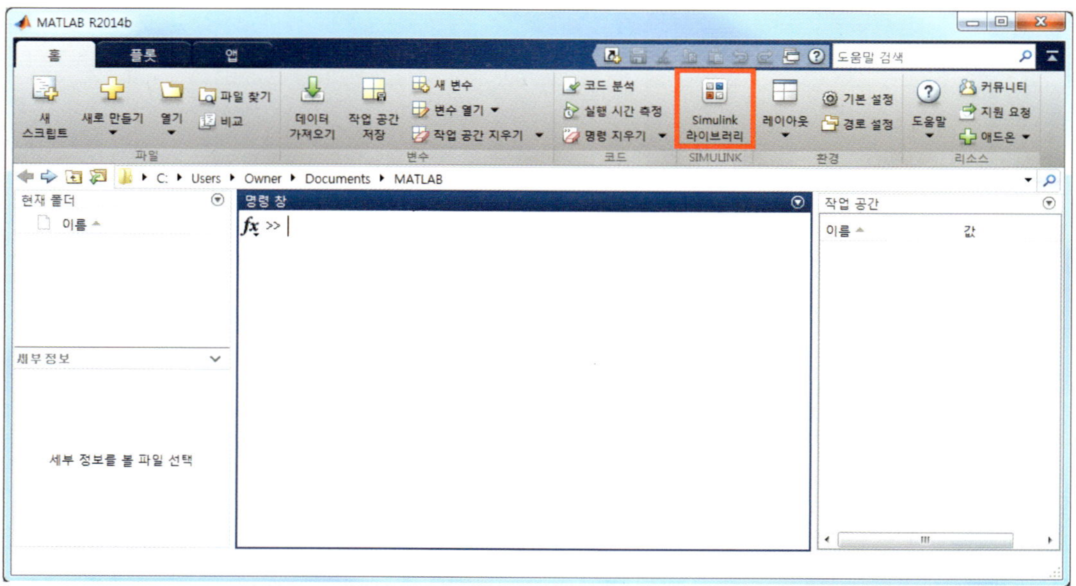

Simulink Library Browser의 왼쪽 창에서 [Simulink Support Package for Arduino Hardware] > [Common]을 선택하면, 우측 창에 다양한 아두이노 라이브러리 모듈이 나타난다.

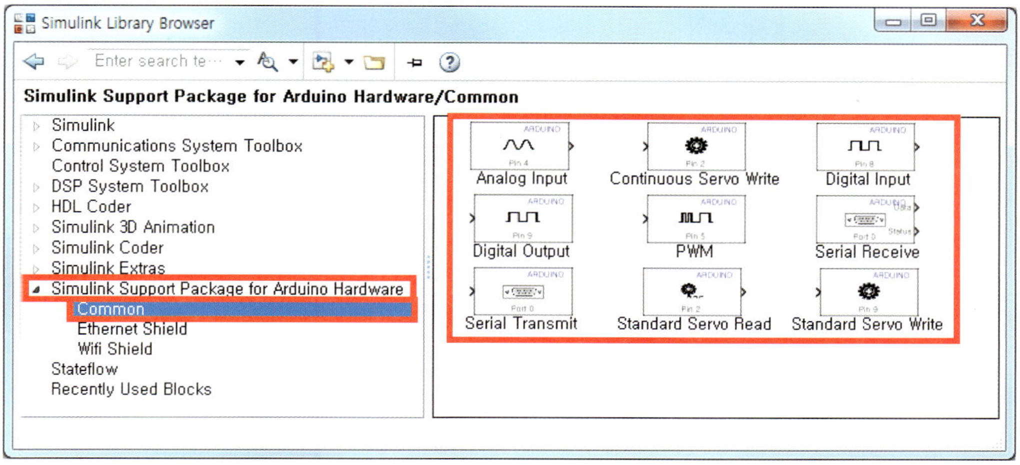

도움말에서 Simulink Support Package for Arduino Hardware Example을 검색하면, 이미 만들어져 있는 유용한 예제들을 편리하게 이용할 수 있다.

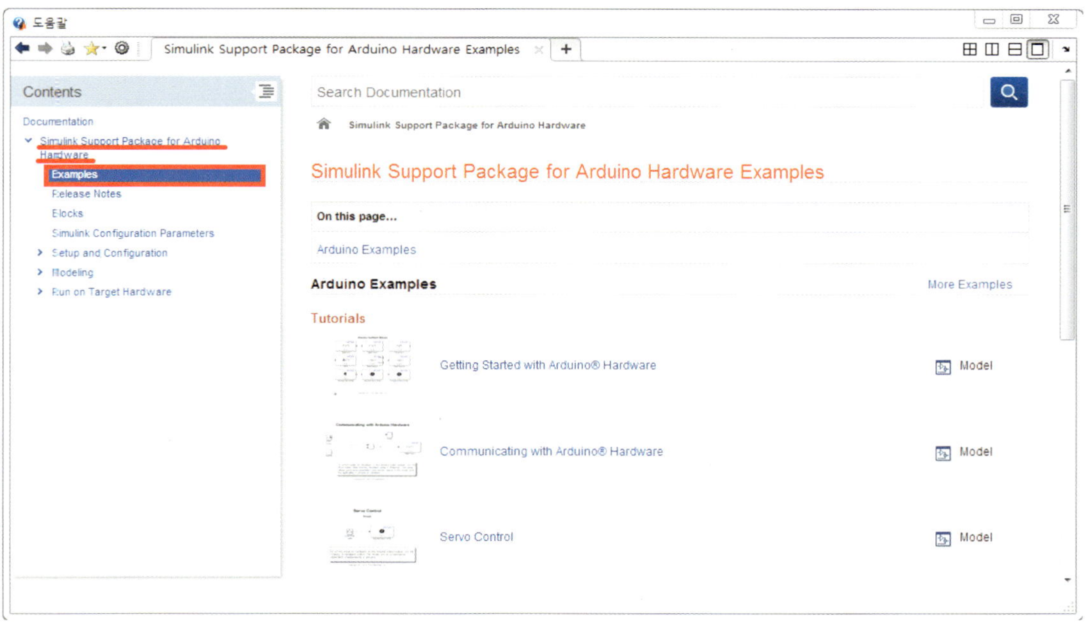

E.2 Simulink Support Package for Arduino Hardware 사용

[새로 만들기] > [Simulink Model] 메뉴를 실행시킨다.

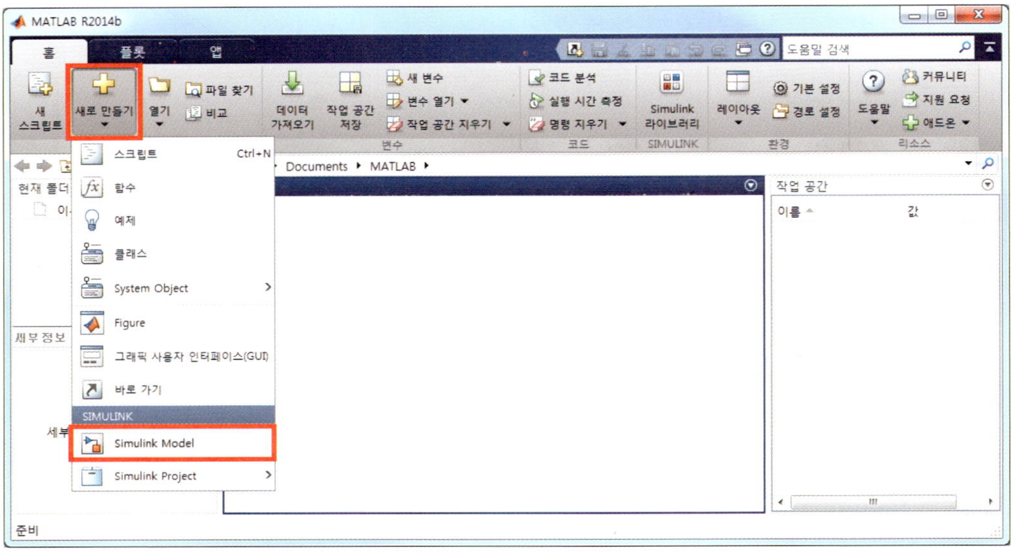

[Library Browser] 버튼 을 눌러 Library Browser 창을 띄운다.

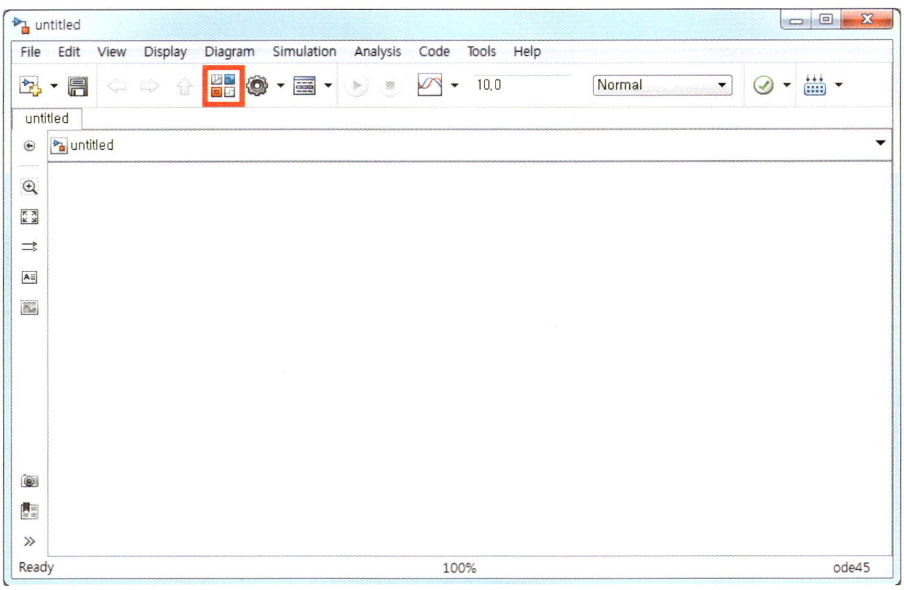

Simulink Library Browser 의 왼쪽 창에서 [Simulink Support Package for Arduino Hardware] > [Common]을 선택하고, 오른쪽 창에서 [Digital Output]을 Simulink Model 편집기로 드래깅하여 배치한다.

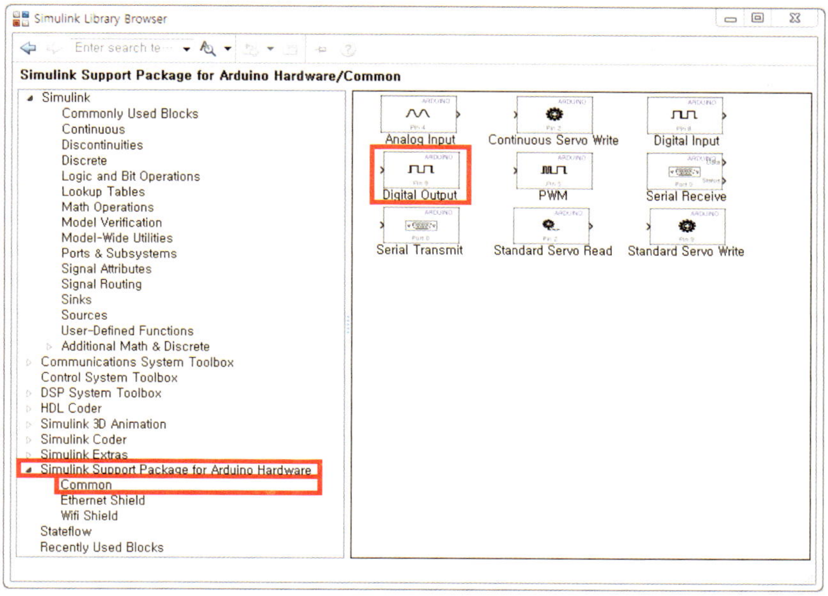

Simulink Library Browser 의 왼쪽 창에서 [Simulink] > [Sources]를 선택하고, 오른쪽 창에서 [Pulse Generator]를 Simulink Model 편집기로 드래깅하여 [Digital Output]의 왼쪽에 배치한다.

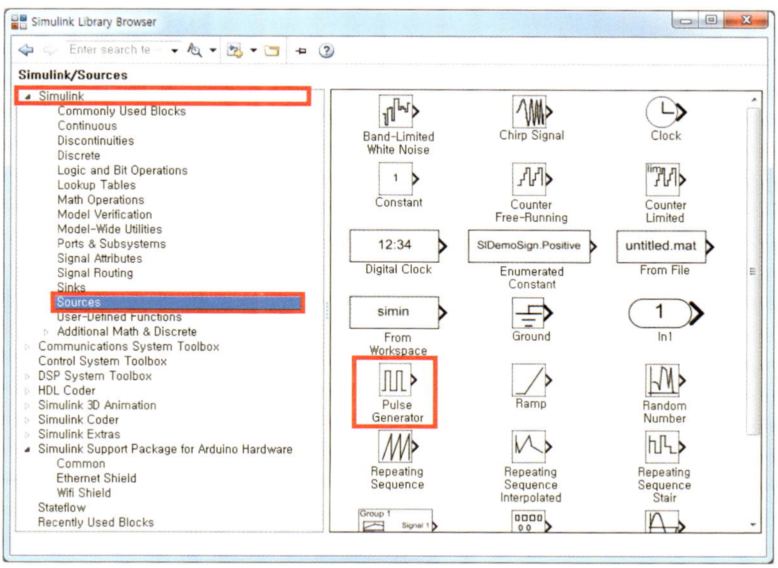

Simulink Model 편집기에 [Digital Output]과 [Pulse Generator]를 배치한 모습이다. [Pulse Generator] 블럭의 오른쪽 중앙의 〉 표시된 영역에 커서를 이동시키면 커서 모양이 십자 모양으로 바뀌고, 이 때 마우스를 눌러서 [Digital Output] 블럭 좌측 중앙의 〉 표시된 부분까지 드래깅하여 두 블럭을 연결시킨다.

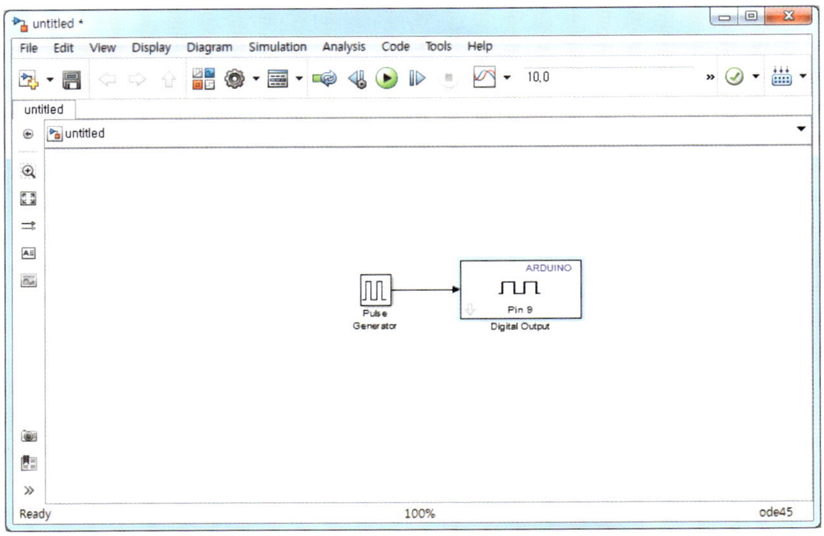

아두이노 보드에 제1장의 LED 예제를 설치하고, LED +단자를 13번 핀에 연결시킨다.

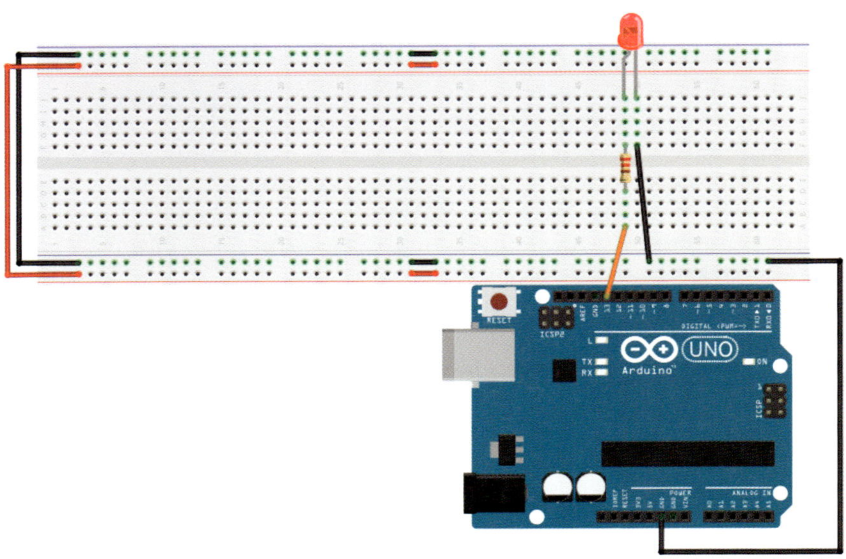

[Digital Output] 블럭을 더블클릭하여 [Pin Number]를 13으로 변경한다. [Pulse Generator]도 더블클릭하여 [Pulse Type]을 [Sample based]로 설정하고, [Sample Time]을 0.1로 설정한다.

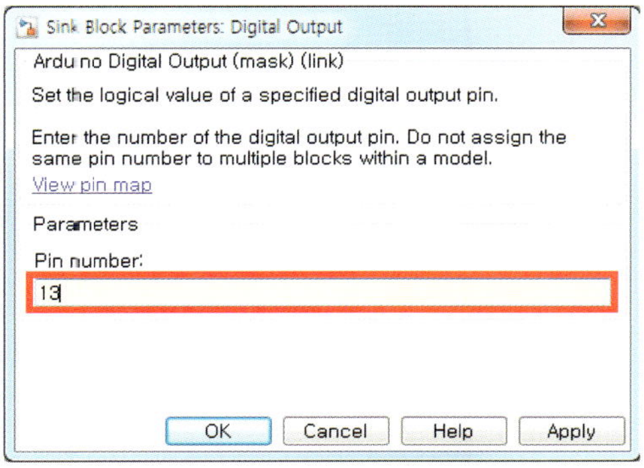

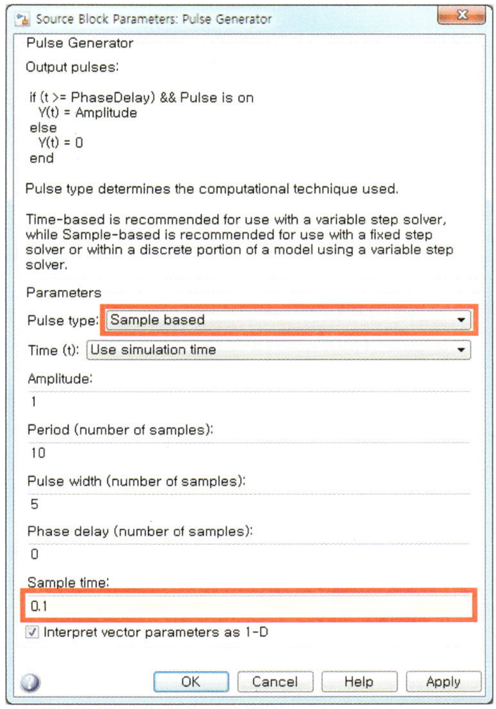

Simulink Model 편집기에서 [Tools] > [Run on Target Hardware] > [Prepare to Run...] 메뉴를 실행시킨다. [Target Hardware]를 [Arduino Uno]로 설정하고, [Serial 0 baud rate]를 9600에 맞춘다. [OK] 버튼을 누르면, 아두이노 하드웨어와 Simulink가 연결된다.

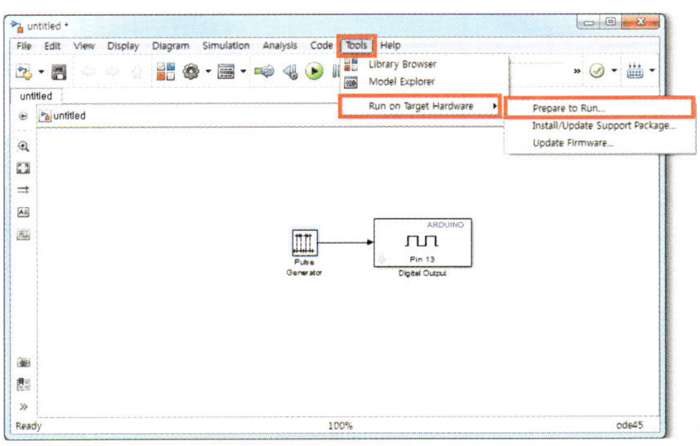

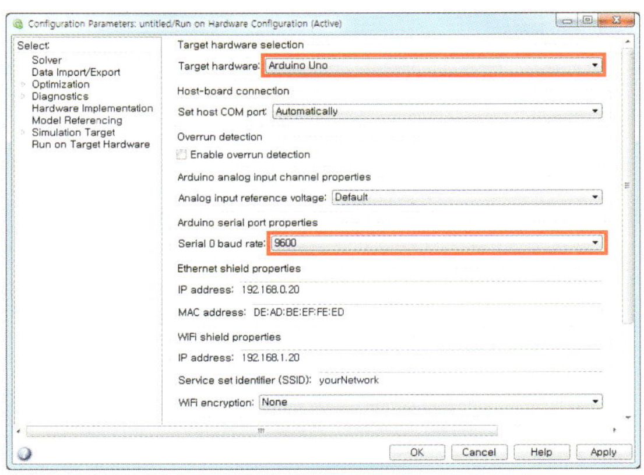

[Deploy to Hardware] 버튼 을 누르면, Simulink에서 설정된 내용이 아두이노 Uno 보드로 업로드되어, LED가 1초 간격으로 점멸한다.

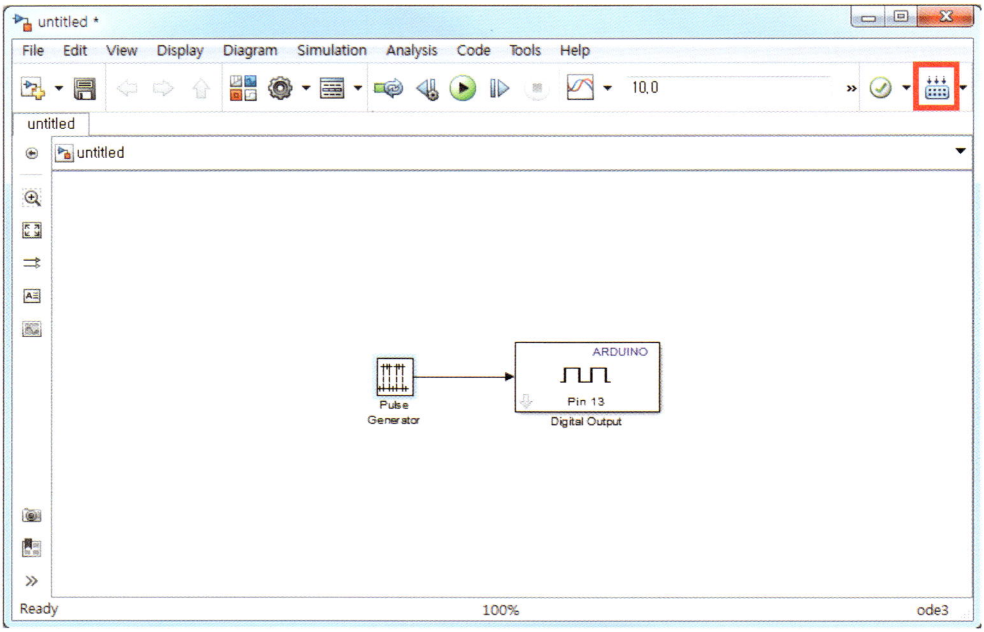

예제

E.1

Simulink를 이용하여 택트 스위치를 누를 때마다 LED를 점등시키는 회로를 구성하고 프로그램을 작성하라.

풀이

다음과 같이 아두이노 보드에 회로를 연결한다. 택트 스위츠는 2번 핀에, LED는 13번 핀에 각각 연결한다.

Simulink Model 편집기를 열고, Digital Input과 Digital Output을 각각 좌우로 배치하고, 화살표로 서로 연결시킨다. Digital Input을 더블 클릭하여 Pin number를 2로 설정하고 Sample time을 0.1로 설정한다. Digital Output을 더블클릭하여 Pin number를 13으로 설정한다.

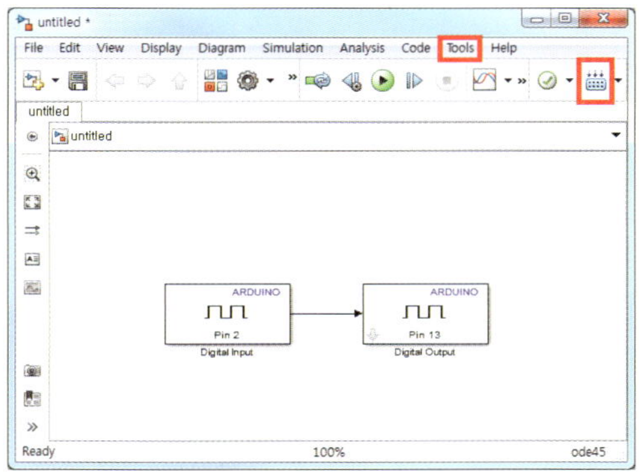

Simulink Model 편집기에서 [Tools] > [Run on Target Hardware] > [Prepare to Run...] 메뉴를 실행시킨다. [Target Hardware]를 [Arduino Uno]로 설정하고, [Serial 0 baud rate]를 9600에 맞춘다. [OK] 버튼을 누르면, 아두이노 하드웨어와 Simulink가 연결된다.

[Deploy to Hardware] 버튼 을 누르면, Simulink에서 설정된 내용이 아두이노 Uno 보드로 업로드되어, 택트 스위치를 누를 때마다 LED가 켜지고, 스위치를 놓으면 꺼진다.

컴퓨터 계측 및 실습 아두이노

발 행 일 : 2019년 8월 30일
저 자 : 영남대학교 기계IT대학
사종엽 · 김병일 · 박장민 · 변정훈 · 신재균 · 신현성 · 심현보
이동연 · 이병준 · 이재원 · 주상우 · 최성렬 · 황 평
발 행 인 : 최 봉 조
발 행 처 : 진샘미디어
주 소 : 서울시 은평구 연서로 5길 28 부호아파트 102동 상가 5호
전 화 : 02)353-4421 / FAX 02)353-4431
홈페이지 : www.jinsaem.co.kr

신고번호 : 제311-2005-000025호
ISBN : 979-11-88791-29-3 93560

정가 28,000원